金融学、金融工程、保险学国家一流专业"双万计划"
金融学北京市一流专业建设系列成果
首都金融发展文库

金融（保险）教学改革论文集 2023

主　编　◎　陈奉先

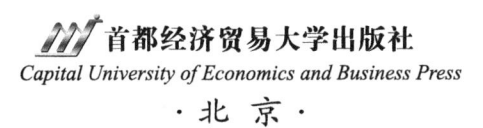

首都经济贸易大学出版社
Capital University of Economics and Business Press
·北京·

图书在版编目（CIP）数据

金融（保险）教学改革论文集. 2023 / 陈奉先主编. 北京：首都经济贸易大学出版社，2024.12. -- ISBN 978-7-5638-3824-0

Ⅰ. F832.1-53；F842.32-53

中国国家版本馆CIP数据核字第20243VZ106号

金融(保险)教学改革论文集2023
Jinrong (Baoxian) Jiaoxue Gaige Lunwenji 2023
陈奉先　主编

责任编辑	王　猛
封面设计	小　尘
出版发行	首都经济贸易大学出版社
地　　址	北京市朝阳区红庙（邮编100026）
电　　话	（010）65976483　65065761　65071505（传真）
网　　址	https://sjmcb.cueb.edu.cn
经　　销	全国新华书店
照　　排	北京砚祥志远激光照排技术有限公司
印　　刷	北京建宏印刷有限公司
成品尺寸	170毫米×240毫米　1/16
字　　数	444千字
印　　张	24.75
版　　次	2024年12月第1版
印　　次	2024年12月第1次印刷
书　　号	ISBN 978-7-5638-3824-0
定　　价	68.00元

图书印装若有质量问题，本社负责调换

版权所有　侵权必究

目 录

京津冀地区大学教育资源配置效率研究 / 李　雪 …………………… 1

"问题导向下的教学设计"在国际金融学课程教学中的
　　应用 / 刘妍芳 ……………………………………………………… 19

人身保险课程教学中的几点思考 / 雒庆举 …………………………… 23

以史为鉴，讲好民族复兴进程中的金融史课程 / 祁敬宇 …………… 28

全球 QS 前 100 大学 FinTech 专业调研以及案例分析 / 余颖丰 …… 34

基于 Workshop 教学法的实践探索 / 张琳琬 ………………………… 46

新时代金融学核心课程思想政治教育内容的挖掘与融入研究 / 张　路 …… 52

以案例挖掘推动国际金融学思政教学深度的扩展
　　——以 2022 年人民币汇率波动为例 / 赵　然 ………………… 58

金融学本科生科研参与调查研究
　　——现状、特征和制约因素 / 王姝勋 …………………………… 76

损失补偿原则之派生原则：代位原则 / 李文中 ……………………… 87

保险在社会保障体系中的定位 / 雒庆举 ……………………………… 96

风险、风险管理与保险的概念内涵 / 赵　明 ………………………… 107

最大诚信原则的本质及意义 / 李亚男 ………………………………… 114

金融机构要坚守服务实体经济的本分
　　——强化从业人员的道德规范 / 刘剑蕾 ………………………… 130

财务管理目标、代理问题与利益相关者
　　——公司治理视角下"为人民服务"的思考 / 马思超 ………… 140

海航集团债务违约案例
　　——固定收益证券中的风险警示与治理反思 / 张　萍 …………… 146
透过国际收支平衡表看中国经济发展模式的演进 / 陈奉先 …………… 179
国际货币体系新格局
　　——人民币成为核心国际货币 / 赵　然 …………………………… 216
重归金融本质，防止经济脱实向虚 / 冯瑞河 …………………………… 233
金融学课程之金融监管思政案例 / 王姝勋 ……………………………… 238
红色金融实践与商业银行经营管理 / 张　路 …………………………… 244
"思政飘香"下的中央银行
　　——红色金融的钱袋子 / 李　雪 …………………………………… 251
股票市场定价与有效市场假说 / 张若希 ………………………………… 262
金融学课程思政
　　——汇率制度与货币危机 / 袁梦怡 ………………………………… 278
证券发行制度
　　——监管的使命与责任 / 王佳妮 …………………………………… 288
投资工具 REITs 知识点讲解 / 徐新扩 …………………………………… 303
投资学课程
　　——导论讲解 / 徐新扩 ……………………………………………… 317
社会主义市场经济背景下的有效市场假说 / 杨龙光 …………………… 334
金融衍生工具课程
　　——碳交易服务低碳转型知识点讲解 / 徐新扩 …………………… 348
存款保险制度与存款保险条例 / 王婉婷 ………………………………… 367
中国平安增持汇丰控股成为第一大股东 / 廉永辉 ……………………… 378
中国利率市场化渐进式改革 / 廉永辉 …………………………………… 386

京津冀地区大学教育资源配置效率研究

李 雪

摘 要:为了建立科学的投入与产出指标体系,本文通过数据包络分析法,对京津冀地区高等教育院校的投入产出进行了有效测度,评判了京津冀地区高等院校整体的投入产出效率情况。结果显示,京津冀地区高校在教育投入产出效率评价上存在明显差异。研究高等教育投入产出效率对于优化教育资源配置、提高教育资源使用效率、促进京津冀高校协同发展具有重要的现实意义。

关键词:教育资源,效率分析,资源配置

《国家中长期教育改革和发展规划纲要(2010—2020 年)》提出把促进公平作为国家基本教育政策,而促进公平的根本措施是合理配置教育资源。如果缺乏对高等教育资源配置的科学评价和检测机制,将不可避免地导致教育资源区域配置不均、效率低下以及教育不公的问题。因此,本研究立足于京津冀协同发展这一国家重大需求,对京津冀地区 86 所高等院校的投入产出进行了有效测度,评判了京津冀地区主要高等院校整体的产出效率情况,发现在教育投入产出效率评价方面,京津冀地区高校存在明显差异。这对于建立资源对接机制,充分发挥现代教育的辐射效应和协同效应,促进京津冀协同发展具有重要现实意义。

一、京津冀地区高等教育资源配置的空间格局

(一)京津冀地区高校科研经费投入

从 2012—2017 年京津冀三地主要高校的科研经费数据看,绝对值上北京的高校远超天津以及河北的高校,其中,北京与河北的差距更为明显,同时天津高校的科研经费也普遍高于河北地区高校。但是从增长率上看刚好相反,京津

---

① 基金项目:本文获首都经济贸易大学 2023 年校级教改立项的资助。
作者简介:李雪,首都经济贸易大学金融学院副教授,研究方向:宏观金融。

冀地区最近5年的科研经费平均增长率,河北地区最高,达到了20.3%,然后是天津地区的8.1%,最后是北京地区4.9%。出现这一现象的原因可能是:北京、天津拥有更多的211、985等重点高校,多年来,政府给予这些学校更多的科研经费。这种分配方式取得重大成就的同时也造成了地区之间的发展失衡。而这明显不符合高校资源配置公平性原则,近年非重点高校开始获得更多的科研经费,河北高校的科研经费平均增长率高于北京、天津。

(二)京津冀地区高校教师队伍建设

教师作为人力资源,是发展教育的关键因素。一般来说,教师中教授数量越多,表明该学校师资力量越强。生师比是衡量区域教师充足程度的一个重要指标。生师比的数值越低,表明每位教师所教学生的数量越少,对学生的关注度会越高,教育效果也可能会越好。表1显示,北京高校无论是生师比还是研究生所占比例,或者教授占比均排在第一位。天津高校的研究生占比与生师比指标优于河北,而在教授占比上略微落后于河北高校。

表1 京津冀地区高校教师队伍建设情况

指 标	单位	北京	天津	河北
学校数量	个	57	22	42
专职教师	人	53 445	26 073	33 144
教授及副教授数量	人	31 701	9 409	14 946
教授占比	%	59.3	36.1	45.1
在籍学生人数	人	664 254	394 861	517 083
研究生人数	人	234 832	62 923	31 084
研究生占比	%	35.4	15.9	6.0
生师比	%	12.4	14.7	15.6

(三)京津冀地区高校学术资源建设

学术建设方面,无论是学术期刊、图书馆藏书,还是研究机构数量,依然是北京处于绝对领先地位。对于图书馆藏书以及研究机构数量两个指标,绝对数值上,河北略多于天津,但需要注意的是,在统计数据中,河北高校几乎是天津高校的2倍,因此,从每个高校平均拥有的学术资源来看,天津也远远优于河北(见表2)。

表2　京津冀地区高校学术资源建设情况

指标	单位	北京	天津	河北
学术期刊	本	278	58	53
图书馆藏书	万册	10 548.3	4 008	5 808.16
研究机构	个	2 206	517	574

(四)京津冀地区高校学术成果

从现有京津冀地区学术成果的统计样本数据看,北京、天津、河北高等院校分布不均,天津高校在科研经费合计、课题总数、学术论文以及技术转让当年实际收入指标上优于河北高校,而在其他指标上则落后于河北高校(见表3)。

表3　京津冀地区高校学术成果情况(一)

指标	单位	北京	天津	河北
学校数量	个	35	14	37
科研经费合计	万元	2 264 327	492 093	186 015
课题总数	个	60 494	14 333	9 585
成果奖	个	442	109	137
专著	部	589	63	153
技术转让当年实际收入	万元	66 314	7 195	2 509
学术论文	本	86 488	24 483	20 810

需要注意的是,河北高校数量是天津高校数量的将近3倍。为了更加清晰地反映京津冀地区每所高校所获得的投入以及产出量,需要比较三地各指标的平均量。如表4所示,对比京津冀地区高校各指标的平均值可以发现,北京高校的各项数据都处于绝对领先地位,天津高校的各项数据大都强于河北高校。其中,科研经费合计指标以及技术转让当年实际收入指标上的地区差异最为明显,北京高校所获得的科研经费是河北高校的12.2倍之多,技术转让当年实际

3

收入更是河北高校的28倍;此外,差别相对显著的是课题总数指标、专著数指标,以及教学与科研人员数指标,北京高校的这些数据分别是河北高校的6.7倍、4.3倍、3.3倍。

表4 京津冀地区高校学术成果情况(二)

指标	单位	北京	天津	河北
学校数量	个	35	14	37
科研经费合计	万元	64 695	14 060	5 315
课题总数	个	1 728	1 024	259
成果奖	个	13	8	4
专著	部	17	5	4
技术转让当年实际收入	万元	1 895	514	68
学术论文	本	2 471	1 749	562

相比之下,天津高校与河北高校在各项指标上的差距则没有那么明显,差距最大的是学术论文、科研经费合计指标,天津高校分别是河北高校的3.1倍和2.6倍。

二、DEA方法、指标与数据说明

(一)DEA方法

DEA方法虽然应用于中国高校教育领域的时间较晚,但应用范围却非常广泛。例如,陈通和白建英(2002)应用DEA方法对我国各省(自治区、直辖市)高校教育投入产出的相对有效性进行了评价研究。杨会良等(2017)对京津冀211高校及省部共建高校的财政投入产出效率进行了研究。本文则在以上文献的基础上,采用DEA效率分析方法,对2017年京津冀地区主要高等院校(共86所)的教育资源配置效率进行研究。

DEA的模型形式有很多,本研究在实证分析中主要应用固定规模报酬模型CCR。CCR模型是Charnes等(1978)在单一产出效率衡量模型的基础上发展而来的,将其扩充为多产出的模型。CCR模型是基于固定规模报酬假设条件下的,多投入、多产出情况下的模型,用于评估DMU的总技术有效性。

在固定规模报酬的假设条件下,将要进行效率评估的高校看作决策单元

(DMU),假设有 n 个 DMU,各决策单元 DMU_j 使用 m 种投入要素,投入向量为 $X=(x_{1j},x_{2j},\cdots,x_{mj})^\mathrm{T}$,生产 s 种产出,产出输出向量为 $Y_j=(y_{1j},y_{2j},\cdots,y_{sj})^\mathrm{T}$。其中,$x_{ij}$ 和 y_{rj} 分别表示 DMU_j 的第 i 个输入指标值和第 r 个输出指标值,v_i 和 u_r 分别为对应指标的权重系数。DMU_j 的效率值表示为:

$$E_j = \frac{\sum_{r=1}^{s} u_r y_{rj}}{\sum_{i=1}^{m} v_i x_{ij}} \tag{1}$$

求解 DMU_j 效率值的 CCR 模型的线性形式为:

$$(M)\begin{cases} \max \sum_{r=1}^{s} u_r y_{rj} = E_j \\ \mathrm{s.t.} \sum_{i=1}^{m} v_i x_{ij} = 1 \\ \sum_{r=1}^{s} u_r y_{rj} - \sum_{i=1}^{m} v_i x_{ij} \leq 0, \quad j=1,2,\cdots,n \\ u_{r,i} \geq 0, \forall r,i \end{cases} \tag{2}$$

若模型(M)的最优值 $E_j=1$,则决策单元 j 是弱 DEA 有效的;若 $E_j=1$,且存在 $u>0,v>0$,则决策单元 j 是 DEA 有效的;若 $E_j<1$,则决策单元 j 是非 DEA 有效的。对于某选定的决策单元 j_0,为更直观地判断其有效性,本书使用非阿基米德无穷小量 ε 的 CCR 模型,根据对偶理论写出其对偶规划形式:

$$(M_1)\begin{cases} \min[\theta - \varepsilon(e^t s^- + e^t s^+)] \\ \mathrm{s.t.} \sum_{j=1}^{n} \lambda_j x_j + s^- = \theta x_{j0} \\ \sum_{j=1}^{n} \lambda_j y_j - s^+ = y_{j0} \\ \lambda_j \geq 0, j=1,2,\cdots,n \\ s^- \geq 0, s^+ \geq 0 \end{cases} \tag{3}$$

式中,θ 为该决策单元的相对效率值;λ_j 代表各决策单元的权重乘数,即相对被评价单元而言有效的决策单元中第 j 个决策单元的比例;s^- 和 s^+ 都是松弛变量,分别是投入冗余量和产出不足量。

CCR 模型的经济意义为:λ_j 使各个有效点连接起来,形成有效生产前沿面即包络线,非零的过剩变量或不足变量使有效生产前沿面能向水平和垂直的方向延伸,与有效生产前沿一起形成包络面。根据线性规模模

型,求出 θ、λ_j、s^-、s^+。具体有以下标准:

(1)当 $\theta=1$,且相对于 $s^-=0$,$s^+=0$,达到帕累托最优,称该 DMU 为 DEA 总技术有效,说明相对于其他被评价决策单元,该决策单元没有因投入多余而造成资源浪费,也没有因产出不足而产生资源分配的效率损失,配置状态比较合理,配置效率较优;

(2)当 $\theta=1$,且 $s^-\neq0$ 或者 $s^+\neq0$,说明第 j 个决策单元是弱 DEA 有效的,未达到帕累托最优状态,还有可以提升的空间,接近资源配置的最优状态;

(3)$\theta<1$,表示第 j 个决策单元是非 DEA 有效的,也未达到帕累托最优状态,表示着至少存在一种输入或输出的部分无效率使用。

根据 Banker & Morey(1986)的研究,在 CCR 模式中,由 $\sum\lambda$ 的值可判断受评估单位(DMU)的规模报酬状态为,可提供管理决策时判断资源的配置与运用是否适当。具体评判标准是:

(1)当 $\sum\lambda=1$,表示该受评估单位处于最适生产规模,属于固定规模报酬;

(2)当 $\sum\lambda<1$,表示该 DMU 小于最适生产规模,属于规模报酬递增;

(3)当 $\sum\lambda>1$,表示该 DMU 大于最适生产规模,属于规模报酬递减。

(二)指标与数据来源

高校教育投入产出效率评价 DEA 模型的建立,首先需要考虑的问题是选择决策单元,由于 DEA 方法是在同类型的 DMU 之间进行相对有效性的评价,因此选择 DMU 的一个基本要求是 DMU 的同类性,即 DMU 具有相同的环境、相同的输入输出和相同的任务。

本文选取京津冀地区 86 所主要高等院校作为研究对象,这 86 所高等院校基本上都是本科类院校,高职以及中专院校未列入研究范围(需说明的是一些院校在外地的分校数据未列入统计范畴,例如中国矿业大学,只统计了北京校区的数据,不包含徐州校区)。本文所使用的指标数据均来自中国教育经费统计年鉴以及各个学校的官网。其中,教学与科研人员、科研经费、课题总数、成果授奖、学术专著、学术论文以及技术转让当年实际收入指标数据来自 2017 年中国教育经费统计年鉴,学校占地面积、学校图书馆藏书量以及本科生数据则是从各个学校官网摘录得到的。

三、京津冀地区高等教育投入产出效率评价

确定决策单元之后,为合理地计算京津冀地区主要高等院校的教育资源配

置效率,应建立科学的投入与产出指标体系。高等教育是一个复杂系统,只有给予大量的教育财政投入,才能使高等教育运行顺畅。

对于高等院校系统而言,指标构建投入是十分广泛的,但大体上可分为人力投入、物力投入、财力投入。基于前人研究和数据的可获得性,本文选择了教学与科研人员数量作为人力投入指标,学校占地面积与学校图书馆藏书量作为物力投入指标,学校科研经费投入作为财力指标。

产出指标构件中,高等院校是一种具有多种产出的机构,其中人才培养、科学研究与社会公共服务是高校最重要的三类产出。但是考虑到社会公共服务不好准确定义且数据获取困难,本文主要考察了高校的人才培养与科学研究产出,具体地说,以本科生数量作为人才培养产出指标,以课题总数、成果授奖、学术专著、学术论文、技术转让当年实际收入作为高校科学研究产出指标。本文构建的投入产出指标体系如表5所示。

表5 京津冀地区高等教育投入效率评价指标

指标类型	具体分类	指标名称	指标代码
投入指标	人力投入	教学与科研人员	X_1
	物力投入	学校占地面积	X_2
	财力投入	学校图书馆藏书量	X_3
		科研经费	X_4
产出指标	人才培养产出	本科生	Y_1
	科学研究产出	课题总数	Y_2
		成果授奖	Y_3
		学术专著	Y_4
		学术论文	Y_5
		技术转让当年实际收入	Y_6

通常来说,DMU 数目越多,越能界定投入与产出间的关系。DEA 经验法则要求决策单元的样本数至少是投入、产出项数之和的2倍,进行 DEA 横向评价时,在京津冀地区高校教育选择一年数据的前提下,共有86个样本,大于投入、产出项数之和(10)的8倍,满足 DEA 模型的要求。

四、实证结果与分析

本文利用京津冀地区86所高等院校的投入产出变量作为基础数据,通过数据包络分析法的专门分析软件——DEAP 2.1 计算得到如表 6 所示结果。

表 6　京津冀地区 86 所高等院校投入产出效率的 DEA 分析结果

决策单元	总体效率（crste）	纯技术效率（vrste）	规模效率（scal）	规模报酬
北京大学	0.397	1	0.397	递减
中国人民大学	0.742	0.985	0.754	递增
清华大学	1	1	1	不变
北京交通大学	1	1	1	不变
北京工业大学	1	1	1	不变
北京航空航天大学	0.714	1	0.714	递减
北京理工大学	1	1	1	不变
北京科技大学	1	1	1	不变
北京化工大学	0.488	0.492	0.992	递减
北京邮电大学	0.904	0.938	0.963	递减
中国农业大学	1	1	1	不变
北京林业大学	0.581	0.608	0.956	递增
北京中医药大学	1	1	1	不变
北京师范大学	0.851	0.851	1	不变
中国传媒大学	0.94	1	0.94	递增
中央民族大学	1	1	1	不变
中国政法大学	0.757	1	0.757	递增
华北电力大学（北京）	1	1	1	不变
中国矿业大学（北京）	1	1	1	不变
中国石油大学（北京）	0.757	0.98	0.772	递增
中国地质大学（北京）	1	1	1	不变
南开大学	0.704	0.719	0.98	递减
天津大学	0.474	1	0.474	递减
天津医科大学	0.95	0.96	0.989	递增
河北大学	0.618	0.855	0.723	递减
河北工业大学	0.492	0.492	0.999	不变
北方工业大学	0.57	0.681	0.836	递增

续表

决策单元	总体效率(crste)	纯技术效率(vrste)	规模效率(scal)	规模报酬
北京工商大学	0.543	0.569	0.953	递增
北京服装学院	0.67	0.786	0.853	递增
北京印刷学院	0.601	0.736	0.817	递增
北京建筑大学	0.711	0.751	0.946	递增
北京石油化工学院	0.464	0.594	0.781	递增
北京电子科技学院	0.55	1	0.55	递增
北京农学院	0.418	0.511	0.818	递增
首都医科大学	1	1	1	不变
首都师范大学	0.342	0.372	0.919	递增
北京信息科技大学	0.621	0.677	0.917	递增
北京联合大学	0.896	0.919	0.975	递减
北京城市学院	0.928	0.998	0.93	递减
首钢工学院	0.725	1	0.725	递增
天津科技大学	0.642	0.795	0.808	递减
天津工业大学	0.467	0.56	0.835	递减
中国民航大学	1	1	1	不变
天津理工大学	0.566	0.682	0.83	递减
天津农学院	0.555	0.584	0.95	递增
天津中医药大学	1	1	1	不变
天津师范大学	0.428	0.47	0.91	递减
天津职业技术师范大学	0.547	0.549	0.997	递减
天津商业大学	0.672	0.789	0.852	递减
天津城建大学	0.643	0.654	0.984	递减
河北工程大学	0.705	0.747	0.943	递减
河北地质大学	0.601	0.603	0.997	递减
华北理工大学	1	1	1	不变
河北科技大学	0.535	0.535	0.999	递增
河北建筑工程学院	1	1	1	不变
河北水利电力学院	0.307	0.566	0.542	递增

续表

决策单元	总体效率(crste)	纯技术效率(vrste)	规模效率(scal)	规模报酬
河北农业大学	1	1	1	不变
河北医科大学	1	1	1	不变
河北北方学院	0.663	0.719	0.921	递减
承德医学院	0.57	0.769	0.741	递增
河北师范大学	0.613	0.622	0.985	递减
保定学院	0.763	0.784	0.973	递增
河北民族师范学院	0.528	0.565	0.934	递增
唐山师范学院	0.516	0.76	0.679	递减
廊坊师范学院	1	1	1	不变
衡水学院	1	1	1	不变
石家庄学院	0.755	0.789	0.957	递减
邯郸学院	0.79	0.79	1	不变
邢台学院	1	1	1	不变
沧州师范学院	0.396	0.461	0.86	递增
石家庄铁道大学	1	1	1	不变
燕山大学	1	1	1	不变
河北科技师范学院	0.667	0.677	0.985	递减
唐山学院	0.659	0.7	0.941	递减
华北科技学院	0.899	0.903	0.996	递减
河北金融学院	0.445	0.494	0.902	递增
北华航天工业学院	0.797	0.807	0.987	递增
防灾科技学院	0.545	0.645	0.845	递增
河北经贸大学	0.609	0.631	0.965	递减
河北传媒学院	1	1	1	不变
河北工程技术学院	0.877	1	0.877	递增
燕京理工学院	1	1	1	不变
河北东方学院	1	1	1	不变
河北中医学院	0.482	0.597	0.807	递增
张家口学院	0.754	1	0.754	递增

续表

决策单元	总体效率(crste)	纯技术效率(vrste)	规模效率(scal)	规模报酬
河北环境工程学院	0.599	0.718	0.834	递增
平均值	0.744	0.819	0.907	

(一)总效率分析

总体效率是指部门或组织在固定投入下获得最大产出的能力。对决策单元进行总体效率分析可以判断京津冀地区主要高等院校整体产出效率情况。表6显示,在2017年京津冀地区主要的86所高等院校中,有26所高校达到了DEA有效,分别是清华大学、北京交通大学、北京工业大学、北京理工大学、北京科技大学、中国农业大学、中央民族大学、华北电力大学、中国矿业大学、中国地质大学、首都医科大学、中国民航大学、天津中医药大学、华北理工大学、河北建筑工程学院、河北农业大学、河北医科大学、邢台学院、石家庄铁道大学、燕山大学、河北传媒学院、燕京理工学院以及河北东方学院。这26所高校的综合效率值为1,即相对而言,其整体运作处于最佳状态。剩余的60所高校没能达到DEA有效(大约占比69%),而在这60所高校中,只有21所高校的总体效率达到0.7以上,其余的29所高校总体效率均低于0.7。由此可见,京津冀地区主要高等院校的教育资源配置效率还是有待改善的,并且有不少高校总体效率不仅是非有效的,而且呈现出明显的低效率状态,可优化空间很大。

(二)纯技术效率分析

纯技术效率分析的目的在于了解短期不含规模因素影响的条件下,实际资源的使用情况对技术效率的影响。因为排除了规模因素的影响,高等院校可通过调节政策、改革管理、创新制度等技术手段来使产出效率提高。

表6显示,纯技术效率在0.9以上的有30所高校,纯技术效率值在0.7~0.9的有10所高校,另外有46所高校纯技术效率值低于0.7,即就纯技术效率而言,京津冀地区有一半左右的高校效率较低。这可能是高校内部管理不善等原因导致资源利用效率不高,出现了相对浪费的情况。

总体效率是纯技术效率和规模效率的乘积,因此,总体效率的非有效是由于纯技术效率非有效或者规模效率非有效引起的。对由于纯技术效率非有效引起的部分,学校内部可通过短期的调整得到改善;而由规模效率非有效引起的部分,则需要通过长期的调整才能得到改善。观察表 6 可以发现,邯郸学院与北京师范大学的规模效率均为 1,但纯技术效率分别为 0.79、0.851。对于这种情况,学校需要通过内部调整、管理改革使学校的总体效率转变为有效状态。

(三)规模效率分析

规模效率是衡量某组织是否处在最适当经营规模的一个标准。在 DEA 模型中,当规模效率为 1 的时候,表示某高校的规模达到了最适宜的状态;反之,当规模效率小于 1 的时候,表示该高校处于规模无效状态,规模可能处在规模递增无效状态,也可能处于规模递减无效状态。

本文研究的 86 所高校中,中国人民大学等 28 所高校的规模效率为 1,即这些高校目前处于相对最合适的规模。而京津冀地区规模无效的高校共有 58 所,其中处于规模报酬递增状态的有 31 所,处于规模报酬递减状态的有 26 所,还有 1 所高校处于规模报酬不变。对于处于规模报酬递增状态的高校,适当增加投入可以提高该学校的产出效率;对于处于规模报酬递减状态的高校,则应该适当减少投入以提高办学效率;而如果高校处于规模报酬不变的状态,则表明该学校当前规模已是相对最佳状态,应该从纯技术效率角度着手提高该校的总体产出效率。

另外,纯技术效率为 1、规模效率小于 1 的高校共有 9 所(北京大学、北京航空航天大学、中国传媒大学、中国政法大学、天津大学、北京电子科技学院、首钢工学院、河北工程技术学院、张家口学院),说明这些高校的产出和投入无法正比例同步增加。根据总体效率、纯技术效率与规模效率之间的关系,这类院校总体效率的相对无效主要是由规模无效引起的,因此学校应从投入与产出的规模角度出发优化学校的资源配置效率。

五、分地区评价结果分析

本文研究的是京津冀地区主要高等院校的教育资源配置效率问题,因此有必要对北京、天津、河北各自的教育资源配置情况进行探究,以便针对不同地区的不同情况"因材施教",进一步优化京津冀地区教育资源的配置效率,实现京津冀地区教育一体化发展。

(一)北京高校效率分析

如表 7 所示,北京高校共 35 所,其中 12 所达到了 DEA 有效,占比 34%,这

12所高校均处于规模报酬不变的状态,有23所高校处于DEA无效率状态;从纯技术角度与规模效率角度看,纯技术有效的高校有18所,占比51%,规模有效的高校有13所,占比37%;在DEA相对无效率的23所高校中,有16所高校处于规模递增状态,占比46%,有6所高校处于规模递减状态,还有1所高校处于规模不变状态。北京6所高校(北京大学、北京航空航天大学、中国传媒大学、中国政法大学、北京电子科技学院、首钢工学院)的纯技术效率为1,而规模效率不为1,也就是说,这6所学校的DEA无效率状态主要是由于规模效率导致的。而规模效率有效、纯技术效率无效的学校只有北京师范大学1所。

表7 北京35所高等院校投入产出效率的DEA分析结果

决策单元	总体效率(crste)	纯技术效率(vrste)	规模效率(scal)	规模报酬
清华大学	1	1	1	不变
北京交通大学	1	1	1	不变
北京工业大学	1	1	1	不变
北京理工大学	1	1	1	不变
北京科技大学	1	1	1	不变
中国农业大学	1	1	1	不变
北京中医药大学	1	1	1	不变
中央民族大学	1	1	1	不变
华北电力大学(北京)	1	1	1	不变
中国矿业大学(北京)	1	1	1	不变
中国地质大学(北京)	1	1	1	不变
首都医科大学	1	1	1	不变
中国传媒大学	0.94	1	0.94	递增
中国政法大学	0.757	1	0.757	递增
中国石油大学(北京)	0.757	0.98	0.772	递增
北方工业大学	0.57	0.681	0.836	递增
北京工商大学	0.543	0.569	0.953	递增
北京服装学院	0.67	0.786	0.853	递增
北京印刷学院	0.601	0.736	0.817	递增
北京建筑大学	0.711	0.751	0.946	递增

续表

决策单元	总体效率(crste)	纯技术效率(vrste)	规模效率(scal)	规模报酬
北京石油化工学院	0.464	0.594	0.781	递增
北京电子科技学院	0.55	1	0.55	递增
北京农学院	0.418	0.511	0.818	递增
首都师范大学	0.342	0.372	0.919	递增
北京信息科技大学	0.621	0.677	0.917	递增
北京林业大学	0.581	0.608	0.956	递增
中国人民大学	0.742	0.985	0.754	递增
首钢工学院	0.725	1	0.725	递增
北京大学	0.397	1	0.397	递减
北京航空航天大学	0.714	1	0.714	递减
北京化工大学	0.488	0.492	0.992	递减
北京邮电大学	0.904	0.938	0.963	递减
北京联合大学	0.896	0.919	0.975	递减
北京城市学院	0.928	0.998	0.93	递减
北京师范大学	0.851	0.851	1	不变

(二)天津高校效率分析

天津共统计了14所高校,仅有2所高校达到了DEA有效,分别是中国民航大学和天津中医药大学,占比14%,而剩余的12所高校均未达到DEA有效;在DEA无效的12所高校中,仅天津大学的纯技术效率为1,其余高校的纯技术效率、规模效率都比较低,其可优化改善的空间相对较大;从规模报酬角度看,天津高校处于规模递增状态的仅有2所,分别是天津医科大学、天津农学院,有3所高校处于规模报酬不变状态,分别是中国民航大学、天津中医药大学、河北工业大学,剩下的9所高校均处于规模报酬递减状态。详见表8所示。

表8 天津14所高等院校投入产出效率的DEA分析结果

决策单元	总体效率(crste)	纯技术效率(vrste)	规模效率(scal)	规模报酬
中国民航大学	1	1	1	不变
天津中医药大学	1	1	1	不变

续表

决策单元	总体效率(crste)	纯技术效率(vrste)	规模效率(scal)	规模报酬
天津医科大学	0.95	0.96	0.989	递增
天津农学院	0.555	0.584	0.95	递增
南开大学	0.704	0.719	0.98	递减
天津大学	0.474	1	0.474	递减
天津科技大学	0.642	0.795	0.808	递减
天津工业大学	0.467	0.56	0.835	递减
天津理工大学	0.566	0.682	0.83	递减
天津师范大学	0.428	0.47	0.91	递减
天津职业技术师范大学	0.547	0.549	0.997	递减
天津商业大学	0.672	0.789	0.852	递减
天津城建大学	0.643	0.654	0.984	递减
河北工业大学	0.492	0.492	0.999	不变

(三) 河北高校效率分析

如表9所示,样本中共包含河北高校37所,其中,DEA有效的高校有12所,占比32%,DEA无效的高校共25所,占比68%;在25所DEA无效的高校中,仅张家口学院、河北工程技术学院2所高校的纯技术效率较高,其余高校的纯技术效率、规模效率都比较低;从规模报酬角度看,河北处于规模报酬递增状态的高校有13所,占比35%,这与天津高校形成了鲜明的对比。

表9 河北37所高等院校投入产出效率的DEA分析结果

决策单元	总体效率(crste)	纯技术效率(vrste)	规模效率(scal)	规模报酬
河北农业大学	1	1	1	不变
河北医科大学	1	1	1	不变
河北建筑工程学院	1	1	1	不变
华北理工大学	1	1	1	不变
河北传媒学院	1	1	1	不变
燕京理工学院	1	1	1	不变

续表

决策单元	总体效率(crste)	纯技术效率(vrste)	规模效率(scal)	规模报酬
河北东方学院	1	1	1	不变
石家庄铁道大学	1	1	1	不变
燕山大学	1	1	1	不变
邢台学院	1	1	1	不变
廊坊师范学院	1	1	1	不变
衡水学院	1	1	1	不变
河北科技大学	0.535	0.535	0.999	递增
河北工程技术学院	0.877	1	0.877	递增
河北中医学院	0.482	0.597	0.807	递增
张家口学院	0.754	1	0.754	递增
河北环境工程学院	0.599	0.718	0.834	递增
河北水利电力学院	0.307	0.566	0.542	递增
沧州师范学院	0.396	0.461	0.86	递增
河北金融学院	0.445	0.494	0.902	递增
北华航天工业学院	0.797	0.807	0.987	递增
防灾科技学院	0.545	0.645	0.845	递增
承德医学院	0.57	0.769	0.741	递增
保定学院	0.763	0.784	0.973	递增
河北民族师范学院	0.528	0.565	0.934	递增
河北师范大学	0.613	0.622	0.985	递减
唐山师范学院	0.516	0.76	0.679	递减
石家庄学院	0.755	0.789	0.957	递减
河北科技师范学院	0.667	0.677	0.985	递减
唐山学院	0.659	0.7	0.941	递减
华北科技学院	0.899	0.903	0.996	递减
河北经贸大学	0.609	0.631	0.965	递减
河北大学	0.618	0.855	0.723	递减
河北工程大学	0.705	0.747	0.943	递减
河北地质大学	0.601	0.603	0.997	递减

续表

决策单元	总体效率(crste)	纯技术效率(vrste)	规模效率(scal)	规模报酬
河北北方学院	0.663	0.719	0.921	递减
邯郸学院	0.79	0.79	1	不变

总体上看,北京高校的纯技术效率较高,而规模效率相对较低,河北高校的纯技术效率较低而规模效率相对较高,天津高校的纯技术效率、规模效率均比较低。一个合理的解释是,北京经济发达,学校可以获得更多的财政补贴,吸引更多教学与科研人员,进而一定程度上形成高校投入冗余。同时,发达的经济往往伴随着更加激烈的人才竞争,在优胜劣汰的竞争机制下,北京高校的管理者能力更加出色,因此本地高校的纯技术效率高于天津与河北。相应地,河北的情况刚好相反;而天津不管是纯技术效率还是规模效率都比较低。

六、主要建议

根据实证分析结果,本文提出针对不同地区提高配置效率的针对性意见:

首先,北京高校之间应进行资源共享,提高资源规模效率。相对于天津、河北而言,北京很多高校纯技术效率较高,但规模效率较低;而另一些学校刚好相反,其规模效率较高、纯技术效率较低。这两类学校可以进行资源共享,纯技术效率较高的学校应该分享其学校的组织结构、部门设置等,帮助纯技术效率较低的学校进行改革;还有一些高校处于规模报酬递增状态,同时一些高校处于规模报酬递减状态,这两类高校也可以考虑进行多种形式的合作办学,以提高各自的资源利用效率。

其次,天津高校应重视各类资源的有效利用,加强内部管理。天津高校不无论是纯技术效率还是规模效率都处于较低水平,显然投入的资源远没有被切实有效利用,即出现了一定程度上的资源浪费。因此,对于天津高校而言,提高教育资源配置效率的最佳方法不是盲目地加大投入,而是在现有基础上重视各类资源的有效利用以提高规模效率,同时在学校内部加强管理、创新制度,以改善纯技术效率。

最后,河北高校应加大资源投入,提高技术效率。对于河北高校而言,实证结果表明,其省内大部分高校都呈现出纯技术效率较低而规模效率较高,且处于规模报酬递增状态。因此,河北高校资源配置效率的高低,主要取决于各类资源投入力度的大小。具体地说,一方面,应该注重引进高水平、有经验的教育管理人才,以提高高校教育资源配置的纯技术效率;另一方面,在保证效率的同时,政府要从人力、物力、财力等多个维度对高校加大财政投入,以提高高校的规模效率。但是财政的投入力度会受到河北经济水平的限制,因此中央政府也可适当加大对河北高校的财政投入力度。同时,考虑到北京、天津相对过剩的教育资源,政府也可以制定适当的政策,引导北京、天津的教育资源转向河北,以提高京津冀地区整体的教育资源利用效率。

参考文献:

[1]陈通,白建英.我国高等教育投入产出相对有效性的评价研究[J].中国高等教育评估,2002(2):13-16.

[2]陈岳堂,赵婷婷.义务教育资源配置效率实证研究[J].湖南社会科学,2018(5):178-185.

[3]李刚,邓峰.我国义务教育资源配置效率实证研究:基于DEA-Tobit模型[J].现代教育管理,2016(11):22-27.

[4]杨会良,杨雅旭,张伟达.京津冀高校教育财政投入产出效率研究:基于DEA模型的分析[J].经济研究参考,2017(28):3-8.

[5]尹德挺,胡玉萍,郝妩阳.首都教育资源配置与人口发展态势的互动[J].人口与经济,2016(4):62-70.

[6]姚艳燕,邢路姚远.义务教育财政资金配置效率的统计测度:以广东省的实践为例[J].财政研究,2016(5):54-67.

[7]叶前林,岳中心,何育林,等."双一流"建设下我国高等教育资源配置效率研究[J].黑龙江高教研究,2018(3):22-27.

[8] CHAMES A, COOPER W W, RHODES E. Measuring the Efficiency of Decision making Units[J]. European Journal of Operational Research,1978,2(6):429-444.

"问题导向下的教学设计"在国际金融学课程教学中的应用

刘妍芳

摘 要：国际金融学课程教学需要根据国际金融领域的发展变化和时代对国际金融人才的需求进行调整和创新,问题导向下的教学设计有利于培养适应时代需求和具有创新能力的高层次人才。在国际金融学课程教学中,运用"问题导向下的教学设计"可以提升学生的学习兴趣和研究能力。

关键词：问题导向,教学设计,国际金融学

随着全球经济的发展,国际金融学课程教学和研究的重要性不断提高。高等教育要适应不断变化的世界经济格局,培养具有独立思考能力的高素质的专业化人才,国际金融学课程的教学方法必须不断创新,以适应全球的新变化和时代的新要求。在国际金融学课程教学中引入问题导向下的教学设计,有利于培养适应时代需求和具有创新能力的高层次人才。

一、问题导向下的教学设计

"问题导向下的教学设计"是指在传统课堂教学的基础上通过设计问题引导学生主动学习,提高学生的学习兴趣,培养学生的创新和研究能力。传统课堂教学保证整个课程知识的完整性和系统性,而"问题导向下的教学设计"通过提出问题、分析和研究问题,以提高学生理论和实际相结合、分析和解决问题的能力。

开展实施"问题导向下的教学设计"的过程如下:①提出问题,一般由教师根据所学知识和章节内容提出一个关键性问题(也可以由学生提出问题),然后教师对该问题的研究方案提出指导性建议。②学生以小组为单位针对问题和指导建议设计具体研究方案,每组同学的具体研究方向最好不要雷同,分别侧重于研究问题的某一方面。组长由教师委派或小组自选。小组各自查阅相关

作者简介:刘妍芳,经济学博士,首都经济贸易大学金融学院副教授。

文献、调研和检索资料、分工合作和讨论,最后形成研究报告。③各小组进行学习和研究成果的总结和展示,形成研究报告,并以PPT方式进行课堂呈现,选择一人或几人进行PPT的分享。在呈现过程中每个小组要针对教师和同学的提问进行回答,有互动和答疑环节。④各小组进行互评打分,彼此对对方的研究成果进行评价,并统一评价标准。⑤教师进行总结和评价。

"问题导向下的教学设计"具有以下几个优点:

一是通过设计具有针对性的问题可以激发学生探究问题的兴趣,可以提高学生对国际金融学课程学习的积极性,有利于培养学生对国际金融问题的研究兴趣。

二是有助于提高学生的独立思考能力和研究创新能力,学生带着问题去查阅文献进行调研能够充分发挥学生的主动性、能动性和创造性,有利于提高学生对国际金融问题的探究能力。

三是通过团队合作可以培养学生们的团队协作的能力。

四是通过总结和成果展示可以培养学生交流和口头表达能力。

五是可以培养良性师生互动关系,实现教学相长。在研讨过程中,学生变被动为主动,教师起到引领作用;在学习过程中,师生之间互相学习、共同提高。同时,学生参与到课程成绩的评级体系中,可充分体现学生的主体性和对课程的参与性。

二、针对国际金融课程的问题设计

国际金融学是开放经济条件下的宏观经济学,以开放视角研究一国经济金融政策对世界经济和他国经济的影响。在全球化背景下,国际金融学作为一门经济学基础学科,其重要性不断提高。国际金融学的教学目标是通过学习国际金融的基本理论分析现实的国际金融问题,对国际金融领域的重点和热点问题形成自己的看法和见解。因此,培养学生的研究性学习能力尤为重要。笔者在国际金融课堂上开展以问题为导向的研讨课,受到学生的欢迎,收到了不错的效果。针对国际金融课程开展的以问题为导向的教学设计,要注意如下几个问题:

(一)课堂教学要保证知识点讲授的系统性和完整性

国际金融学理论与实际联系紧密,理论和政策分析并重,既有内容丰富、流派众多的汇率理论、国际收支理论和内外均衡理论,又有国际收支管理、外汇管理、国际储备管理等实践问题,还有各国宏观经济政策相互依存、世界经济相互协调和全球治理等问题,知识点繁多,与其他学科关系紧密。教师在课堂教学中要把相关理论和知识点讲透,让学生对国际金融理论、实践和政策有全面的认识和理解;要充分把握国际金融学教学大纲,完成大纲规定的内容,确保教学内容的系统性和完整性。

(二)"问题导向"要提炼国际金融领域重点、热点问题,设计好关键问题

在学生掌握了基本知识和理论政策的基础上,教师设计问题,同时引导学生提出问题,对国际金融热点和重点问题进行讨论、分析、总结,以提高学生分析问题和研究问题的能力。

"问题导向下的教学设计"关键是设计研究的问题。研究的问题要具有开放性、富有挑战性并具有可研究性。过于简单或脱离学生的认知水平都会影响学生学习和研究的积极性。设计的问题既要体现国际金融理论的探索和应用,又要与现实国际经济金融现象和政策相联系,这样才能达到研究的目的。国际金融领域有很多重点和热点问题,教师要根据教学内容和章节设计不同的问题。例如,在讲授汇率理论时,可以对购买力平价理论在当代的应用、影响汇率波动的因素、汇率波动对国内和国际经济的影响等进行探究;在讲授国际收支的内容时,可以对全球贸易不平衡、国际资本流动、国际储备的管理等进行探讨;在讲授世界经济的相互依存时,可以研究美联储货币政策对世界经济的影响、货币政策和汇率波动的关系;在讲授国际金融体系时,可以引导学生研究国际货币基金组织和国际货币体系改革、欧元区的发展、国际资本流动和金融危机等;在人民币汇率和人民币国际化的讲授中,可以研究分析影响人民币汇率波动的因素、人民币汇率波动对我国对外经济的影响、人民币国际化的前景和影响因素等。

(三)要重视研究和评价过程

"问题导向下的教学设计"目的在于提高学生的研究和创新能力。在问题设计、资料搜集和整理、小组合作和总结呈现、评价等环节,要充分发挥学生的主动性和创新性,着力培养和提高学生资料搜集能力、研究和创新能力、口头表达能力、团队合作的能力等。在这个过程中,教师是引导者和评价者,学生是主体,学生是研究者也是评价者。对研究结果的评价,教师和学生需要共同参与,共同对研究成果进行客观公正的评价,并计入期末总评成绩。

"问题导向下的教学设计"既重视知识的系统性和完整性,又重视学生的主动性和创新性,旨在培养学生的自主研究能力和创新能力,以适应新时代对高等教育人才的需要。在教学过程中,教师要积极培养大学生的创新意识,激发其创造力,鼓励其对各种结论、观点和理论进行质疑,大胆提出自己原创性的看法。同时,要积极引导学生将质疑转化为探索,激发他们的研究兴趣,主动将创新精神运用到问题研究当中,更好地提高自己的研究创新能力。

人身保险课程教学中的几点思考

雏庆举

摘　要：人身保险课程是风险管理与保险学专业、社会保险专业、保险精算专业等保险与社会保障相关专业的基础课程。人身保险与保险学原理、保险法、寿险精算等课程在内容上存在相互重叠的问题，解决这一问题的关键是对各门课程要有清晰的定位。

关键词：人身保险，保险学原理，保险法，寿险精算，课程设置

人身保险课程是风险管理与保险学专业、社会保险专业、保险精算专业等保险与社会保障相关专业的基础课程，其重要性不言而喻。教师在给相关专业的本科生以及研究生讲授人身保险课程的时候，常遇到如何与保险学原理、保险法、寿险精算等课程衔接的问题。

一、人身保险与保险学原理

保险学原理课程是金融保险相关专业学习保险学知识的基础课程，内容涉及保险的定义、保险的产生、保险合同、保险市场、保险产品、保险监管等内容，在课程讲授中通常还会涉及人身保险产品及人身保险经营等内容。人身保险课程主要讲授人身保险的具体产品以及人身保险运营环节。可见，这两门课程在内容上有可能出现相互重叠的现象。

解决这一问题的关键是做好两门课程的定位。保险学原理的课程定位应该是讲清楚保险是什么，保险如何解决风险等问题。人身保险课程的定位则是保险的思想如何在人身保险领域得以体现。比如，人身保险课程开篇通常都是讲授人身保险的特性，包括人身风险的特性、人身保险产品的特性。但是这些特性通常不能体现与保险学课程相关内容的区别，学生没有看到两门课程对同一问题的不同回答。

作者简介：雏庆举，经济学博士，首都经济贸易大学金融学院副教授；主要研究方向：人身保险与社会保障。

保险学课程应该讲授保险应对的风险有什么特质,人身保险课程应该讲授人身风险是否满足这些特质(如死亡风险是否满足风险的发生具有偶然性),人身风险如果不满足这些特质如何处理(如要求损失必须可以货币计量,人的死亡或人的价值如何确定)。

人身保险课程通常也会讲解保险原则,但是重点应该是讲授保险的原则在人身保险领域的不同体现。人身保险课程中保险原则的特殊性主要体现在最大诚信原则和保险利益原则。在最大诚信原则中,应该讲清楚诚信在人身保险投保环节、保障环节、理赔环节上的特殊之处,讲清楚不可抗辩条款产生的原因。保险利益原则不仅要讲清楚保险利益的定义、存在保险利益的情形、保险利益存在的时效(这些内容应该在保险学原理课程讲授),更应讲清楚保险利益在人身保险中投保人、被保险人、受益人分离情形下存在的合理性问题。

在人身保险经营环节,要体现出人身保险在经营上的特殊性,比如次保体的问题,团险营销的问题,等等。在人身保险产品的讲授中,则侧重于讲授产品诞生、发展的脉络,以及每种产品设计的思想。

二、人身保险与保险法

对于人身保险与保险法两门课程的协调问题,其实广泛存在。这种冲突主要是因为保险本身存在两种理解方式。第一种理解方式是从经济学、金融学的角度理解保险的,认为保险是一种金融制度安排,一种风险的分散方式。类似的风险分散方式包括储蓄、期货、期权等。另外一种理解方式是从法律的思路入手,认为保险是规定了投保方与保险人之间签订的一份协议,这个协议规定了交易双方的权利义务。

所以在讲授保险学原理、人身保险、财产保险等课程时,必然会引用保险法律规定、保险案例讲授保险、人身保险、财产保险的相关原理;而在讲授保险法的时候,则会用大量的保险案例讲授保险法的相关法律规定。于是这种内容上的重叠自然而然就产生了。

解决这一冲突的关键是要认识课程的性质和重点。保险法课程的定位不是为了讲授保险案例,而是用案例去说明法律条文,解释清楚法律为什么这样规定、如何规定以及采取此种规定的好处所在。人身保险课程则不同,其定位是主要讲授人身保险产品、运营环节等,引用案例主要是说明人身保险的主要原理,一些实务中的具体情形不需要过多涉及。

据此,在讲授人身保险课程过程中,可能涉及的保险案例主要是以下三种:

(一)保险基本原则在人身保险中的体现

这个冲突一般出现在保险学原理课程中的保险原则与保险法相关内容。人身保险课程在讲解这部分内容时,选用的案例主要侧重于说明原理的内涵,特别是要讲清楚最大诚信原则、保险利益原则背后的原因,保险案例用来解释如此规定的合理性。保险法课程则需要从法律的角度认识,法理上的合理性具体体现在哪里,法律对各种情形如何规定,以及这些规定因为哪些具体案例而发生了调整。

(二)保险产品

这方面,两个课程的冲突不是特别大。人身保险课程讲授寿险产品所用案例主要是解释清楚寿险产品的具体规定,产品适合的情形,是说明原理,通常不会涉及与法律条文规定相关的案例。保险法课程如果涉及人身保险产品,重点也是分析法律对人身保险产品如何规定,是讲解法律条文。

(三)人身保险经营环节

人身保险课程讲授环节中引用法律条文和案例,目的是引起学生的注意,在实务中引起关注,更多采用案例去讲解如何开展人身保险各个经营环节。保险法课程涉及的内容则更细,是从法律条文和案例中认识各环节的法律思想,学习如何避免产生争议、如何解决争议。

三、人身保险与寿险精算

人身保险与寿险精算课程内容的交叉性主要体现在保险产品的设计上,两门课程都是在介绍人身保险产品设计的原理。人身保险课程讲授中,为了更清楚地理解产品设计的思想,通常会用一些精算的方法解释人身保险产品的定价,但讲授寿险精算的度需要很好把握。

在人身保险课程中,一个核心的概念是准备金,要讲清楚这个概念,必须用精算的思路来讲。而这就必须讲寿险产品的定价。根据笔者最近几年的授课反馈,采用寿险精算的讲解思路比完全讲解定价思想要好。在讲授中,先用简单的精算思想讲解寿险产品定价,从团体法、个体法入手,计算趸交保费、水平交费情形的保费,然后从团体法、个体法入手,以过去法的计算思想一步一步计算准备金,让学生理解准备金的来源;最后从团体法、个体法入手,以未来法的计算思想一步一步计算准备金,理解准备金的用途。通过这种方式的讲解,学生对于准备金的来源、用途基本都能掌握。

四、本科生课程与研究生课程

对于保险学专业的本科生和研究生而言,人身保险课程是核心专业课程之一。虽然通常默认硕士研究生已经有保险专业本科知识的积累,不用过多考虑人身保险课程的基本知识点,但从实际情况来看,虽有部分学生本科所修专业为保险学,但也有相当一部分学生来自金融学、会计学等经济管理类专业,还有一些则来自医学、数学等专业跨度比较大。这就提出了研究生教学过程中如何协调本科与研究生专业课程知识点设置的问题。

就人身保险相关课程而言,研究生课程可以考虑从如下几方面设置:

(一)聚焦人身保险运作原理

目前,研究生特别是专业硕士学制仅有两年,在学校上课的时间基本上就是一年,所以要系统讲授人身保险所有知识点不太容易实现。考虑到学生还会学习保险学研究等课程,在人身保险课程基本原理讲授上,关键是让学生能够理解人身保险运作的思想。

(二)通过产品对比学习人身保险

目前保险专业的硕士研究生主要是专业硕士,其主要定位是从事保险领域的实务工作。在教学中,可以考虑更多地让学生去接触保险实务内容。例如,让学生按照人寿保险、年金保险、增额终身寿险、医疗保险、重大疾病保险、意外伤害保险、万能寿险等产品进行分组,通过收集、对比、讨论、汇报等,一方面分析各公司同类产品之间的差异,另一方面通过阅读保险条款分析该类产品运作的原理。

(三)通过阅读论文提升专业知识

研究生无论是专业硕士还是学术型硕士,都应该阅读一定数量的文献。教师可以给学生推荐一些经典论文,让学生在课后通过阅读文献理解人身保险专业知识,并掌握论文写作的基本范式。

五、小结

金融保险专业课中,人身保险课程的学习通常都是在保险学原理课程之后,在保险法、寿险精算课程之前。这些课程内容之间或多或少都会有所交叉。关键是要对各门课程有一个清晰的定位。要做到这一点,各门课程授课教师必须开展交流,解决各种问题。另外,考虑到研究生来源的差异性,在研究生教学中应根据每一届学生的情况适时调整授课内容与授课方式,更好地完成专业人才的培养。

以史为鉴,讲好民族复兴进程中的金融史课程[①]

祁敬宇

摘　要:本文结合笔者讲授金融史课程20多年的切身体会,就人民币国际化与中华民族伟大复兴、中国式现代化等内容如何融入金融史教学当中,进行了一些总结。精神传承、文化传承与发展引领中国时代精神,讲好金融史课程有利于培养大学生朝气蓬勃的时代气质。

关键词:金融史,中国式现代化,教学改革

教学需要紧密联系实际,特别是经济史和专门史等相关课程。笔者讲授中国金融史和世界金融史20多年,教学科研实践使笔者深刻体会到,要担负起实现中华民族伟大复兴的重任,教师应充分发挥传道、授业、解惑的职责,讲好中国故事。本文结合笔者的亲身实践,从教学科研等视角,就金融史下的人民币国际化、中国式现代化和全球金融重建等内容,谈一些感想和体会。

一

目前,在人民币国际化、全球金融重建的进程中存在一系列制约因素。众多学者发表文章通过比较与实证方法,分析人民币国际化进程中的主要问题,如金融市场发展相对滞后、跨境支付系统不健全等,但是金融史视角的研究却不多。因此,我们通过金融史课程讲授解释这些现象,阐述背后深刻的哲理和意蕴,拥有广阔的教学空间和科研舞台。

就中国式现代化而言,近期发表的学术文章非常多。综合起来,大体围绕"中国式现代化与全球共同发展""中国式现代化与全球治理体系""中国式现代化与文明交流互鉴"等视角进行研究。其基本思想主要是:中国式现代化拓展了发展中国家走向现代化的路径选择,为人类对更好社会制度的探索提供了中国方案。中国式现代化既传承历史文化,又融合现代文明;既造福中国人民,

---

[①] 本文基于北京市国际金融学会2023年度课题"金融史视角下的人民币国际化与全球金融重建",项目批准号BIFSYB202309。
作者简介:祁敬宇,首都经济贸易大学金融学院教授;主要研究方向:金融监管、金融史等。

又促进世界共同发展;是中国谋求人类进步、世界大同的必由之路。中国式现代化道路越走越宽广,必将更好发展自身、造福世界。

具体来说,中国式现代化向世界展示了推动人类社会现代化发展的中国方案。中国式现代化既有各国现代化的共同特征,更有基于自身国情的鲜明特色,是人类社会发展的一项创举,为全球提供了一种全新的现代化模式。有学者认为,中国式现代化为促进各国经济社会发展增添了动力。中国式现代化以中国人民的整体利益为依归,是团结繁荣、共商共享的现代化。中国对于现代化道路的探索以及所取得成就,具有深远的世界意义,正在激励越来越多的国家探索符合自己民情国情的发展道路(张维维,2003)。

同时,中国式现代化也为世界各国携手共建人类命运共同体指明了方向。中国式现代化道路打破了西方现代化话语霸权,开创了文明古国走符合自身国情现代化道路的先河,给世界上那些既希望加快发展又希望保持自身独立性的国家和民族提供了全新选择。中国式现代化是能够造福中国和世界人民的现代化。中国式现代化不仅包含中国创造、中国经验、中国智慧,而且蕴含人类的共同价值、共同梦想、共同追求。全球发展倡议、全球安全倡议与全球文明倡议,就是中国为应对世界之变、时代之变、历史之变提出的中国方案。未来应加强对三个倡议的解读,讲好中国式现代化故事,阐述好中国式现代化对构建人类命运共同体的深刻意义(李君和,2023)。

一般而言,人民币国际化可以划分为三个阶段:需求拉动的追赶型国际化政策、推动的目标性国际化协调、统一的内生性国际化等三个不同的历史阶段(牟灵芝,2023)。还有一些学者是从宏观经济、金融监管、物流经济、科技金融等视角对人民币国际化进行研究的,为了顺应我国经济发展及国际贸易的需求,防范以美元为主的国际货币体系产生的潜在风险,提出以区块链技术为基础的数字货币可以为人民币国际化发展探索新路径,助力丰富人民币国际化(刘惠慧,2022)。

党的二十大提出有序推进人民币国际化,研究人民币的国际化由此成为当前国际金融领域的一大热点问题。目前,人民币国际化建设经过十几年的发展,其水平已大大提升,但是也面临着美元霸权、自身金融开放水平受限、国内外经济环境制约等因素带来的影响。人民币国际化,既是深化改革开放,逐步摆脱制约因素的过程,也是实现全球金融重建、全球金融治理和中国式现代化的必由之路。

二

2023年3月,我国跨境交易中人民币份额的占比超越美元,这是人民币国际化进程中的一个里程碑事件。2010年至今,人民币跨境交易结算占比整体呈上升态势。从跨境交易结算的分项结构看,我国资本市场持续扩大对外开放,资本与金融账户下的人民币跨境交易成为近十年来推动人民币跨境交易结算占比的最重要增量。2023年之前,经常账户下的货物与服务贸易人民币结算占比整体涨幅相对滞后,但2022年以来多重因素引发的去美元风潮显著提升了2023年3月贸易项下的人民币结算占比,加速了人民币贸易结算的扩张进程,这是短期内拉动我国跨境交易人民币首超美元的重要决定因素。中国日益成为开放的经济大国,人民币国际化是一个必然的历史进程。人民币国际化,既是深化改革开放、逐步松绑制约因素的过程,也是加强人民币国际营销、提高人民币国际可接受度的过程,还是实现全球金融重建、全球金融治理和中国式现代化的必由之路。

在实际教学中,我们应当始终坚持习近平新时代中国特色社会主义思想的指导地位,紧跟世界百年未有之大变局与中华民族伟大复兴战略全局的时势变化,通过有关金融史视域下的研究揭示人民币国际化、全球金融治理与中国式现代化进程,努力推动研究的创造性转化与创新性发展,丰富中国式现代化研究的内容和视角,并将其融入新时代马克思主义经济学、金融学的研究体系,在百年未有之大变局下保持清醒的历史自觉。

笔者从金融史的视角,就经济全球化等背景下的人民币国际化、全球金融治理和中国式现代化等问题进行了深入研究,同时结合"一带一路"倡议,以及我国与周边国家(如东盟国家、中亚国家等)地缘邻近、文化习俗相近、贸易往来日渐加深等方面的因素,从金融史研究的综合性视角,特别是从历史渊源的角度进行研究,用世界金融史观研究现实金融问题等,全方位地对人民币的国际化、全球金融治理和中国式现代化进行深入研究。总之,金融史课程的讲授要阐释清楚以下问题:今天中国取得的成就是中国主动实施改革开放的结果;是在中国共产党的英明领导下,依靠中国人民自力更生、奋发图强而取得的结果。这些辉煌的成就绝非西方世界恩赐的结果。

课程讲授的重点是如何在当前人民币已具备了行使世界货币职能的法治信用设施和技术等条件和能力下,进一步建设和提升先进的人民币清算系统,推进数字人民币工程。对人民币国际化关键着力点的研究是全球金融治理、中国式现代化研究的重点内容之一。课程讲授的主要难点有三:第一,伴随人民币国际化,支撑人民币国际化和全球金融治理的背后因素有哪些?未来人民币跨境交易结算占比是否还有进一步的提升空间并保持足够的金融安全和金融稳定?如何从世界金融史的角度对上述因素进行分析。第二,从世界金融史视角,进一步阐释扩大人民币在石油等大宗商品跨境交易中的使用有何重要战略意义;在金融史上,大国崛起进程中如何在工业品贸易、大宗商品计价、金融市场双向开放等几个维度推进人民币跨境交易结算。第三,人民币国际化、全球金融治理与全球金融重建在世界金融史上有何意义和历史作用;如何进一步理解人民币国际化对全球金融治理和中国式现代化的历史地位和历史意义。

课程讲授从世界金融史的视角,就经济全球化等背景下人民币的国际化问题进行深入研究,同时结合"一带一路"倡议以及与周边国家(如东盟国家、中亚国家等)地缘邻近、文化习俗相近、贸易往来日渐加深等方面的因素,从金融史的综合性视角,特别是从历史渊源的角度进行研究,以全球金融史的视角研究现实的金融问题等,全方位研究人民币的国际化、全球金融治理和中国式现代化等问题。

在课程讲授时要注意理论研究与实践的统一、历史与现实的统一:其一,理论研究法。把理论研究和历史研究结合起来。其二,坚持多学科结合,探索从金融史视角研究国际金融的学术理论和思想方法。

通过上述教学回顾分析,可以看到课程讲授选择"人民币国际化、全球金融治理与中国式现代化"这一时代命题,从大国崛起和金融史视域进行研究是一个重要的学术创新实践。我们必须重视这一领域的理论研究和实践探索,继续开辟新时代学术研究工作的新局面。

一是目标明确,理论视角宏大。结合世界金融史研究,深入研究人民币国际化、全球金融治理和中国式现代化。纵观世界金融史,围绕人民币国际化、全球治理,一些学者提出了"战争与相对实力周期论""全球性战争公债与长周期论""帝国的规模与持续时间论""霸权周期论"等众多观点和理论,试图开展一种全局性的解释和预测。然而,这些观点和理论并不足以全面反映人民币国际化、全球金融治理和中国式现代化的全貌。一部世界金融史就是一部人文画卷,它揭示了人性的善恶美丑。一部世界金融史也是一部大国兴衰交替、民族崛起复兴的镜子。在这面镜子中,可以看到金融对于一国经济政治的影响,一国在全球地位的变迁兴衰有深深的金融烙印。

金融史是一门包含众多研究内容的学科,也是一门涵盖政治、经济、文化、历史、宗教、民族、考古等人文科学,汇聚众多学科、综合研究多元文化的知识体系。

二是以崭新的视角,深入研究中国式现代化与全球金融治理、大国崛起等一系列相关问题。

对于"从金融史视域研究人民币国际化、全球金融治理与中国式现代化的地位与历史意义""如何认识人民币国际化、全球金融治理与中国式现代化背后的历史逻辑与现实选择",从金融史视角研究,有助于启发人民币国际化、全球金融治理与中国式现代化的思路。我们应坚持以推动人民币国际化、全球金融治理与中国式现代化为关键抓手,推动百年未有变局与千年金融史等多领域研究。

三是结合前期实践经验,积极探索高校开展中外金融史教学科研的路径、方法及具体措施。

笔者基于开设金融史课程20多年的实践,希望通过课程讲授提升专业课教学和科研水平,提升学生的思想品德和综合素质。将人民币国际化、全球金融治理与中国式现代化的研究融入中国金融史、世界金融史等课程的教学与科研,这一学术思想贯穿于笔者的教学科研进程,以深刻揭示金融史教学的历史和现实精髓。教学内容涉及众多领域,蕴含着丰富的经济内涵、文化内涵和历史内涵。

课程讲授将人民币国际化、全球金融治理与中国式现代化等内容与金融学时代生命力的研究相结合,努力用中华民族的宝贵精神财富、文化财富和文明财富以文育人、以文化人,激发全民族创新创造的激情与活力。课程秉持以育人为中心、以教学为重心的价值导向,增强世界金融史研究视角的实践自觉和科研自觉。笔者认为,在高等学校的教学科研中,要注意将人民币国际化、全球金融治理与中国式现代化等内容以喜闻乐见的形式广泛融入日常教学中。

总之,课程讲授立足于全方位、多角度研究人民币国际化、全球金融治理与中国式现代化,探索金融史研究的新视角和新领域。金融史的研究是一座"富矿",我们要充分应用好这些资源,从中吸取永不衰竭的动力,为中国式现代化的理论和实践贡献学术智慧。

参考文献:

[1]习近平.高举中国特色社会主义伟大旗帜,为全面建设社会主义现代化国家而团结奋斗:在中国共产党第二十次全国代表大会上的报告[M].北京:

人民出版社,2022.

[2]齐世荣,钱乘旦,张宏毅.十五世纪以来世界九强兴衰史(上下卷)[M].北京:人民出版社,2009.

[3]夏炎德.欧美经济史[M].上海:上海三联书店,1991.

[4]亨廷顿.文明的冲突与世界秩序的重建[M].北京:新华出版社,2010.

[5]麦迪森.世界经济千年史[M].2版.北京:北京大学出版社,2003.

[6]弗兰克.白银资本:重视经济全球化中的东方[M].刘北成,译.北京:中央编译出版社,2008.

全球 QS 前 100 大学 FinTech 专业调研以及案例分析

余颖丰

摘　要:金融科技代表全球金融产业发展新动向,各国金融教育界已纷纷开始人才布局。为顺应时代潮流,首都经济贸易大学金融学院拟申报金融科技本科项目,为此,金融科技课题组对全球主要金融科技专业进行了调研。本调研分析以 2023 年 QS 排名为依据,调研了 QS 排名前 100 的北美、欧洲名牌大学(或学院),重点研究美国、英国和欧洲其他发达国家的大学(或学院)。

关键词:金融科技,人才培养,案例分析

一、背景介绍

近年来,我国央行持续发布金融科技发展规划。受新一代信息技术驱动,金融产业正在经历"百年未有之大变局",金融数字化转型进入深水区、攻坚期。为推动高质量金融数字化转型,"为党育人,为国育才",健全适应我国金融产业发展新需求的高校金融人才培养体系,首都经济贸易大学拟申办金融科技专业。目前,国内已有 53 所高校开设金融科技专业,为顺应时代发展,我国高校,尤其是财经类高校,正在积极拥抱此轮科技浪潮,积极寻求突破。众所周知,金融科技(FinTech)和金融工程、量化金融、金融数学、金融统计等专业息息相关,因此本次调研范围覆盖了这类强相关专业。

二、主要调研情况分析

(一)美国

在调研的 26 所美国学校中,有 10 所高校[①]未开设金融科技、量化金融相

作者简介:余颖丰,首都经济贸易大学金融学院副教授,金融科技研究中心主任。宋维嘉、贾晓琪和刘欣硕三位同学全程参与了此次调研,特表感谢。

① 这 10 所高校中有 6 所是公立学校。

关的课程或专业,其余16所高校皆设立了金融工程或量化金融专业方向,但是开设金融科技专业或方向的学校较少,主要有杜克大学(QS排名50位)和纽约大学(QS排名39位)。卡内基梅隆大学(QS排名52位)虽未开设金融科技专业,但其开设的金融大数据专业与金融科技专业较为类似。调研发现,虽然多数大学未开设金融科技方向,但在其金融以及相关专业方向中,开设了金融科技、人工智能、区块链等相关课程。量化金融项目的计算机课程占比不断提高,AI与区块链等前沿信息技术类课程纷纷进入相关课程体系中,金融或与金融相关专硕项目,皆开设金融科技课程。由此可见,金融科技已成为当下全球金融教育中不可或缺的知识要素。

(二)英国

英国目前是金融科技以及相关专业开设较为成熟的国家。调研发现,17所英国高校中,除4所高校外,其余高校皆开设了较为完备的金融科技(或与该领域强相关)的项目,覆盖专硕、博士项目。

1. 项目齐全。以QS排名15位的爱丁堡大学为例,商学院设立金融科技博士学位以及专硕学位,此外,信息学院也接受金融计算科技专业申请,提供专硕学位;该校数学学院也提供计算金融数学专硕学位。QS排名6位的帝国理工,学校提供金融科技专硕学位、风险管理与金融工程专硕学位,并设有金融科技研究中心。

2. 金融科技与计算金融专业数量多。金融科技这一概念最早由美国人提出,而英国高校较热衷使用"计算金融"(或称为计算机金融)。如果不刻意区分计算机金融和金融科技,则17所高校中提供计算机金融和金融科技学位的学校总计13所,剩余的4所则提供量化金融、金融工程等硕士学位。

3. 体现交叉学科办学理念,工学院牵头。调查发现,90%的项目主要以工学院牵头,结合计算机科学专业,体现学科交叉。计算机科学专业或信息学院牵头的项目多称为计算金融专业。总体而言,人才培养模式工程师化程度较高,部分学校甚至要求学生参与工程师培训课程[如工学院常见的顶点(Capstone)课程]。

(三)欧洲(除英国外)和加拿大

除英国外的欧洲其他高校,我们的调研未发现设立金融科技专业的学校,仍然多以量化金融、金融工程专业招生。

加拿大的 3 所著名高校的情况和欧洲类似，未发现设立金融科技专业的学校，同样多以量化金融、金融工程专业招生。

三、案例分析

本次调研重点研究了美国杜克大学的 FinTech 项目、英国 KCL 的计算金融（Computing for Finance）项目和牛津大学的曼恩量化金融研究所的金融项目。详见案例。

案例

杜克大学 FinTech 项目分析

一、学校及学院简介

杜克大学（Duke University）创建于 1838 年，坐落在美国北卡罗来纳州的达勒姆，位于三角研究园之内，是一所私立综合研究型大学，2023 年 QS 排名 50 位，2022 年软科世界大学学术排名第 31 位，具备强劲的科研实力。

普拉特工程学院（Pratt School）专注于工程教育（Engineering Education），下设生物医学工程系、土木与环境工程系、电气与计算机工程系、机械工程与材料科学系和企业工程系，致力于传授跨学科知识，以解决全球社会面临的现实问题。

二、专业课程设置

杜克大学的金融科技工学硕士（Financial Technology Master of Engineering）开设于 2020 年，是两年制 STEM 项目。学生可选择在校上课或在线学习，在校生课程时长 3 学期，在线学习课程时长 5 学期，毕业要求均为修满 30 学分。研究生课程设置主要有五大部分，分别是行业准备核心、技术核心、选修课、顶点项目和实习项目，并结合当下技能需求和行业发展做出课程调整，构成完整的课程体系。

行业准备核心包括高科技产业管理和商业基础，目的在于增强学生对高新技术产业和企业运行的了解以及团队中的领导能力。高科技产业管理通过学习和实践培养学生的团队管理能力和领导意识，使学生在 21 世纪的全球化市场中成为商业专业人士，能够管理和领导他人。商业基础课程从技术型公司的成功案例出发，学生通过学习包括商业计划制定、营销战略、产品开发流程等在内的商业基础知识，以及供应链管理、蓝海战略、门径管理流程等，为今后的深入研究奠定基础。

技术核心课程包括金融科技、编程和金融三部分,学生通过课程学习将掌握C++、金融科技软件工程、资产定价和风险管理相关知识,并对金融机构、产品和服务有深刻了解。课程规定,学生将参加专业发展研讨会和行业领导者的系列演讲,以了解金融科技的发展趋势。金融科技编程以C++为首选,面向没有编程或技术背景的学生开设,使学生快速掌握编程、数据结构和算法零基础的学生还需要在学期开始前完成杜克大学的C语言编程入门课程。金融科技软件工程课程侧重实现小规模设计向大规模系统构架的转变,软件测试也将贯穿课程。金融部分课程重点在于使学生了解金融创新与技术变革,对金融市场中的机构、产品和服务体系有完整理解;资产定价和风险管理课程将使学生深入理解风险与收益之间的关系,了解金融、宏观经济、商业和技术风险,掌握风险的定量评估方法。

杜克大学为金融科技设置了丰富的选修课程,可以分为技术和技术管理两个方向,涵盖算法设计、软件开发、机器学习、区块链、Web3和金融科技行业发展等。该校项目介绍中强调项目注重对学生软件技术的培养,课程辐射到当前金融科技发展的热门板块,尤其贯通App产品研发到后期管理的整个过程。杜克大学设置了Web3工程和安全课程,关注到快速发展的Web3技术和网络安全问题,课程涉及技术开发、法律和商业,能够培养学生的跨学科技能。技术管理方向关注到金融科技产业发展的新兴趋势、商业模式、管理创新和相关法律政策。

课程设置第四部分为金融科技顶点项目,学生将以团队形式为现实世界问题提供解决方案,如养老金与人口老龄化问题,并将方案提交至外部审查小组,以此方式将所学知识应用于实际。第五部门为实习,学生将自行寻找实习岗位,学校的职业发展团队也将为学生提供帮助,实习完成后学生需针对实习经历提交书面报告。

表1　杜克大学金融科技课程设置

课程方向	课程名称	课程设置
行业准备核心 (Industry Preparation Core)	高科技产业管理 (Management of High-Tech Industries)	3 units
	商业基础 (Business Fundamentals for Engineers)	3 units

续表

课程方向	课程名称	课程设置
技术核心 (Technical Core)	研讨会与讲习 (Seminar and Workshops)	0 units
	金融科技编程 (Programming for FinTech)	3 units
	金融科技软件工程 (Software Engineering for FinTech)	3 units
	金融机构产品与服务 (Financial Institution Products & Services)	3 units
	资产定价与风险管理 (Asset Pricing and Risk Management)	3 units
选修课 (Electives)	安全软件开发 (Secure Software Development)	3 units
	算法交易系统的设计和预测 (Design and Testing of Algorithmic Trading Systems)	3 units
	技术驱动型投资决策的量化财务分析 (Quantitative Financial Analysis for Technology-Driven Investment Decisions)	3 units
	算法交易系统的高级设置和测试 (Advanced Design and Testing of Algorithmic Trading Systems)	3 units
	机器人咨询(Robo-Advising)	3 units
	金融科技与机器学习(Machine Learning for FinTech)	3 units
	量化风险管理(Quantitative Risk Management)	3 units
	区块链(Blockchain)	3 units
	高级区块链-智能联系与编程 (Advanced Blockchain-Smart Contacts and Solidity Coding)	3 units
	Web3 工程与安全 (Web3 Engineering & Security)	—
	App 开发 (Mobile Application Development)	3 units
	数据可视化(Data Visualization)	—

续表

课程方向	课程名称	课程设置
	金融科技服务的新兴趋势 (Emerging Trends for FinTech Services)	3 units
	金融科技商业模式 (FinTech Business Models)	3 units
	技术产业的创新管理 (Innovation Management in Tech Organizations)	—
	金融科技法律与政策(FinTech Law and Policy)	3 units
顶点项目 (Capstone Project)	金融科技顶点 (FinTech Capstone)	3 units
实习或项目 (Internship Or Project)	研究生实习或项目 (Master of Engineering Internship or Project)	8~12 weeks 320h
	研究生实习或项目评估 (Master of Engineering Internship or Project Assessment)	—

三、课程分析

杜克大学致力于将课程设置延展到最新的互联网新时代Web3,该校认为Web3对当下人类的认知冲击和转变值得高度重视,并应以学校为载体向学生和社会大众普及,认为Wen3互联网形态将向着更民主的范式转化。Web3指的是在区块链上运行的去中心化应用程序(DApp[①]),所有用户都可以参与构建/使用这些App,而个人数据却不需要被出卖,实现了新的互动水平。Web3将在更大范围信息获取的基础上,为客户提供更为精准和个性化的服务,这种进步也将应用于金融行业,如去中心化金融(DeFi)。尽管Web3仍处于发展的初级阶段,但它的出现也代表了网络技术的发展方向。

杜克大学的FinTech项目由于开设时间较短,目前录取率约为40%,中国学生大多来自国内985高校等,且GPA大都在3.6/4.0以上。商学院金融背景的学生构成项目中的最大群体,这对毕业后想要进入量化金融行业、数字加密货币、区块链智能合约开发等金融科技领域的学生具有很大的吸引力。

[①] 值得一提的是,目前我国DApp的开发属于受到高度监管的敏感领域,因此我国金融科技教育不能完全照搬西方,应根据我国国情和当地社会经济发展需求,动态设置金融科技课程。

杜克大学针对金融科技工学硕士设置了完整的课程体系，辐射至金融基础知识、编程基础知识，金融行业相关法律与政策，在基础之上实现金融与编程的结合与延伸，通过实习将所学应用于实际，搭建了金融科技学习的完整构架，其课程体系与时俱进，关注最新的技术和时代发展，对我国国内的课程设置也有一定的借鉴意义。

伦敦大学国王学院计算金融（Computing for Finance）专业简介

一、学院及专业简介

伦敦大学国王学院（King's College London）是一所世界一流的综合性大学（2023年QS排名37位），其下属的自然、数学与工程科学学院（NME）拥有英国2022年QS学科排名6位的计算机系，计算金融专业为该NME学院所开设的金融与计算机科学相结合的交叉学科项目，旨在帮助学生理解前沿金融科技，包括算法交易、区块链及分布式账簿、高频金融等。在人工智能和大数据科学快速发展的背景下，该专业为学生提供与来自世界各地的计算机领域专家学习的机会，通过广泛学习课程加深对现代计算机理论的了解并提升实践能力。

二、专业课程设置

与传统的商学院金融专业相比，计算金融专业将不仅为学生打下坚实的量化金融基础，还将为学生提供高性能计算、分布式账簿（区块链）、数值方法、大数据分析、基于主体的建模等与计算机科学相关的广泛课程，有助于学生从后危机时代的角度分析金融市场，并结合高频数据、科学计算及机器学习等技术，研究系统性风险及市场间的传染效应等理论。在为期一年的硕士学习中，学生需修满180学分以满足毕业要求，该专业具体开设的课程如表2所示。

表2　硕士专业开设课程

	课程名称	学分
必修课 （Required Modules）	金融中的科学计算 （Scientific Computing for Finance）	15
	金融量化方法 （Quantitative Methods in Finance）	15

续表

	课程名称	学分
必修课 (Required Modules)	金融案例分析 (Case Studies in Finance)	15
	金融中基于主体的建模 (Agent Based Modelling in Finance)	15
	高频金融 (High-Frequency Finance)	15
	个人项目 (Individual Project)	60
选修课 (Optional Modules)	金融市场 (Financial Markets)	15
	数字信号处理基础 (Fundamentals of Digital Signal Processing)	15
	密码学 (Cryptography)	15
	金融数学中的 C++ (C++ for Financial Mathematics)	15
	基于自然启发的学习算法 (Nature-Inspired Learning Algorithms)	15
选修课 (Optional Modules)	金融统计 (Statistics in Finance)	15
	金融系统软件工程及底层技术 (Software Engineering & Underlying Technology for Financial Systems)	15
	分布式账簿及加密货币 (Distributed Ledgers & Crypto-currencies)	15
	安全管理 (Security Management)	15
	机器学习 (Machine Learning)	30

三、就业及深造

计算机金融专业的学生毕业后主要就职于大型金融机构及科技公司,近几年的毕业生去向包括摩根大通(JP Morgan)、摩根士丹利(Morgan Stanley)、花旗银行(Citibank)、阿格斯媒体(Argus Media)、普华永道(PwC)、美团、宁波银行等。除直接就业外,本专业部分毕业生选择读博深造,由于本专业属于交叉学科,毕业生可同时考虑申请金融和计算机两个方向的博士项目,录取院校包括伦敦大学国王学院(King's College London)、布里斯托大学(University of Bristol)、格拉斯哥大学(University of Glasgow)、谢菲尔德大学(University of Sheffield)等。

牛津大学曼恩量化金融研究所

一、学院及专业简介

牛津曼恩量化金融研究所(OMI)致力于解决量化金融的基本问题,重点关注机器学习和数据驱动模型。目标是为市场运作方式提供新的见解,并为财务决策开发新的工具。

该研究所提供了进行创新工作的自由。其主要优势之一是吸引杰出的专家和年轻研究人员到一个促进合作的环境,努力以多种方式促进研究并增加OMI研究成果的影响力,包括交叉协作、研讨会以及提供数据和物理空间。

学术成员来自牛津大学各系,包括工程系、经济学系、数学研究所系、统计学系、赛德商学院系和计算机科学系。准会员身份为学者提供了与OMI的学生、教师和商业研究人员一起工作的机会。

二、研究内容概述

(一)电子交易

不久前,从股票和外汇等流动性大批量资产的语音交易过渡到电子交易。现在,许多机构面临着要将尽可能多的业务转移到电子交易平台上的巨大挑战。计算机根据算法执行订单,并做出实质性决策,无须任何人工干预。开发更好的量化交易算法的需求日益增长。OMI在这一领域的专业知识来自多个方面。在算法交易中,学术成员是算法和高频交易领域的专家。在限价订单簿、最优执行和做市方面有大量工作,其中主要工具来自市场微观结构、随机最优控制和机器学习。

(二)数据分析和数据模式识别

易于访问的大数据集的存在以及从中提取有意义信息的能力将塑造许多研究领域的未来。通过对金融数据历史的分析,再加上从网络中提取的情绪历史,人们可以努力回答对金融市场所有利益相关者都很重要的问题。大型异构数据集需要开发新的方法来更好地描述和检测模式。

OMI旨在使用受益于这些数据可用性的工具进行研究,并努力在机器学习中产生下游金融可应用的新颖算法创新。这方面的例子包括深度学习、时间序列预测、基于图形的机器学习、自然语言处理、强化学习、贝叶斯机器学习或因果推理。回答这些领域基本问题的专业知识可以更好地理解如何执行财务预测,深入了解金融资产之间的连接或允许量化模型预测的不确定性。

(三)自然语言处理

市场主体正在通过文本和音频数据以自然语言格式交换大量信息。社交媒体帖子、新闻文章、央行声明、分析师报告和公司文件只是各种潜在来源的几个例子。现代自然语言处理(NLP)方法的进步允许更加细致和精确的自动化信息处理和信号提取。特别是,传统的表格财务数据与文本数据的融合似乎有望丰富金融和经济分析。

OMI成员在金融领域进行NLP研究,例如通过研究改进的多模态机器学习模型,研究金融环境中NLP模型的关键时间序列结构,以及分析中央银行通信中的新闻信号。

(四)金融中的多智能体系统(多模态大模型)

人工智能的兴起和自主代理的采用将塑造金融市场的许多方面。越来越需要进一步了解多个自主代理的相互作用以及它们对价格、流动性以及金融市场效率和完整性的影响。

OMI处于为相关利益相关者建立必要理论的最前沿,以了解市场如何提高效率以加强竞争,并了解各种风险,例如串通和泡沫。主要工具来自博弈论、随机近似、最优控制和错误指定学习。

(五) 不确定性下的决策、资产配置与定价

在金融领域,风险源于未来结果的随机性(如价格、需求、供应等的意外变化),以及假设模型是金融系统的正确表示。在这两种情况下,决定什么是最佳财务战略或政策,都需要深入了解关键财务变量如何相互关联,以了解系统并做出预测。

四、结论及启示

(一) 主要结论

目前,金融科技作为专业开展人才培养的项目,在美国较少,在英国较多。美国虽少,但也不乏值得借鉴的亮点,如杜克大学的 FinTech 项目;英国高校大多皆开设有较为完备的金融科技(或与该领域强相关)的项目,多数以工学院为主,和计算机科学专业形成交叉学科,项目较为齐全,覆盖专硕、博士项目;其中 KCL 的计算金融(或称计算机金融)专硕项目较有特色。总的来看,金融科技专业仍然较少,主要原因是欧美设有金融工程、量化金融等相关专业。调研发现,目前欧美的量化金融的计算机课程占比不断提高、AI 与区块链等前沿信息技术类课程纷纷引入。

另外,金融或与金融相关专硕项目,皆开设金融科技课程,金融科技已成为当下全球金融教育中不可或缺的知识要素。从课程来看,C/C++ 仍然是西方主流的金融科技、量化金融专业首选的编程语言。

(二) 对我校的启示

1. 继续坚持交叉学科办学理念

在调研中发现,计算机课程(软件工程、算法与结构、计算机网络、C/C++)、人工智能与大数据(深度学习、机器学习、NLP、多模态大模型、多智能体博弈)等交叉学科课程的比重在课程设置中的占比越来越高。我院应持续加大硬件设备投入,开设更为细化的 AI+金融课程、计算机专业+金融课程,持续引入具有交叉学科背景的师资。

2. 继续坚持前沿技术推动的办学理念

以杜克大学的金融科技项目为例,该项目主要基于 Web3 和区块链技术,设立整个项目。目前我院金融科技方向,立足四大前沿技术(AI、区块链、量子计

算与)设置课程,符合这种办学理念,但相较于单一突出 Web3 技术,我院的办学理念更为全面。

3. 继续坚持紧扣国家发展战略的办学理念

仍以杜克大学的金融科技项目为例,该项目主要是基于 Web3 技术,强调 DApp 软件工程开发与管理,这和美国的金融产业发展与监管契合,但是和我国金融监管国情相差较远。此外,我国软件开发的人力成本远低于美国,因此大量引入诸如手机软件工程开发与管理的课程,似不符合当下我国金融科技人才培养的定位。此外,目前我国金融科技发展的问题主要集中在国产芯片软硬件、AI 开源算法落地金融场景困难,如何维护金融底层设备与数据安全是金融科技研发人员主要关注的焦点和难点;在我国金融系统全面更新国产化设备的背景下,如何引导学生毕业后进入国内金融机构后利用国产软硬件设备开展工作、解决问题、释放国产软硬件算力,是当下金融科技人才培养的难点和重点。因此近期我院金融科技教学采取和华为等国内一流科技企业合作的模式,开设金融芯片与算法设计等前沿课程,这些举措都是为了直面教学育人中的难点进行的教改尝试。

4. 自强自信办好人民满意的"新金融教育"

近期我校分类发展项目标书中提到"近年来,首都高校在探索发展中国微观金融理论和实践中,开始从全球金融科研圈中'参与者'向'变革者''局部领先者'转变,已有厚积薄发之势"。经过此次调研,我院金融科技人才培养和课程体系有其"先进性",比如:量子计算对金融的影响已不容置疑,量子计算商业化也指日可待。目前全球 QS100 高校仍未在量子计算+金融领域开展人才培养,而我院已于 2022 年上半年开设"量子计算在 AI 金融中的应用"课程。此外,我们已将前沿虚拟现实技术引入教学和人才培养中,在多种场合展示"元宇宙虚拟现实技术+金融教学",获得各界一定的好评。

基于 Workshop 教学法的实践探索[①]

张琳琬

摘　要：新文科建设要求财经类高校培养具有一定科研能力的本科拔尖创新人才。本研究基于 Workshop（工作坊）教学法促进本科高年级学生参与学术研究，有利于确立学生在学术创新活动中的主体地位，为财经类高校的学术型拔尖创新人才培养探索出一种可行方法。

关键词：拔尖创新人才，Workshop 教学法，新文科

当前，正处于百年未有之大变局下，新文科建设承担着构建中国特色哲学社会科学体系、坚定文化自信、培养新时代文科人才的重任。财经类专业作为新文科建设的重要组成部分，集中资源推进财经类高校拔尖创新人才培养，是新文科建设理念的应有之义，为财经类高校深化教育教学改革的重要内容。一方面，培养人才是大学教育的核心职责，向社会输送高质量人才是高等院校建设的主要目标之一。另一方面，创造性人才是建设创新型国家的关键，也是中华民族实现伟大复兴的关键（林崇德，胡卫平，2012）。因此，高校教师在教学改革实践当中，除了严抓学生的基础知识学习、提高教育教学质量之外，还应当注重开发学生的创造性潜能，活跃学生的思维，让学生初步接触科研，学会怎样做科研，从而培养学生学术志趣，激发学生的创新热情，提高学生的科研水平。

随着人工智能、大数据、区块链以及物联网等新一代信息技术的迅猛发展，新时代财经类拔尖创新人才除了应当掌握现代财经理论知识技能之外，还应掌握先进研究方法，拥有科学精神和创新思维能力。Workshop（工作坊）教学法正被越来越多地应用到课堂教学当中，培养学生的创造性思维创造力与综合能力。如何借助 Workshop 教学法促进本科高年级学生参与学术研究，成为探索

[①] 本文受到 2022 年首都经济贸易大学校级教改立项青年项目"本科生学术拔尖创新能力培养模式研究——基于 Workshop 教学法的实践探索"的资助。

作者简介：张琳琬，首都经济贸易大学金融学院教师。

拔尖创新人才培养的重要尝试。本研究通过在财经类高年级本科中实施Workshop教学法下的科研训练，引导学生建立初步的科研思维，探索本科生与研究生、人文社科与理工科拔尖创新人才培养模式的异同，为探索适合我国新文科建设的具体路径提供实证资料。

一、Workshop 教学法的内涵以及与当前世界形势的关联

当前的中国"比历史上任何时期都更加渴求人才"。习近平在中央人才工作会议上提出，新时代实施人才强国战略的总体目标是加快把中国建成世界重要人才高地和创新中心[①]。研究表明，一个国家的科技发展主要依赖研究型大学。克拉克在《探究的场所：现代大学的科研与研究生教育》中提出要建立"研究-教学-学习连接体"，从而大范围地把教学与研究结合起来。特别地，他提出要在本科高年级建立与研究生教育相似的研究-教学-学习连接体，落实研究与教学相结合的大学理念，在研究中培养学生的研究能力和专业能力（赵炬明，2023）。达利欧在《原则：应对变化中的世界秩序》一书中提出，教育和创新与技术是现代经济兴衰指标中的前两位，并能够最终决定国家的经济主导权。当前中国在科技领域受到美国的长期围堵，想要突破美国打压，实现高水平科技自立自强，需要根据我国当前的科技发展水平的现实情况以及未来的愿景，深入探索，反复对照，探索出有中国特色的拔尖创新人才建设道路。

由于专业和就业市场的特点，财经类高校主要培养能够快速进入工作岗位的应用型人才，与理工类乃至综合类大学相比，缺乏培养学术型人才的经验的条件，甚至有一些财经类高校的教师和管理者并不认同培养学术人才的必要性，觉得"能赚钱""好就业"是财经类高校的主要目标。对于这样的观念，教育部提出，新文科建设要推动哲学社会科学与新科技革命相融合。这就要求高校人才培养从单纯培养高级经济管理专门人才向培养拔尖创新型人才、高级经济管理人才和合格的应用型经济管理人才并举转变。传统教学模式中，重点是知识的"记忆"和"理解"，教师讲、学生听，这种方法更适用于基础知识和基本技能的教学，对拔尖创新人才的培养作用有限（田爱丽，2016）。而大学特别是高水平研究型大学，有资源和能力肩负起培养拔尖创新人才的责任（李志义，2007）。

---

① 习近平. 深入实施新时代人才强国战略，加快建设世界重要人才中心和创新高地[J]. 求是，2021(12).

Workshop 教学法有别于传统教学中单向的、一方传达一方被动接受的教学方式,更强调教师在教学过程中引导学生围绕资料自主学习,建构认知框架,是一种互动的、平等的、主动参与型的教学。工作坊一般以一名在某领域富有经验的主讲人为核心,小团体在主讲人的带领下,通过活动、讨论、展示等多种形式,共同探讨和学习某个话题。这一模式有利于确立学生在学术创新活动中的主体地位,激发他们的主观能动性。本研究拟在总结在学术型拔尖创新本科人才培养模式的已有经验的基础上,分析总结以往经验,实践探索基于 Workshop 教学法的本科生学术拔尖创新能力培养模式,培养学生的学术志趣,助力入选学生在进一步深造中提高学术优势,为财经类高校的本科生学术型拔尖创新人才的培养提供新的思路。

二、基于 Workshop 教学法培养本科创新人才需要解决的关键问题

本项目的研究目标是在新文科建设的背景下,针对财经专业类院校的办学特色和经济社会需求,创新教学模式,因材施教,探索符合学生成长规律的基于 Workshop 教学模式的拔尖本科学术型创新人才培养的路径,为建设研究型大学拔尖创新人才培养提供经验。具体地,要形成在实际教学过程中可落地实施的方案,建立长效的本科学术型 Workshop 人才培养机制,培养学生的学术志趣,助力入选学生在未来深造过程中积累学术优势,争取产出优秀本科生毕业论文并在国内外权威期刊上发表。

根据研究目标,本项目要解决以下几个对培养学术创新型人才具有重要意义的关键问题。

(一)明确财经类高校本科学术型创新人才的培养目标

大力推进兼具科研兴趣和水平的人才培养是新文科建设理念的应有之义。与建设创新型国家和研究性大学对人才的实际需求相对照,与综合性大学和理工类专业相对比,财经类专业人才的创新意识和实践能力还需要极大加强。传统的教学模式主要是以课堂为中心,以教师为主体,以书本为主要载体的课堂面授模式,无法将理论和实践有机结合起来,无法很好地提升学生的实践创新能力,不能满足新时代人才培养的需要。

当前财经类本科毕业生的市场评价有下降的趋势。理工类乃至综合性大学拥有成体系的基础类学科,并有传承的学术培养体系和项目群,在学术型人才的培养上起步较早,模式也较为成熟,取得了较为显著的成绩。而财经类高

校长期以培养应用型人才为主要目标,经过近十年的"财经热",原有教育目标下培养出的本科毕业生已供大于求。为了适应社会对财经类人才的需求,财经类专业本科人才培养必须贯彻多元化培养目标理念,突出特色化、学术型创新人才个性化人才培养模式,对不同层次的人才培养采用不同的教学要求,其中就包括拔尖本科学术型创新人才的培养——加大数理和计量训练强度,强化学生构造经济理论模型和实证分析的技能技巧,组织学生参与科研实践,提升学生的知识应用能力和创新思考水平。

(二)构建和设计科学有效的 Workshop 教学模式

科研创新能力指的是个体应用科学方法探究问题、解决问题、得到创新成果的能力(叶晓梅、马莉萍,2022)。Workshop 教学模式应用于教学过程中,有利于确立学生在学术创新活动中的主体地位,激发学生的主观能动性,提高高校教师的科研能力和研究生的学术能力,但是 Workshop 在本科教育阶段的应用还处在初始阶段。

首先,分析培养需求,设立教学目标。前期要通过问卷、访谈等方式方法,了解有意愿参加项目的高年级本科生的主要诉求,了解已经掌握的知识体系和研究方法,选拔一批有潜质、有内驱力的学生作为培养对象。与学生共同进行科研题目的选取,不做假大空的研究。根据研究目标,设计完善的研究方案,并根据效果及时进行调整。

其次,由导师进行材料准备。学术训练阅读材料主要选用本领域国内和国外权威期刊论文、NBER 工作论文、前沿学术著作等。材料在学期初即发放给全部学生,让学生有充足的时间阅读和讨论,并且独自或者以小组的形式对学术材料进行总结性汇报。

最后,明确学生的主体地位,发挥教师的引领和管理作用。教师在掌握参加对象的需求后,要有技巧地建立浓厚的讨论氛围。文科类的研究不同于基础学科,没有实验室和实验器械,容易缺乏研究氛围。导师应充分调动学生参与互动,因材施教,营造高效、积极的学术氛围,进行过程指导和结果评价,促进他们学术能力的提高。同时,注重材料与和互动经验的融合,做到理论与实践相结合。本科生要能够独立完成一篇权威论文的阅读和宣讲,并以小组形式开展相关研究;研究生以小组领导形式组织研究的开展和论文的撰写。最后由导师进行评价和修改,完成整个学术研究过程。

(三)构建本科学术型创新人才 Workshop 教学模式的培养评价标准体系

不同于传统的教学模式,只需要通过考试手段评价学生的学习效果,在 Workshop 教学法驱动下的培养模式下,一个合理的评价体系至少要包括以下两个方面:

一是动态评价,即过程质量评价。要了解学生在参与过程中的所思所想,并加以适当的引导。实行多次选拔、动态进出机制,将最有潜力的学生选入计划进行培养。

二是全面评估,即成果质量评价。从内容和形式两个维度对 Workshop 成果进行评价,包括选题是否具有重要和新颖性,结构是否规范完整,文章的模型和方法是否正确,论文是否有边际贡献,论文排版格式是否正确、整洁,最终建立有效的质量监控体系,并对 Workshop 全流程进行质量把控。除了对课程本身的成果进行评价之外,还应对学生的整体素养进行考核,包括在训练过程中学生是否体现出求真务实的科学精神和创新思维能力,具备较为扎实的数理基础以及适应时代变化的全方位能力。

三、Workshop 教学模式的初步效果及改进设想

本项目通过请高年级本科生参加 Workshop,在阅读论文的讨论过程中充分交流,提高学生的参与度和积极性,从而让学生主动参与到科研中来,在展示交流、问题讨论和论文撰写中进行初步的科研训练。借助于 Workshop 模式,帮助学生进行学术问题的分析和应用,并通过工作论文的呈现对学术的学术效果进行评价,完成学生高层次思维的塑造。

当然,在实践过程中,Workshop 教学法在高年级本科生的科研训练中也存在一些需要改进的问题。

首先,本科高年级阶段往往处于青春期(20~25岁)(博格,2014),通常会表现出科研成就动机弱、科研训练主观能动性低等问题,自身的科研志趣大概率尚未建立,并且缺少科研训练,较难投入到科研活动当中。如果学生自己没有较强的自我驱动力,再好的教学设计都无法唤起学生的学习热情,反而可能造成学生的心理压力(陆一、史静寰,2014),是另一种形式的"内卷"。

其次,人文社科特别是财经类专业的研究具有知识范围宽泛、知识发展非线性、与具体实践结合更为紧密等特征(顾健民,2006)。本科高年级学生社会阅历较浅,对经济社会和金融市场的理解程度不足以支撑开拓性的研究。

对此,本文提出以下建议:一要遵循人格发展规律,帮助学生建立学术志趣,对学生的学习状况进行动态关注,提供有针对性的辅导和支持,以提升拔尖创新人才的培养成效。二要关注学科差异,财经类专业领域不能一味照搬理工科的学术训练模式,应该秉持更为开放的心态,鼓励学生从市场中、实践里找问题、找数据、找方法,防止学生思维过早固化,做"接地气"的研究。

参考文献:

[1]林崇德,胡卫平.创造性人才的成长规律和培养模式[J].北京师范大学学报(社会科学版),2012(1):36-42.

[2]伯顿·克拉克.探究的场所:现代大学的科研与研究生教育[M].浙江教育出版社,2001.

[3]赵炬明.从跟跑到领跑:美国的经验与中国的未来:中美科技竞争下美国科学体系与研究型大学制度研究系列之一[J].高等教育研究,2023,44(1):25-45.

[4]瑞·达利欧.原则:应对变化中的世界秩序[M].北京:中信出版集团,2022.

[5]田爱丽.转变教学模式促进拔尖创新人才培养:基于"慕课学习+翻转课堂"的理性思考[J].教育研究,2016,37(10):106-112.

[6]李志义.谈高水平大学如何构建本科培养模式[J].中国高等教育,2007(Z3):34-36.

[7]叶晓梅,马莉萍.贯通式培养博士科研创新能力的动态发展:基于某顶尖大学不同学科十届博士的追踪研究[J].高等教育研究,2022,43(12):77-86.

[8]杰瑞·博格.人格心理学[M].陈会昌,译.8版.北京:中国轻工业出版社,2014.

[9]陆一,史静寰.志趣:大学拔尖创新人才培养的基础[J].教育研究,2014,35(3):48-54.

[10]顾健民.学科差异与学术评价[J].高等教育研究,2006,27(2):42-46.

新时代金融学核心课程思想政治教育内容的挖掘与融入研究[①]

张 路

摘 要：推进高校课程思政建设是落实习近平总书记关于高等教育重要论述的重要内容。本文结合金融学课程的授课实践，在总结相关挑战的基础上，讨论了思政元素的挖掘和思政元素融入金融学的策略，以及在教学方法和手段方面的相关改进。

关键词：思政元素，课程建设，金融学，红色金融

一、引言

习近平总书记2016年在全国高校思想政治工作会议上提出了新时代关于高校立德树人的重要指示，将高校思政教育提高到国家战略的高度。为了切实贯彻党中央和教育部《高等学校课程思政建设指导纲要》文件的精神，高校教师需要立足于本学科和所授课程实际，把思想政治教育贯穿人才培养体系，全面推进高校课程思政建设，发挥好每门课程的育人作用，提高高校人才培养的质量。

在包括首都经济贸易大学在内的国内财经类高校的金融类本科专业课程体系中，金融学课程占据着核心位置，并且承担着向其他经济管理类专业本科生介绍金融学知识的重要任务。金融学课程在首都经济贸易大学金融学院几代授课教师的共同努力下，已经形成了较为完整的体系，积累了丰富的教学经验，并获得了良好的教学效果，被评为北京市核心课程。但是在思政课程建设的新形势下，现有金融学课程依然存在着一些不足，尤其是"重前沿知识，轻思政教育""重西方经验，轻中国实际"等问题。

[①] 本文受到首都经济贸易大学校级教改课题"新时代思想政治教育有效融入金融学课堂教学研究（01592354204091）"的支持。

作者简介：张路，首都经济贸易大学金融学院副教授；主要研究方向：地方政府债务、家庭金融、气候金融。

在这样的背景下，作为金融学的授课教师，需要思考如何有效挖掘课程中所蕴含的思想政治教育资源，以更加生动的形式将思政内容融入日常的教学活动中，在教学内容、教学方式和考核环节进行大胆创新，从而在潜移默化中培育大学生的思想意识，实现思政内容"进教材、进课堂、进头脑"，寓价值观引导于知识传授和能力培养之中，帮助学生塑造正确的世界观、人生观、价值观。增强学生对党的理论的政治认同、思想认同、情感认同，坚定中国特色社会主义道路自信、理论自信、制度自信、文化自信。

本文将结合笔者的教学思考和教学实践，从引入思政元素的挑战，教学的设计等方面详细论述。

二、金融学课程中引入思政元素的困难与挑战

尽管多年来在知识内容、教学手段和国际化方面取得了长足的发展，但在思政课程建设的新形势下，现有金融学课程依然存在着一些不足，尤其是"重前沿知识，轻思政教育""重西方经验，轻中国实际"等问题，与中央提出的大学课程思政"进教材、进课堂、进头脑"的目标存在差距。下面列举出一些代表性的问题，并在后面的部分提出笔者的改进思路。

（一）红色金融元素有待挖掘

金融学课程中蕴含着丰富的思想政治资源。中国共产党从革命战争时期到社会主义建设期在金融领域进行了大量工作，包括井冈山根据地红军造币厂、中华苏维埃共和国国家银行的设立，以及各个根据地的金融实践。这些红色金融活动对支持革命斗争和根据地建设，并最终夺取新民主主义革命的伟大胜利做出了不可忽视的贡献，体现了我党对金融工作的卓越领导，是当前我国各项金融工作一笔不可或缺的精神财富。这些鲜活生动的历史对培养大学生的正确思想意识，坚定对党和社会主义金融事业的信任具有重要的意义。但是在以往的金融学教学实践中，对这些思政元素的挖掘比较欠缺，部分任课老师和同学认为这些内容"不是金融学的主干知识"，"对未来的科研和就业没有帮助"，从而有意或无意地忽视了相关内容的讲授和学习。

（二）中国特色与中国故事有待提炼

与西方国家相比，我国市场化的金融活动和金融体系建立时间不长，大量的金融制度和金融市场的相关知识需要从国外引进。这一现实在金融学课程

教学中具体体现为大量采用或参考英文教材和课程体系。这样做,当然有助于让学生快速掌握前沿的金融学理论和实践知识,但其弊端也不容忽视:西方教材和知识体系必然带有意识形态因素,不利于巩固大学思想理论阵地。此外,对于改革开放以来金融事业在党的领导下取得的重大成就提炼不够,总结不足。

为此,笔者在教学实践中特别注重对于中国特色金融体系和中国故事的讲授,增加了课程中关于改革开放40年中国金融改革实践内容的比重,具体包括资本市场建立、国有银行改革、汇率制度改革和利率市场化等。通过对这些内容的梳理和讲解,有助于增强学生对党的理论的政治认同、思想认同、情感认同,坚定中国特色社会主义道路自信、理论自信、制度自信、文化自信。

(三)教学形式有待改进

由于思政内容的特殊性,如何将之生动有机地融入金融学教学过程中,达到"提纲挈领,画龙点睛"的效果,需要任课教师从教学形式和教学方法上做出创新。生硬塞入相关内容可能会造成突兀感,从而降低学生的学习兴趣。为此,笔者积极探索金融学思政教学新方法、新模式,力图在授课形式、授课内容方面进行创新,激发学生学习思政内容的兴趣,真正做到思政教育"进头脑"。

三、金融学思政课教学实践

针对困难与挑战,笔者以"商业银行经营管理"一章为例,介绍如何在金融学课程中有效融入思政元素,并在教学手段和方法方面进行创新。

(一)思政元素挖掘

1. 中国历史中已经产生了现代金融中介机构的雏形

中国历史上的信用行为发端于先秦时期,在秦汉唐宋不断发展,在《周礼》中已经有政府借贷机构"泉府"的记载。唐宋时期,无论是私人还是政府信贷业务都很发达。私人的放款业务的供给方主要是富商,而政府放款沿用了公廨本钱的方式,并形成了一种经常性制度。提供存款服务的主要是寺院,并且诞生了世界最早的支票型信用工具——书帖。北宋王安石变法中的"市易法"和"青苗法"也规定了对民间发放抵押贷款和农业贷款的内容。

明清时期,中国产生了具有现代商业银行特征的金融中介机构的雏形。典型的金融机构包括典当行、钱庄(银号)、票号等。以典当行为例,康熙三年,全国有大小典当行两万多家。其业务不仅局限于抵押贷款(典当放贷),还包括信用贷款,存款和货币兑换业务。由于其重要的金融影响,清政府曾经试图拨白银给典当行充作资金,并通过它们吸收铜钱送往官钱局,以便平抑钱价。可见,典当行已经能够承担政府推行货币政策的工具。另一种典型的金融中介机构是票号。它的产生源于商人在不同地区进行贸易时的资金汇兑需要。乾隆年间,山西商人创建第一家票号之后,这种机构很快风靡全国。

但鸦片战争之后,列强打开中国国门,外国金融机构涌入中国,并凭借着雄厚的资本和各种特权挤压中国民间金融中介的生存空间,最终导致了这些机构的衰落。

2. 以史为鉴,充分警惕帝国主义对中国人民的金融掠夺

鸦片战争之后,帝国主义国家通过在中国设立银行,掌握政府存款、发行纸币、操纵国际汇兑,控制中国贸易和金融市场。外国银行利用中国的钱庄和买办,向小手工业者和农民发放高利贷,最终形成了高利贷盘剥网络,使得外国银行能够轻易通过调整利率操纵市场,获取高额利润。

帝国主义列强还通过货币贬值的金融手段大幅倾销工农产品,转嫁经济危机。1934 年,美国实行白银政策,人为提高白银收购价格,导致中国国内白银多数外流,国内银价上涨,通货紧缩,农产品价格大跌。这也导致国民政府被迫将原有的白银本位制转变为盯住英镑的本位制,从而丧失了部分货币主权。

除了金融结构,在华帝国主义其他机构和个人也趁机对中国农民进行直接的高利贷盘剥。据《中国近代农业史资料》记载,山西没有一个教堂不放高利贷。晋西当地的银号用 30%~40% 的年利率向当地一家教堂和医院借款,再以60% 的年利率借给贫苦农民,教堂的牧师和医院的医生来山西不到 10 年便成了富翁。

3. 树立"坚持党对金融工作领导"的正确观念

从大革命时期的衙前信用合作社、浏东平民银行,到土地革命时期的井冈山红军造币厂和苏维埃共和国国家银行。我党在进行革命斗争的同时一直高度重视金融工作,并且一直坚持对于金融工作全面和正确的领导。

毛泽东同志在 1928 年 10 月为中共湘赣边界第二次达标大会撰写的决议中首次告诫党要重视经济问题、解决经济问题,否则革命将遭到很大的困难。1933 年 8 月,毛泽东在《必须注意经济工作》的讲话中对经济战线的理念和思路再次做出及时回应,"革命战争的激烈发展,要求我们动员群众,立即开展经济展现上的运动,进行各项必要和可能的经济建设事业。号召群众购买公债,

发展合作社,调剂粮食,巩固金融,发展贸易,号召他们围着这些口号而斗争,把群众的热情提高起来"。

在党中央和毛泽东同志的高度重视下,中华苏维埃共和国在诞生伊始,就决心在苏维埃区域内创建独立自主的统一金融体系,并建立自己的国家银行。1932年2月1日,在敌军围困的战争环境中,中华苏维埃共和国国家银行在瑞金宣告成立。国家银行在苏区的主要工作包括:

(1)集中货币发行权,发行以银圆为本位的可兑换货币;

(2)想方设法开源节流,充实国家银行资金实力;

(3)建设统一的货币体系,科学管控发行量和流通量;

(4)发行经济建设公债。

这标志着中国新民主主义和社会主义金融事业的重大进展。

最后,我们还要回顾一下中国银行业发展的历程(见图1)。长期的革命斗争和社会主义建设实践有力地证明,坚持党对金融事业的领导是我国金融事业能够实现长期稳定发展的根本保证。

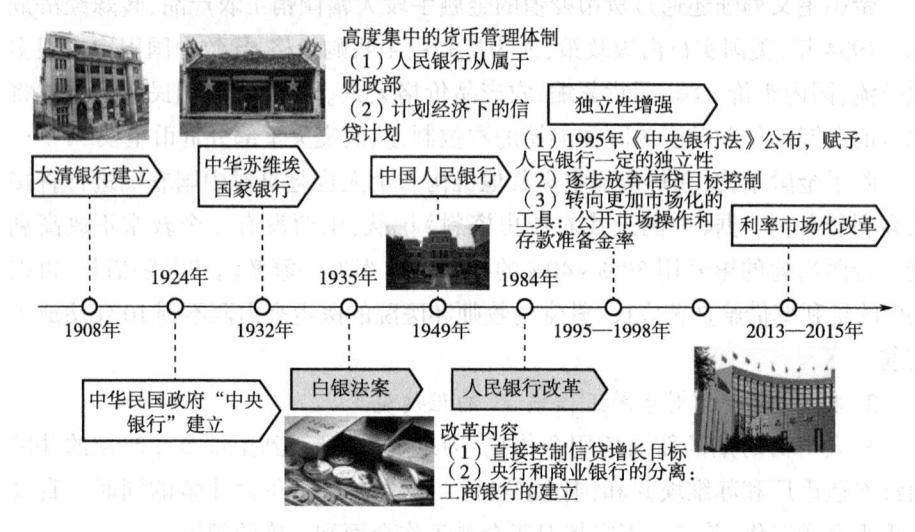

图1 中国银行业发展历程

(二)教学方法创新

1. 教学方法

针对"知识延伸""思政融入"两个层次的教学目标,本课程主要采用问题导向的启发式和互动式教学方法。在教学过程中,教师在理论讲解之外,安排学生以小组形式合作深度挖掘给定主题中的思政元素,以小组展示形式进行报告,并组织课堂讨论。此外,授课教师还通过图片展示、观看纪录片等多媒体手段,使学生深刻领会商业银行业务、管理原则和所蕴含的思政元素。

2. 教学手段

采用多媒体课件、短视频与传统板书相结合的方式进行教学活动。多媒体教学形象生动、信息丰富,学生易于接受,主要用于本节课的基础知识讲授。多媒体教学本身就是对学生知识的一种拓展,可以多层次地加大学生的信息量。期间通过"启发式"的问题引导,可以很直观地加深学生对本节课重点和难点的理解。板书在讲授一些特定知识点(如资产负债表结构、银行的流动性管理)时,具有形象直观、互动性强的优势。

参考文献:

[1]习近平.思政课是落实立德树人根本任务的关键课程[J].求是,2020(17).

[2]中国金融思想政治工作研究会.中国红色金融史[M].北京:中国财政经济出版社,2021.

[3]赵继伟.课程思政建设的原则、目标与方法[J].中南民族大学学报(人文社会科学版),2002,42(3).

以案例挖掘推动国际金融学思政教学深度的扩展
——以 2022 年人民币汇率波动为例

赵 然

摘 要：国际金融学所有理论的核心最终都会落脚到国际货币与汇率上，课程当中的每个理论知识点基本上都和人民币的国际化发展以及中国在全球经济金融领域的崛起有很强的关联，在教学过程中，教师需要不断将思政理论落实到课堂中的每个环节。本文以人民币汇率 2022 年以来的大幅波动为例，详细阐述国际金融学案例教学的架构和团队的教学经验方法。

关键词：国际金融学，案例教学，人民币汇率

一、引言

现在世界正处在百年未有之大变局中，今天的中国比历史上任何时期都更接近中华民族伟大复兴的目标，世界舞台中央离我们仅有一步之遥。中国已经成为当之无愧的全球经济发展引擎，同世界的联系更趋紧密，相互影响更加深刻，我国意识形态领域面临的形势和斗争也更加严峻。在这样的时代背景下，对国际金融学教学的难度和深度都提出了更高的要求，如何将思政思想落实到每一堂课中是每一位老师当下最应该思考的问题。国际金融学所有理论的核心最终都会落脚到国际货币与汇率上，课程当中的每个理论知识点基本上都和人民币的国际化发展以及中国在全球经济金融领域的崛起有很强的关联。在国际金融理论框架下，梳理建党百年国际金融治理实践，并在此基础上研究人民币国际化的路径和实施战术正当时。

在教学过程中，教师需要不断将思政理论落实到课堂中的每个环节，比如，增加案例分析帮助学生理解中国在国际金融体系中的核心地位以及人民币在国际货币体系中地位的日渐提升；通过汇率决定理论促使学生理解人民币没有长期贬值的基础，人民币终将成长为核心国际货币；通过人民币汇率的案例学

作者简介：赵然，经济学博士，首都经济贸易大学金融学院副教授；主要研究领域：国际金融与人民币国际化。

习让学生了解到中国央行货币政策的前瞻性,并理解中国央行货币政策的稳定性使得中国市场抵御外部金融市场风险的能力大大加强;通过结合内外均衡理论和全球外部环境的现状,加强学生对中国的经济政策稳定性和独立性的理解。

下面将以人民币汇率2022年以来的大幅波动为例,详细阐述国际金融学案例教学的架构和我们团队的教学经验方法。

二、国际金融学课程思政体系案例应用举例

2022年4月1日以来,人民币对美元汇率最高贬值超过4 700点,贬值幅度达到7.5%,美元兑人民币在岸汇率已经回到2020年9月的高点。也就是说,短短一个月时间,人民币的跌幅就已经覆盖了过去一年半的涨幅,如此之快的贬值速度让市场愕然。造成此次人民币快速贬值的原因是多方面的。从2020年5月开始,人民币进入了快速升值的通道,截至2022年2月底,人民币对美元已经连续升值了22个月,累计升值幅度超过12%,连续升值本身就面临回调压力,只是市场一直在等待一个风口来释放这个压力。不可否认,国内目前连续多点暴发的新冠疫情以及美联储的强势加息态势,使得这个风口来得过于猛烈,确实超出了市场的预期。受到美联储加息预期的影响,美元指数连创阶段新高,美债收益率持续走高,4月初开始,中美国债收益率开始出现倒挂,2年期到10年期的美国长期国债的收益率水平均超过了中国国债,这是2015年"8·11"汇改以来首次出现的情形,中美国债收益率倒挂会在短期给中国的国际收支和人民币汇率带来很大的下行压力。

需要明确的一点是,4月以来,美联储超预期的鹰派态度造成外资不仅从中国流出,更是加速从全球主要经济体流出,欧元、英镑和日元对美元的贬值幅度分别达到7.5%、7.9%和8.3%,均远远超过人民币,相比之下,人民币汇率表现得依然相对坚挺。长期来看,人民币没有对美元趋势性贬值的基础,首先,经典汇率决定理论告诉我们,长期汇率是由两国相对物价水平,即货币的相对购买力决定的。美国的通货膨胀水平仍然远远高于中国,而且这个趋势在未来中期范围内很难逆转,人民币没有对美元长期贬值的理论基础。其次,归根结底,汇率是一国政治经济实力的外在表现形式,是由一国的财富创造能力决定的。中国的制造业和经济基本面只是暂时受到了疫情的冲击,这一定不会成为中国经济发展的常态特征,毕竟中国制造在全球产业链中的地位已经远远超过5年前,中国产品的不可替代性日益凸显,中国强大的市场基础和经济发展韧性将

是稳定人民币汇率的最核心力量。

本文将着重从理论、宏观经济基本面和政策支持三个方面来详细分析人民币没有对美元长期贬值的基础,现在出现的快速贬值只是受到短期国际经济环境和新冠疫情冲击后的汇率超调反应。

(一)人民币不会对美元趋势性贬值的理论基础

汇率决定理论中有两个非常经典的模型,即利率平价理论和购买力平价理论,前者是中短期汇率决定理论,而后者则主要是长期汇率决定理论。虽然这两个理论都有很多前提假设条件,但是不可否认,在汇率趋势的判断上,两个理论还是可以给出一个相对准确方向的。

1. 利率平价理论

(1)理论介绍。各个国家金融市场之间的联系比商品市场之间的联系更为紧密,国内金融市场的变动会很迅速地传导到国际金融市场中,汇率无疑在这中间起到了非常重要的桥梁作用。利率是一国金融资产的对内价格,汇率是一国货币的对外价格,它们之间有着天然的紧密联系,彼此之间的影响深刻而复杂。利率平价理论从资金流动的角度,通过比较国内资产和外国资产的预期回报率,很好地总结了利率和汇率之间的关联,可以有效解释外汇市场中短期汇率的形成机制。

利率平价理论有三个重要的理论假设前提:①国际资本可以在两国金融市场之间自由流动,且可以对任何冲击做出迅速的反应,即不考虑市场摩擦与成本;在现实的国际金融市场中,资金流动非常迅速,所以利率平价理论的这个假设始终可以较好地成立,具有坚实的分析基础。②两国货币均为完全可兑换货币。③两国金融资产的风险性和流动性一致,即金融资产之间是完全可替代的。

基于以上假设,利率平价理论提出投资外国金融资产的预期回报率由两个部分组成:外国金融资产的利率以及外国货币相对本国货币的预期升值率。以人民币对美元汇率为例,如果 $R_¥$ 代表以人民币度量的中国1年期国债收益率,则以人民币度量的美国1年期国债收益率就可以用以下公式来表示:

$$R_\$ + \frac{E^e_{¥/\$} - E_{¥/\$}}{E_{¥/\$}}$$

根据利率平价理论可知,只有当汇率使得国内金融资产和外国金融资产的预期回报率相等时,即将国内和外国金融资产的回报率转换成同样一种货币进行度量时两者相等。此时对于投资者而言,无论持有国内金融资产,还是外国金融资产,都没有区别,外汇市场达到均衡,此时的汇率就是短期均衡汇率。即市场达到如下均衡时,投资者无论持有人民币资产还是美元资产,所获得的回报率是相同的,此时的汇率就是均衡汇率水平。

$$R_¥ = R_\$ + \frac{E^e_{¥/\$} - E_{¥/\$}}{E_{¥/\$}} \tag{1}$$

对式(1)进行变形,将美元1年期国债收益率 $R_\$$ 移到公式左端,就可以得到利率平价理论的一般表示形式:

$$R_¥ - R_\$ = \frac{E^e_{¥/\$} - E_{¥/\$}}{E_{¥/\$}} \tag{2}$$

根据式(2)可知,当外汇市场达到均衡时,两国货币之间的预期汇率变动率应该等于两国同周期金融资产收益率之差。

(2) 理论应用。根据利率平价理论,两国货币汇率的远期升贴水率应该等于两国利率之差,也就是说均衡汇率是由国际市场中抛补套利所引起的外汇交易决定的。利率平价理论适用于研究交易摩擦较低的国际货币之间的汇率水平,"8·11"汇改前,人民币汇率的市场化程度有限,该理论并不适用于对人民币汇率的研究。而汇改后,人民币的汇率浮动弹性不断增强,市场化程度大幅提高,利率平价理论可以在一定程度上解释人民币汇率的波动,这点从图1就可以看出。2016年后,中美两国利差与美元对人民币远期升水率之间的差额逐渐收敛,并且走势趋同。从2022年3月开始,受到美联储即将大幅加息预期的影响,美国国债收益率快速上升,中美1年期国债收益率利差快速下降,而美元对人民币远期升水率虽然有所下降,但是显然下降的幅度远远小于中美利差,中美两国利差与美元对人民币远期升水率之间的差额已经扩大至"8·11"汇改以来的最高水平。

根据利率平价理论,两国利差和汇率远期升水率要回到逐渐收敛的常态通道,只有两种可能,要么两国利差扩大,要么美元对人民币远期升水率下降。而中美两国的货币政策路径现在都相对明确,中短期内两国1年期国债收益率之差扩大的概率并不大,美元对人民币升水率逐渐下降是大概率事件,即美元现在处于汇率超调的阶段,加息预期使得市场出现了短期的过度波动,美元现在被市场过度高估了。随着市场对美联储加息风险紧张情绪的逐渐缓解,美元指数必然会向长期均衡水平回归,美元对人民币升水率会逐渐下降,人民币短期内的贬值压力也会随之减缓。

美元兑人民币远期升水率相对过高

$$R_¥ - R_\$ = \frac{NDF_{¥/\$} - E_{¥/\$}}{E_{¥/\$}}$$

—— 中美1年期国债收益率利差   —— 美元兑人民币远期升水率

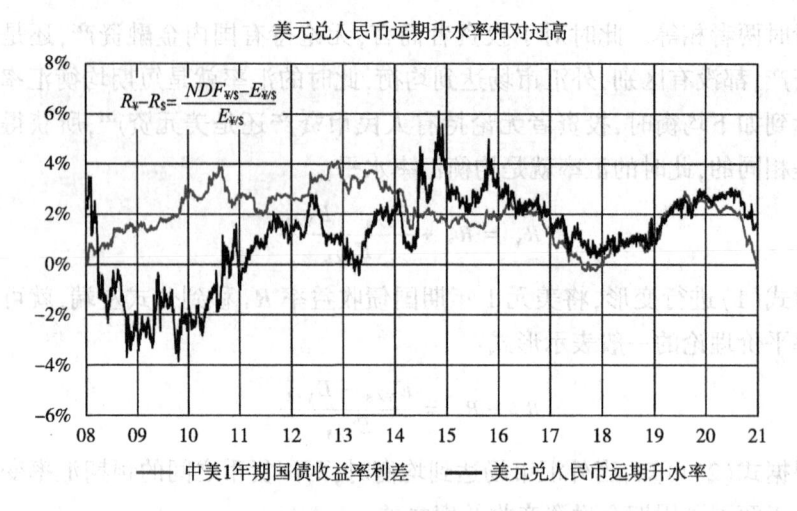

图1 利率平价理论与人民币对美元汇率

资料来源：根据 WIND 数据计算得出。

2. 购买力平价理论

（1）理论介绍。购买力平价理论是国际金融学中历史最悠久、最经典的汇率决定理论之一。虽然从 20 世纪 70 年代开始，就不断有学者对该理论进行抨击，但无论理论如何更新换代，却始终没有研究可以完全推翻它对长期汇率波动的解释，购买力平价理论始终屹立在开放宏观经济学的理论框架中，并且一直是非常重要的理论基石之一。

和利率平价理论不同，购买力平价理论是长期汇率决定理论，其认为货币的价值本质上取决于它的购买力，因此不同货币之间的兑换比率归根结底是由它们之间的相对购买力来决定的。根据这个思想可知，购买力平价认为对于两国任何一种可贸易品，一价定律永远成立。也就是说，假设两国拥有相同的消费品篮子，则一价定律就可以适用于两国的整个产品篮子，即如果用同一种货币表示不同国家的产品篮子，它们的价格应该相等。仍然以中美两国市场为例，如果用 P_{CN} 表示中国的物价水平，P_{US} 表示美国的物价水平，则用人民币表示的美国产品篮子的价格就应该等于 $E_{¥/\$} \times P_{US}$，那么根据购买力平价理论，人民币和美元之间的长期汇率水平就应该满足如下关系：

$$E_{¥/\$} = \frac{P_{CN}}{P_{US}} \tag{3}$$

根据公式（3）可知，人民币和美元之间的长期汇率水平应当由两种货币的相对购买力决定，当美国整体价格水平上升的速度超过中国时，美元的购买力相对人民币的购买力就在下降,美元相对人民币就应该贬值。

（2）理论应用。通过上述利率平价理论可以看出,中短期内人民币没有对美元贬值的基础。接下来本文将再通过购买力平价理论来判断人民币对美元汇率的长期趋势。根据购买力平价理论,两种货币之间的长期汇率水平是由两国的相对物价水平,即两国货币的购买力来决定的。由图 2 可以看出,美元对人民币汇率的长期趋势是符合购买力平价理论的,即和两国相对物价水平走势趋同。详见图 2。

美元兑人民币汇率走势符合购买力平价理论 (人民币/美元)

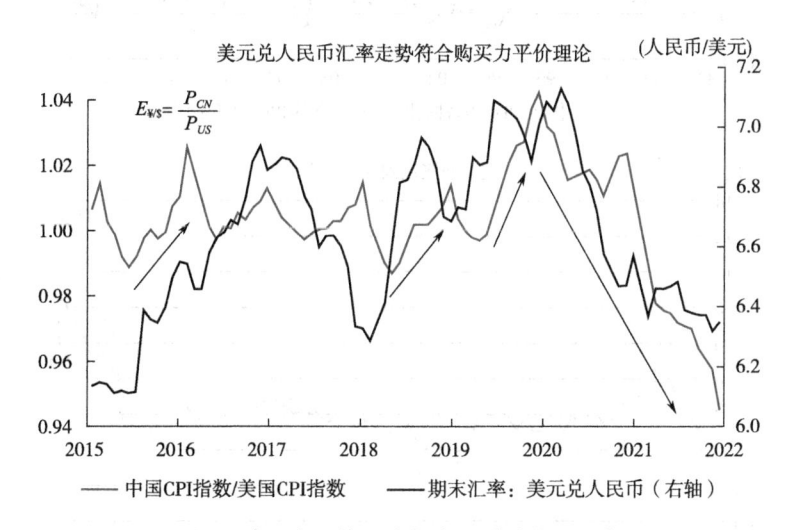

$E_{¥/\$}=\dfrac{P_{CN}}{P_{US}}$

—— 中国CPI指数/美国CPI指数　　—— 期末汇率:美元兑人民币(右轴)

图 2　购买力平价理论与人民币对美元汇率

资料来源:根据 WIND 数据计算得出。

2021 年上半年开始,美国的通胀水平快速上升,截至 2022 年 3 月,美国的通货膨胀率已经达到 8.5%,而中国同期的通货膨胀率仅为 1.5%,两国之间的通货膨胀率之差已经扩大至 1997 年以来的最高值,即人民币对美元趋势上有很强的升值压力。此外,从两国 PPI 和 CPI 之差可以看出,美国的 PPI 和 CPI 仍然没有任何收敛的迹象,即美国的通胀仍然在快速地从上游向下游进行传导,上下游之间的价格传导目前为止还没有得到任何有效的遏制。详见图 3。

而反观中国,虽然中国的 PPI 在 2021 年 10 月一度达到 13.5%,但是在国家保供给、稳增长的战略指导下,PPI 逐渐开始回落,3 月时已经降至 8.3%。虽然仍然处在历史高位,但是中国的 PPI 与 CPI 之差正在逐渐收敛,这是一个向好的信号,说明中国严防通胀的政策是有效的,尤其是在国际原油价格快速上涨的这两个月,欧美国家无可避免地都遭受了很大的冲击,CPI 和 PPI 均连创新

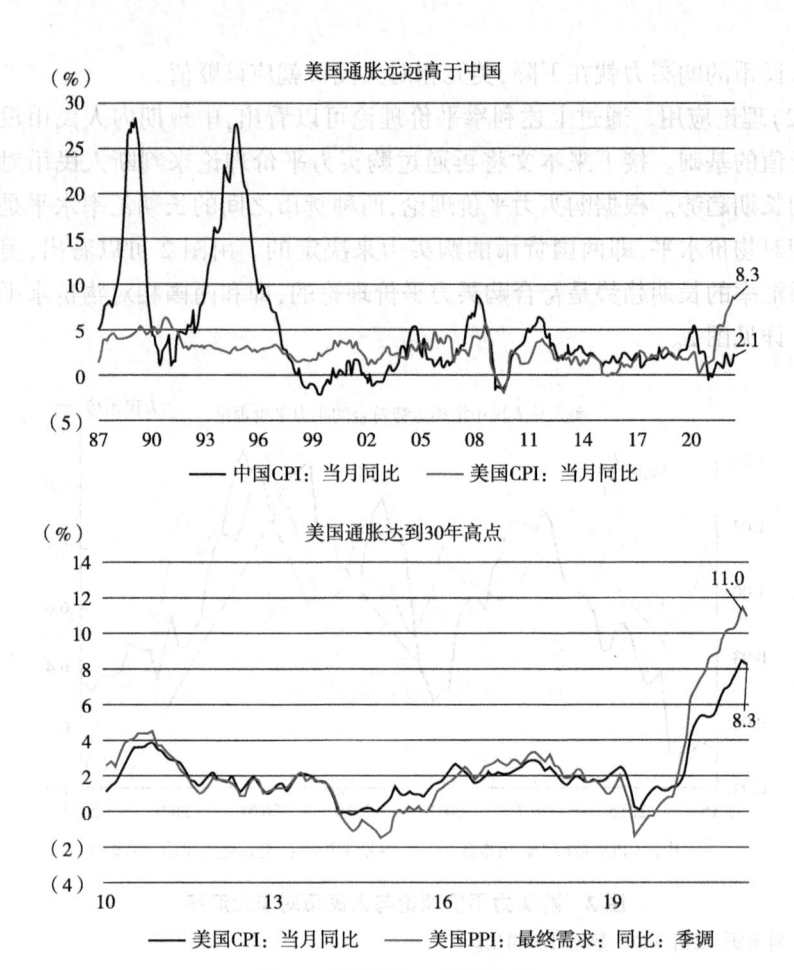

图 3　美国的通货膨胀水平

资料来源:根据 WIND 数据计算得出。

高,但是我国的 PPI 并没有出现类似快速上涨的情形,而是开始回落,说明中国政府有效地遏制了上下游之间的价格传导。种种数据都表明,未来较长的时间内,中国的通货膨胀水平都会显著低于美国。理论上看,人民币对美元并不存在长期贬值的基础。

(二)支撑人民币汇率的宏观经济基本面因素

以上的分析给出了人民币对美元不会趋势性贬值的理论基础,接下来,本文将从宏观经济基本面的角度出发,分别从美国经济基本面存在的问题、中国经济地位、中国出口产品结构演变以及中国贸易伙伴国变化四个方面,分析在

以案例挖掘推动国际金融学思政教学深度的扩展——以2022年人民币汇率波动为例

实体经济发展层面,人民币亦没有对美元长期贬值的经济基础。归根结底,汇率是一国政治经济实力的外在表现形式,是由一国的财富创造能力决定的,虽然2022年新冠疫情的卷土重来,为中国的经济发展蒙上了一层阴影,但这毕竟是短期冲击,并不会改变中国经济长期向好的趋势,美国经济也并没有出现任何信号显示其宏观基本面发展显著优于中国。

1. 美国经济自身仍然存在着很多难以解决的问题

美国经济自身仍然存在很多问题,2022年1季度美国GDP环比增速下滑至-1.4%,这是2020年三季度以来,美国GDP环比再次降为负值,且2022年3月,美国的零售数据也不尽如人意,其同比增速从2月的18.2%大幅下降至6.97%。美国是消费大国,其GDP结构中消费支出占比超过70%,零售数据可以很大程度上决定美国的经济走向,零售数据增长乏力,美国经济整体复苏缺乏最重要的核心动力,美国密歇根大学消费者信心指数也已经降至10年低点,甚至远远低于2020年新冠疫情刚开始在全球蔓延时的水平。详见图4。

更为让市场担忧的是美国的贸易逆差不断快速扩大,2022年4月美国的单月贸易逆差再创历史新高,达到1 098亿美元,同比增长53.8%。2020年新冠疫情暴发后,美国长期以来被虚假繁荣掩盖的、长期依赖进口所导致的自身制造业应对危机能力逐年下降的问题显露了出来。美国自己的产品制造受到疫情冲击后,对本国市场的供给能力进一步下降,美国不得不被动地加大进口,叠加2022年地缘政治冲突引发全球能源价格和粮食价格暴涨,全球市场不可避免地陷入了通货膨胀日益恶化的困境之中。2022年3月,美国的进口价格指数同比上升了13%,进一步使得美国本就脆弱的国内制造产品供给体系雪上加霜,美国的贸易逆差持续大幅恶化也就不难理解了。详见图5。

美国持续恶化的贸易逆差会在很大程度上威胁美元币值的长期稳定,制约美国货币政策的实施效果。新冠疫情期间,全球投资者持有美债的增速明显慢于美国发行国债的增速,2021年2月,全球投资者持有美债的同比增速甚至一度下降至-1.6%,而同期美国国债总额和其M2同比增速分别为19.2%和27%。反观次贷危机期间的数据,同样是量化宽松政策,全球投资者持有美债的增速却远远快于其发行国债的速度,所以2007—2008年,美国M2增长平缓,同比增速最高时也仅为10.3%。在全球投资者增持美债的热情显著下降的背景下,美国的贸易逆差仍然在加速恶化无疑为未来美元币值的稳定埋下了极大的隐患。而中国长期保持国际收支适度顺差,自身制造业的生产能力遥遥领先于美国,并且政府一直坚持稳健性的货币政策,即使在疫情最为严重的时候,也

图 4　美国的主要经济数据

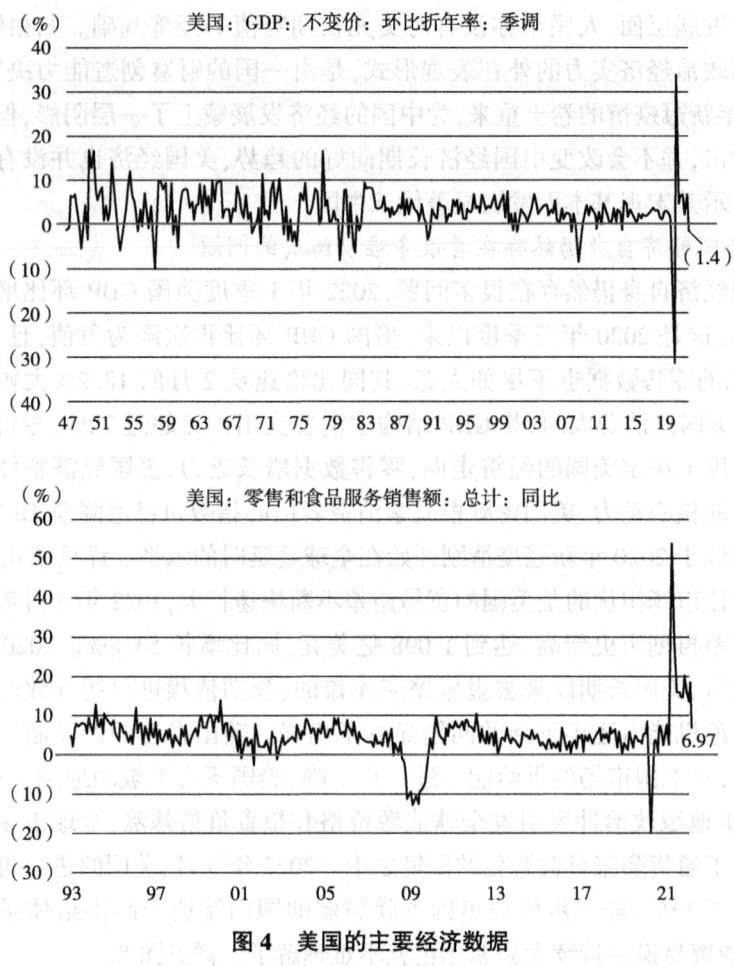

资料来源：根据 WIND 数据计算得出。

未曾如美国一般实施大水灌满的非常规宽松型货币政策，美元未来要面临的危险远远超过人民币。

此外，美国中长期国债收益率快速收敛，甚至在个别交易日出现倒挂，而国债利率倒挂往往被市场解读为经济衰退即将到来的前兆。从过去 20 年的数据可以看出，美国 2 年期和 10 年期国债收益率出现倒挂后，美国经济确实都会陷入不同程度的经济危机中，如 2000 年美国科技泡沫破裂、2007 年次贷危机蔓延、2018 年全球股市大洗牌，其间都伴随着美国的国债收益率倒挂。3 月以来，美联储不断传递出可能会加快加息进程，并加大加息步伐的信号，尤其是鲍威尔 4 月 22 日宣布将在 5 月议息会议上讨论加息 50 个基点的可能性，加息预期

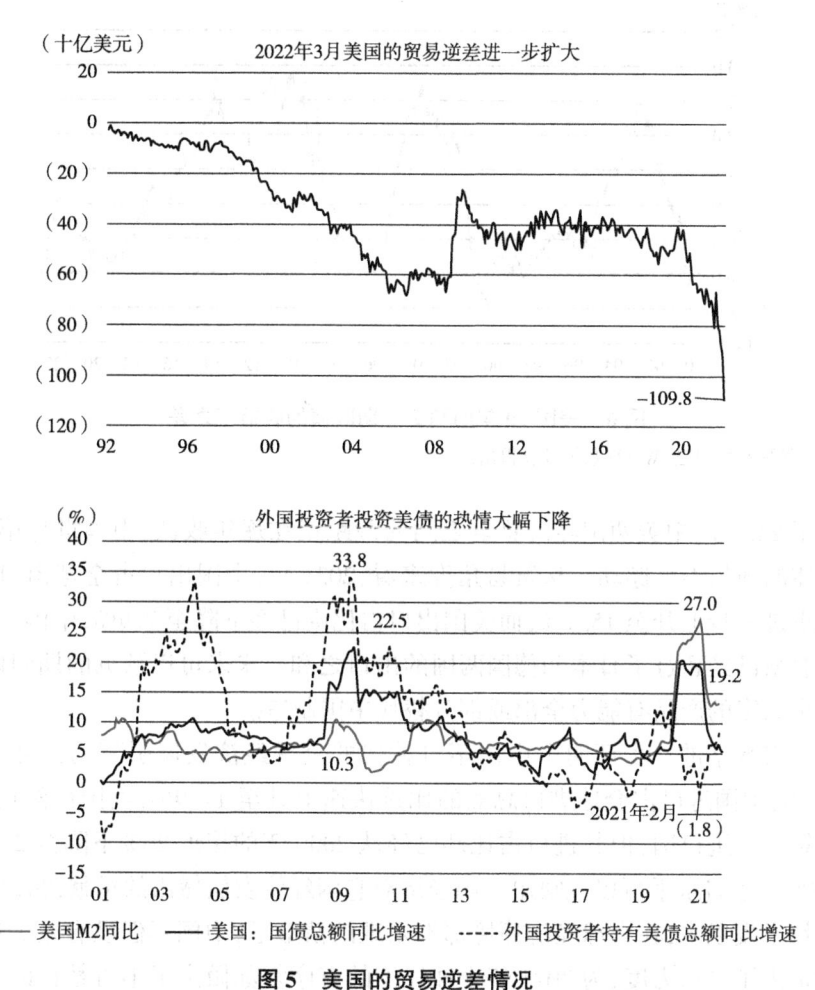

以案例挖掘推动国际金融学思政教学深度的扩展——以 2022 年人民币汇率波动为例

图 5　美国的贸易逆差情况

资料来源：根据 WIND 数据计算得出。

的升级使得美债收益率快速上升。在利率倒挂的潜在风险下，叠加美国 1 季度宏观经济数据低于预期，美联储是否还会坚定不移地开启大幅加息的周期是值得商榷的，一旦美联储大幅加息预期落空，美元指数将快速回落，人民币等其他非美货币当前头上悬着的这把贬值"利剑"的危害性会很快开始弱化。详见图 6。

2. 中国已经成为当之无愧的全球经济发展引擎

根据世界银行最新的数据，2020 年中国 GDP 占全球经济总量的比重已经上升到 17.4%，美国经济总量的占比则已经从布雷顿森林体系期间的接近 40%

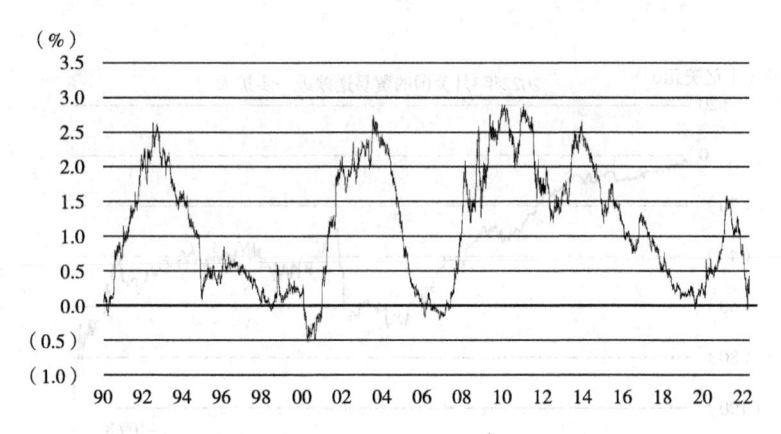

图 6　美国 10 年期和 2 年期国债的收益率之差

资料来源:根据 WIND 数据计算得出。

下降至 24.7%,中美两国经济总量之间的差距正在逐年收敛,中国世界第二大经济体的地位不可撼动。从贸易角度来看,2021 年,中国出口占全球出口总量的比重进一步上升至 15.1%,而美国出口占比则已经下降至 7.9%,中国一国的出口总量已经超过了日本和德国两国的出口之和。未来可以预见的期间内,没有一个国家的产品有能力全部或部分替代中国制造。

进口数据进一步证明了中国不可替代的全球经济发展引擎的国际地位。2021 年,中国进口占全球进口总额的比重快速上升至 11.9%,美国虽然仍然是全球第一大进口国,但其进口占比却已经从 2000 年的接近 20% 下降至 2021 年的 13%。进口水平可以反映出一国经济对它国经济发展做出的贡献,2020 年新冠疫情暴发以来,在全球经济环境都不乐观的情形下,中国不但没有减少进口,反而加大了进口力度,为 2021 年全球经济的有序复苏做出了不可替代的贡献,中国成为名副其实的全球经济发展引擎和中流砥柱。

3. 中国的出口产品结构不断升级

从过去 30 年中国的出口产品结构演变进程可以看出,中国的出口产品结构发生了很大的变化。30 年前,纺织原料及纺织品是中国最主要的出口产品,占中国出口总额的比重为 23.7%,随着我国供给侧改革和经济结构性改革的不断推进,我国的经济发展模式逐渐由要素投入型转变为资本和技术推动型。随着经济发展模式的改变,纺织原料等劳动密集型产品占我国出口总额的比重已经下降至 7.9%,而机电和音响设备等技术密集型产品已经成为我国出口产品中的绝对主力军,2022 年 3 月,机电和音响设备的出口占比已经上升至 44.9%。

以案例挖掘推动国际金融学思政教学深度的扩展——以 2022 年人民币汇率波动为例

出口结构的转变说明我国产品的可替代性相比较 30 年前已经大幅下降,中国产品在全球产业链中的地位在快速上升,出口产品竞争力的上升是维持人民币汇率稳定运行的最有力支撑。详见图 7、图 8。

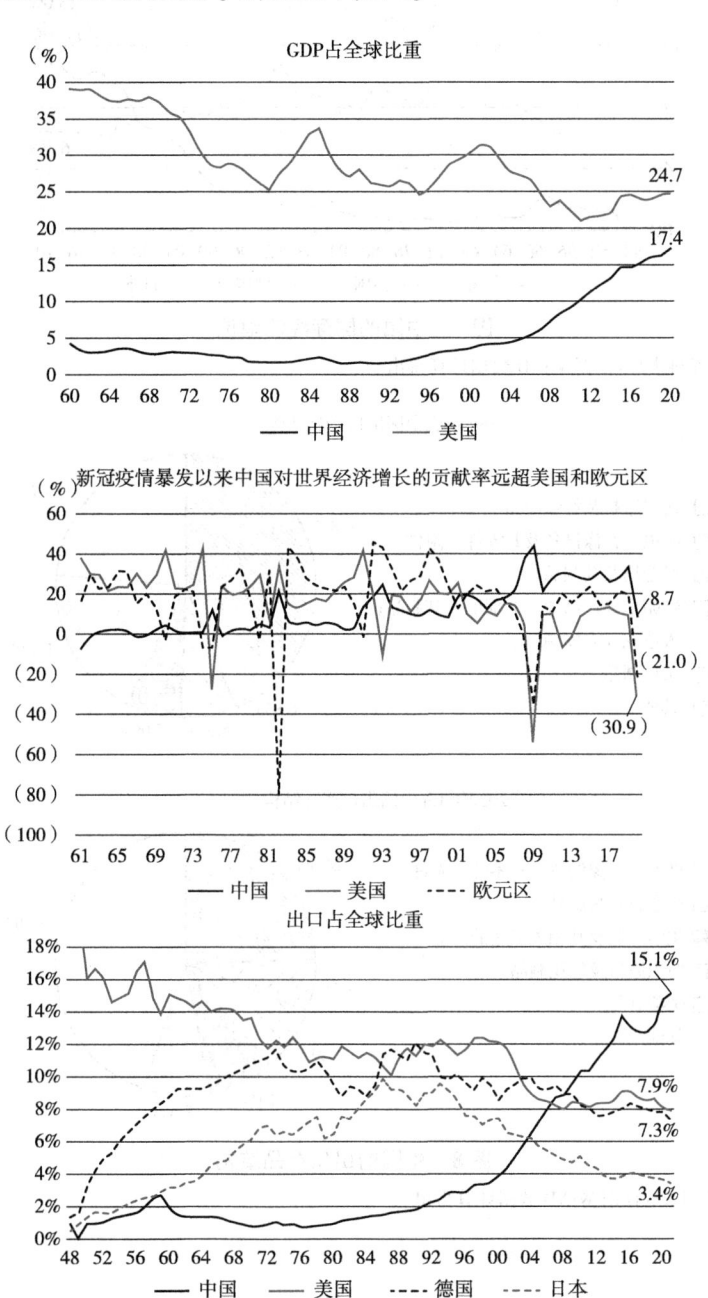

GDP 占全球比重

新冠疫情暴发以来中国对世界经济增长的贡献率远超美国和欧元区

出口占全球比重

69

进口占全球比重

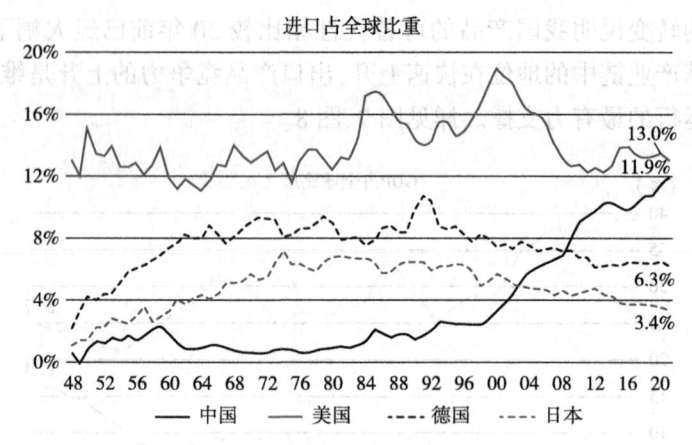

图7　中国的国际经济地位

资料来源:根据 WIND 数据计算得出。

1994年底中国出口产品结构

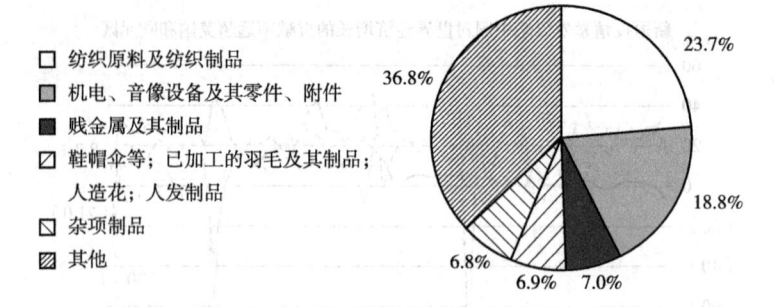

- 纺织原料及纺织制品
- 机电、音像设备及其零件、附件
- 贱金属及其制品
- 鞋帽伞等；已加工的羽毛及其制品；人造花；人发制品
- 杂项制品
- 其他

2022年3月中国出口产品结构

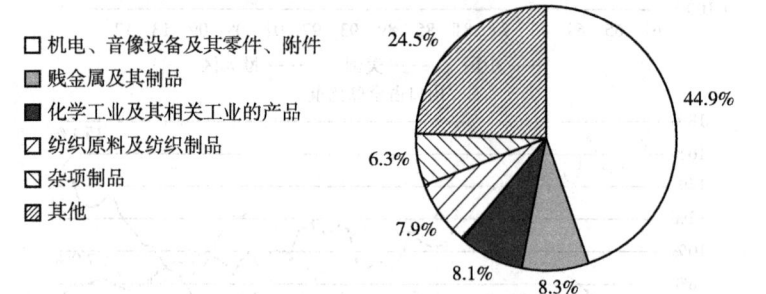

- 机电、音像设备及其零件、附件
- 贱金属及其制品
- 化学工业及其相关工业的产品
- 纺织原料及纺织制品
- 杂项制品
- 其他

图8　中国的出口产品结构

资料来源:根据 WIND 数据计算得出。

4. 中国对欧美经济的依赖度在不断下降

中国的贸易伙伴国结构不断优化将在很大程度上对冲欧美经济不断下滑的风险。目前,中国对美国和欧洲市场的依赖已经在快速下降,欧美经济对我国的影响和制约都远远小于过去。我国的贸易伙伴国变得更加多元化,2020年1月开始,东盟逐渐取代欧盟成为我国的第一大贸易伙伴经济区。我国2022年3月的进出口总额中,与东盟和欧盟的贸易总额占比分别为15%和13.6%。与美国之间的贸易总额占中国进出口总额的比重已经由2015年的15%下降至12%。

2022年3月虽然中国的进出口贸易增长乏力,尤其是进口甚至出现了同比负增长,但是中国与"一带一路"沿线主要国家的贸易总额同比增速不但没有下降,反而出现了逆势上升,同比增速反弹至19.4%,而同期中国的整体进出口总额增速却下降至7.5%。中国与东盟及"一带一路"沿线主要国家贸易总额的稳定上升是人民币汇率稳定的又一重要支柱。详见图9。

5. 稳健的经济政策与国家对外友好战略是维持人民币汇率长期稳定的政策保障

新冠疫情多点暴发、美联储强势加息、潜在通胀的压力加大,这些因素会在一定程度上制约中国既定的谨慎偏宽松型货币政策的实施,货币当局不会快速大规模地降准降息。但这并不意味着我们的货币政策会被缚住手脚,中国的货币政策独立性相比较5年前已经有了很大的提升,而且有一些数据仍然传递出了很多积极的信号,支持中国在一定范围内维持自身货币政策的独立性。中国是全球第一大贸易体,人民币也已成为全球第五大支付货币和储备货币,人民币的稳定不仅关系到中国自身的经济发展,同样也关系到中国在国际市场中的公信力和"一带一路"倡议的深入推进。所以,在国际环境如此复杂的情形下,中国货币当局一定会将人民币的贬值压力纳入货币政策的主要影响因素里,不会为了缓解短期疫情带来的经济压力,而使人民币陷入快速大幅贬值的境地,人民币汇率的稳定需要稳健的货币政策以支持。

(1)中国的货币政策效率远高于美国。中国长期坚持的逆周期调节思想使得我国货币政策的实施效果和效率都要好于美国。我国和美国当前的货币乘数分别为7.45和3.59,这意味着我们的基础货币派生存款的能力超过美国。根据货币乘数的公式和存款准备金率可以计算出两个国家的现金漏损率,由图10可以看出,中国的现金漏损率为3.7%,而美国的现金漏损率则高达38.2%,2021年9月,更是一度达到43.2%。如此之高的现金漏损率充分说明

东盟取代欧盟成为中国第一大贸易伙伴经济区

25%
20%
15% — 15.0%
— 13.6%
10% — 12.4%
5% — 8.6%
0%
95 97 99 01 03 05 07 09 11 13 15 17 19 21

—— 中国对美国进出口总额　　—— 中国对欧盟进出口总额
······ 中国对东盟进出口总额　　—— 中国对"一带一路"主要国家进出口总额

中国对一带一路主要国家的进出口贸易总额稳定增长

100%
80%
60%
40%
20% — 19.4%
0%
-20% — 7.5%
-40%
-60%
96 98 00 02 04 06 08 10 12 14 16 18 20 22

—— 中国整体进出口贸易　　—— 中国对"一带一路"主要国家进出口贸易

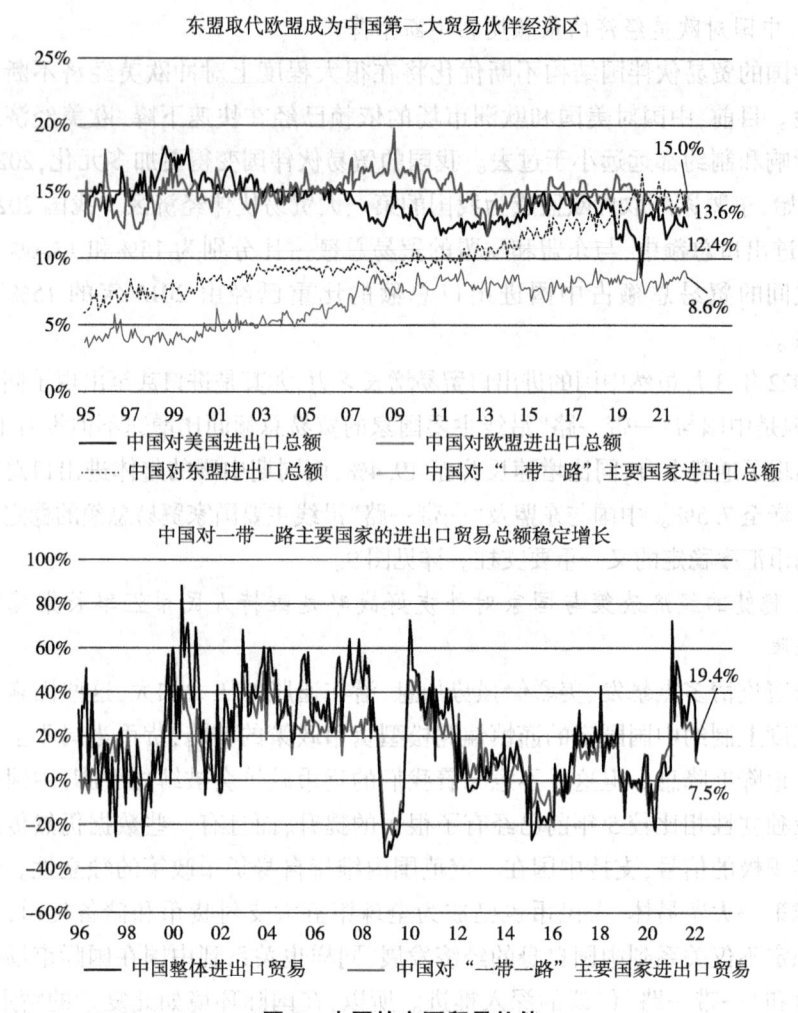

图 9 中国的主要贸易伙伴

资料来源：根据 WIND 数据计算得出。

美联储货币政策的效率是很低的，美联储释放出去的大量资金并没有如其所愿流入实体经济，而是被金融机构出于规避风险的考量留存了起来，没有进入货币派生体系。当然，这和两个国家截然不同的金融体系有着直接关系，但是危机到来的时候，中国国有银行对货币当局逆周期调节战略的充分贯彻实施对中国经济的支撑作用就会愈发突显出来。货币政策的高效性确保了央行即使实施稳健的货币政策，也可以通过其他政策的实施推动金融机构来扩大派生存款的规模，提高流动性的使用效率。

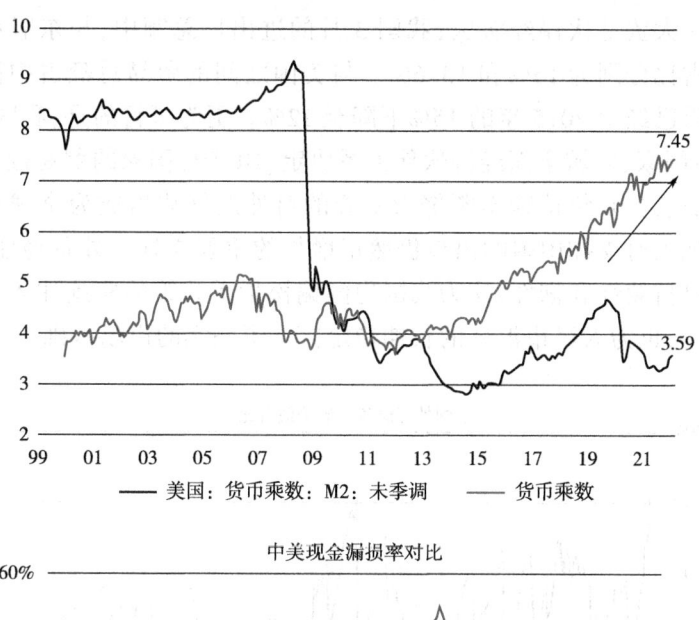

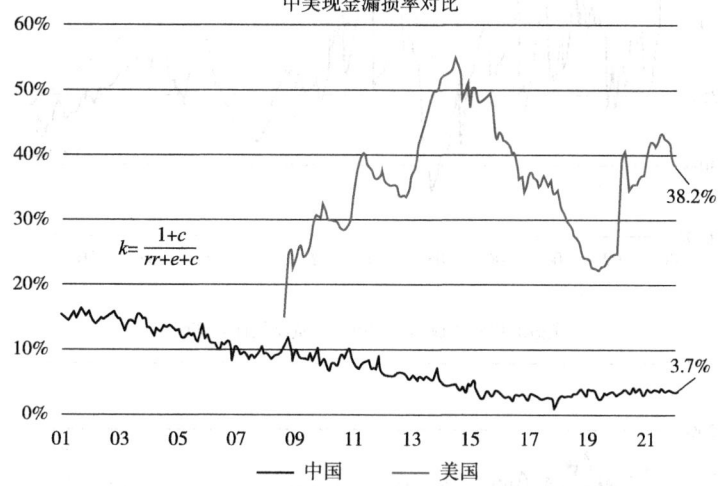

以案例挖掘推动国际金融学思政教学深度的扩展——以 2022 年人民币汇率波动为例

图 10 中美货币乘数和现金漏损率对比

资料来源：根据 WIND 相关数据计算得出。

（2）RCEP 和"一带一路"倡议成效已经凸显。我国目前最为关键的核心竞争力，是我们对美国和欧洲市场的依赖已经在快速下降，也就是说欧美经济对我国的影响和制约都远远小于过去。随着人民币国际地位的不断提升，美元在我国外汇储备资产中的权重不断下降。我国外汇储备中的美债占比已经从 2010 年 6 月的超过 45% 下降至目前的 32.8%（见图 11）。此外，我国的贸易"朋友圈"变得更加多元化，2020 年 1 月开始，东盟逐渐取代欧盟成为

73

我国的第一大贸易伙伴经济区,我国3月的进出口总额中,与东盟和欧盟的贸易总额占比分别为15%和13.6%。与美国之间的贸易总额占中国进出口总额的比重已经由2015年的15%下降至12%。更为可喜的是,我国对"一带一路"沿线国家、区域全面经济伙伴关系协定(RCEP)国家的贸易额均在持续增长,国家过去10年持续不断努力实施的对外友好战略成为全球经济下行压力不断加大时支撑中国的出口仍然正增长的重要支柱。外贸稳住,经济增长才具有可持续性和韧性,这为我国稳健偏松货币政策的实施注入了一针强心剂的同时,也为人民币汇率的长期稳定打下了坚实的市场基础。

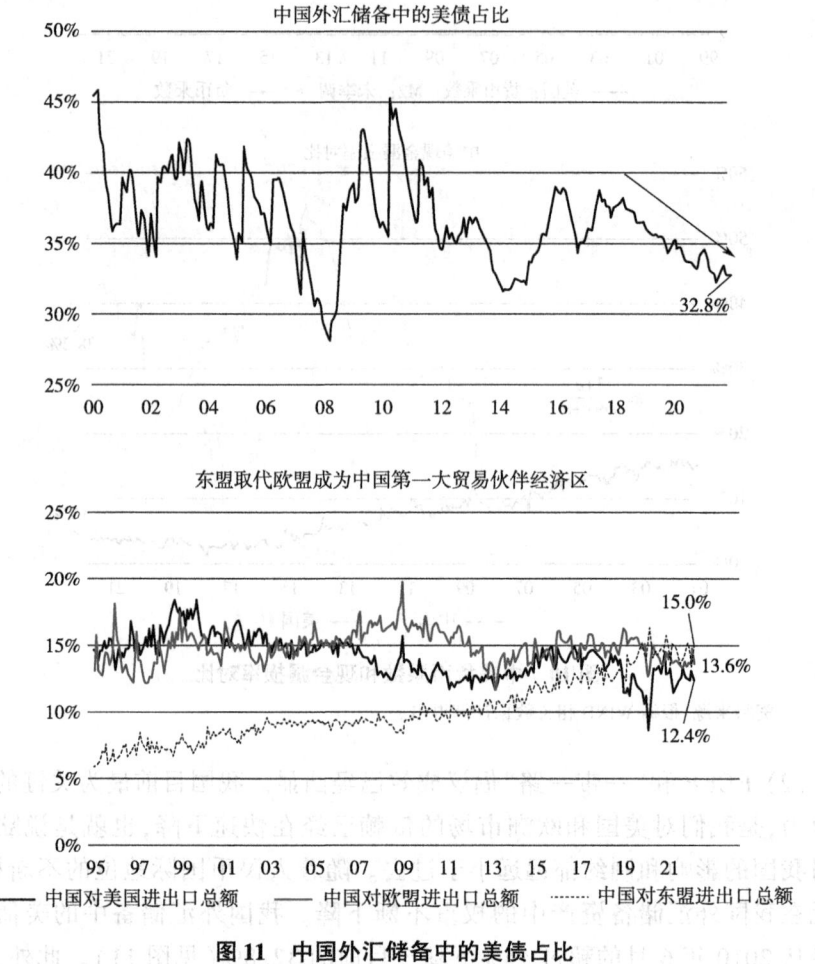

图11　中国外汇储备中的美债占比

资料来源:根据WIND相关数据计算得出。

三、结论

本文回顾了2022年3月以来人民币对美元的大幅波动,对此轮人民币快速贬值的原因进行了分析,进一步结合国际金融学与开放宏观经济学中的相关理论,从理论模型应用、宏观经济基本面和政策支持三方面出发对人民币汇率进行了详细分析,并得到了以下几个重要结论:

一是本文认为造成此次人民币快速贬值的原因主要是由地缘政治冲突爆发、美联储超预期大幅加息、新冠疫情再度升级三只"黑天鹅"所引发的短期内中国经济下行压力加大、经济数据和内需快速下滑、就业压力加大等。

二是经典汇率决定理论告诉我们,长期汇率是由两国相对物价水平,即货币的相对购买力决定的,美国的通货膨胀水平仍然远远高于中国,而且这个趋势在未来中期范围内很难逆转,人民币没有对美元长期贬值的理论基础。

三是本文从宏观经济基本面的角度出发,分别从美国经济基本面存在的问题、中国国际经济地位的上升、中国出口产品结构演变以及中国贸易伙伴国变化四个方面论证在实体经济发展层面,人民币亦没有对美元长期贬值的经济基础。

综上所述,2022年3月开始人民币对美元汇率的快速贬值是中国短期经济下行压力过大所导致的汇率超调,长期来看,人民币并没有对美元长期贬值的基础。归根结底,汇率是一国政治经济实力的外在表现形式,是由一国的财富创造能力决定的,中国的制造业和经济基本面只是暂时受到了疫情的冲击,这一定不会成为中国经济发展的常态特征。毕竟中国制造在全球产业链中的地位已经远远超过5年前,中国产品的不可替代性日益凸显,中国强大的市场基础和经济发展韧性将是稳定人民币汇率的最核心力量。

在新国际经济格局下,国际金融学这门课程担负起来的责任超过了以往任何时候,在提高理论教学难度的同时更要准确、贴切地将当前复杂的国际经济金融形势和思政教学体系渗透到每一堂课中。在这个过程中,教师最应该使用的工具就是案例教学,本文以2022年人民币汇率大幅波动为例,阐述了如何通过理论知识来论证人民币没有对美元长期贬值的基础,即可以帮助学生深入理论的学习,又可以将人民币和美元之间的关系自然贴切地渗透到教学中去。国际金融学所有理论的核心最终都会落脚到国际货币与汇率上,课程当中的每个理论知识点基本上都和人民币的国际化发展以及中国在全球经济金融领域的崛起有很强的关联。在国际金融理论框架下,梳理建党百年国际金融治理实践案例,并在此基础上研究人民币国际化的路径和实施战术正当时。

金融学本科生科研参与调查研究
——现状、特征和制约因素

王姝勋

摘 要：本科生科研能力培养是建设高水平研究型大学的重要内容。本研究以首都经济贸易大学金融学本科生科研参与情况为研究对象，采用问卷调查的研究方法，对本科生科研参与的特征进行综合分析。其中，大科创和挑战杯是本科生科研活动最常见的参与方式，本科生较少参与教师的科研项目。本科生科研参与具有高分趋向性、功利导向性、团队合作性以及学生干部优势性等特征。专业知识储备不足、缺乏教师指导以及缺少科研信息是影响本科生参与科研的主要制约因素。本文从开设普惠性本科生科研培训课程、畅通本科生科研信息获取渠道以及构建本科生科研参与激励方案三方面提出政策建议。本研究对于如何在本科阶段培养拔尖创新人才，提升本科生科研参与效果具有一定的参考意义。

关键词：金融学本科生，科研参与，调查研究

一、引言

把科研融入本科教育体系、提高本科生的现实关切、在本科阶段培养拔尖创新人才具有符合国家战略发展需求的重要意义。教育部在《国家中长期教育改革和发展纲要规划(2010—2020)》中明确指出"支持学生参与科学研究、强化实践教学环节"，鼓励高校开展学生科研活动。国务院印发的《统筹推进世界一流大学和一流学科建设总体方案》中多次提及要"完善高水平科研支撑拔尖创新人才培养机制"。2023年6月，国家自然科学基金委员会宣布试点优秀本科生资助。在此背景下，全方位提升本科生的科研创新能力已成为高校人才培养的关键。本研究考察我校金融学本科生科研参与现状的基本特征和制约因素，以期服务于国家战略发展和学校特色建设，为财经类高校金融学专业人才培养提供决策

作者简介：王姝勋，经济学博士，首都经济贸易大学金融学院副教授。

参考。

本文针对首都经济贸易大学金融学本科生科研参与情况设计调查问卷,对我校金融学本科生科研参与现状进行综合分析。在明晰我校金融学本科生科研参与现状的基础上,进一步识别影响本科生科研参与的主要制约因素。调查数据显示,样本内本科生科研参与率为28.44%。其中,大科创和挑战杯是本科生科研活动最常见的参与方式,目前本科生较少参与教师的科研项目。同时,本科生科研参与具有高分趋向性、功利导向性、团队合作性以及学生干部优势性等特征。进一步地,专业知识储备不足、缺乏教师指导以及缺少科研信息是影响本科生参与科研的主要制约因素。最后,本文从开设普惠性本科生科研培训课程、畅通本科生科研信息获取渠道以及构建本科生科研参与激励方案三方面提出政策建议。

二、调查问卷设计和基本信息

本研究围绕本科生的个人背景、科研参与意愿、科研参与阻碍、参与方式、参与持续时间、参与动机以及取得的科研成果等多方面进行问卷设计,问卷设计框架如表1所示。

表1 本科生科研参与调研问卷设计框架

	问卷主要内容
个人背景	专业;性别;年级;专业成绩GPA;是否担任学生干部;毕业后规划(就业、读研、读博、出国)等
科研参与意愿	实际是否参与科研活动;有无科研参与意愿;如果有机会,是否会(再次)参与科研活动
科研参与阻碍	无兴趣,无能力;无兴趣,有能力;有兴趣,无能力
参与方式	教师的科研项目;教师的科研论文;学生组队社会调研;学生组队大科创或挑战杯;毕业论文等
参与持续时间	1个月以内;1~3个月;4~6个月;7个月~1年;1年以上
参与动机	丰富个人简历;奖学金加分;保研加分;学院倡导;老师提议;对学科领域感兴趣;明确今后是否想攻读博士或者从事科研工作;不清楚,随大流等
取得的科研成果	是否发表论文(论文级别);是否有审稿中的工作论文;是否在学术会议上报告过论文;参与项目是否成功结项

在采用随机抽样的方式对我校金融学本科生发放问卷后，共收回有效问卷109份。基本统计信息如下：有效样本量为109人。其中，男生41人，占比37.61%，女生68人，占比62.39%。样本中，大二学生人数最多，占比58.72%；其次是大一学生，占比29.36%；大三学生和大四学生填写本问卷的人数相对较少，分别占比9.17%和2.75%。受访对象成绩分布基本符合正态分布，44.04%的学生绩点在3.5~4的区间内，绩点在4以上的同学占比为25.69%，绩点在3~3.5和3以下的同学占比分别为20.18%、10.09%。

三、本科生科研参与基本特征

(一)本科生科研参与率较低，大科创和挑战杯为主要方式

根据本科生参与科研的基本情况来看，109位受访本科生中，参与过科研活动的占比28.44%，剩余71.56%的受访本科生没有参与过科研活动。在参与过科研活动的本科生中，组队大科创和挑战杯是最常见的科研活动参与方式，占所有参与活动项目本科生人数的36.36%。学生组队社会调研次之，占24.68%。教师的科研项目和教师的科研论文分别占9.09%和7.79%。学院举办的"千帆杯"大赛、结课论文和毕业论文分别占10.39%、10.39%和1.3%。但是值得注意的是，样本中曾参与过科研活动的学生未在期刊中发表过论文、没有在审稿中的工作论文以及未在学术会议上报告过论文。仅有部分学生有参与项目成功结项的经历，比例为32.26%，仅某些项目成功结项的比例为29.03%，未成功结项的比例为38.71%。

(二)本科生科研参与呈现高分趋向性特征

从问卷数据来看，专业绩点越高的本科生越有动力和能力参加科研活动。由图1可知，参与科研的本科生大部分绩点排名在前30%。一方面，他们的专业知识功底较好，能够更好地投入实践。另一方面，成绩在一定程度上代表了学生的能力，成绩优秀的学生相比而言学习效率、知识接受程度也会更高。由于沟通的顺畅性，指导老师也会更加愿意指导成绩优异的学生，从而进一步加大了此类学生参与科研的机会。

(三)本科生科研参与具有年级门槛特征

如图2所示，随着年级的增长，参与科研的学生也随之增多。低年级学生

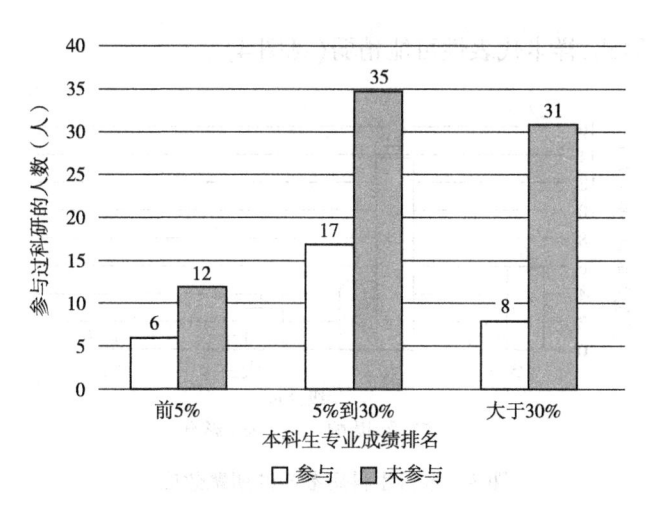

图1 本科生科研参与和专业成绩

的科研参与率要显著低于高年级学生。具体而言,刚刚步入大学的学生需要对校园的环境逐步适应,基于获取科研信息渠道匮乏、专业知识和科研能力不匹配等因素而造成低科研率。

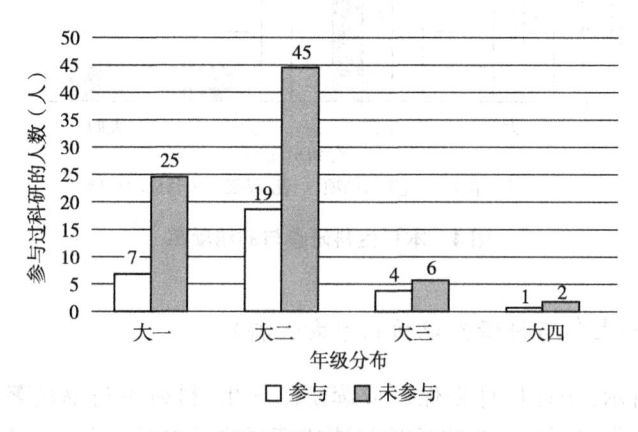

图2 本科生科研参与和年级分布

随着年级的升高,本科生专业知识日益提升、综合素养日益进步以及对科研了解逐渐加深,加之耳濡目染同学和前辈的参与科研的影响,具有相应的朋辈效应(见图3)。一般本科生在大二到大三出现科研的兴趣高峰期,这个阶段的学生对学校学习和生活充满好奇和活力,就业压力较轻,心理负担小。而大四有所减退,主要原因在于:在调查的时候大四的本科样本较少,仅占全部年级的2.75%,因此,样本代表性可能稍弱(见图4)。

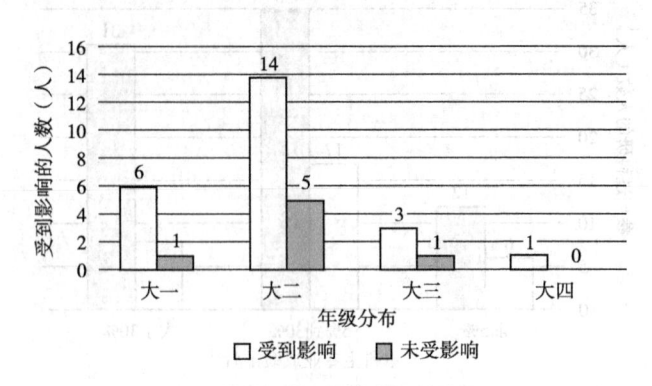

图3 本科生科研参与的朋辈效应

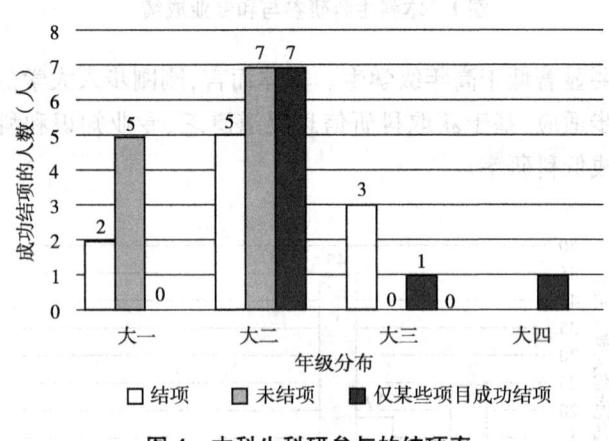

图4 本科生科研参与的结项率

(四)本科生参与科研呈现功利导向性特征

如图5所示,毕业后计划保研或读研的学生,科研参与率显著高于毕业后计划出国和就业的同学。未来无论是读研还是出国抑或是就业,参与科研的经历都会是简历上的亮点。因此根据本科生参与科研的动机来看,首先丰富个人简历是参与科研活动的最主要动机,占总有效次数的87.1%。这表明大多数人参与科研活动是为了在个人简历中积累研究经验和成果,以提升自己未来的核心竞争力。其次,奖学金加分和保研加分是参与科研活动的次要动机,占总有效次数的41.94%。这表明一部分人参与科研活动是为了获得奖学金或在保研过程中加分。再次,对学科领域的兴趣是参与科研活动的另一个重要动机,占总有效次数的38.71%。这表明一部分人参与科研活动是出于对学科领域的兴趣和热爱。为了明确今后是否想读博或从事科研工作是参与科研活动的动机之一,占总有效次数的35.48%。这表明一部分人参与科研活动是为了更好地了解自己是否适合从事科研工作。最后,学院倡导和老师提议是少数人参与科研活动的动机,分别占总有效次数的32.26%和19.35%。这表明一部分人参与科研活动是出于学院倡导或老师的建议。

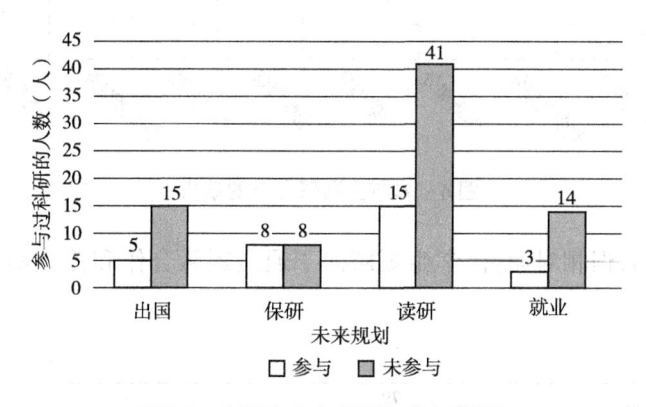

图5 本科生未来规划与参与科研

综上,学生最强烈的参与动机前四项分别是丰富个人简历、奖学金加分和保研加分、对学科领域的兴趣以及明确今后从事科研工作,这显示出综合类学科,尤其是经济类本科生参与科研的强烈主观意愿和自我规划的特点,注重对于自身经历、相关能力的培养,具有功利性追求(见图6)。

(五)本科生科研参与具有团队合作性特征

如图7所示,首先,学生组队参加大科创或挑战杯是参与科研活动最常见的方式,占所有参与活动项目本科生人数的36.36%。这说明学生在科研活动中更倾向于通过团队合作参与大科创比赛或挑战杯。其次,学生组队社会调研是第二常见的参与科研活动方式,占24.68%。这表明学生对于社会调研的兴趣较高,实践出真知,愿意通过实地调研来进行科研活动。再次,教师的科研项目和教师的科研论文分别占总有效次数的9.09%和7.79%。这说明教师的科研项目可能较少,且能够给予本科生接手科研项目的机会相对硕士、博士生而言也较少。最后,学院举办的千帆杯大赛、结课论文和毕业论文分别占总有效次数的10.39%、10.39%和1.3%。这表明学生在学院举办的比赛和论文写作

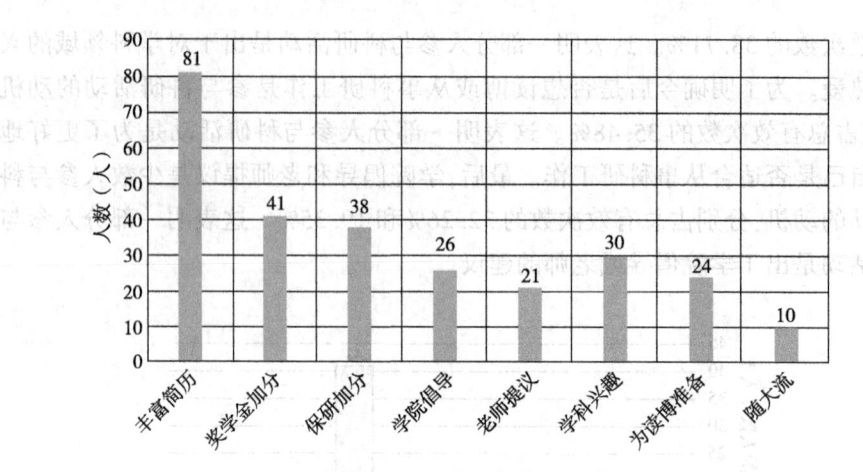

图6 本科生科研参与的动机

中也积极参与,但相对而言,学生更倾向于通过团队合作和社会调研的方式进行科研活动。

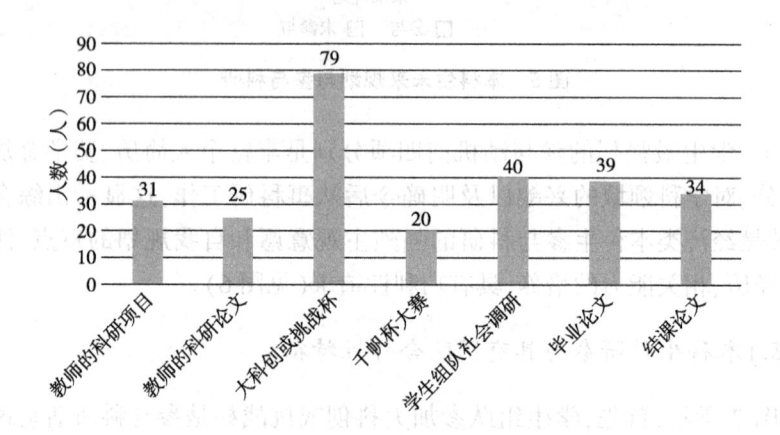

图7 学生参与科研的方式

由此可见,本科生在参与科研活动时更倾向于通过团队合作的方式,本科阶段的学生更喜欢通过群策群力的方式来进行科研学习。尤其是参与大科创比赛或挑战杯和社会调研。教师的科研项目和科研论文的参与度相对较低,而学院举办的比赛和论文写作也是学生参与科研活动的重要方式之一。

（六）本科生科研参与具有学生干部优势性特征

如图8所示，担任学生干部的本科生中有19人参与科研，占比34.55%；而未担任学生干部的本科生有12人，占比22.22%。担任学生干部的同学会比未担任学生干部的学生更有积极性去参与科研活动。其原因在于，担任学生干部的学生可能比未担任学生干部的学生拥有更多获取信息的渠道、有更多的人际互动，所得到的资源、接受信息的能力可能也会更强。当然若要具体分析，还需要观测学生干部的细分职责，职位的不同和高低也会对学生科研参与产生一定的影响。

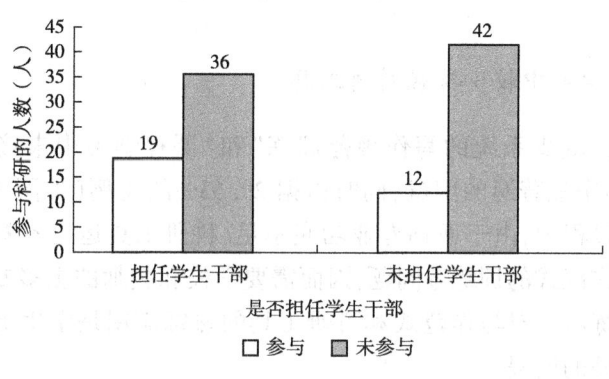

图8 学生干部与科研参与

四、影响本科生科研参与的主要制约因素

（一）缺乏专业的指导且学科专业知识储备不够

图9的数据展示，在未参与过科研活动的本科生中有50%的学生对科研有兴趣，但是缺乏专业的指导。这表明，相当大的一部分本科生在科研道路的探索中囿于尚无专业指导，如缺少论文指导的课程和写作规范的训练，因而止步于科研探索的大门之外。值得注意的是，仍有42%的本科生参与科研是为了完成任务，而非兴趣的推动。基于前文学生功利性参与科研的分析，如果本科生不是因为热爱科研而参与科研，那么将不利于学生好奇心、科研兴趣的培养，从而阻碍本科生专业发展的深度。此外，仅有8%的本科生对科研有兴趣且有一定的科研能力，但没有充足的时间。

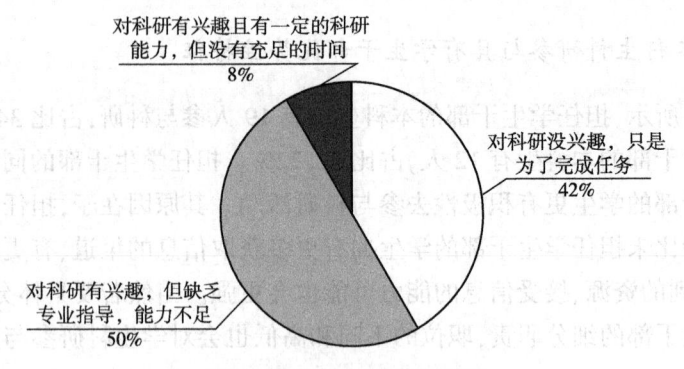

图 9　本科生科研参与困境

(二)课程学习中较少接触科研工具

数据显示,"缺少系统的写作规范训练"和"课程学习中未接触过科研工具"是参与科研中最普遍的困难,同时占据 29.63% 的比例(见图 10)。这说明本科生在科研过程中,由于面临专业功底不足、科研工具运用不熟练或是未经历过专业的写作范式的训练等问题,因而需要学校和教师的更多专业指导和培训以及定期的练习。对写作范式和科研工具的熟练应用是学生更有底蕴和信心参与科研活动的前提。

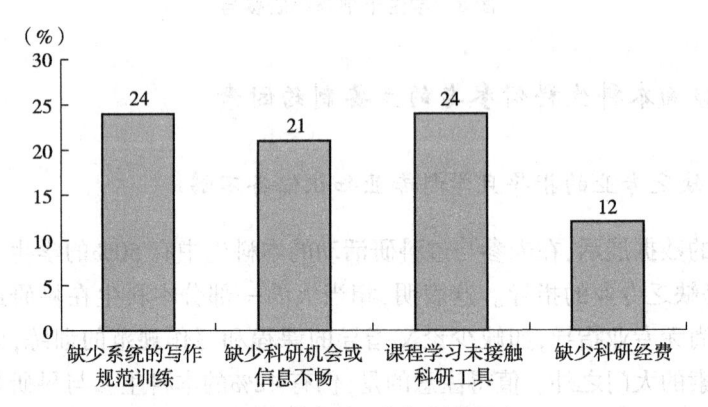

图 10　本科生科研参与制约因素

(三)缺少科研机会或信息不畅

本科生能够参与科研机会相较于研究生和博士生而言较少,且面临着相关信息传递不畅的现象。这也是一个目前较为普遍的问题(见图 11),调查问卷中选择此选项的学生占25.93%的比例,这意味着本科生需要外界提供更多的机会接触到科研信息和资源,随着科研机会的增多,以及相关信息渠道的畅通传递,本科生能接触科研领域的范围扩大,可选择性增强,那么本科生的科研创造性以及相应的科研能力都会有较大的提升空间。

(四)科研经费有限

根据图10所示,"缺少科研经费"虽然比例较低,但仍有12人选择,占14.81%的比例。这说明经费对于科研的重要性不可忽视,正所谓"科研人员搞科学研究离不开经费的支撑",在校学生的科研活动也是如此。学校需适当增加相应的经费支持本科生的科研活动,正向激励学生进行科研探索,让科研经费为本科学生的创造性活动服务,促进科研在本科生中的规模逐步扩大。

五、提升本科生科研参与的参考建议

(一)开设普惠性本科生科研培训课程

目前,在受访本科生中仅有19.35%的人选修过论文写作课程,80.65%的人没有选修过,如图11所示。而在选修过论文课程的学生中,有5人(83.33%)认为论文写作课程对他们进行科研有帮助,1人(16.67%)认为没有帮助。科研的入门不仅仅需要自我的探索,还需通过"师傅"的引领入门。学校可以通过定期开设论文写作课程,并引导学生经常进行实践练习,积累研究知识所必须具备的能力。建议课程大部分以实操为主,注重锻炼学生的逻辑写作和实证软件运用的能力。当然,开设论文写作课程对于学生成绩的衡量标准也需要仔细斟酌,不应以撰写论文的数量多少评判,而是要注重学生科研的质量。老师也要及时地对学生作业和问题进行反馈和指引。

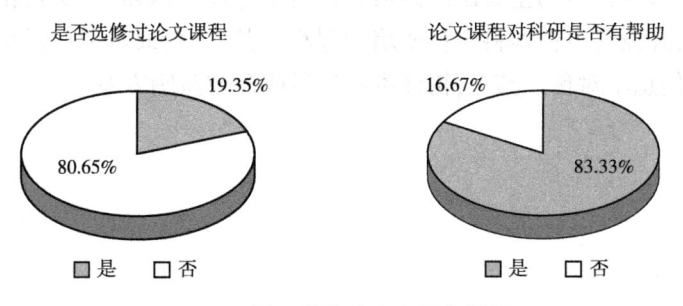

图11 是否选修过论文写作课程

(二)畅通本科生科研信息获取渠道,减少学生间的信息不对称

依据前文分析,缺乏科研的机会和难以获取相应科研的信息是阻碍本科生参与科研的因素。因此,要畅通学术对接的桥梁,运用现在的多媒体(公众号、班群等)或是定期开展"科研月""科技周"等形式,对科研活动进行宣传,定期推出话题和科研比赛、项目。同时,如果有线上学术会议的参与机会也可以通过各个渠道广而告之,并鼓励本科生积极参与。

(三)构建精细化的本科生科研参与激励方案

事后的激励机制是学生们参与项目的动力。学校可以每年定期集中对本科生申报的各类项目、成果进行登记,对科研成果进行奖励,以此激励学生参与科研的积极性。当然,也可以适当提升对于学校的科研信息申报发布、科研推广宣传、科研申报指导以及评审的过程的效率,这样学生也会更好地将参与科研的意愿转化为实际行为。

六、结论与建议

在提升本科生创新能力的大背景下,本文以首都经济贸易大学金融学专业本科生参与科研情况为研究对象,采用问卷调查的研究方法,对本科生科研参与特征进行综合分析。调查数据显示,本科生科研参与具有高分趋向性、功利导向性、团队合作性以及学生干部优势性等特征。具体而言,本科生参与科研活动的基本特征为参与者的成绩具有高分趋向性,其科研参与具有年级和相关专业的门槛限制,参与者大部分的主要动机为具有功利性追求,同时参与科研会更加强调团队合作而非独立参赛以及科研参与有较强的人际互动性。

进一步分析发现,专业知识储备不足、缺乏教师指导以及缺少科研信息是影响本科生参与科研的主要制约因素。针对上述制约因素,本文提出如下政策建议:其一,开设普惠性本科生科研培训课程。其二,畅通本科生科研信息获取渠道,减少信息不对称。其三,构建本科生科研参与激励方案。

损失补偿原则之派生原则:代位原则

李文中

一、课程简介

保险学是保险学专业、金融学类专业、国际金融(英文)专业本科生的核心必修课程,在金融保险类专业人才培养中具有基础性地位。我校自1987年成立保险学专业以来,保险学课程定位为专业核心课程,且不断进行教学改革与建设。目前,保险学已成为金融学院8门核心课程之一,并配备了网络教学的慕课资源,打造出了"线上+线下""理论+实务""必修+选修"的课程教学团队。保险学课程所涉及的领域主要包括风险管理基本理论,保险的性能、职能和作用,保险合同的签订、生效、变更、终止,保险基本原则,保险经营基本过程,保险市场结构与发展,保险监管的原理、具体运作过程和操作方法,以及人身保险、财产保险、责任保险等具体险种的实务操作。通过本课程的学习,学生可以理解保险学的思想原理,牢固掌握保险学科的基本概念、理论,熟悉保险的基本业务运作,为学好保险业务课程打下坚实的基础,并有助于学生树立社会主义核心价值观下的正确风险观念。

二、思政元素

保险制度是现代社会一种非常重要的风险管理手段。保险制度实现风险管理,主要是通过众多参与者(投保人、被保险人)向保险人(保险公司)支付保险费,将其面临的风险转移给保险人承担,发生风险事故后由保险人按照保险合同约定向其赔付保险金。对于财产保险而言,保险人在赔付时通常要遵循损失补偿原则,该原则又派生出代位原则和损失分摊原则。损失补偿原则及其两个派生原则的专业知识中蕴含下列思政元素。

作者简介:李文中,经济学博士,首都经济贸易大学金融学院副教授;主要研究方向:保险法。

(一)元素1:保险是一种风险管理手段,不是被保险人额外获利的途径

从经济学角度来看,保险就是集合具有同类风险的众多单位和个人,以合理计算分担金的形式,实现补偿其中少数成员因风险事故所致经济损失的行为。所谓的合理分担金就是保费,它是以估算所有参与人(被保险人)参与某保险后可能发生的损失金额及其发生的概率为依据计算出来的。因此,一旦允许被保险人从保险人那里获得的保险赔偿可以超过其遭受的实际损失,那么保险人就没有办法准确地估算出被保险人应该交纳的保险费。如果只是按照被保险人所遭受的实际损失来计算保费,结果必然导致保险人所收取的保费不足以用来支付所有索赔,一部分被保险人会得不到应有的赔偿。而且,如果允许被保险人可以额外获利,必然会导致一些人以小博大,利用保险进行赌博,并诱导被保险人故意制造保险事故或者谎报保险事故骗取保险赔偿,最终保险制度也就难以存续,整个社会的福祉都将受到损害。

从法学的角度看,保险是投保人根据合同约定,向保险人支付保险费,保险人对于合同约定的可能发生的事故因其发生所造成的财产损失承担赔偿保险金责任,或者当被保险人死亡、伤残、疾病或者达到合同约定的年龄、期限等条件时,承担给付保险金责任的商业行为。在财产保险合同中会明确约定,保险人所承担的保险赔偿责任以保险事故发生时保险人对保险标的具有保险利益为前提,并以保险金额为限、以被保险人的实际损失为限。如果被保险人故意骗取(超额)保险赔偿,不仅违反保险合同约定,更有可能涉嫌保险诈骗犯罪。《保险法》第一百七十四条第一款规定:"投保人、被保险人或者受益人有下列行为之一,进行保险诈骗活动,尚不构成犯罪的,依法给予行政处罚:(一)投保人故意虚构保险标的,骗取保险金的;(二)编造未曾发生的保险事故,或者编造虚假的事故原因或者夸大损失程度,骗取保险金的;(三)故意造成保险事故,骗取保险金的。"《刑法》第一百九十八第一款也有类似规定。

我们在日常购买保险时一定要认识到,保险是一种风险管理手段,不是非法生财获利的途径。无论被保险人事前向多少保险公司购买了多少份(财产)保险,其从所有保险公司获得的全部赔款之和不得超过其实际损失。必要的时候,需要由所有保险公司按照一定的规则共同分摊支付给被保险人的赔款。

当前,我国保险诈骗案件频发,严重损害众多被保险人的利益,威胁保险制度的安全。2020年12月,银保监会披露,连续两年全国保险业共向公安机关移送欺诈线索28 005条,公安机关立案千余起,涉案金额近6亿元,抓获犯罪嫌疑

人近 2 000 人。作为掌握一定保险专业知识的大学生,同时也是一名公民,不仅自己不应该参与保险诈骗,还要积极宣传保险知识,旗帜鲜明地反对保险欺诈。

(二)元素 2:保险公司和从业人员应当遵守合同约定和法律规定,规范履行保险赔付义务

保险交易的对象并不是实物财产而是保险人未来的赔付承诺,因此要求保险公司和保险从业人员严守合同约定和法律规定,正常履行保险赔付义务。

首先,不仅保险客户不得实施保险诈骗,保险从业人员在工作中也应当积极宣传保险知识,与保险欺诈行为做斗争,更不能参与或者协助被保险人及其他人员实施保险诈骗。保险从业人员参与或者协助被保险人及其他人员实施保险诈骗同样属于保险诈骗犯罪行为,将会受到法律的严惩。《保险法》第一百七十四条第二款规定:"保险事故的鉴定人、评估人、证明人故意提供虚假的证明文件,为投保人、被保险人或者受益人进行保险诈骗提供条件的,依照前款规定给予处罚。"

其次,损失补偿原则不仅要求被保险人不能通过保险额外获利,也要求保险公司及保险从业人员对于属于保险公司赔偿责任范围以内的保险事故,应当依据合同约定和法律规定足额赔付,以尽可能弥补被保险人的损失,不得以各种借口扣减保险赔付。在我国的保险实践中曾出现保险公司找借口减少赔付的典型情形:

(1)在农业保险领域一直存在一种现象:发生较大的灾害事故导致保险公司当年可能出现较大的承保亏损时,保险公司找地方政府要求减少对受灾农户的赔付。这是一种典型的不遵法、不守约现象,保险公司借助地方政府的权力来干预保险赔付,将损害参保农户的合法利益。对于此种情形,保险公司如果认为费率厘定过低,可以在以后的年份中通过提高保费来逐步弥补当年的亏损,而不能只想着盈利,不愿意承担亏损。

(2)同样在农业保险领域,曾经出现过保险公司在合同中约定当年的保险赔款总额以收取的保费总额为封顶线或者设置其他总赔付封顶线。这也是一种违背保险基本功能与原理的合同约定。这会导致被保险人之间的不公平,先发生事故的能够得到足额赔付,后发生事故的只能得到部分赔付甚至完全得不到赔付,使其投保的目的难以实现。

(3)在车险领域,曾经有保险合同约定车损险保险公司按照被保险人在事故中的责任比例进行损失赔付,其他损失由被保险人向有责任的对方索赔。当

有媒体批评这种约定违背《保险法》有关代位追偿的规定时,部分保险从业人员还辩解说代位追偿是保险公司的一项权利,保险公司可以放弃这项权利,也就可以不承担保险赔偿责任。这种理解显然是错误的,这种辩解也是站不住脚的。《保险法》第六十条第一款规定:"因第三者对保险标的的损害而造成保险事故的,保险人自向被保险人赔偿保险金之日起,在赔偿金额范围内代位行使被保险人对第三者请求赔偿的权利。"因此,只要被保险的机动车辆是因为发生保险事故遭受损失,无论保险事故是由第三人引起的还是由被保险人引起的,保险公司都应当在保险金额范围内对被保险人的损失进行赔付。如果事故是第三人引起的,保险公司向被保险人赔偿之后,可以依照该规定向第三人追偿。各国保险法基本上都有代位追偿的规定,这是因为:由保险人赔偿之后再行使代位追偿权而不是让被保险人向第三人请求赔偿,能够使被保险人在保险事故之后尽快获得赔偿,及早利用赔偿款恢复生产与生活,促进社会稳定。而且,由于保险公司具有专门的法律队伍,行使代位追偿权更有效率。

再次,保险赔付不仅要求充足性,也要求及时性,很多时候及时性比充足性更重要。我们在理解保险理赔的损失补偿原则时往往只强调保险赔偿的正确性和充足性,以保证被保险人得到应有的赔付,保险公司也没有被骗赔。但是,这是不全面的。因为如果保险赔付虽然足额但是不及时,保险所发挥的保障效果就大打折扣,被保险人或者受害人就不能利用保险赔偿尽快恢复生产与生活,原来的生产与生活可能被完全改变。迟来的赔付不是真正有效的赔付。有这样一个案例:一位农民通过银行贷款承包了大片水面从事水产养殖,结果由于水体被污染,养殖的水产品全部死亡,但是由于责任认定迁延日久,保险赔付被拖延了数年。虽然最后得到了全部赔付,但是此时那个农户早已因资金链断裂无法偿还银行贷款,被迫转让承包水面,卖掉住房,离婚后孑然一身进城打工。迟到的保险赔偿已经不可能让他的生活回到从前。

大学生是推动我国保险业高质量发展的重要力量,在实务工作中应正确理解和把握保险赔付的原则,更好地发挥保险的风险保障作用,促进社会的安定与和谐。

(三)元素3:每个人(包括自然人、法人和非法人组织)都应当不折不扣地履行自己的义务与责任,这是保证社会公平与正义的要求

保险合同当事人与关系人在保险活动中都应当遵法守约,投保人(被保险人、受益人)应当按照法律规定与合同约定,履行如实告知、支付保费和当危险

显著增加和保险事故发生时通知等义务;保险人应当按照法律规定和合同约定履行提示解释说明格式保险合同条款、赔付保险金等义务。这也是对保险活动的一般要求。其实,所有在民商活动中的当事人都应当不折不扣地履行自己义务和责任。例如,某事故是由保险合同当事人之外的第三人导致的,且属于保险责任范围,并造成被保险人的损失。首先,由于该事故属于保险事故,如果被保险人不向第三人索赔而是向保险人提出索赔,保险人就应当遵照法律规定和保险合同约定不折不扣地履行保险赔偿义务,履行义务之后在赔偿金额范围之内依法向第三人追偿,不能以其他各种理由拒绝承担保险赔偿责任。其次,第三人也不能因为有保险人为被保险人提供保险赔偿以弥补被保险人(受害人)的损失就可以免除其依法应当承担的对受害人财产损失的赔偿责任。因为在第三人对受害人进行赔偿之前保险人代其履行了赔偿责任,所以保险人履行保险赔偿责任之后可以在赔偿金额内向第三人追偿。当然,由于受害人的损失已经从保险人那里得到了补偿,因此其不能再就保险人的赔偿部分向第三人要求赔偿。这既保证了被保险人不因保险赔偿而额外获利,也保证了第三人承担起应负的义务与责任,还保证了保险人的权益,体现了社会的公平与正义。

如果第三人是被保险人的家庭成员或者组成人员,保险人向被保险人履行保险赔偿责任之后原则上不得向该第三人追偿。因此第三人是被保险人家庭成员或者组成人员,意味着其与被保险人休戚与共,他们之间的经济利益高度一致。虽然他们有可能并不是保单中载明的被保险人,但是他们也受到保险合同的保障,属于事实上的共同被保险人,如果保险人向被保险人赔偿之后可以依法向其行使代位追偿权,会导致被保险人购买保险的目的落空,严重损害被保险人的利益。法律如此规定同样是公平与正义的要求。

大学生是具有完全民事行为能力的自然人,今后无论是从事保险相关工作还是购买保险或者从事其他民商活动,在享受法律赋予的权利的同时也需要积极承担起法律规定的义务,这是社会公平与正义对我们的基本要求。

三、教案设计

(一)教学目标

1. 知识层次

在学生已经掌握损失补偿原则,准确理解损失补偿是保险制度的基本功能实现方式、应当遵循的限制条件等知识点的基础上,通过两个案例引导学生进一步理解掌握损失补偿原则的一个派生原则——代位原则中的物上代位和代位追偿。

2. 能力层次

通过课程讲授,引导学生思考几个重要问题:①被保险人不可以通过保险额外获利,但是在被保险人申请委付成功后保险人可能额外获利。为什么这是可以的?②保险人能否以放弃代位追偿权为理由拒绝承担保险赔偿责任?③保险人原则上不得对被保险人家庭成员或者组成人员行使代位追偿权背后的依据是什么?通过对这些问题的独立思考进一步提升学生自己分析问题的能力,也可加深他们对相关知识点的理解。

3. 价值层次

在知识层次和能力层次的基础上,结合相关案例帮助学生对保险的损失补偿功能、权利与义务之间的关系有更深刻的理解与体会,在今后的生活与工作中树立正确的保险观念和工作态度。

(二)教学方法

利用多媒体教学工具,通过要求课前预习、指导查阅资料、课堂讲授、案例讨论等多种教学方式,展开课堂教学,让学生在掌握专业知识的同时接受正确的人生观、价值观引导,培养出高质量的保险专业人才。

(1)课前布置相关内容让学生预习,指导他们查阅相关资料并思考有关问题。

(2)课堂讲授时以小案例切入,引出相关概念。

(3)通过1~2个案例进行课堂讨论,引发大家对多个问题的思考。

总之,结合多媒体教学工具与手段,综合运用案例式教学与启发式教学,提高学生的思辨能力,引导他们树立正确的人生观与价值观。

(三)教学内容

1. 主要内容

(1)代位追偿;

(2)物上代位。

2. 教学重点

(1)代位追偿、物上代位的概念;

(2)代位追偿权取得的要件、代位追偿权的行使;

(3)物上代位与委付的区别与联系。

3. 课程内容中的三个难点问题

(1) 对保险人取得代位追偿权的要件,特别是"保险人必须在履行了全部或者部分保险赔偿责任之后才能取得代位追偿权"的理解。

(2) 保险人行使代位追偿权的对象范围,特别是对被保险人"家庭成员"和"组成人员"的理解。

(3) 委付与物上代位的区别。

(四) 教学过程

课前预习和资料查阅

首先,要求学生在理解掌握了损失补偿原则的基础上预习代位原则的相关内容,并思考保险理赔时要求被保险人不能通过保险额外获利,为什么同意按委付对被保险人进行赔付后允许保险人可以额外获利呢?

其次,要求学生查阅其他《保险学》或者《保险法学》教材,看看这些书对代位追偿部分对保险人原则上不能对被保险人的家庭成员或者组成人员行使代位追偿权是如何解释的?又是如何理解"家庭成员"与"组成人员"的?

课堂教学

1. 第一部分:代位追偿

1) 问题的引入

通过一个小案例提问:对于因第三人侵权或者违约而导致保险事故的情形,保险人要不要承担保险赔偿责任?通过提问,一方面帮助同学回忆上一次所学的损失补偿原则,另外一方面也可借此活跃课堂气氛,引发学生的学习兴趣,自然切入后面的讲授内容。

2) 内容讲授

借助一个小案例引入代位追偿的概念,知道代位追偿的意义,再理解保险人取得代位追偿权的要件和保险人如何行使代位追偿权。

(1) 在讲授代位追偿的意义时,注重以下几个方面的课程思政引导:①代位追偿使被保险人能够及时得到赔付,尽快恢复生产生活。通过案例引导学生思考保险赔偿及时性的重要性有时比充分性更重要,今后如果从事保险工作一定要重视这个方面。②代位追偿可以防止被保险人额外获利,结合前面的损失补偿原则再次引导学生认识到保险只是一种风险管理手段,不能成为额外获利的途径。同时,介绍骗保每年给保险业造成的损失,引导大家自觉抵制骗保,积极宣传保险知识,旗帜鲜明地反对骗保。③使第三者得到应有的追究,引导学生认识到每个人在社会中都应当承担自己的义务，这是社会公平与正义的基本保证。

（2）在讲授保险人取得代位偿权的条件时，提醒同学们回顾课前观看的每周质量报告视频资料及后期的媒体报道，引导学生理解权利与义务相伴而生，保险人的代位追偿权是以其履行保险赔偿义务为前提的，是对保险人履行保险赔偿责任的一种激励。当然，更要引导学生认识到保险赔偿是保险人的法定义务，不得以任何理由推脱，以放弃代位追偿权为条件拒绝承担保险责任是行不通的，也是违法的。同样的道理，我们在日常生活与工作中要做到诚实守信，不折不扣地履行自己应负的责任与义务。

（3）在讲授保险人代位追偿权的行使时，引导学生珍惜和爱护自己的权利，积极正确地行使自己的权利。当然，保险人也可以自己的名义行使法律所赋予的代位追偿权。同时，保险人行使代位追偿权时要尊重被保险人的权利，不得损害被保险人的权利，在第三人赔偿能力不足时要优先保障被保险人向第三人继续索赔的权利。这同样是公平与正义的要求。

（4）在讲授保险人行使代位追偿权的对象时，让学生课前预习中查阅其他教材对被保险人的"组成人员"是如何解释的。国内相关教材普遍将"组成人员"解释为被保险人的"员工、合作人、合伙人等"。此时，引入一个案例：某企业的员工下班后带孩子放孔明灯，结果意外引发火灾，造成该企业的厂房损毁。该企业此前投保了企业财产保险，那么保险人按照企业财产保险合同的约定赔偿之后是否可以向该员工追偿？请大家讨论并发表自己的看法，并说明理由。

在分析了学生的观点之后再明确指出：因为一个雇员的身份就使该员工逃避了应有的赔偿责任，这显然有违社会正义的要求，也损害了保险公司的利益。进一步让大家思考如果是该员工在工作中的失误造成厂房火灾损毁，保险公司赔偿之后是否能够向其追偿？再根据雇主替代责任原理，让学生理解在法律上该事故的责任人通常是雇主不是员工，因此雇主无权因此向员工索赔，保险人赔偿之后当然也就不能向该员工追偿。再一步拓展到合作人、合伙人，他们在实践中应当是共同被保险人，因此如果允许保险人赔偿之后行使代位追偿权，会使保险保障落空。最后介绍美英国家的情况。英国和美国在个人财产保险或者家庭财产保险中一般将被保险人的家庭成员称为扩展被保险人，也就是与保单中载明的被保险人形成共同被保险人，保险人一般也不能对他们行使代位追偿权。再结合我国《民法典》"婚姻家庭编"有关家庭成员的解释可以看出，保险是一项重要的经济制度，在保险学中对家庭成员更需要从他们之间的共同经济利益关系属性来理解。

总结

被保险人的"家庭成员"或者"组成人员"其实是指与被保险人在法律上或者合同上形成"共同被保险人"关系的那些人。这样理解更符合立法目的。

2. 第二部分：物上代位与委付

1）问题的引入

通过一个小案例提问：保险人按照全损对被保险人进行赔偿之后，保险标的物应当如何处理？通过提问，一方面帮助同学再次回忆上一次所学的损失补偿原则，另一方面也可借此活跃课堂气氛。

2）课堂讲授

通过一个案例引入物上代位与委付的概念，理解委付的构成要件以及委付与物上代位的联系与区别。

（1）带学生设想：在保险理赔实务中，有可能保险标的已经实际全损，也可能只是推定全损，还有可能是损失程度较高接近全损，但保险人同意按照全损进行赔偿处理。引导学生思考在这些情况下如何遵循损失补偿原则，保证被保险人不通过保险额外获利。并再次强调，保险制度的价值在于为被保险人提供风险管理手段，不应该成为被保险人额外获利的途径，大家应当自觉抵制和反对骗保。

（2）引导学生思考为什么委付允许保险人额外获利？这是因为保险人接受委付之后，除了按照全损对被保险人进行赔付之外，还有可能需要承担被委付的保险标的物上附着的责任与义务。因此允许保险人额外获利是对保险人可能需要在保险赔偿责任之外承担额外责任这一风险的补偿。这也是保障社会公平的要求。

保险在社会保障体系中的定位

雒庆举

一、课程简介

保险学是保险学专业、金融学类专业、国际金融(英文)专业本科生的核心必修课程,在金融保险类专业人才培养中具有基础性地位。自1987年成立保险专业以来,首都经济贸易大学保险学课程便开始作为专业核心课程,不断进行教学改革与建设。目前,保险学已成为金融学院8门核心课程之一,并配备了网络教学的慕课资源,打造出了"线上+线下""理论+实务""必修+选修"的课程教学团队。保险学课程所涉及的领域主要包括风险管理理论,保险的性能、职能和作用,保险合同的签订、生效、变更、终止,保险的基本原则,保险经营基本过程,保险市场结构与发展,保险监管的原理、具体运作过程和操作方法,以及人身保险、财产保险等具体险种的实务操作。学习本课程,可以使学生理解保险学的思想原理,牢固掌握保险学科的基本概念、理论,熟悉保险的基本业务运作,为学好保险业务课程打下坚实的基础,并帮助学生树立社会主义核心价值观下的正确风险观念。

二、思政元素

保险是社会保障体系的重要组成部分。改革开放以来,特别是2001年中国加入世界贸易组织以来,中国的保险业获得了快速发展,在社会保障体系中的作用进一步显现。本课程关于保险在社会保障体系中定位的内容主要涉及以下几个思政元素:

(一)元素1:中国的人口老龄化形势日益严峻

2015年10月29日,习近平总书记在《关于〈中共中央关于制定国民经济和

作者简介:雒庆举,经济学博士,首都经济贸易大学金融学院副教授;主要研究方向:人身保险与社会保障。

社会发展第十三个五年规划的建议〉的说明》中指出:"我国人口结构呈现明显的高龄少子特征。"

2000年第五次人口普查显示,60岁以上人口占比10.46%,65岁以上人口占比6.96%,标志着我国初步进入人口老龄化社会。2010年第六次人口普查数据显示,60岁以上人口占比达到13.26%,65岁以上人口占比8.87%,表明我国人口老龄化程度进一步加深。2020年第七次人口普查数据显示,60岁以上人口占比达到18.70%,65岁以上人口占比13.50%,10年间65岁以上人口比重上升了4.63个百分点,平均每年上升0.46个百分点。这意味着在未来一两年内,我国即将进入深度人口老龄化社会(65岁以上人口占比14%)。

联合国曾于2019年预测,中国将在2035年左右进入重度老龄化社会,届时65岁老年人口比例将超过20%。

《党的十九届五中全会〈建议〉学习辅导百问》提到,老龄化的加速导致中国养老保险抚养比越来越低,将从2019年的2.65个人养活1个人,降低到2050年的1.03个人养活1个人。上述人口变化和赡养率的变化将导致养老金缺口越来越大,到2029年当期可能首次出现收不抵支,到2036年左右累计结余将耗尽。

(二)元素2:保险具有经济补偿、资金融通和社会管理功能,发展商业保险意义重大

2006年发布的《国务院关于保险业改革发展的若干意见》指出:保险具有经济补偿、资金融通和社会管理功能,是市场经济条件下风险管理的基本手段,是金融体系和社会保障体系的重要组成部分,在社会主义和谐社会建设中具有重要作用。

2014年,《国务院关于加快发展现代保险服务业的若干意见》(国发〔2014〕29号)指出:保险是现代经济的重要产业和风险管理的基本手段,是社会文明水平、经济发达程度、社会治理能力的重要标志。改革开放以来,我国保险业快速发展,服务领域不断拓宽,为促进经济社会发展和保障人民群众生产生活做出了重要贡献。但总体上看,我国保险业仍处于发展的初级阶段,不能适应全面深化改革和经济社会发展的需要,与现代保险服务业的要求还有较大差距。加快发展现代保险服务业,对完善现代金融体系、带动扩大社会就业、促进经济提质增效升级、创新社会治理方式、保障社会稳定运行、提升社会安全感、提高人民群众生活质量具有重要意义。

(三)元素3:保险业快速发展,中国正逐步成为保险大国

2021年是中国加入世贸组织20周年。国家主席习近平在第四届中国国际进口博览会开幕式上指出:"这二十年,是中国深化改革、全面开放的二十年,是中国把握机遇、迎接挑战的二十年,是中国主动担责、造福世界的二十年。这二十年来中国的发展进步,是中国人民在中国共产党坚强领导下埋头苦干、顽强奋斗取得的,也是中国主动加强国际合作、践行互利共赢的结果。"

中国保险业在加入世贸组织以来20年的发展可分为三个阶段:2001—2004年是保险业对外开放的过渡阶段;2004—2018年是保险业基本全面对外开放阶段;2018年至今是保险业全面对外开放的阶段。可以说,开放贯穿了中国加入世贸组织后保险业发展的全过程,成为中国保险业快速发展的重要引擎。

作为当年加入世贸组织金融业对外开放的"排头兵",保险业开放力度最大、步伐最快,奠定了保险业在我国整个对外开放战略布局中的重要地位。数据显示,从保险机构数来看,1979年中国保险业恢复时只有1家保险公司;2001年发展到40家;2020年进一步增加到238家;从保费收入来看,2001年保费收入2 126亿元,2020年增长到4.5万亿元,年均增速17.46%;从保险资产来看,2001年保险业总资产4 591亿元,2020年达到23.3万亿元,年均增速22.96%。截至2021年6月末,境外保险机构在华共设立66家外资保险机构、85家代表处和17家保险专业中介机构,外资保险公司总资产达到1.94万亿元。12家再保险机构中有7家是外资,保费收入占比也在不断攀升。

20年来,保险业公司数量从少到多,产品从简到繁,经营从粗到细,行业从小到大,在国民经济和社会民生等领域发挥着越来越重要的作用。

从全球排名来看,我国保险业已跃升至第二位。按照总保费指标衡量,我国已经是保险大国。

(四)元素4:商业保险发展关系适度、可持续的多层次社会保障体系的建设

目前,我国已经基本实现了社会保险的全民覆盖。建立和完善多层次、多支柱的社会保障体系,提高全民保障水平,是社会保障事业下一步发展的重要内容。

党的十九大报告关于加强社会保障体系建设提出的要求是:"按照兜底线、织密网、建机制的要求,全面建成覆盖全民、城乡统筹、权责清晰、保障适度、可持续的多层次社会保障体系。"

以养老保险领域为例,建立多层次、多支柱养老保险体系是1991年以来中央始终明确并坚持的制度目标,商业保险是中国社会保障体系的重要组成部分。从《国务院关于企业职工养老保险制度改革的决定》(国发〔1991〕33号)首次提出建立三支柱养老金的制度目标,即"随着经济的发展,逐步建立起基本养老保险与企业补充养老保险和职工个人储蓄型养老保险相结合的制度",到2018年《关于开展个人税收递延型商业养老保险试点的通知》(财税〔2018〕22号)发布,个人税收递延型商业养老保险开始试点,再到2019年底中共中央、国务院印发的《国家积极应对人口老龄化中长期规划》提出"夯实应对人口老龄化的社会财富储备",以及2021年3月通过的《中华人民共和国国民经济和社会发展第十四个五年规划和2035年远景目标纲要》提出"发展多层次、多支柱养老保险体系";从2020年5月中共中央、国务院发布的《关于新时代加快完善社会主义市场经济体制的意见》提出"健全可持续的多层次社会保障体系",到2021年《人力资源和社会保障事业发展"十四五"规划》提出"规范发展养老保险第三支柱,推动个人养老金发展";从2021年1月中共中央办公厅、国务院办公厅印发的《建设高标准市场体系行动方案》提出"提高各类养老金、保险资金等长期资金的权益投资比例,开展长周期考核",到2021年2月中央政治局第二十八次集体学习时习近平总书记提出"要加快发展多层次、多支柱养老保险体系",一系列关于养老保险体系改革的政策文件和领导人讲话释放出的信号显示:未来15年和30年,中国养老保障改革取向将从以第一支柱为主要供给主体的养老金体系,逐渐向三支柱共同发展的养老金体系与模式过渡。在这一改革进程中,加快商业养老保险的创新发展力度,是解决养老保障"单条腿"问题,提高养老保障水平的关键所在。

(五)元素5:商业保险是社会保险,尤其是社会医疗保险市场化运作的积极参与者

2009年,中共中央、国务院出台《关于深化医药卫生体制改革的意见》(中发〔2009〕6号)和《医药卫生体制改革近期重点实施方案(2009—2011年)》(国发〔2009〕12号),指出了基本医疗保障管理运行机制的探索方向,提出"提倡以政府购买医疗保障服务的方式,探索委托具有资质的商业保险机构经办各类医疗保障管理服务"。这是我国第一次从国家政策层面提倡商业保险机构参与医疗保险经办管理,为各地的实践探索提供了政策依据。

此后,历年的医改重点工作及社会保障"十二五"、"十三五"规划纲要等重

要政策文件中,都反复体现了这一精神。比如,《社会保障"十二五"规划纲要》(国发[2012]17号)再度提出,"鼓励以政府购买服务的方式,委托具有资质的商业保险机构经办各类医疗保障管理服务";《中共中央关于全面深化改革若干重大问题的决定》(中发[2013]12号)提出,政府要"加快健全社会保障管理体制和经办服务体系,推广政府购买服务,凡是事务性管理服务,原则上都要引入竞争的机制,通过合同、委托等方式向社会购买";《"十三五"深化医药卫生体制改革规划》(国发[2016]78号)指出要"加快推进医保管办分开,提升医保经办机构法人化和专业化水平","积极发挥商业健康保险机构在精算技术、专业服务和风险管理等方面的优势,鼓励和支持其参与医保经办服务","以政府购买服务方式委托具有资质的商业保险机构等社会力量参与基本医保的经办服务,承办城乡居民大病保险";等等。

此外,对于新农合和大病保险,在制度起步阶段就指出要支持商业保险机构的参与,出台了相关的指导意见,政策文件包括《关于商业保险机构参与新型农村合作医疗经办服务的指导意见》(卫农卫发[2012]27号)、《关于开展城乡居民大病保险工作的指导意见》(发改社会[2012]2605号)等。这些政策文件对于商业保险机构等社会力量参与医保经办服务,从最早的单纯鼓励政府购买服务,到后来的明确要求推进,体现了中央对这一问题的认识逐步深入,也反映出引入社会力量参与医保经办服务的必要性。

2020年2月,中共中央、国务院印发的《关于深化医疗保障制度改革的意见》提出,要"持续推进医保治理创新。推进医疗保障经办机构法人治理,积极引入社会力量参与经办服务,探索建立共建共治共享的医保治理格局。规范和加强与商业保险机构、社会组织的合作,完善激励约束机制"。

近年来,我国湛江、厦门、马鞍山等多地都在商业保险机构介入医保经办方面进行了一定的探索,这些尝试取得了一定的成效,引起了社会各界的高度关注。2019年,全国90%以上地区的大病保险都实现了由商业保险机构进行承办;长期护理保险的15个试点城市中,有13个由商业保险机构参与经办。

三、教案设计

(一)教学目标

1. 知识层次

在学生已经掌握保险在风险管理中的作用相关知识点的基础上,通过介绍中国保险市场的发展历史演进,帮助学生掌握商业保险的特质、社会保险的特质,要求学生理解并掌握商业保险、社会保险、财产保险、人身保险、人寿保险、非人寿保险等核心概念。

2. 能力层次

通过课前预习以及课堂讲授,引导学生思考两个核心问题:一是中国保险市场发展现状,与国际保险市场的差距;二是商业保险在社会保障体系中扮演的角色。主要锻炼学生理论联系实际的能力和独立思考的能力,培养学生阅读文献、分析数据等科研能力。

3. 价值层次

在知识层次和能力层次的基础上,结合中国改革开放的实践、社会保障制度改革的实践、一系列重要政策文件和重要讲话精神,帮助学生全面认识到我国社会保障制度改革在党的领导下取得的成就和面临的新挑战,认识到商业保险在我国社会保障体系中的角色和定位。

(二)教学内容

1. 教学内容

(1)商业保险特质;
(2)商业保险与社会保险的区别与联系;
(3)商业保险在社会保障体系中的定位。

2. 教学重点

在认识商业保险特质和社会保险特质的基础上,理解商业保险与社会保险的区别与联系。

3. 教学难点

结合政策文件、实际案例,认识保险在社会保障体系中的定位,尤其是结合人口老龄化的中国人口现状,认识商业保险的发展空间。

(三)教学手段与方法

1. 教学手段

教学手段是师生教、学过程中相互传递信息的工具、媒体或设备。随着科学技术的发展,教学手段经历了口头语言、文字、教材、电子视听设备和多媒体网络技术五个使用阶段。现代化教学手段与传统教学手段是相对而言的。传统教学手段主要利用教科书、粉笔、黑板、挂图等。现代化教学手段包括各种电化教育器材，把幻灯机、投影仪、录音机、录像机、电视机、计算机等搬入课堂，作为直观教具应用于各学科教学领域。因其利用声、光、电等现代化科学技术辅助教学，又称为"电化教学"。

在学习"保险在社会保障体系中的作用"时，融入课程思政内容所采用的教学手段可以同时包括传统教学手段和现代化教学手段，以达到更好的学习效果。

（1）认识商业保险特质的内容主要包括三个层次：一是了解商业保险的演进历程；二是抽象概括商业保险运营特质；三是分析保险业发展现状。三个部分在思政元素的引入上，可以有针对性地采取不同的教学手段。

在学习商业保险的演进历程时，主要采用视频教学手段。比如，可以考虑给学生放映或推荐学生在课前观看《大国保险》纪录片，了解中国保险的发展历程。可以推荐学生阅读中国保险业发展历史的书籍，如《迷失的盛宴》。课上还可以借助板书对重要的时间点进行总结，从而使学生对中国保险业的发展演进有一个比较清晰的认识。

在抽象概括商业保险运营特质时，主要是通过课堂讨论，提供不同的观点和假设，让学生在讨论与争论中形成认识，最后借助板书或者多媒体PPT进行总结。

在分析保险业发展现状时，主要采用多媒体方式进行数据对比分析。课前让学生收集数据，自己进行对比。课上可以借助瑞士再保险公司公布的全球保险业发展数据，通过多媒体技术做成数据图表，直观展示给学生。另外可以和学生一起阅读2006年发布的《国务院关于保险业改革发展的若干意见》和2014年发布的《国务院关于加快发展现代保险服务业的若干意见》中关于中国保险业发展定位的相关内容。

（2）认识商业保险与社会保险的区别与联系，主要是借助PPT、书籍、板书，通过教师教授以及与学生的讨论、交流，特别是通过板书对商业保险与社会保险从不同的角度进行对比，达到对知识点的理解、掌握。

（3）学习商业保险在社会保障体系中的定位时，涉及多个思政元素的引入。

一是对中国人口形势的认识。这可以考虑主要借助多媒体手段，对课前已经收集好的数据通过数据图表形式进行展示，以更好地展示人口的发展演变。同时也可以借助视频教学手段，推荐学生观看权威媒体发布的相关视频资料。

二是中国社会保障体系改革发展取得的成就。这部分思政元素的引入可以采用多媒体数据展示方式和播放视频的方式，并在此基础上进行总结，通过多媒体PPT或者板书进行一一罗列。

三是我国一系列政策文件对于商业保险在社会保障体系中定位的表述。这些内容可以结合多种教学手段：在课前阅读的基础上，上课时教师和学生一起阅读重要政策的相关表述；以养老保险为例，讲授我国多层次养老保险中发展商业养老保险的重要意义；以医疗保险为例，通过课后作业的形式布置学生阅读相关资料；采用小组讨论的方法，总结商业保险参与社会保障体系建设的必要性与可行性。

四是商业保险参与社会保障体系建设。这部分内容属于实践性较强的内容，需要借助案例分析的教学方法，可以考虑借助视频、论文、新闻等资料，在学生在观看和阅读后，采用案例分组讨论的方法展开教学。

2. 教学方法

在讲授本部分内容过程中，可以综合采用多种教学方法：

1）讲授法

这是课堂教学的基本教学方法。结合当前大学生思维灵活和发散的特点，授课教师应避免填鸭式的满堂灌教学方式，尽可能调动学生学习的积极性，培养学生学习的"主人翁"意识，主动参与到学习中。比如，在讲授商业保险与社会保险特质对比时，可以鼓励学生从多个角度发散思维，甚至给出某些错误或者似是而非的命题，然后与学生在讨论的基础上，借助板书或者PPT，按照不同的标准，对商业保险和社会保险的特质进行对比，从而达到对两者关系的清晰认识。这样的教学方法让学生参与进来，学生对知识的掌握也会更加深刻。另外，授课教师在讲授过程中可以更多地借助思维导图来帮助学生对知识体系形成更加深刻的认识。

2）小组讨论法

小组讨论法主要是在授课教师的引导下，以问题为导向，学生各抒己见，通过讨论或辩论活动，获得知识或巩固知识。本部分内容的学习中，可以在多个环节引入讨论教学法，讨论可以采用全班学生参与的方式，也可以分小组进行单一主题或多主题的讨论。在各思政元素的引入上，讨论的焦点可以放在"为什么"和"会怎样"两个环节。比如，引入人口老龄化的思政元素时，可以充分调动学生进行讨论，为什么会产生人口老龄化，有社会的原因，有人口发展的必然趋势，有经济的考虑，等等。而对于中国人口老龄化加剧会产生什么影响，对中国经济发展，对中国社会发展，对养老、医疗提出的挑战……都可以鼓励学生进行多方面的讨论。在引入关于中国社会保障体系中商业保险定位的思政元素时，可以从思考市场与政府的关系入手,引导学生讨论为什么要在社会保障体系建设中引入商业保险,以及商业保险的引入对社会保障体系而言会产生什么影响。

3)数字图表展示法

数字图表展示主要是指教师在授课过程中采用多媒体、PPT等方式展示数据图表,以帮助学生对某些趋势或现象形成直观认识。在本部分内容的讲授中,引入思政元素时采用的数据图表主要涉及这样几组数据:一是人口老龄化数据,主要是七次人口普查数据的对比,可以用条形图展示来对比不同时间的不同指标,可以用折线图展示来反映不同指标的变化趋势,可以用人口金字塔图来反映人口结构的变化特点;二是社会保障事业的发展成就,可以采用饼图展示反映不同群体不同制度的覆盖情况,可以采用柱形图或折线图反映历史变化规律;三是中国保险市场的发展情况,可以采用折线图展示中国保险市场保费收入、保险深度、保险密度等发展变化趋势,可以采用散点图来展现中国保险市场发展与世界各国的对比情况。

4)案例教学法

传统上,认为学生缺乏社会实践,对实践了解的较少。但随着互联网的兴起,现在的学生并不是只待在象牙塔里,对社会生活也有广泛的认识。比如,对中国的人口形势会有一定的了解,但是对于专业案例,学生了解的仍然较少。授课教师在授课中可以引入专业案例,使得枯燥的理论授课变得更具趣味性,更具吸引力,提高学生的认识和理解。在引入思政元素"中国商业保险参与社会保障模式"时,可根据实际案例不同的参与模式,如厦门模式、湛江模式、平谷模式,将小组讨论方法和案例教学方法结合起来,让不同的小组在课前对本组所准备的模式进行资料收集,上课时每个小组进行专题汇报,特别是对模式的特点、优点、缺点等进行总结,并与其他小组同学展开讨论。

(四)教学过程

1. 教学设计思路

本课程的核心是商业保险在社会保障体系中的定位,应围绕这个主题进行科学的教学设计,以达到知识学习与能力培养、理论学习与实践认知的统一。

1)选题原因

本课程选择商业保险在社会保障体系中的定位为核心,主要基于以下三个中国所面临的实际问题。

(1)中国的人口老龄化形势非常严峻,人口结构呈现出明显的高龄少子特征。这种人口结构的特点会给中国带来哪些挑战?

（2）中国的社会保障制度,特别是基本医疗保险和基本医疗保险获得了快速发展,覆盖率大幅度提高,目前基本上实现了全民覆盖。如果已经参加了社会保险,购买商业保险是否还有价值?

（3）党的十九大报告中提出市场在资源配置中起决定性作用。在实践中,政府的责任通过市场外包,可以提高运行效率。中国的商业保险可否承担社会保险提供者的角色?

2）设计思路

（1）借助视频资源,认识中国人口形势以及社会保障取得的成就,进而提出本课程需要解决的核心问题"保险在社会保障体系中应如何定位",并提出解决问题的逻辑或给出思维导图。

（2）带领学生一起认识商业保险的特质、社会保险的特质、商业保险和社会保险的区别与联系。

（3）在数据分析的基础上,认识中国目前的人口形势和中国社会保险的成就;在阅读政策文件的基础上,认识商业保险在社会保障体系的定位;在案例分析讨论的基础上,探讨商业保险参与社会保险提供的模式。

2. 教学过程安排

1）环节1:上节课回顾与本节课导入

教学内容:首先是上节课回顾,通过绘制风险管理矩阵认识保险应对风险的特质。其次是通过播放视频资料,引入本课程讨论的主题,并绘制解决问题的思维导图。

教学手段:板书、视频。

教学方法:PPT展示与内容讲解。

2）环节2:认识商业保险的特质

教学内容:首先,通过授课教师引导和小组讨论,总结商业保险的特质;其次,借助数据图表,展示我国商业保险发展历史;最后,通过播放《大国保险》片段,认识中国保险发展历史。

教学手段:板书、PPT、视频。

教学方法:PPT展示与内容讲解,讨论法,数字图表展示法。

3）环节3:认识商业保险在社会保险中的定位

教学内容:这一环节是本课程的重点内容,涉及知识点较多,思政元素也较多。第一,通过授课教师引导和小组讨论,总结社会保险的特质;第二,通过图表展示,认识中国人口形势;第三,通过图表展示和视频资料播放,认识中国社会保障体系改革发展取得的成就;第四,通过阅读政策文件,小组讨论总结商业保险在养老保障体系中的定位;第五,通过小组讨论、案例分析,认识商业保险在社会医疗保障体系中的作用。

教学手段:政策文件、PPT。

教学方法:PPT展示与内容讲解,图表展示法,小组讨论法,案例分析法。

4)环节4:认识商业保险参与提供社会保险的可行性

教学内容:首先,由各小组汇报商业保险参与社会保险不同典型模式的案例,然后小组讨论总结不同模式的特点、优缺点。

教学手段:案例。

教学方法:PPT展示与内容讲解,案例法,小组讨论法。

5)环节5:总结

教学内容:首先是对本课程的要点进行总结,然后提出进一步思考的问题,并且布置课后作业。

教学手段:PPT。

教学方法:PPT展示与内容讲解。

(五)教学效果分析

认识商业保险在社会保障体系中的定位,不仅是一个理论问题,而且是一个实践问题。学生不应仅停留在课本的学习上,而要注重中国的现实,了解社会发展现状以及政策定位。本课程学习中,引入了五个思政元素,有助于学生对中国的人口现状、商业保险发展现状、社会保障发展成就、商业保险参与社会保障体系政策定位、商业保险参与社会保险经办定位等内容形成更加清晰的认识。思政元素与理论学习的结合,有助于培养学生发现问题、分析问题、解决问题的能力,有助于培育和践行社会主义核心价值观。

风险、风险管理与保险的概念内涵

赵 明

一、课程简介

保险学是保险专业、金融学类专业、国际金融(英文)专业本科生的核心必修课程,在金融保险类专业人才培养中具有基础性地位。首都经济贸易大学自1987年成立保险学专业以来,保险学课程便定位为专业核心课程,不断进行教学改革与建设。目前,保险学已建设成为金融学院8门核心课程之一,并配备了网络教学的慕课资源,打造出了"线上+线下""理论+实务""必修+选修"的课程教学团队。保险学课程所涉及的领域主要包括风险管理基本理论,保险的性能、职能和作用,保险合同的签订、生效、变更、终止,保险基本原则,保险经营基本过程,保险市场结构与发展,保险监管的原理、具体运作过程和操作方法,以及人身保险、财产保险、责任保险等具体险种的实务操作。通过本课程的学习,可以使学生理解保险学的思想原理,牢固掌握保险学科基本的概念、理论,熟悉保险的基本业务运作,为学好保险业务课程打下坚实的基础,并帮助学生树立社会主义核心价值观下的正确风险观念。

二、思政元素

本课程授课时可能包含以下几个思政元素:
元素1:树立社会主义核心价值观下的正确风险观;
元素2:用科学知识武装头脑去管理人生中的风险;
元素3:信守契约原则,运用合同与法律减小风险;
元素4:培养学生尽职履责、勇于担当的职业精神;
元素5:坚守法律底线,能够用法律武器维护权益;
元素6:认识到保险欺诈的危害,树立营销正能量;

作者简介:赵明,经济学博士,首都经济贸易大学金融学院副教授,保险系支部书记;主要研究方向:寿险精算。

元素7:建立敬畏生命、重孝道、知感恩的生活态度。

三、教案设计

(一)教学目标

本课程在教学目标中体现了价值导向,教学中除要实现专业目标与能力目标外,突出情感、态度、价值观等思政目标,帮助学生树立正确的人生观、风险观等。本课程构建了三维教学目标,具体如表1所示。通过三维教学目标,实现在教学内容中将思想政治教育理念与专业课程结合,发挥专业优势,帮助学生树立社会主义核心价值观;利用现有多课堂教学模式,融通立德树人理念。

表1　课程思政三维教学目标

维度	教学目标	教学内容与要求
一维	知识目标	理解保险学的思想原理,牢固掌握保险学科的基本概念、理论
二维	技能目标	掌握人身保险、财产保险、责任保险等具体险种与实务操作流程
二维	技能目标	步入职场后,熟悉保险公司的基本业务运作、职场文化等内容
三维	价值目标	树立社会主义核心价值观下的正确风险观
三维	价值目标	培养诚实守信、尽职履责、勇于担当、坚守底线的工作作风
三维	价值目标	培养学生乐观积极、敬畏生命、重孝道、知感恩的生活态度

(二)教学内容

1. 教学内容

(1)风险与风险要素(风险的含义、风险的组成要素,风险因素、风险载体、风险事故、损失,风险的分类);

(2)风险管理及其方法(风险管理的含义、风险管理的方法);

(3)可保风险与保险(可保风险的理想条件、保险的定义);

(4)保险的一般分类(根据保险标的分类,根据经营目的分类,根据实施方式分类,根据保险人承担保险责任的次序分类,根据投保人与被保险人的关系及数量分类)。

2. 教学重点

(1)风险的含义、风险的组成要素;

(2)风险管理的含义;

(3)可保风险的理想条件、保险的定义、保险的一般分类。

3. 教学难点

(1)风险因素、风险载体、风险事故、损失;

(2)风险管理的方法。

(三)教学手段与方法

课程思政是一种新的教学理念,其教学手段和教学方法都需要进行相应的改革与调整。对于保险学课程而言,既不能像政治课一样系统地导入和展开思政内容讲述,也不能按照既往的模式,只专注于专业知识的传授与学科的发展,而应采用多样化的教学手段,建立良好的师生互动关系,为思政教学营造良好的氛围。

1. 研究学生的思想动态,建立思政融入场景

课堂教学是一个教与学的过程,教师是课程的组织、实施者,学生是课程实施的受众。因此,要想使课堂教学取得良好教学效果,必须开展对学生思想动态的研究。当前大学生大多习惯了借助于手机等电子产品获取信息、查阅资料、开展学习的方式。因此,在思政融入专业课程时,应尊重学生的学习习惯,多利用电子化设施,可有效提升学生对课程的关注度。

2. 创设"课上5分钟"环节,通过行业热点引入课程内容

在课堂上创设"课上5分钟"环节,每节课程开始后运用5分钟的时间讲述保险行业发展中的小故事,通过这些小故事让学生了解到中国保险业的发展历程,感受到中国共产党团结带领人民,百年奋斗、砥砺前行,开辟中国特色社会主义道路,创造经济快速发展和社会长期稳定的两个奇迹。"课上5分钟"环节,最初可由授课教师进行示范引导,逐渐转换为由学生讲述。这个过程有利于培养学生借助互联网平台自主关注当前国内外保险业形势,关心中国经济改革,理解经济结构变迁的"中国模式",加深家国情怀。

3. 采用多元化教学方法,导入课程思政元素

通过使用"讲、做、演、论"等多元化教学方法,创设教学情景,使思政教学内容更为形象直观,强化学生的认知,引导学生树立正确的价值观。"讲"即常规的教师课堂讲授;"做"指的是学生通过做调查、做课件、做微视频的方式讲述"保险小故事";"演"即学生进行角色扮演,通过角色扮演体验金融职业素养;"论"则是辩论、讨论,组织学生围绕经典案例开展讨论。

4. 建立课后反馈机制，追踪价值观形成效果

课后通过布置专业课作业，以潜在、内化的形式，融入对学生价值观形成的追踪考察，或常态化地与学生通过微信群等社交软件交流，了解学生思想动态。从学生作业中体现的价值观取向，以及在沟通中表达的观点和流露出的情感色彩，获取对授课效果的反馈，并据此对授课内容和授课方式不断进行完善和改进。

（四）教学过程

1. 课堂设计思路

在教学设计中，本课程以"学为中心，教为引导"作为课堂设计理念，主要采用互动讲解、创设探究式、拓展及应用情景、问题导入等灵活有效的教学方法，以分组任务、微评论、保险思政主题学习感悟、学习成果课件展示分享等增强学生的课堂与线上学习的兴趣，提高学习成效，激发深度学习，使学生学有所感、学有所获，树立终身学习理念。具体课堂设计思路如下：

1）课前导入环节

课前导入环节对课中、课后环节起着引导与铺垫的作用。课前导入主要借助"线上"教学平台，采用大学慕课网和微信群，发布涵盖教学内容、教学目标、教学任务、教学重难点的系列文本或视频资料，同时将相关的时事要闻或故事典故插入PPT及授课内容中。例如，在讲到"风险特征"时，引入"疫情暴发"，让同学们感受到，虽然风险无处不在，但国家始终强调把人民生命安全和身体健康放在第一位，伟大抗疫精神同中华民族长期形成的特质禀赋和文化基因一脉相承，是爱国主义、集体主义、社会主义精神的传承和发展，是中国精神的生动诠释。又如，讲"最大诚信原则"时，引入商鞅变法中"立木为信"的典故，让学生感受到诚信的力量，丰富民族精神和时代精神的内涵。

2）课中讲授环节

课中讲授环节是保险学课程全部教学过程的关键性环节，将与保险密切相关的时事要闻凝练成中国故事，这些故事应既反映主旋律，又具有趣味性，充分引发学生的关注与讨论。具体课程设计思路为：首先，学生了解该故事始末之后，根据课前发布的线上问题在课堂中进行解答。解答过程中，同时复习已经学过的知识点。然后，以小组的形式展示PPT，让学生在分享的同时，自然而然感受到知识点体现的核心价值观和中国故事背后的力量。

上述两个教学内容完成之后，由教师组织专题拓展讨论，通过对知识点专业而有深度的讲解，以解答问题的形式，自然代入思政元素。整个讲授环节突出了"以学为中心,以教为引导"的教学理念。经过课中"线下+线上"的学习,由热点新闻导入,以中国故事的形式呈现,引发学生更深一步的思考,在培养学生学习能力和应用能力的同时,也使保险专业学生树立经世济民的职业理想和爱祖国爱人民的爱国主义情怀。

3)课后跟进环节

课后跟进环节主要包括课后作业和课后反馈两个环节。课后作业主要以讨论题为主,利用大学慕课网络平台或微信群,发布与章节内容相关的时政热点作为课后讨论题,既巩固学生的专业基础知识,又深化学生对课程思政价值导向的理解。课后反馈能够及时反映教师与学生的"导与学"效果。鉴于保险学课程应用性较强,与生活息息相关,在保险学的章节课后,主要以案例分析题的形式线上测试学生。根据学生测试结果,对学生的学习效果和思政效果进行分析,引导学生要学以致用,学会反思与总结,在培养学生应用能力和逻辑思维的同时,实现学生能力培养与价值塑造的双重目标。

2. 教学过程安排

秉承"润物细无声"的思政理念,结合课程性质与不同知识点的特征,本课程提出"三维融入法",实现思政元素融入专业课程。所谓"三维融入法",即通过章维度、节维度和知识点维度,分别融入思政元素。具体内容如下:

1)章维度的思政元素融入

章维度的思政元素是贯穿整门课程的核心价值理念,与课程的主旨内容、核心观点紧密联系,通过学习能够使学生记忆犹新且切实起到塑造学生价值观念作用的内容。保险学课程的研究对象是风险,风险的内涵是不确定性,保险是管理风险的一种重要工具,因此风险的概念贯穿本门课程的始终。在章维度的思政元素融入中,要帮助学生建立一个正确的风险观念,而正确的风险观是践行社会主义核心价值观的重要体现。从国家层面来看,当今世界正经历百年未有之大变局,具备民族情怀的大学生应该充分认识到面前的机遇和挑战,而建立正确的风险观能够帮助学生趋利避害,为实现中华民族伟大复兴贡献智慧。从生活层面来看,人类工作、生活中的风险无处不在,既包括生老病死等人身风险,又包括自然灾害、意外事故等财产损毁风险,还包括盈利亏损等投资风险。面对人生得失,应该如何对待、保持何种心态,通过树立正确的风险观,帮助学生形成"不以物喜,不以己悲"淡定从容的生活态度。

2)节维度的思政元素融入

节维度的思政元素是在章维度思政元素的基础上,结合各章节特征,将"树立正确的风险观念"这个核心主旋律进一步分解,提炼出每章的核心价值观念,具体内容见表2。

表2 章维度与节维度的思政融入

章维度	节维度	章节维度的思政融入
树立正确的风险观念	第一节 风险与风险要素	充分、客观地认识到人生中充满风险与挑战
	第二节 风险管理及其方法	遇到风险与挑战时,应积极面对而不应逃避
	第三节 可保风险与保险	用科学知识武装头脑,去管理人生中的风险
	第四节 保险的一般分类	信守契约原则,运用合同与法律减小风险

3)知识点维度的思政元素融入

知识点维度的思政元素是在节维度思政元素基础上,挖掘各节知识点的思政融入点。知识点维度的思政融入,应更加注重专业知识与思政内容相结合的方式应合理、自然、契合,具体内容见表3。

表3 知识点维度的思政融入

节	知识点内容	融入方式	思政元素
第一节 风险与风险要素	风险的含义、风险的组成要素	通过《大国保险》纪录片、疫情事件、蚂蚁金服终止上市等新闻或事件引入	风险防范意识,爱国主义教育,传统美德教育
	风险因素、风险载体、风险事故、损失		
	风险的分类		
第二节 风险管理及其方法	风险管理的含义	通过观看"保险国际论坛""蚂蚁集团发布AI理赔技术理赔大脑""中国人保开启A+H模式"引入	爱国主义教育,风险防范教育,职业操守,敬业精神
	风险管理的方法		
第三节 可保风险与保险	可保风险的理想条件	通过"保险科技""区块链赋能保险""怡安并购韦莱造全球最大保险中介"等引入	风险防范教育,行为准则教育,爱国主义教育
	保险的定义	通过"中国互联网保险代理人生存状况","75家险企被罚1.52亿;严监管态势"等引入	风险防范教育,法治教育,行为准则教育
第四节 保险的一般分类	根据保险标的分类;根据经营目的分类;根据实施方式分类;根据保险人承担保险责任的次序分类;根据投保人与被保险人的关系及数量分类	通过"上海保交所正式上线健康险零感知理赔""2020国家医保谈判开启""车险综改动了谁的蛋糕",中国正由"储蓄养老向全生命周期综合理财计划养老迈进"事件引入	诚信教育,行为准则教育,民族自豪感;大国担当

(五)教学效果分析

通过上述教学内容分析、思政元素挖掘、思政融入设计、教学方法和手段的多元化应用,实现以下几方面的教学效果:

第一,创新教育理念,在保险学课程中体现思想政治教育。改变了原有的专业课程仅传授理论知识和实务技能的观念,在保险学课程中结合专业知识的讲解,融入思想政治教育理念,培养学生的家国情怀,帮助学生树立社会主义核心价值观下的正确风险观念,有益于学生在面对人生不确定性时保持一颗平常心,并能够运用科学知识武装头脑,积极应对人生中的风险和压力。通过学生分享的学习心得,可以发现学生们已能够正确认知风险的存在及其客观性,具备了风险管理的意识和能力,对未来工作中坚守法律底线具有较高的认同感。

第二,科学制定教学目标,创新教学方法与内容,提高教育内容的针对性、吸引力和感染力。实现专业课程三维教学目标:知识目标、技能目标与价值目标。在课程中采用大学生喜闻乐见的方式,将知识内化于心、外化于行。其中,采用情景喜剧的方式演绎保险纠纷的处理,通过观看电影去了解养老、医疗与家庭内部关系的处理,激发学生的学习兴趣,并得到关注和好评。

第三,引入大学慕课和微信群等线上平台,增加了与学生在课下针对热点问题的互动讨论。在大学慕课中为学生提供课程讨论素材,帮助学生们理解风险管理的重要性、保险业在面临重大风险事故中的责任和担当等。在以作业形式完成部分视频观看后,利用互动平台与学生进行线上交流,了解学生思想状况,掌握知识理解程度,便于后期开展课程教学。

第四,打破平时成绩与期末成绩的界限,实现科学全面过程化考核。利用线上平台,发布相关作业、讨论内容,根据小组、个人完成情况完成线上打分。在每一部分知识讲解完成后,均会有小组讨论、小组调研、电影/电视剧片段赏析、美文欣赏等多种形式的团体或个人作业,既帮助学生掌握课程知识,增加学生学习兴趣,也适当为学生"增负",实施过程化考核,提升了学生的课堂参与度。

最大诚信原则的本质及意义

李亚男

一、课程简介

保险学是保险专业、金融学类专业、国际金融(英文)专业本科生的核心必修课程,在金融保险类专业人才培养中具有基础性的地位。自 1987 年成立保险学专业以来,我校保险学课程便以专业核心课程为定位,不断进行教学改革与建设。目前,保险学已建设成为金融学院 8 门核心课程之一,并配备了网络教学的慕课资源,打造出了"线上+线下""理论+实务""必修+选修"的课程教学团队。保险学课程所涉及的领域主要包括风险管理理论,保险的性能、职能和作用,保险合同的签订、生效、变更、终止,保险的基本原则,保险经营基本过程,保险市场结构与发展,保险监管的原理、具体运作过程和操作方法,人身保险、财产保险等具体险种与实务操作。通过本课程的学习,可以使学生理解保险学的思想原理,牢固掌握保险学科的基本概念、理论,熟悉保险的基本业务运作,为学好保险业务课程打下坚实的基础,并帮助学生树立社会主义核心价值观下的正确的风险观念。

二、思政元素

诚实信用原则,是世界各国立法对民事、商事活动的基本要求。最大诚信原则是保险的四大基本原则之一,其在本课程教学中的重要性不言而喻。遵守最大诚信原则,要求保险合同当事人将与合同内容有关的全部情况向对方做充分披露,不得隐瞒和欺骗。因此,本课程主要涉及以下几个思政元素:

(一)元素 1:诚实信用是成为一个合法公民的必然要求

《中华人民共和国民法典》第七条规定,民事主体从事民事活动,应当遵循

作者简介:李亚男,经济学博士,首都经济贸易大学金融学院副教授;主要研究方向:随机最优控制理论与风险管理。

诚信原则,秉持诚实,恪守承诺。诚实守信是人和人之间正常交往、社会生活能够稳定、经济秩序得以保持和发展的重要力量。对个人来说,诚实守信既是一种道德品质和道德信念,也是每个公民的道德责任,更是一种崇高的人格力量。对企业和团体来说,则是一种形象、一种品牌、一种信誉,一个使企业兴旺发达的基础。对国家和政府来说,诚实守信是国格的体现,对国内,它是人民拥护政府、支持政府、赞成政府的一个重要的支撑;对国际,则是显示国家地位和国家尊严的象征,也是良好国际形象和国际信誉的标志。

从经济生活来看,诚实守信是经济秩序的基石,是企业的立身之本和一种无形资产;从政治道德来看,诚实守信是一种极其重要的品性,是政治意识和责任意识的体现,是一个从政者必须具备的道德品性和政治素质;从人际关系来看,诚实守信是人和人在社会交往中最根本的道德规范,也是个人重要的道德品质,人际交往中,相互信任是基础,关键就在于诚实守信。

(二)元素2:保险业需要遵守最大诚信原则,这里的"最大"需要重点关注

诚实信用是我国一切民事、商事活动所应遵循的基本原则。然而,保险行为从法律的观点讲,是投保人(被保险人)按照合同的约定向保险人交纳一定数量的保险费并将风险转移给保险人;保险人依约收缴保险费,并承诺在特定的条件下,当损失发生时,给予相应的经济补偿或给付。由此看出,保险合同的特点与普通商业合同有着本质上的区别。

首先,绝大多数的保险合同在终止前,投保人(被保险人)所支付的保险费仅起渡让忧患意识的作用,除获得保险人的有条件承诺外,其他什么都没得到;而商业合同中卖方只要能收到买方的货款,卖方则兑现转让货物或其他非物质的精神享受。

其次,保险合同是射幸合同,作为保险合同的买方,投保人(被保险人)在购买保险时向保险人渡让的忧患意识仅仅是一种担心和忧患。虽然这种忧患意识确实是存在的,但其能否发生是不确定的,而这种合同的条款又都是以这种忧患意识变成事实为基础制定的固定格式;作为商业合同的买方在购买商品时,要卖方渡让商品或其他非物质的精神享受是确定不变的、必需的,没有固定的合同格式。

再次,保险合同订立的前提条件与普通商业合同有所不同,保险人是否接受这种忧患意识的渡让,首先要依赖于投保人(被保险人)对与忧患意识载体标的物相关情况给予的真实告知;其次才是决定是否承保和计算其应交纳的保险费数量,等于投保人(被保险人)在自己给自己做评审和确定交易价格。而普通

商业合同订立的前提条件是价格被当事人双方都认为合理即可。

最后,保险合同当事人双方之间存在很大的信息不对称。一方面,保险人承担了标的物的风险,而标的物的安全程度由被保险人决定;另一方面,保险合同是附和合同,一般地,其由保险公司拟定,合同中有很多专业性术语投保人不一定理解得正确。这种信息不对称导致当事人双方都有可能被欺骗,这就完全违背了保险避险的初衷,因此一定要通过最大诚信原则约束双方的行为,以保证保险市场的稳定健康发展。

保险行为作为一项特殊的民事活动,就其特点而言,仅仅遵循诚实信用基本原则是不够的,而要求遵循最大诚信原则。这个"最大",实施上就是违反原则后的惩罚最大。也就是让人们知道保险双方当事人在民事活动中不得有丝毫的虚假;告诫当事人,保险活动只能是在不违反国家和公共利益的前提下进行;告诫当事人,不得以欺诈、隐瞒和故意以及不应有的疏忽来对待保险活动。也就是说,作为被保险人在投保要求渡让忧患意识时,必须要将为可能发生事件而担心的具体载体(保险标的)和与其有连带关系的各种情况用最大诚信程度,无私地如实告知保险人;作为保险人在履行承诺时,必须要以最大的诚实信用、无私地保证合同履行。

(三)元素3:最大诚信原则是处理保险纠纷的重要原则

诚信社会才是稳定文明的社会,对诚信的贯彻落实尤为重要。遵守最大诚信原则,必然要求保险合同主体循规蹈矩,当出现纠纷时,以是否违反最大诚信原则作为判断对错的标准。在保险市场中,通俗来讲,保险公司在承保前会向投保人询问一些诸如身体是否健康,有无手术或住院史之类的问题。投保人需要如实作答并记录在案,如果故意隐瞒,一经发现,情况较轻的,保险合同立刻作废,退还钱财;情况较严重的,不但合同作废,还没有一分钱保费退还,赔偿更是不可能。当然,如果告知了,保险公司依然承保,保险公司就不能反悔,这叫作保险公司的"禁止反言"。只有将最大诚信原则落到实处,将惩罚措施白纸黑字收录到法律法规或写在保险合同里,才能真正意义上发挥最大诚信原则的作用。

(四)元素4:违反诚信原则会破坏整个社会的信用体系,造成难以修复的损害

个人没有诚信,大多都会受到相应的惩罚,如会被征信系统记录,影响其日后的经济、社会活动。一个社会没有诚信,人们就会对社会失去信心。社会集

体价值观引领作用的缺失,也会对社会成员个体价值观的发展造成不良影响,同时形成恶劣的舆论环境和社会风气。如果社会集体价值观不能态度鲜明地坚持价值立场,就极易造成社会成员的认识混乱,助长浮躁之风。

从政治层面看,诚信缺失会降低国家的凝聚力。我国现阶段社会主义意识、社会价值观呈现出一种多元并存的状态。改革进入攻坚期和深水区,凝聚社会共识,动员社会成员齐心协力、携手并进、激浊扬清至关重要。

从经济层面看,诚信缺失严重危害社会主义市场经济的健康发展。现代社会经济金融的发展都是通过在不熟悉的主体之间建立信任实现的,没有了诚信,借贷行为、合同行为就不能实现,资源就不能有效地流通到所需领域。这必然会影响经济的发展,长久下来,也会影响人民的生活水平。

从社会层面看,诚信缺失增加了社会的不稳定因素和人与人之间的隔阂。人们会增加防御成本,以应对外界的不确定性因素,最终劳民伤财。

从国际层面看,一国的不诚信会严重影响其国际形象,失去国际合作机会,最终降低其综合实力。

(五)元素5:最大诚信不但要求投保人和被保险人如实告知,也要求保险人履行对保险条款的解释说明、弃权和禁止反言义务。其本质体现着公平合作的价值观

最大诚信原则在要求投保人和被保险人如实告知的前提下,也要求保险人履行对保险条款的解释说明、弃权和禁止反言的义务,这样的规定更加公平合理。如果不对保险人做任何要求,其可能为了获得保费,在知道对方违反如实告知原则的前提下依然承保,而当发生索赔事件的时候以对方没有履行如实告知义务而拒保,这显然对投保人来说是不公平的。再如,如果保险人用特别专业的语言或在注意不到的地方表述除外责任,致使被保险人没能理解其含义,导致最终被拒保,这种情况对被保险人同样是不公平的。因此,保险人要履行对保险条款的解释说明义务。总之,不论表象是什么样的,诚信原则要实现的是公平、稳定的合作关系。

三、教案设计

(一)教学目标

1. 知识层次

要求学生理解最大诚信原则的本质、含义及内容,遵循最大诚信原则的原

因。要求学生掌握投保人如何遵守最大诚信原则,保险公司如何遵守最大诚信原则,如何用最大诚信原则处理相关保险纠纷。

2. 能力层次

通过提出保险公司为何要遵守弃权和禁止反言,进一步让学生思考最大诚信原则的本质,锻炼学生理论联系实际的能力和独立思考的能力。

3. 德育层次

(1)培养学生诚实守信的职业品格。通过案例、情景教学等方式,使学生熟悉和了解违反最大诚信原则对社会的危害及要承担的各种法律后果,加强对学生的诚信教育。

(2)强化学生知法守法的观念。通过对各种违反保险合同基本原则的案例讲解,强化学生在日常生活中知法守法的公民基本道德观念。

(二)教学内容

1. 教学内容

(1)最大诚信原则的含义和作用。
(2)投保人和被保险人遵守最大诚信原则需要履行的义务。
(3)保险人遵守最大诚信原则需要履行的义务。
(4)保险市场主体违反最大诚信原则后应受到的惩罚。

2. 教学重点

理解最大诚信原则的本质,掌握投保人、被保险人和保险人应尽的义务。

3. 教学难点

理解和掌握保险市场主体违反诚信原则后的惩罚措施。

(三)教学手段与方法

1. 教学手段

教学手段是师生教学相互传递信息的工具、媒体或设备。本课程介绍的最大诚信原则应融入案例导入、现场讨论、知识讲授、直观演示等多种教学手段,将传统教学手段和现代化教学手段相结合,激发学生的兴趣,以达到更好的学习效果。

1)讲授什么是最大诚信原则?为什么要遵守最大诚信原则?

教学手段应对:

这部分如何引入是调动学生兴趣、引发学生思考的关键。为此,我们计划利用直观生动的多媒体视频,播放一个投保人不履行如实告知义务的案例,引发大家讨论,并思考如何避免这种情况发生。

接下来,运用幽默风趣的语言讲解最大诚信原则的本质,讲述乔致庸、胡雪岩等人诚信为本的故事,帮助学生快速理解最大诚信原则的本质,并给出其存在的意义和价值。

2) 讲授投保人和被保险人遵守最大诚信原则需要履行的义务

这部分教学内容是本次课程讲解的一个重点内容,因此应当运用多种教学手段进行介绍,以期达到使学生融会贯通的效果。

教学手段应对:

首先,本部分应承接上一部分的教学内容提出问题:除如实告知外,投保人还需履行什么义务,以实现保险主体之间的公平?

其次,借助 PPT,顺序给出保险合同从订立到终止全过程中的几个案例,引出在保险合同从订立到终止的过程中,每个时段投保人应做的和不应做的事情,帮助学生理解投保人和被保险人需要履行的其他义务。

再次,在教师教授的同时要辅以学生的讨论与交流,以引导学生思考不履行诚信原则会造成什么样的后果,从而在比较好地实现教学效果的同时提高学生的诚信水平。

最后,通过 PPT ——展示投保人和被保险人需要履行的义务,巩固学生对知识点的理解与掌握。

3) 讲授保险人遵守最大诚信原则需要履行的义务

这部分教学内容同样是本次课程讲解的一个重点内容。不同于 2) 中的教学内容,保险人遵守最大诚信原则需要履行的义务比较隐蔽,不太容易被学生发现和认识。因此,在这部分的介绍中,需要利用教师讲授、PPT、学生讨论和多媒体视频等多个教学手段。

教学手段应对:

同样承接上一部分的教学内容,首先提出问题:投保人和被保险人需要遵守最大诚信原则,那保险人是否也需要遵守呢?由于保险人应该履行的义务不易被发现本部分首先利用学生讨论和资料查询的教学手段,激发学生自主学习的积极性,得到一些结论。

其次,利用多媒体播放一个有关保险人禁止反言的视频,引出答案。

最后,通过教师讲授和学生讨论,让学生思考为什么保险人需要履行对保险条款的解释说明义务,从而在学生更深刻地理解最大诚信原则本质的基础上提高学生的诚信水平。

4）讲授违反最大诚信原则需要承担的后果

这部分教学内容承载了本课程的实践意义。掌握本部分教学内容,可提高学生核保核赔的能力,加强对诚信重要性的认识。由于不同情况下违反最大诚信原则需要承担的后果不尽相同,有很多情况比较相似,不好区分,这部分教学内容是本课程的难点。由于学生需要对不同情况下违反最大诚信原则的严重程度有深刻认识才能熟练掌握本部分内容,我们需要通过多种教学手段,尤其是板书等手段,加强学生对不同情况下违反最大诚信原则严重程度的认识。

教学手段应对：

首先,承接前一部分提出问题：违反最大诚信原则需要承担什么后果呢？不同情况下惩罚措施是否有区别？

其次,运用PPT给出一个不同情况下未履行同样义务时惩罚不同的案例,引发学生的思考。

最后,运用板书,分别列出投保人、被保险人、保险人应尽的义务,针对每条义务与学生讨论不同情况下违反的后果（比如,同样是违反保险标的转让的通知义务,如果保险标的转让没有使其危险程度增加,则没有任何后果,也不会有任何惩罚措施,但如果保险标的转让导致其危险程度显著增加并发生了保险事故,则保险人有权拒赔）。通过师生间的讨论交流,得到一张表格,详细给出各种情况下的惩罚手段。

2. 教学方法

本部分内容在讲授过程中要综合采用多种教学方法：

（1）讲授法。讲授法是比较传统的教学方法,教师通过简明、生动的口头语言向学生传授知识。这里,教师的思路清晰、语言流畅是必要条件,本课程计划在传授基本知识的前提下,加入一些生动的案例,以引导学生分析和认识问题。

（2）讨论法。讨论法是指在教师的指导下,学生以全班或小组为单位,围绕教材的中心问题各抒己见,通过讨论或辩论活动,获得知识或巩固知识。这种教学方法优点在于,由于全体学生都参加活动,可以培养学生的合作精神,激发学生的学习兴趣,提高学生学习的独立性。在讲授本部分内容过程中将反复使用讨论法。

（3）案例分析法。案例分析法是指通过分析生动有趣的案例,引发学生思考或从中得到一些问题的答案。案例教学能够赋予枯燥理论以趣味性和吸引力,侧重开放性和互动性。通过讨论与争论、互动与交流,结合理论分析,将案例中的信息和知识与各种观点碰撞,引发学生的共鸣与兴趣,进而得出富有启发性的理论或思维,提高学生的分析能力。为了吸引学生的注意力、提高学生的诚信意识,不仅要介绍保险案例,还要拓展开来,穿插讲述胡雪岩等人以诚信为本的故事。

(4)榜样激励法。榜样激励法是指通过教师讲授名人榜样的传奇故事,传播正能量并树立学生学习的楷模。榜样的力量是无穷的,特别是对模仿力较强的青少年来说,榜样能产生巨大的感染力,榜样给他们带来的鼓舞、教育和鞭策作用非常明显。在讲授诚信原则的时候,有很多历史人物和历史故事值得借鉴。古代可以介绍商鞅等人的故事,近代可介绍胡雪岩等人的为商之道。

(5)练习法。练习法是指学生在教师的指导下巩固知识、运用知识、形成技能技巧。在本课程教学过程中,可以给学生留出一些练习时间,让他们多做一些选择题和案例分析题,以便更好地掌握所学知识。

(6)任务驱动法。任务驱动教学法是指教师给学生布置探究性的学习任务,学生通过课下查阅资料,对知识体系进行整理,再选出重点进行讲解,最后由教师进行总结。任务驱动教学法可以小组为单位进行,也可以个人为单位组织。它要求教师布置任务明确具体,学生积极提问,以达到学习的目的。本课程将使用任务驱动法,引导学生寻找保险人和投保人应尽的义务。

(7)自主学习法。为了充分拓展学生的视野,培养学生的学习习惯和自主学习能力,锻炼学生的综合素质,本课程结束时会给学生留一道思考题,让学生利用网络资源自主学习的方式寻找答案,提出解决问题的措施,然后进行讨论评价。

(四)教学过程

1. 教学设计思路

本次课的核心任务是让学生理解和掌握最大诚信原则,以达到知识学习与道德提高、理论学习与实践认知的统一。教学思路如下:

首先,通过播放多媒体视频引入一个投保人不履行如实告知义务的案例,引发大家讨论和思考:如何避免这种情况发生?继而由教师口述最大诚信原则,并给出其存在的意义和价值。

其次,承接上一部分的教学内容,提出问题:除如实告知外,投保人还需履行什么义务,以实现保险主体之间的公平?通过追踪保险合同从订立到终止的全过程,引导学生找到投保人和被保险人需要履行的其他义务。

再次,承接上一部分的教学内容,提出问题:投保人和被保险人需要遵守最大诚信原则,那保险人是否也需要遵守呢?由于保险人应该履行的义务不易被发现,本部分首先组织学生讨论该问题,中间学生可以上网查阅资料,最后得到关于保险人应当履行的义务。

最后,承接上一部分的教学内容,提出问题:违反最大诚信原则需要承担什么后果?不同情况下惩罚措施是否有区别?由于这个问题比较复杂,本部分要运用PPT和板书,针对每条义务与学生讨论不同情况下违反的后果。通过师生间的讨论交流,最终得到一张表格,详细给出各种情况下的惩罚手段。

2. 教学过程安排

教学过程安排见表1。

表1 教学过程安排

教学要求	教学内容	教学手段	教学方法
课程导入,认识最大诚信原则的本质	视频引入: 学生讨论 教师讲解 　　最大诚信原则的含义:保险合同当事人订立合同及在合同有效期内,应依法向对方提供足以影响对方做出订约与履约决定的全部实质性重要事实,同时绝对信守合同订立的约定与承诺。最大诚信原则作为现代保险法的四大基本原则之一,最早起源于海上保险。 　　诚信即诚实和守信用,诚信是相互的,诚信原则不但适用于投保人,也适用于保险人。最大诚信原则可表述为:保险合同当事人订立合同及在合同有效期内,应向对方提供影响对方做出订约与履约决定的全部实质性重要事实;同时绝对信守合同订立的认定与承诺。这里所说的重要事实,指的是那些足以影响保险人判断风险大小、决定保险费率和确定是否接受风险转嫁的各种情况。法律上认为对一些可能会使保险人遭受比正常情况下要严重的损失或处于不利地位的情况均属于重要事实。阐明:诚信是合作双方公平性的体现。介绍乔致庸、胡雪岩等人以诚信为本的故事 　　承接前一部分提出问题:除如实告知外,投保人还需履行什么义务,以实现保险主体之间的公平?	多媒体视频,板书,PPT	案例分析,榜样激励,学生讨论及教师讲解

续表

教学要求	教学内容	教学手段	教学方法
掌握投保人和被保险人遵守最大诚信原则需要履行的义务	**给出通知原则的案例** 　　该案背景为，1999年8月23日，原告与国外A公司签订买卖合同，进口价值大约150万美元的原木，合同规定的贸易条件为CFR张家港。按照合同规定，原告在被告某保险公司办理了险别为平安险加舱面险的货物保险。上述货物因承运船舶于1999年10月11日沉没而出险。事后，原告按照被告的要求向被告提交了理赔所需要的货物保险单等文件，但被告却以原告违反了最大诚信原则及没有可保利益为由拒绝赔偿。 　　被告称，原告与A公司签订的买卖合同存在严重缺陷，首先是原告违反合同规定，没有按合同的规定及时开出信用证。其次卖方也没按合同规定交付货物，移交一切与货物有关的单据并转移货物所有权。因此原告与合同卖方共同违约而使作为国际贸易重要支付方式的信用证过期失效，致使买卖合同终止，原已转移至原告的货物风险也就随着终止。货物的风险仍由卖方承担。原告投保时违反保险的最大诚信原则，没有履行如实告知义务 **学生讨论** 　　给出判决结果： 　　判决中法官认为，原告根据外商的装船通知以及货物贸易合同等文件进行投保，被告在收到装船通知后接受了投保并签发了保险单，货物运输的实际情况同装船通知一致，装船通知并不影响被告在海上保险合同成立前据以确定保险费率或者确定是否同意承保。至于被告主张的海上运输货物保险合同的无效问题，原告在信用证过期后投保，不构成保险合同无效的法定理由。因此，被告关于原告没有履行如实告知义务从而导致保险合同无效的抗辩，法官不予支持。 　　关于原告有无可保利益，法官认为，保险利益是指投保人对保险标的具有的法律上承认的利益，有无保险利益，对于订立和履行保险合同至关重要。因本案所涉国际海上运输货物保险合同纠纷涉及国际货物贸易合同，必须依据有关的国际货物销售合同的法律或者国际惯例来进行判断，在国际贸易中，货物的所有权和风险是可能分离的。在CFR价格条件下，货物的所有权与风险在货物越过船舷时发生分离，如果提单等单证与货款的交换顺利实现，货物所有权与风险将重新结合在一起。本案中，由于货物灭失，买卖合同所指的标的物已不复存在，货物不可能被实际交付。同样，作为所有权凭证的提单也就丧失		

续表

教学要求	教学内容	教学手段	教学方法
	了其原有的所有权凭证与要求承运人交付货物的功能,此时的国际买卖合同自动终止,买方对货物的灭失不承担风险。 　　据此,法官判定,原告与被告订立海上运输货物保险合同后,由于国际买卖合同的支付条款出现问题以及货物在变更合同之前灭失等原因,原告在货物灭失时不承担货物风险,亦不拥有货物所有权,无保险利益。故判定本案所涉海上货物运输保险合同无效。 **给出保证原则的案例** 　　珠宝商行在保险公司购买了企业财产险,并在合同中承诺店内24小时有人值班,事实上其已经做出了保险意义上的保证。两天后,小偷趁保安离岗外出偷出价值500万元的珠宝,保险公司是否有义务赔偿? **学生讨论** 　　给出判决结果: 　　由于珠宝商行违背了自己的保证,违反最大诚信原则,保险公司因此拒赔是合理合法的。 **教师讲解** 　　被保险人通知义务,是指被保险人在履行保险合同中应履行的一种义务,包括危险增加的通知义务和出险时的通知义务以及违反保证的通知义务等。在保险合同的有效期间内,保险标的的危险程度增加的,被保险人应当按照保险合同的约定及时通知保险人。其具体包括: (1)危险增加的通知义务是指订立保险合同时,当事人双方未曾估计到的危险可能性的增加。在保险合同中,"危险增加"是有特定含义的,必须是在订立保险合同时当事人未估计到的危险性的增加。 (2)出险通知义务保险合同订立后,如果所投保险的危险事故发生,应由投保人、被保险人或受益人及时通知保险人。 (3)避免损失扩大的义务。我国《财产保险合同暂行条例》规定:在保险事故发生后,投保方有责任采取一切必要措施,避免扩大损失。 　　保证是指被保险人根据合同要求,在保险期限内对某种特定事项的作为或不作为。由于保险合同是依据投保人所告知的标的所处风险状况而签订的,因此是以风险因素和风险不再增加为条件的,保险人所收取的保险费也是以风险不再增加为前提,或以不能存在其他危险标的为前提。如果被保险人未经保险人同意而进行风险较		

续表

教学要求	教学内容	教学手段	教学方法
	大的活动,会引起保险标的危险的增加,必然会影响保险双方事先确定的等价地位。例如,某投保人在投保货物运输险时,在合同内约定不运载危险货物,这个承诺就是保证。 　　保证可以分为明示保证和默示保证。明示保证是在保险单中有明确记载的保证。明示保证分为确认保证和承诺保证,确认保证是投保人对过去或现在某一特定事实存在或者不存在的保证。例如,在签订人身保险合同时,某人确定他从未患过某种疾病,是指他投保前直至现在没有患过这种疾病,但并不涉及他今后是否患此病。承诺保证是指投保人对将来某一特定事项的作为或不作为。例如,汽车保险条款载明:"被保险人或其雇佣的司机对被保险的汽车应该妥善维护,使其经常处于适宜驾驶的状态,以防止发生事故。"此条款要求被保险人从现在订立保险合同起直到将来,保证对汽车维护并使其处于适宜驾驶的状态,而对被保险人过去对汽车维护与否不做要求。默示保证则是指一些重要保证在保险单上没有文字记载,但订约双方在订约时都清楚的保证。默示保证不通过文字来说明,而是根据有关的法律、惯例及行业、保险界的同业习惯来决定的。默示保证的法律效力同明示保证一样,不得违反。例如,海上保险合同的默示保证一般有三项:一是船舶适航性的保证,即船主在投保时,保证船舶的构造、设备、驾驶管理员等都符合安全标准,能合理地适于所投保航次的一般海上风险;二是船舶不得绕航的保证,即被保险人保证其船舶航行于经常与习惯的航道中,除非因躲避暴风雨或救助他人而改变航道;三是航行合法性的保证,即被保险人保证其船舶不从事非法经营或运输违禁品等	板书,PPT	案例分析、学生讨论及教师讲解
掌握保险人遵守最大诚信原则需要履行的义务	承接前一部分提出问题:投保人和被保险人需要遵守最大诚信原则,那保险人是否也需要遵守呢? **学生讨论和资料查询** 　　多媒体播放保险人弃权和禁止反言的视频:		

续表

教学要求	教学内容	教学手段	教学方法
	（视频画面：保险公司在法定是否理赔）	多媒体视频，PPT	教师教授，学生的讨论与交流
	教师讲授： 　　在保险活动中，弃权与禁止反言的规定是对被保险人利益的维护。近几年来，我国保险代理队伍发展比较快，保险代理人是基于保险人的授权以保险人的名义对外从事保险业务的，因此，保险代理人可能为增加佣金而不认真或故意不按照保险条件承保，保险合同一旦成立生效，保险人就不能再向投保人主张未达到的保险条件，从而出现保险人的弃权行为，这时保险人不得以代理人的行为有违保险条件而解除保险合同，这就是禁止反言。当然，保险人在这种情况下，也可以在维持保险合同效力的同时，根据代理人对保险代理合同的违反情况追究代理人的责任。 　　提出问题：除弃权和禁止反言外，保险人还有其他义务需要履行吗？ **学生讨论** 　　**教师讲授：** 　　保险人说明义务是指保险人于保险合同订立阶段，依法应当履行的，即将保险合同条款、所含专业术语及有关文件内容，向投保人陈述、解释清楚，以便使投保人准确地理解自己的合同权利与义务的法定义务。 　　引导学生思考不履行诚信原则会造成什么样的后果		
掌握违反最大诚信原则需要承担的后果	承接前一部分提出问题：违反最大诚信原则需要承担什么后果呢？不同情况下惩罚措施是否有区别？ 给出案例：同样是违反保险标的转让的通知义务，如果保险标的转让没有使其危险程度增加，则没有任何后果，也不会有任何惩罚措施，但如果保险标的转让导致其危险程度显著增加并发生了保险事故，保险人有权利拒赔。 学生思考：为什么会这样？ 师生间进行讨论交流、教师板书，绘制总结表：		

续表

教学要求	教学内容			教学手段	教学方法
	责任人	违反事实	后果	PPT,板书	案例分析,教师教授,学生的讨论与交流
	投保方	不履行告知义务	故意	保险人可以解除保险合同,对合同解除前发生的事故拒赔,不退保费		
			过失	保险人可以解除保险合同,对合同解除前发生的事故拒赔,但要退保费		
		不履行危险程度增加的通知义务	因此发生事故	保险人拒赔		
			不是因此发生事故	无惩罚		
		谎称发生保险事故或发生其他弄虚作假行为	保险人可以解除保险合同,不退保费		
		故意制造保险事故	保险人拒赔		
		不履行保证义务	在合同里说明惩罚措施	无惩罚		
			在合同里没有说明惩罚措施	按合同规定惩罚		
	保险人	不履行解释说明保险条款的义务	责任免除条款无效		
		有保险合同解除权不行使解除权归于无效			
习题	**案例分析** 　　某建筑公司的一辆奔驰轿车向保险代办处投保机动车辆保险。承保时,保险代理人误将该车以国产车计收保费,少收保费482元。保险公司发现这一情况后,遂通知投保人补缴保费,但遭拒绝,无奈下,保险公司单方面为投保人				

续表

教学要求	教学内容	教学手段	教学方法
	出具了保险批单,批注:"如果出险,我公司按比例赔偿。"合同有效期内,该车不幸出险,投保人向保险公司申请全额赔偿。保险人坚持按比例赔偿。 请问你如何看待这件事? 　　答:如果本着保险价格与保险责任相一致的精神,此案宜按比例赔偿,但依法而论,应按保险金全额赔偿。其中重要的理由是依据最大诚信原则,保险合同是最大诚信合同,如实告知、弃权、禁止反言系保险最大诚信原则的内容。本案投保人以奔驰轿车为标的投保系履行如实告知义务。保险合同是双务合同,即一方的权利为另一方的义务。在投保人履行合同义务后,保险公司依法必须使其权利得以实现,即依合同规定金额赔偿保险金。保险代理人误以国产车收取保费的责任不在投保人,代理人的行为在法律上应推定为:放弃以进口车标准收费的权利,即弃权。保险公司单方出具批单的反悔行为是违反禁止反言的,违背了最大诚信原则,不具法律效力。因此,保险代理人具有准确适用费率的义务。在法律上,保险公司少收保费的损失应当由负有过错的保险代理人承担,不能因投保人少交保费而按比例赔偿。保险公司在收取补偿保费无结果的情况下,只能按照奔驰进口车的全额给付,而不是按比例赔付。否则,有违民事法律过错责任原则,使责任主体与损失承担主体错位	PPT	学生讨论和思考

(五)教学效果分析

最大诚信原则是保险的四大基本原则之一,是保险法的首要原则,也是保险法律体系的基石,其在本课程教学中的重要性不言而喻。但是,由于在讲授最大诚信原则时会涉及很多保险案例和法律法规,且违反最大诚信原则的情况多种多样,有些还具有一定隐蔽性,这部分内容一直是保险学课程教学内容中的重点及难点。

本部分教学内容从习近平新时代中国特色社会主义发展的全局出发,由浅入深地介绍最大诚信原则,力求在提高学生对最大诚信原则本质的理解和掌握的同时,培养学生正确的人生观和价值观,引导其深度思考诚信对个人及整个社会的意义。本课程引入了五个思政元素,有助于培养学生的思想道德素养,引发其对不同人性的思考和对现今制度的定位。

对本次教学效果的考察,不应仅停留在学生是否掌握了课本的知识点上,应该强调对学生理论联系实际能力的提高和对学生思想道德素质的培养。因此,在本次教学过程中,拟加入更多的保险案例分析、学生自主学习和讨论,潜移默化地树立学生正确的人生观和价值观,培养学生诚信守法的美好品德。如果有条件,还计划模拟真实核保核赔场景,在教学过程中组织学生进行核保核赔训练。

金融机构要坚守服务实体经济的本分
——强化从业人员的道德规范

刘剑蕾

一、课程简介

公司金融作为微观金融学科的一门核心课程,主要以公司的各项金融活动作为研究对象。公司金融是以公司为核心,以实现公司价值最大化为研究目标,探讨公司融资、投资、治理等决策的学科。这门学科从宏观经济和投资者行为的角度,研究资本市场的发展趋势和影响因素。

该课程的教学理念和目标是理论联系实际,把握公司金融领域的基本理论和前沿发展脉络,使学生全面了解企业的估值方法、融资机制、治理决策。学生通过本课程的学习,建立起有关公司金融的理论体系,掌握公司价值理论、资本结构理论、资本成本理论、投资理论和股利政策理论等基本理论及分析方法,具备运用公司金融理论分析、解决公司金融实践问题的能力。

当今金融市场正发生着深刻变革,金融工具不断创新,公司金融的教学和实践也更富有挑战性和时代性。为此,公司金融的教学必须与之保持同步发展。

二、课程思政元素发掘

随着中国经济和金融市场的发展,以公司金融为主流的金融学科不断发展和壮大。公司金融的研究目前有两种分析方法:第一种是大样本实证研究,主要通过搜集足够多的微观样本,从动机、行为和经济后果去分析重大事件对公司价值或投资者的影响;第二种是案例研究,相比学术界从实践到理论的大样本实证研究,从教学的角度看,案例研究更易于举一反三、理论联系实际,便于学生做到学以致用。从实务投资的角度看,案例还具有更加及时、相关的突出特点,对企业、政府和投资者更有意义。因此,本课程思政教学将立足于公司金融案例研究,选

作者简介:刘剑蕾,经济学博士,首都经济贸易大学金融学院副教授;主要研究方向:公司金融、公司治理。

取有影响力、典型性的案例进行深入研究,揭示其背后蕴含的理论含义和思政意义,使学生正确认识理解公司金融相关理论的内涵,了解企业在金融市场中的投融资活动决定因素、经济社会影响与未来的发展趋势,掌握中国特色社会主义经济运行过程中企业金融活动与金融市场相互关系及其发展规律,运用公司金融相关专业知识服务中国经济的发展,形成社会主义核心价值观。

本课程在教学中融入对"瑞幸咖啡财务造假案""巴林银行破产事件""康美药业财务造假案""2008年美国次贷危机"这四个典型案例的讲授与分析,将专业课内容与思政知识点有机融合,强化学生思想品德建设,使之树立正确的职业道德。

道德缺失是导致2008年金融危机的一个深层次原因。从事金融工作的人员,尤其是金融创新领域的从业人员游走在道德的边缘,对全球经济造成了巨大冲击。道德作为一个哲学概念,跨越经济学、社会学、伦理学等多个学科领域,在金融学研究中提升"道德"的地位具有极大的重要性和紧迫性。金融体系在国民经济中处于牵一发而动全身的地位,关系到经济的健康发展和社会长治久安。良好的金融体系是形成健康而富有活力的经济体的必要条件,可实现资金从储蓄者向具有生产性投资机会的资金需求者的转移。但金融领域也深受道德活动的影响和制约,道德是现代金融的隐性生产力,越是发达的金融体系,越离不开道德准则的执行和强化。

公司金融课程通过案例研究,将思想政治工作放在首位,为当代大学生树立正确的世界观、人生观和价值观,确立实现中华民族伟大复兴,与祖国同呼吸、共命运的强烈理想信念,为提升金融业职业道德水平打下坚实基础。本课程的思政元素主要包括以下几个方面:

(一)元素1:资本主义根本矛盾

生产资料资本主义私人占有和生产社会化之间的矛盾是资本主义的基本矛盾,经济危机爆发的根本原因正是资本主义的基本矛盾。

本课程将用马克思政治经济学观察2008年美国次贷危机。在案例讲解中利用马克思政治经济学观点分析2008年美国次贷危机爆发原因。

(二)元素2:制度自信

本课程对比分析社会主义市场经济与资本主义市场经济。党的十九届四中全会提出,公有制为主体、多种所有制经济共同发展,按劳分配为主体、多种分配方式并存等社会主义基本经济制度,既体现了社会主义制度优越性,又同我国社会主义初级阶段社会生产力发展水平相适应,是党和人民的伟大创造。

(三)元素3:职业道德

本课程将强化金融机构道德规范。金融市场为资金的供需方提供了一个桥梁,而金融机构就是在这一桥梁中参与各类资金资产交易的组成部分。金融主体在处理各种经济关系和解决各类经济矛盾时,总会基于社会道德环境进行金融交易,以实现其金融资产的理想配置,获取收益。因此,道德应作为金融的内生变量发挥作用。

(四)元素4:社会主义核心价值观

习近平新时代中国特色社会主义思想提到:明确全面推进依法治国总目标是建设中国特色社会主义法治体系、建设社会主义法治国家。我国资本市场日趋完善,监管上也愈发全面,对于造假案例的讲解能让学生进一步加强对于社会主义核心价值观的理解,增强学生对于法律的敬畏感。

三、教案设计

(一)教学目标

1. 知识层次

通过对"瑞幸咖啡财务造假案""巴林银行破产事件""康美药业财务造假案""2008年美国次贷危机"这四个典型案例的讲授与分析,帮助学生建立对公司财务管理目标的认识,加深对于代理问题、公司控制、利益相关者、现金流、套利定价模型与资本资产定价模型、金融监管等的理解。

2. 能力层次

培养学生正确认识"最大化现有股东权益的市场价值"的内涵;了解代理问题的含义和处理公司代理问题的方法;了解公司现金流的构成;加强学生对于金融监管的认识;锻炼学生理论联系实际、独立思考问题的思维能力;充分认识强化金融从业人员职业道德规范的重要性和紧迫性。

3. 价值层次

帮助学生树立正确价值观,坚定"四个自信",正确理解公司治理的目标,树立正确职业道德规范;树立在追求公司利益的同时要遵纪守法、不可违法乱纪的观念;争做新时代新青年,小到为自己和家庭谋取幸福,为行业"净化空气",大到为国家和社会主义现代化建设的宏伟目标"添砖加瓦"。

综上所述,公司金融的课程思政不仅有助于学生树立正确的风险观和道德观,提升未来金融从业人员的职业道德,还有利于创造金融行业的良好环境,树立金融行业的良好形象,进而健康、持续、稳定发展。

(二)教学内容

1. 教学内容
(1)公司财务管理与现金流;
(2)公司治理与内部控制;
(3)金融市场与金融机构;
(4)金融监管与金融危机。

2. 教学重点
从公司内部来看,本课程的教学重点是对公司金融的研究目标、内涵、适用环境,以及公司股东、管理者和利益相关者之间关系的学习和分析;从公司外部来看,本课程的教学重点在于对公司所处的市场环境、金融市场结构、金融监管等方面的学习,尤其是对金融机构在服务实体经济过程中的作用和意义进行深入分析。

3. 教学难点
通过实际案例,分析如何提升资本市场的有效性,切实加强金融机构的服务意识和本位意识。

(三)教学过程

教学过程见表1。

表1 教学过程

教学要求、方法与学习收获	教学内容	教学过程
学习要求:公司现金流管理的重要性	1. 公司财务管理与现金流 介绍有关财务管理目标的概念和不同的观点:利润最大化、股东财富最大化、相关利益者最大化、企业价值最大化等。 现金流管理作为重要的公司管理决策,直接影响企业的生死存亡	

续表

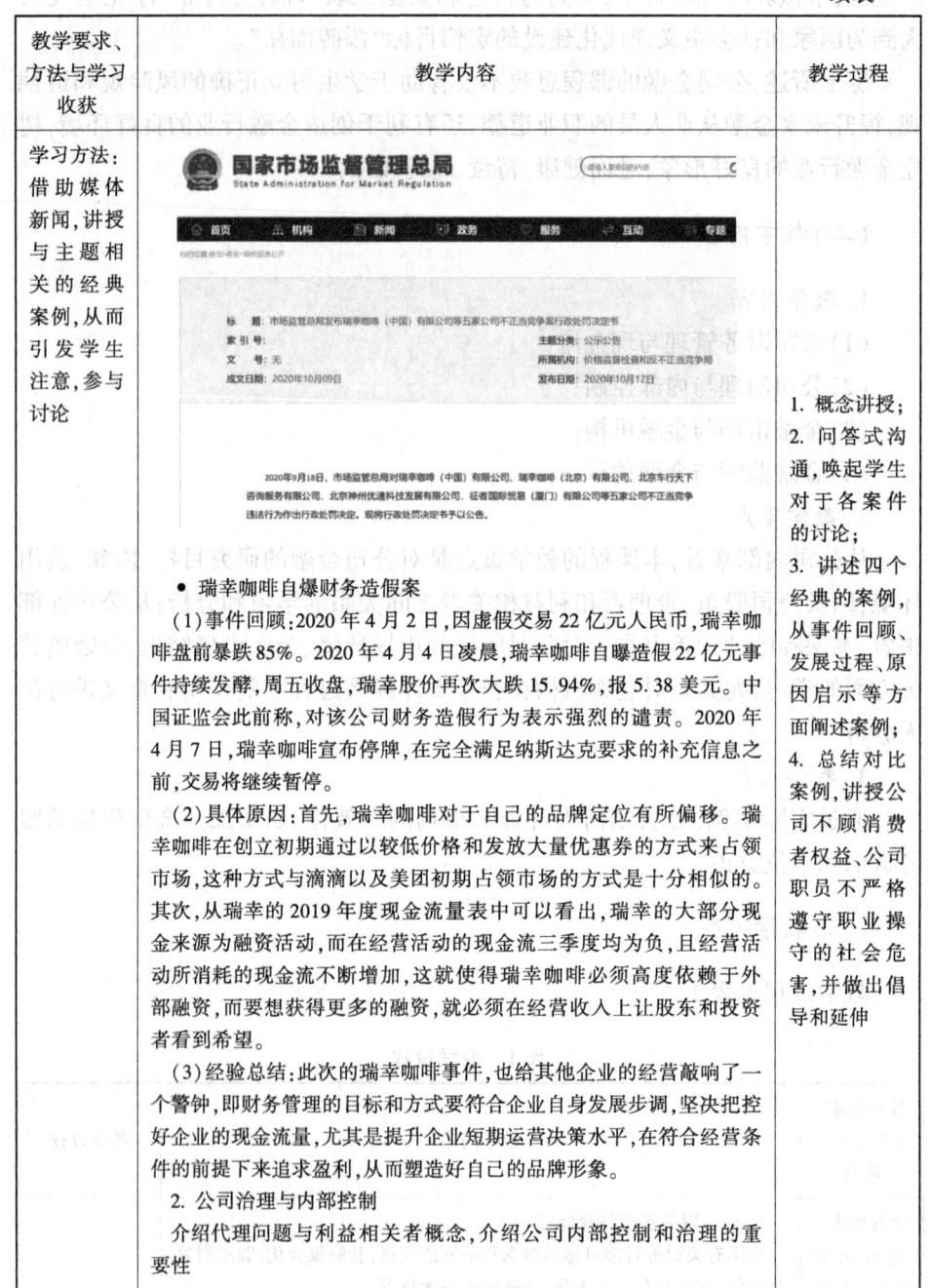

教学要求、方法与学习收获	教学内容	教学过程
学习方法：借助媒体新闻，讲授与主题相关的经典案例，从而引发学生注意，参与讨论	[国家市场监督管理总局网站截图——瑞幸咖啡（中国）有限公司等五家公司不正当竞争行政处罚决定书，成文日期：2020年10月09日，发布日期：2020年10月12日] 2020年9月18日，市场监管总局对瑞幸咖啡（中国）有限公司、瑞幸咖啡（北京）有限公司、北京车行天下咨询服务有限公司、北京神州优通科技发展有限公司、征者国际贸易（厦门）有限公司等五家公司不正当竞争违法行为作出行政处罚决定。现将行政处罚决定书予以公告。 ● 瑞幸咖啡自爆财务造假案 （1）事件回顾：2020年4月2日，因虚假交易22亿元人民币，瑞幸咖啡盘前暴跌85%。2020年4月4日凌晨，瑞幸咖啡自曝造假22亿元事件持续发酵，周五收盘，瑞幸股价再次大跌15.94%，报5.38美元。中国证监会此前称，对该公司财务造假行为表示强烈的谴责。2020年4月7日，瑞幸咖啡宣布停牌，在完全满足纳斯达克要求的补充信息之前，交易将继续暂停。 （2）具体原因：首先，瑞幸咖啡对于自己的品牌定位有所偏移。瑞幸咖啡在创立初期通过以较低价格和发放大量优惠券的方式来占领市场，这种方式与滴滴以及美团初期占领市场的方式是十分相似的。其次，从瑞幸的2019年度现金流量表中可以看出，瑞幸的大部分现金来源为融资活动，而在经营活动的现金流三季度均为负，且经营活动所消耗的现金流不断增加，这就使得瑞幸咖啡必须高度依赖于外部融资，而要想获得更多的融资，就必须在经营收入上让股东和投资者看到希望。 （3）经验总结：此次的瑞幸咖啡事件，也给其他企业的经营敲响了一个警钟，即财务管理的目标和方式要符合企业自身发展步调，坚决把控好企业的现金流量，尤其是提升企业短期运营决策水平，在符合经营条件的前提下来追求盈利，从而塑造好自己的品牌形象。 2. 公司治理与内部控制 　　介绍代理问题与利益相关者概念，介绍公司内部控制和治理的重要性	1. 概念讲授； 2. 问答式沟通，唤起学生对于各案件的讨论； 3. 讲述四个经典的案例，从事件回顾、发展过程、原因启示等方面阐述案例； 4. 总结对比案例，讲授公司不顾消费者权益、公司职员不严格遵守职业操守的社会危害，并做出倡导和延伸

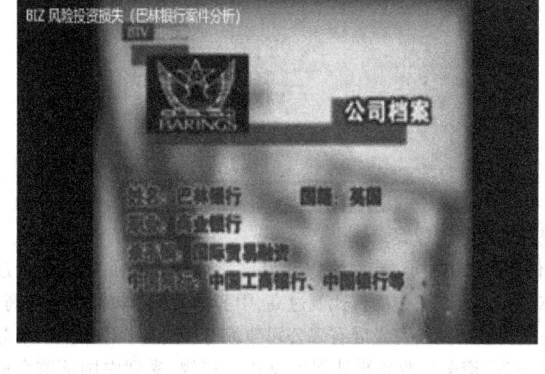

金融机构要坚守服务实体经济的本分——强化从业人员的道德规范

续表

教学要求、方法与学习收获	教学内容	教学过程
学生收获：了解我国政府对于金融监管的重视，以及案例带来的启示，以及引入风险控制，提倡公司职员保持职业操守 学习要求：公司治理和内部控制的重要性 学习方法：通过引入故事性的视频讲解，加强学生们对案例分析的兴趣	[BIZ 风险投资损失（巴林银行案件分析）公司档案 巴林银行 国籍 英国 商业银行 国际贸易融资 中国工商银行、中国银行等] • 巴林银行破产事件： (1)事件回顾：1992 年 7 月 17 日，巴林银行工作人员里森手下一名交易员金姆犯了一个错误：当客户（富士银行）要求买进 20 张日经指数期货合约时，此交易员却卖出 20 张，这个错误在当天晚上进行清算工作时被里森发现。为了赚回足够的钱来弥补所有损失，里森从事大量跨式部位交易，因为当时日经指数稳定，他想从交易中赚取期权权利金。2 月 10 日，里森已握有 55 000 手日经期货及 20 000 手日本政府债券合约，这是新加坡期货交易所交易史上创纪录的数量。显然，巴林的财务已经失控，银行总部却一直为里森的疯狂举动供给资金——4 个星期内达 8.5 亿美元。最终，里森把巴林银行送进了坟墓。 (2)事件总结：导致巴林银行倒闭的根本原因是信息不对称引起的道德风险。银行与分支机构间、与管理部门间的信息不对称，使得银行总部对分支机构、政府对国际银行的监管不力，最终导致了道德风险。 (3)经验总结：通过对巴林银行破产这一案例的分析，可以更深刻地体会到个人从业不端所能引致的极端风险，更好地理解金融机构主体内部的信息不对称现象以及可能产生的各种问题，更直观地认识到通过内部治理和控制来消除信息不对称问题的重要性。 3. 金融市场与金融机构 　　讲解并深入阐述金融机构在金融市场中的关键地位，以及金融机构在一国经济活动中的重要作用。	

续表

教学要求、方法与学习收获	教学内容	教学过程
学习收获：加强金融机构事前管理和事后督导的学习，尤其是事前从业人员行为规范的强化教育 **学习要求**：理解金融机构的特殊地位和重要性 **学习方法**：借助媒体新闻，讲授主题相关的经典案例引起学生注意，参与讨论 **学习收获**：我国相关政府部门和监管机构需加	● 康美药业财务造假案 （1）事件回顾：2018年，有网络媒体发文质疑康美药业货币资金过高、存贷双高、大股东股票质押比例过高、中药材毛利率较同行业过高、其关联公司深圳博益投资发展有限公司涉嫌内幕交易炒作康美股票等问题。12月底，康美药业涉嫌披露信息违法违规，受到中国证监会调查，并要求其进行自查。2019年4月，康美药业公布2018年年报及2019年1季报的前一天，公司发布更正公告称，2017年的财务数据出现会计处理上的错误，同时发布《关于前期会计差错更正的公告》，对2017年财务报告做出重大调整。2019年4月30日当晚，上交所向康美药业发布问询函。2019年5月17日，证监会通报康美药业2016—2018年度的财务报告具有重大虚假的事实。2019年8月17日，证监会对康美药业财务舞弊案件做出处罚决定，对公司和个人共罚款595万元。 （2）动机分析：舞弊三角理论。 压力方面：偿债压力、融资压力和保市压力导致康美药业的舞弊动机十分强烈。 借口：对于证监会以及各方媒体的质疑，康美药业却将自身财务舞弊的实质归因为会计差错，为舞弊提供合理化借口，为财务舞弊行为开脱。 机会：2018年正中珠江会计师事务所才对康美药业的内控出具否定意见审计报告，披露康美药业内控流程不完善、制度执行不到位、会计核算不规范等缺陷。外部审计机构的独立性较差，这为康美药业的舞弊提供了机会。 （3）经验启示：会计师事务所是对上市公司运营情况进行监督的重要一环，会计师事务所作为独立的第三方，对被审计单位的财务报告进行审计并发布审计报告，增强财务报表强预期使用者对财务报表的信赖程度。而独立性是会计师事务所进行审计工作的基础和灵魂。会计师事务所应全力保证自身的独立性，坚守职业道德底线，监管机构也要强化监督和惩戒机制，保证会计师事务所工作的有序开展。	

136

金融机构要坚守服务实体经济的本分——强化从业人员的道德规范

续表

教学要求、方法与学习收获	教学内容	教学过程
快我国相关法律法规体系的修改与完善,加大对财务造假行为的惩戒力度,让企业为失信付出惨痛代价,提高财务造假行为的犯罪成本,以适应不断变化发展的社会经济环境,树立法律权威,重塑公众信心 学习要求:理解金融监管的重要性和必要性。金融监管是对市场失灵的一种有效纠正方式	4. 金融监管与金融危机 道德风险是指由于制度性或其他变化所引发的金融部门行为变化,及由此产生的有害作用。在市场经济体制下,存款人必然会评价商业性金融机构的安全性。但在受监管的金融体系中,个人和企业通常认为政府会确保金融机构安全,或至少在发生违约时偿还存款,因而在存款时并不考虑银行的道德风险。一般而言,金融监管是为了降低金融市场的成本,维持正常合理的金融秩序,提升公众对金融的信心。因此,金融监管是一种公共产品,是由政府公共部门提供的旨在提高公众金融信心的监管,是对金融市场缺陷的有效和必要补充。 ● 2008 年美国次贷危机: (1)事件回顾:2001 年 IT 泡沫破灭,美国经济出现衰退。为了刺激经济,美联储采取了极具扩张性的货币政策。住房抵押债务急剧增加,房利美(Fannie Mae)与房地美(Freddie Mac)的隐性担保规模迅速膨胀,其直接持有和担保的按揭贷款和以按揭贷款作抵押的证券由 1990 年的 7 400 亿美元爆炸式地增长到 2007 年底的 4.9 万亿美元,此后美国房价开始跌落、房地产开始贬值、抵押品价值也不断下降,进而导致贷款风险增加。在这种局面下,贷款人就会出现偿还违约现象。随着住房抵押贷款的信用风险逐步增大,资产支持证券的偿还出现现金流问题,次贷危机最终爆发并蔓延到全世界。 (2)发展过程: 第一阶段,2007 年 2 月,美国贷款机构对次贷问题表示忧虑。随着美国次贷市场所存在问题的证据开始冒头,全球股市出现了当年的首次震荡。 第二阶段,2007 年 5 月到 6 月,一些西方对冲基金破产。 第三阶段,同年 7 月,次贷问题导致私人股本运转失灵。7 月 25 日,用于联合博姿和克莱斯勒并购交易的融资严重受阻,加剧了市场对于发生信贷危机的担忧。	

续表

教学要求、方法与学习收获	教学内容	教学过程
学习方法：借助有意思的科普小视频介绍2008年金融危机的事件始末 学习收获：在金融活动中如何提供更高质量的产品和服务，如何更好地满足人民群众对美好生活的向往，这成为新时代金融行业的新任务	第四阶段，同年7月至8月，次贷危机扩散至股市。投资者对全面信贷危机的担忧，引发了股市和信贷市场的剧烈波动。 (3)爆发原因： 第一，商业银行房贷标准无底线降低，评级机构推波助澜。 第二，金融机构过度进行金融创新，大量金融衍生品无法兑付。 第三，监管系统存在缺陷。 (4)危机启示： 第一，强化责任意识，遵守职业道德规范。 第二，树立风险意识，做好人生的"风控"。 第三，加强监管力度，完善监管体系	

四、教学效果分析

公司的估值、融资和治理决策是公司金融课程的核心和基础，正确理解公司围绕上述三个方面所做出的管理决策有助于学生树立正确的价值观。

企业的存在与发展并不是独立的。企业作为市场经济的主体，与其他主体之间相互联系，形成一个环环相扣的巨大网络，道德便成为这个关系网的连接媒介之一。如果信用和道德的媒介出现问题必然会对整个关系网产生连锁性的破坏，因而道德底线是金融体系发挥作用的基石。当人们在金融活动都自觉以道德为准则时,金融市场中的信息将更加真实可信,运行的成本就会大大降低,交易更加有序,进而推动金融市场的稳定运行。

金融职业道德就是金融从业者在从事金融活动中应该遵循的基本行为规范,它是由多层次要求构成的规范和意识,是金融活动的命脉。金融从业人员道德缺失会直接导致内部的腐败,金融从业人员盲目地追求利益最大化会使得金融所具有的经济调控作用失去平衡。但是,金融行为与道德相背离的情形却屡见不鲜。金融从业者之所以有道德问题,归根结底是因为经济利益与道德价值的矛盾。西方国家往往认为这一问题产生的根源在于委托代理关系的制度约束不健全以及约束不力,却对导致道德问题的人员品质、追求等方面考虑不多,这是不正确的。

本课程从习近平新时代中国特色社会主义发展的全局出发,结合马克思历史辩证唯物主义,并分析相关案例,帮助学生树立正确的职业道德。在对不同案例进行分析的基础之上,更加深入地分析阐述公司金融课程中所涉及的代理问题、道德风险、金融监管等问题,使学生树立正确的风险意识和价值体系,强化未来金融从业人员的责任意识。

我国目前正处于社会主义初级阶段,经济飞速发展,法治进程与市场监管的重要性不言而喻。不只培养新时代具有专业职业技能的大学生是我们的责任和义务,培养具有高度自律性、高度政治认同感的大学生更是高校教学工作中的重中之重。高校培养大学生遵守行业行为准则、具有正确职业道德的,有利于不断提升我国金融从业人员的职业素质和道德水平,切实服务我国实体经济发展,助力中国经济腾飞。

财务管理目标、代理问题与利益相关者
——公司治理视角下对"为人民服务"的思考

马思超

一、课程简介

公司金融是一门以公司金融活动作为研究对象的核心课程。通过本课程的教学,使学生建立起有关公司金融的理论体系,掌握公司价值理论、资本结构理论、资本成本理论、投资理论和股利政策理论等基本理论及分析方法,培养学生运用公司金融理论分析、解决公司金融实践问题的能力。

该课程的教学理念和目标是理论联系实际,使学生掌握公司金融领域的基本理论和前沿发展脉络,全面了解企业的各种融资机制。本课程的教学可使学生从宏观到微观对公司有一个全面的认识,掌握公司金融学的基本原理,熟练使用公司金融理论框架研究分析相关问题,并将公司金融的理论渗透到后续的专业课程学习中。

二、课程思政元素发掘

公司金融又称"公司理财"或"公司财务",主要研究和探索公司经营与财务等信息与资本市场之间的互动关系。该课程思政教学的目标在于:通过课程讲授,使学生正确理解公司金融相关理论的内涵,了解企业在金融市场中的投融资活动决定因素、经济社会影响与未来的发展趋势,掌握中国特色社会主义经济运行过程中企业金融活动与金融市场的相互关系及其发展规律,运用公司金融相关专业知识服务中国经济的发展,形成社会主义核心价值观。一方面,通过专业课内容与思政知识点的有机融合,可为当代大学生确立正确的世界观、人生观和价值观,实现中华民族伟大复兴,与祖国同呼吸、共命运的强烈理想信念。另一方面,通过对公司金融理论发展史、中国国有企业与民营企业发展史等内容的讲授,培养学生把握金融发展历史规律的能力,对公司金融活动

作者简介:马思超,经济学博士,首都经济贸易大学金融学院副教授;主要研究方向:货币理论与政策。

与市场工作的分析能力、应变能力和创新能力等。

结合公司金融课程特点和学生实际,本课程包含的思政元素主要包括以下几个方面:

(一)元素1:党的领导

中国特色社会主义最本质的特征是中国共产党领导,中国特色社会主义制度的最大优势是中国共产党领导。

坚持党中央对金融工作集中统一领导,确保金融改革、公司治理发展的正确方向。

用马克思历史唯物主义和辩证主义观点看待公司金融问题。

在教学中,坚持用马克思历史唯物主义观点看待公司金融中财务管理目标、公司治理、利益相关者等概念的内涵,用马克思主义辩证唯物主义观点看待公司内部利益相关者与外部利益相关者的关系,公平与效率的关系。

(二)元素2:人民福祉

"以人民为中心"是中国共产党的根本价值取向,是中国共产党区别于其他政党的显著标志。

"以人民为中心"的金融发展的价值取向集中体现为通过着力解决好金融服务供给总量不充分、结构不合理、质量不够高的问题,更好地满足人民日益增长的美好生活需要。

公司的发展与对利润的追求绝不能脱离"以人民为中心"这个基本点。

(三)元素3:公司力量

当今世界正经历百年未有之大变局,我国正处于实现中华民族伟大复兴的关键时期。

公司将会愈发深刻地改变世界的格局。公司力量有助于国家力量的提升,国家力量也深刻影响着公司力量。

(四)元素4:人类命运共同体

人类命运共同体就是每个民族、每个国家的前途命运都紧紧联系在一起,应该风雨同舟、荣辱与共,努力把我们生于斯、长于斯的这个星球建成一个和睦的大家庭,把世界各国人民对美好生活的向往变成现实。

公司的发展并非孤立的,在追求财务管理目标中,公司要关注内部管理者与员工的命运共同体、所在产业的命运共同体、产业上下游所组成的命运共同体以及公司与用户的命运共同体。

三、教案设计

(一)教学目标

1. 知识层次

帮助学生建立对于公司财务管理目标的认识,以及对于代理问题、公司控制、利益相关者等概念的理解。

2. 能力层次

培养学生正确认识"最大化现有股东权益的市场价值"的内涵;了解处理公司代理问题的方法;锻炼学生理论联系实际、独立思考问题的思维能力。

3. 价值层次

帮助学生树立正确价值观,正确理解公司财务管理的目标,树立公司力量与国家力量紧密相关的认识;树立在追求公司利益的同时,要把人民利益放在重要位置的观念。

(二)教学内容

1. 教学内容

(1)财务管理的目标;

(2)代理问题的含义;

(3)利益相关者问题。

2. 教学重点

财务管理的目标内涵、适用环境,以及公司股东、管理者和利益相关者相互之间的关系。

3. 教学难点

通过实际案例阐释代理问题以及利益相关者与公司目标不一致问题所带来的社会影响,以及公司在选择目标时应该遵循的原则。

(三)教学过程

教学过程见表1。

财务管理目标、代理问题与利益相关者——公司治理视角下对"为人民服务"的思考

表 1　教学过程

教学要求	教学内容	教学手段与学生活动
	财务管理目标、代理问题与利益相关者	
通过公司控制与代理问题的概念引入利益相关者分析。借助与讲授主题相关的热门影视作品引起学生注意,参与讨论。介绍我国政府对于消费者权益与人民健康的重视,以及相关工作推进的成果。通过正反两个案例凸显企业唯利润论的危害。强调法治的作用	（1）公司财务管理目标概念的讲授 介绍有关财务管理目标的概念和不同的观点：利润最大化、股东财富最大化、相关利益者最大化、企业价值最大化等 （2）代理问题与公司控制概念的引入 介绍代理问题与利益相关者概念： **利益相关者** • 职工顾客、供应商甚至是政府在公司都有财务方面的利益。这些各种各样的群体称为公司的利益相关者。 • 一般来说,利益相关者是除了股东和债权人外,那些对企业的现金流量有潜在索取权的人。这些群体也会试图对公司施加控制,也许会对所有者不利。 （3）热门影视作品唤起学生注意 **利益相关者** （4）正面案例视频导入 国家医疗保障局于 2018 年 9 月 30 日发布了《关于将 17 种抗癌药纳入国家基本医疗保险、工伤保险和生育保险药品目录乙类范围的通知》。为落实好国家抗癌药税收政策调整工作部署,切实降低患者用药负担,让群众尽早得到实惠。	1. 概念讲授 2. 案例介绍,问答式沟通,唤起学生对于热门电影的讨论 3. 播放视频,根据国家医疗保障局新闻发布会引出我国政府在增进人民福祉上的努力和成效

续表

教学要求	教学内容	教学手段与学生活动
	(5) 反面案例资料介绍 以侵犯消费者权益，不顾消费者健康的杜邦公司为例，介绍代理问题的社会危害 **利益相关者** 家家应该都有不粘锅，因为它用者实在方便，不再担心煮饭糊锅，炒菜糊锅，炖汤糊锅。而且好洗，随意刷刷就干净如新。 我们用的不粘锅，被人用来赚了10个亿，却毒害全世界60年，背后可怕的真相，绝非故意耸人听闻…… 不粘锅里面的神奇物质就是聚四氟乙烯(PTFE)，也是后来震惊全球的特氟龙(Teflon) 正是这个"死不粘"的物理特性，成为很多生产不粘锅公司的摇钱树。而不粘锅涂层材料的强烈毒性从开始就被这些公司隐瞒，以致长达60年的对人畜毒害和环境污染 **利益相关者** 合成特氟龙主要两种物质：PFOA和PFOS，其中的PFOA又叫作C8, 2017年被列入2B类致癌物特氟龙的毒性物质是C8。 C8在300℃会发生分解，有毒气体析出。400 ℃会产生水解性氟化物，对肺部有强烈刺激。 它与6种疾病相关联：肾癌、睾丸癌、溃疡性结肠炎、甲状腺疾病、先兆子痫、高胆固醇 这些厂家其实发现了一种毒性更弱的替代品。但是替代品的研发费用过高，最终选择依然继续使用C8。原因很简单，这能使他们每年净赚10亿美元 资料来源：纪录片 恶魔，你知我知：美国毒素，2018 (6) 强调法治进程与市场监管的重要性 《中华人民共和国公司法》，是为了规范公司的组织和行为，保护公司、股东和债权人的合法权益，维护社会经济秩序，促进社会主义市场经济的发展而制定的法律 1993年12月29日第八届全国人民代表大会常务委员会第五次会议通过，1999年、2004年、 2005年、2013年、2018年多次修正修订。 《中华人民共和国证券法》，是为了规范证券发行和交易行为，保护投资者的合法权益，维护社会经济秩序和社会公共利益，促进社会主义市场经济的发展，制定的法律。 1998年12月29日第九届全国人民代表大会常务委员会第六次会议修订通过； 2005年第十届全国人民代表大会常务委员会第一次修订；2019年12月28日第十三届全国人民代表大会常务委员会第二次修订。	4. 通过案例对比介绍他国公司不顾消费者权益的行为造成社会危害

四、教学效果分析

公司财务管理的目标是公司金融课程的核心和基础。正确理解公司财务

财务管理目标、代理问题与利益相关者——公司治理视角下对"为人民服务"的思考

管理目标有助于学生树立正确价值观,公司财务目标有利润最大化、股东财富最大化、相关利益者最大化、企业价值最大化等,目标的选择对公司金融行为具有决定性影响。一些教科书将最大化现有股东权益的市场价值作为公司财务管理的目标,但对于这一目标的解读需要充分、全面——不仅要考虑公司内部利益相关者问题、代理问题,还要考虑公司外部利益相关者问题,即公司产品受众。

建设社会主义文化强国,必须走中国特色社会主义文化发展道路,坚持为人民服务、为社会主义服务的方向。本课程从习近平新时代中国特色社会主义发展的全局出发,帮助学生树立正确价值观。公司金融课程内容涉及的公司财务决策均是为公司理财目标所服务的。对于公司目标、公司治理、利益相关者问题的阐述,能够培养新时代大学生的政治认同、文化自信与制度自信,树立正确价值观,并运用公司理财相关知识,助力中国经济,为中国人民服务。

海航集团债务违约案例
——固定收益证券中的风险警示与治理反思

张 萍

一、课程简介

固定收益证券是金融学专业的一门专业必修课,先修课程为微积分、微观经济学、宏观经济学、线性代数、金融学。本课程的主要内容是固定收益证券的基础问题,讨论固定收益证券在经济运行和金融市场中的重要作用,介绍各类固定收益证券的核心概念和分析方法,对固定收益证券的定价、利率风险管理和投资组合管理进行分析。

通过该课程的学习,主要达到三方面的教学目的。

知识结构:使学生掌握固定收益证券核心的概念、理论、分析方法,深入理解债券信用分析的主要领域,包括合约条款、担保品和偿付能力等。

技能结构:使学生掌握债务违约分析、债券信用评级方面最新、实用的理论和分析方法,和业界实践紧密联系,具备一定的财务分析能力。

思维结构:通过课程教学,培养学生对固定收益证券定价、收益和风险进行分析的能力,突出风险意识、市场意识和法律法规意识。

学生完成本课程的学习后,在知识层面应能够了解评估债券发行人偿债时考虑的因素、重要的财务指标以及传统的信用风险模型所关注的因素,构筑起一个更加完整的知识体系,进而为后续课程的学习打下坚实基础。在能力层面,可将理论和分析方法应用于实际固定收益证券的投资决策实践当中。

鉴于金融学科的原则大多是在给定风险下使得收益最大化,很容易使学生陷入"利益至上"的思维之中,过分注重收益。党的十八大以来,以习近平同志为核心的党中央坚持底线思维,坚持稳中求进,有效防范、管理、处理各种风险,有力应对、处置、化解各种挑战,驾驭中国航船劈波斩浪、行稳致远。而增强忧患意识,坚守底线思维,正是新时代的大学生必须具备的品质。本课程通过海

作者简介:张萍,经济学博士,首都经济贸易大学金融学院副教授,博士生导师;主要研究领域:金融科技、人工智能、科技金融、公司治理等。

航债务违约案例,使学生能够捍卫金融职业伦理,追求知识与价值齐头并进,立足学科寓思政于专业,立德树人,全面发展。

二、思政元素

疫情和变局交织,使中国的金融制度与结构也经历着一系列变迁。鉴于外部环境更趋复杂、严峻和不确定,既要高度警惕"黑天鹅"事件,也要防范"灰犀牛"事件,确保经济金融大局稳定,对我国意义十分重大。结合固定收益证券课程特色和固收市场上的热点事件——海航集团债务违约,本课程包含的思政元素主要体现在以下几个方面:

(一)元素1:战略布局、外部环境:企业同时面临市场环境和政治环境,两者相互影响,相辅相成

海航的全球并购战略始于2004年,随后便确立了多元化策略,在短短2年的时间花费了5 600亿元,先后收购希尔顿酒店、德意志银行,进行了一系列激进的海外并购。

在多元化战略下,主业和其他产业之间必定存在资源协调配置的问题。倘若公司的资源得不到良好的协调和配置,加之管理人员的能力水平不足,结果就会发生非主业占据主业资源的现象,进而影响主业发展,削减企业的核心竞争力。海航董事长陈峰坦言:"认为自己什么都能干、什么都可以干时,祸就埋下了。"与此同时,行业内部竞争激烈,国内经济从快速增长转向温和增长,对海航获取新融资构成了冲击,国际上又受到欧美贸易保护主义的影响,最终导致资金流断裂。

(二)元素2:风险意识、公司治理:管理不当,高度集权化,公司治理形同虚设

海航集团内部执行严格的等级分层,高度集权化管理导致资产流向的不透明,每家公司虽是独立实体,但在管理上根本无法保持独立,一个人就能随便调动旗下所有公司的资金,没有任何防火墙,最终导致大股东对上市公司资金的巨额占用。

为规避此类风险,应切实形成"党委领导核心,董事会战略决策,监事会独立监督,高级管理层全权经营"的现代公司治理体系。

(三)元素3:政治意识、坚持党的领导

陈峰作为公司掌门人,总是把因果和冒险经历挂在嘴边。破产重组后,新

任海航集团党委书记讲到:"只有坚持党的领导,才有海航重整的机会和重生的希望。要深入反思海航28年发展中的惨痛教训;不断汲取过去盲目扩张、没有敬畏的教训;要深刻认识到海航得以重生是党和国家给予的机会,要感党恩、听党话、跟党走。"

(四)元素4:全面从严治党、要害在治:推进党风廉政建设和反腐败斗争既要治标,也要治本

复出掌权后,陈峰忙着安排接班和内部清理,好大喜功、暗箱操作,私自兑付集资款,利用职权拉帮结派中饱私囊、用人任人唯亲,想把海航变为家族企业。

要深入反思这一教训,遵循全面从严治党要求,建好金融系统领导班子,强化对关键岗位、重要人员特别是一把手的监督。扎扎实实抓好企业党的建设,加强理想信念教育,加强党性教育,加强纪律教育,加强党风廉政建设。大力培养、选拔、使用政治过硬、作风优良、业务精通的金融人才,建设一支宏大的德才兼备的高素质金融人才队伍。

(五)元素5:党的领导、制度自信:联合工作组入驻海航,一切为了人民

面对金融风险,我国政府从容面对挑战,保持经济持续健康发展和社会大局稳定,做人民的坚强后盾。对被申请破产重整的上市公司所涉及的众多中小股东来说,退市清算的风险无法预估,破产重整方案被联合工作组认为是最大限度保护股民利益的方案。方案中,通过将上市公司的债务转移给大股东偿还,以及通过股抵债、留债展期清偿、信托份额抵债等多种方式降低负债水平,以最大限度保护中小股东的利益。

(六)元素6:国家治理、防范化解重大风险:防止发生系统性金融风险,海航风险处置顺利

通过重整,海航集团既化解了债务问题,又解决了上市公司合规问题,实现对业务、管理、资产、负债、股权的全方位重组,体现了法律效果、社会效果、经济效果的统一,为大型集团企业风险化解、境内重整程序的境外承认与执行问题解决提供了的样本。

(七)元素7:去杠杆、防范化解重大风险

供给侧要求三去产能一降一补,债务风险成为去杠杆首当其冲的硬骨头。当资本市场向好时,高杠杆模式带来的高收益会使企业忽视了高风险的

存在,而市场走下坡路时,杠杆的负面作用开始凸显,风险被迅速放大。海航集团对于经济发展趋势的错误研判、同中央步调的背离让其渐行渐远,走上不归路。

2016年1月26日中央财经领导小组第十二次会议上,习近平总书记提出:供给侧结构性改革的根本目的是提高社会生产力水平,落实好以人民为中心的发展思想。"饭要一口一口吃,路要一步一步走""高杠杆必须去掉,并且要做长期准备",足见中央的决心。对于中国经济"新常态"的正确认识,要从市场角度、政府角度、社会稳定角度共同思考且形成有共识的可行性方案。

(八)元素8:战略自信、金融国际化:逐步打破刚性兑付

刚性兑付是中国金融市场持续深化发展的一大顽疾,严重干扰了市场正常风险定价,在抬高低风险企业融资成本的同时,也变相鼓励高风险行业过度融资,既加剧了实体经济融资困难,同时也导致风险在金融机构中集聚,成为影响金融市场稳定性的系统性难题。

国家在制度层面,出台存款保险制度;在操作层面,对理财产品的重点整顿。但囿于可能引发系统性风险等因素考虑,通过零星的理财破产事件培育市场风险意识,对于债市上的违约保持一定程度上的克制,不断完善和规范体制机制,逐步打破刚性兑付。

三、教案设计

(一)教学目标

1. 知识层次

借助"13海航债延期兑付"的新闻短讯,引导学生通过各种渠道,先行了解事件经过,主动参与,再经老师介绍导入本次课程。帮助学生了解债务违约分析的一般过程,掌握刚性兑付、信用评级的基本概念以及财务分析框架等知识体系。具体的知识点包括:合约分析、担保品分析、评估发行人的偿债能力、经营风险分析、公司治理风险、财务风险、利息保障倍数、杠杆比率、现金流、净资产、营运资本、投资决策等。

2. 能力层次

培养学生知识体系构建和逻辑构造能力,认识债券信用分析的主要领域——合约、担保品和偿付能力,了解评估债券发行人偿债能力时考虑的因

素,了解重要的财务指标。教给学生从公司治理和财务状况两方面进行分析,培养对于财务数据的敏感性以及辨识重大财务风险的能力,能够深刻理解传统信用分析的重要因素。结合"华夏幸福债务违约"案例,让学生把已学过的知识体系再次运用到实际当中,锻炼学生理论联系实际的能力和独立思考的思维能力。

3. 价值层次

在知识层次和能力层次的基础上,培养学生的理性思考精神和防微杜渐的理念。结合我国金融市场发展现状和经济转型现实,引导学生透过现象看本质,思考国家政策一步步推行背后的理念、逻辑和价值取向。增强"忧患意识",提升学生对我国金融制度变迁的理解和思考,培养有理想,有担当,具备创新视野和持续学习能力的复合型金融人才。

(二)教学内容

1. 教学内容(提纲)
(1)刚性兑付的概念;
(2)衡量偿债能力的要素;
(3)企业的重要财务指标;
(4)信用评级与信用风险模型。

2. 教学重点

认识企业偿债能力的基本要素及重要的财务指标,了解信用评级的基本构件,学习将财务数据和信用风险模型应用于实践之中,学会阅读券商发布的研报并做出独立分析和判断。

3. 教学难点

借助海航违约事件,引导学生理清债务违约的一般流程和主要风险来源,加强对于重要财务指标的敏感度,了解基础的信用风险模型。

(三)思政引入

1. 教学设计思路

本课程以海航债务违约案例中的财务分析和信用评级体系作为教学重点,从公司概况、行业背景以及公司治理几个角度切入,使学生对于海航集团内部存在的问题形成初步的认识。进而通过科学的课程设计和有效的教学环节,深入主题,既在价值传播中丰富知识底蕴,又在知识传播中强调价值引领,实现相互糅合、互为促进。

1) 选题原因

之所以选取"违约分析"与"信用评级"作为本节课的思政教育的着手点，其原因主要包括以下几方面：

首先，自 2014 年我国第一支违约债"11 超日债"发生以来，债券市场信用风险持续发酵，我国债市上的刚性兑付潜规则正在被逐步打破。本课程为固定收益证券，但要与业界相结合，立足于实际金融市场风险，由近期金融风险事件——"债务违约"引出对我国债券市场特征的思考。如此让学生学有所得、学有所想，理解我国金融市场转型过程中必须经历的阵痛，从而理解逐步以市场化的方式提升企业的偿债能力、金融风险防御能力，让金融更好地服务我国的实体经济。

其次，"信用"二字始终居于我国社会规范的核心。虽然"信用评级"最初产生于 20 世纪的美国，但中华民族自古就有以诚为本、以信为先的文化传统。作为市场经济条件下信用发展的产物，可量化的信用评级可以作为市场经济活动中的"身份证""金名片"，使客户和投资者放心地与之合作，以拓展市场，增加销售，实现企业的较快发展。通过对信用评级方法和信用风险模型基本概念的讲授，能够让学生综合、全面地去理解、分析、评估一家企业的现实发展状况，培养防微杜渐的理念，将风险意识牢记于心；强化企业信用风险识别，把好资源给好企业，让投资争过山海关，让中国品牌向世界舞台持续迈进。

2) 设计思路

首先，介绍海航集团的基本信息、公司文化，以及近年来的发展战略，说明公司在发展过程中既要遵守客观经济规律，与我国的经济状况相应，也要讲政治，有所敬畏有所节制，而不是盲目扩张，置风险于不顾，以企业发展过程中的问题为抓手，带领学生展开深入探讨。

其次，从公司治理的角度切入，系统讲解背后的机制。大到领导班子建设，小到基层员工的福利待遇，分析高度集权的结果，讨论另类股东控制、关联交易与掏空的不利影响，把海航的内部治理问题掰开揉碎，摆在明面上，引以为戒。

再次，回顾海航债务违约的典型风险事件，如"13 海航债"延期兑付，概览海航历年经营所不断积累的流动性风险，借此引入财务指标分析，让学生对企业国际并购的财务风险有所了解。通过对财务数据的观察、逻辑推理、专业分析得到结论，相比于简单陈述事实更容易让学生信服。

最后，引导学生们将思考重点置于"信用评级"，引出业界的真实评级方法和数理评级模型（上海新世纪评级公司），理论结合实践，让学生真正学有所得，了解一线的知识和动态。

通过对课程思政的学习，引导学生正确认识和把握我国防范化解重大金融风险的基本方针，而案例分析贯穿全过程，使学生在专业上和思政上都有收获，掌握并使用专业知识去理解中国经济转型和金融发展中党的思想、战略和决策。

（四）教学手段与方法

1. 教学手段

财务指标分析相关知识较为枯燥、抽象，学生难以集中精力，容易分神。如何让学生快速认识重要的财务指标，掌握企业的基本财务状况，同时整合这些知识，构建债券违约分析与信用评级的基本知识框架和逻辑体系是课程的难点、重点。

教学方法应对：

通过图片、数字、动画演示、视频等帮助学生快速了解和掌握信用评级的知识体系架构。

运用幽默风趣的语言，引领学生通过资产负债表和利润表，一步步发掘债务违约前公司发生的种种迹象，形成初步的印象（如"小组讨论""知识抢答"等）。

在课后案例中，引导学生形成自己的逻辑框架，从上至下，逐层分析，从经济发展趋势到行业和公司概况，从公司的发展战略到具体的财务状况和内部治理等细节，掌握信用评级所需涉及的基本要点，对于公司发生债务违约前的迹象有一定认识。

在学生未能接触实践的情况下，如何让学生将所学知识点进行消化吸收，并可以灵活运用到实践当中？

教学方法应对：

借助《海航集团有限公司公司债券年度报告（2018年）》以及《上海新世纪评级方法论》这些与未来工作实际相关的文件，引起学生重视，激发学生兴趣，帮助其快速理解债务违约分析和信用评级的基本框架，鼓励学生在问题分析过程中提高自己、完善知识体系，促进其全面发展。

如何通过学习培养学生独立思考和理性分析能力，提升能力素质？

教学方法应对：

让学生研读华夏幸福债务违约案例、中国恒大债务违约案例（或自选案例），引导学生运用所学知识进行探讨分析，在运用知识的过程中逐步形成自身的逻辑框架,培养独立思考与理性分析能力。

2. 教学方法

1)知识点精讲教学法

结合当前大学生思维灵活和发散的特点,授课教师应避免填鸭式满堂灌的教学方式,而遵循固定收益证券的学科特点和学科体系对学生进行启发性和互动性教学,积极引导学生参与归纳和构建知识体系和逻辑结构,结合经典案例,鼓励学生独立思考和理性分析。

首先,课堂精讲知识点,运用多媒体技术,通过图形、文字、视频、音频、动画等,借助"变色""闪烁"等手段突出重点,同时将抽象的道理具体化,突出重点,化难为易,进而激发学生的学习兴趣,确保学生能够集中注意力、主动学习,提高学生多方面的能力。

其次,为提升学生兴趣和培养学生学习研究精神,引导学生将已学到的理论和基础知识去分析关于案例的相关新闻,揭示现实中企业在发生债务违约前的种种迹象和异常财务特征,加深认识,将抽象的理论知识转化为生动的案例,提高学生分析和研究问题的能力。

最后,通过课堂上积极的启发式提问和小组讨论等,让学生构建知识体系,在复习回顾过程中正确引导,提示学生关注本节课的重点和难点。同时,布置课后思考和阅读材料,激发学生对下节课学习的兴趣。

2)行动学习教学法

课堂教学中,授课老师发挥主导作用,让学生扮演主体角色,以了解和掌握规则为导向,以行动学习讨论为载体,通过讨论提升理解和分析能力。鼓励学生提出建议,进而在参与的过程中获得相关知识。通过课前准备和集体协作,行动学习能够锻炼学生的沟通协调能力和文献检索能力,提高学生的认识和理解。

3)案例研讨教学法

案例教学能够赋予枯燥理论以趣味性和吸引力,提升开放性和互动性。通过讨论与争论、互动与交流,结合理论分析,将案例中的信息和知识与各种观点碰撞,引发学生的共鸣,激发学生的兴趣,进而启发性地得出理论或思维,提升学生对知识的理解及分析运用能力。

开讲之前,在课堂群内发送海航违约的相关文章"债券兑付前夜突然临时要求投资者表决延期支付议案 海航集团连夜致歉"等,引导学生自我阅读,提前了解课程内容。

借助海航债务违约的案例，顺势引出本节课内容"债务违约分析与信用风险评价"，完成课程的导入。回顾海航在发生债务违约前后的种种迹象，并结合海航发布的公司债务公告和其评级机构的评级方法进行分析、探讨，在案例的讲解过程中授之以渔，把知识点讲清楚、讲透彻。

在结束阶段，让学生结合本节课学习的知识体系和逻辑结构，对其他案例进行分析，下一节课进行课堂展示和讨论分析。

(五)教学效果分析

本课程以海航债务违约案例中的财务分析和信用评级体系作为教学重点。首先介绍海航集团的基本信息、公司文化，以及近年来的发展战略。其次从公司治理的角度切入，系统讲解背后的机制。接着，回顾海航债务违约的典型风险事件，如"13海航债"延期兑付，概览海航历年经营所不断积累的流动性风险，借此引入财务指标分析，让学生对企业国际并购的财务风险有所了解。最后，引导学生们将思考重点置于"信用评级"上，引出业界的真实评级方法和数理评级模型(上海新世纪评级公司)，理论结合实践，让学生能够真正学有所得，了解业界一线的知识和动态。通过对思政课的学习，能够引导学生正确认识和把握我国防范化解重大金融风险的基本方针。案例分析贯穿全程，使学生在专业上和思政上都有收获，掌握并利用专业知识去理解中国经济转型和金融发展中党中央的思想战略和领导决策。

四、教学内容

(一)引言

一直以来，我国的债券市场始终存在着"刚性兑付"的潜规则。就是说，投资者购买政府债、信用债后，享受的是相对较高的利率，却不用承担其背后的风险，以往即使企业债、地方债出了兑付问题，也总会有相关部门在后面为其买单。这就造成了债券市场的高收益与高风险不匹配的奇怪景象。

而随着国内经济下行压力增加，像煤炭、钢铁、地产、餐饮等周期性行业，均受到较大的冲击，如果企业债、地方债发生兑付危机，再由母公司或中央政府来承担，恐怕也会力不从心。打破刚性兑付，既强化了常态化和市场化的预期，也在很大程度上促进了我国债券市场的健康、良性发展。

2019年底，新冠疫情暴发，服务业受到的影响最大，房地产业、航空运输业也是其中受冲击严重的行业。近两年,两个行业频频爆雷,债务违约事件层出不穷。本课程讨论的主要案例就是全国第四大航空公司、被 SkyTrax 评为五星级航空公司的海南航空(后文简称"海航")的债务违约及破产重组事件。

表 1 是 2021 年首次出现违约的企业名单。

表 1　2021 年首次出现违约的企业名单

首次债券违约企业	属性	省份	违约债券
泛海控股股份有限公司	民营企业	北京	18 泛海 MTN001
北京紫光通信科技集团有限公司	中央国企	北京	18 紫光通信 PPN001
宜华生活科技股份有限公司	民营企业	广东省	15 宜华 01
海口美兰国际机场有限责任公司	地方国企	海南省	17 美兰机场 MTN001
海航集团有限公司	地方国企	海南省	16 海航集团可续期债 01
三亚凤凰国际级机场有限责任公司	地方国企	海南省	17 凤凰 MTN001
云南祥鹏航空有限责任公司	地方国企	海南省	17 祥鹏 MTN001
海南航空控股股份有限公司	地方国企	海南省	11 海航 02
华夏幸福基业有限公司	民营企业	河北省	20 华夏幸福 MTN001
华夏幸福基业控股股份有限公司	民营企业	河北省	20 华 EB02
同仁堂医药有限公司	民营企业	湖北省	18 同济 02
四川蓝光发展股份有限公司	民营企业	四川省	19 蓝光 MTN001
天津航空有限责任公司	地方国企	天津	16 天津航空 MTN001
隆鑫控股有限公司	民营企业	重庆	16 隆基 MTN001
重庆协信远创实业有限公司	中外合资企业	重庆	18 协信 01

回顾过往,2003 年"非典"疫情时,民航业同样遭受重创,国内航空市场在疫情高峰期航班缩减近一半,旅客运输量同比下降近 80%。海航出现了运营 10 年来的首次亏损,当年亏损近 15 亿元,资产负债率超过 94.3%,净资产只有 14.29 亿元。也正因如此,海航集团认为仅发展单一主业对企业经营风险过大,开始走上了多元扩张之路,并且越走越快,越走越远,踏上了大规模海外并购之路,也埋下严重的流动性危机。特别是 2016 年中到 2017 年底短短一年半时间,海航集团总资产从 5 428 亿元猛增至 12 319 亿元,负债总额也随之大幅攀升。按照时任海航集团董事长陈峰的说法,中国 22 个大行业,海航集团进入了 12 个,涉足细分行业 44 个,从航空产业迅速扩张到金融、科技、物流、酒店、租赁

等多个领域。与此同时,随着 2017 年我国对海外投资等相关政策收紧,尤其是银监会要求各大银行排查涉海外并购的大型民企的授信及风险,海航集团海外投资贷款一度中断,主要依靠国内航空公司海航控股的运营资金及低价变卖旗下资产、债务重组等手段填补窟窿,自此深陷流动性危机。

尽管航运产业相较海航其他板块较为健康,但也受到集团流动性风险拖累。海航在国内四大航空公司里,机队平均机龄最小,仅为 5.35 年,机队规模仅为龙头老大南方航空的约 1/3,但 2019 年前三季度营收却达到其 1/2,营收增速也高于南航、国航、东航。但是近两年来,海航控股因持续为集团输血,反映净资产运营效率的净资产收益率指标一直大幅低于其他航空公司,反映流动性风险的经营现金流收入比指标 2019 年三季度末仅为其他三家航空公司平均值的 1/3,且多次因关联交易、为海航集团做资产担保等事宜被证监会问询。

2018 年起,随着王健离世、陈峰回归掌舵,海航集团战略上开始了回归航空运输主业之路,重点是留下两大主业——航空和旅游,简称"航旅",剥离其他板块业务并处置相关非主业资产以缓解流动性压力。但回归航空运输主业之路并非一帆风顺,流动性危机如同利剑始终悬在海航头上。2018 年至 2019 年,海航集团以处置约 3 000 亿元资产为代价,只减少了总负债约 300 亿元,仍有 7 067.26 亿元债务待偿。

新冠疫情发生后,海航甚至要动用航空运输主业的资源来应对流动性危机。2020 年海航解雇了一批外籍飞行员,旗下的香港航空也公布了 400 人的裁员计划,机组和地勤人员也将被迫休无薪假,其旗下从事飞机租赁的上市公司渤海租赁卖出了 21 架飞机,总价 51 亿元。

自 2017 年末出现流动性风险以来,在各方支持下,海航集团积极开展"自救",用尽了浑身解数,但仍然未能彻底化解风险,而新冠疫情的叠加影响,使流动性风险有加剧趋势。而海航集团的营收相当于海南全省 GDP 的 1.3 倍,在自救已经很难熬过这次疫情的情况下,政府最终出手了。

接下来,我们将梳理总结海航债务违约事件,借助案例,对主体信用评级、债券信用评级所重点考察的因素进行阐述。

(二)海航债务违约案例

1. 海航概况

1989 年 9 月,海南省人民政府批准成立海南省航空公司。经过 20 多年的努力,2011 年海航成为中国内地首家 SKYRAX 五星航空公司。海航集团通过多次并购和内生的增长,发展成为主业涵盖航空运输、机场服务、旅游服务、酒店餐饮、商业零售、房地产业、金融服务、物流运输及电子产品分销等的大型产业集团。公司实际控制人为海南省慈航公益基金会。

2. 企业文化

在我国知名的大企业中,海航企业文化中的佛教色彩是不加遮掩的。大到海航大厦的外部造型、布局,小到员工身上印着"南无阿弥陀佛"六字真言的工牌,海航企业文化中的佛教元素无处不在。甚至员工的行为规范上,早期海航员工与乘客打招呼,都是执佛教的单手礼。

对大型跨国集团而言,企业文化尤为重要,它既是一种价值观更是一种管理手段,潜移默化地改变员工理念、规范员工行为,良好的企业文化能够提升企业价值和竞争力。而良好企业文化的形成,首先需要一位拥有较高素质的领导人,身体力行向员工灌输清晰和积极的价值观,这是做好公司治理的前提。

海航集团的两位创始人都信奉佛教,海航集团也将佛家文化引入企业文化,主要体现在三方面:一是建筑方面,海航集团大厦的造型采用了佛教元素,底部是莲花宝座,再往上是寓意四大皆空的建筑部分,从侧面看大厦是打坐的姿态。同时,在大厦的一楼大厅陈设有多尊佛像。二是员工管理方面,海航集团要求员工佩戴印有"南无阿弥陀佛"六字的胸卡。三是文化守则方面,陈峰以南怀瑾的学生自居,请南怀瑾为海航集团制定了企业文化守则《同仁共勉十条》,要求所有员工熟记,并作为员工笔试必考的内容,外籍员工也不例外。

启发:不管是佛教元素,还是其他精神形态元素,企业文化软实力的作用发挥要建立在科学规范公司治理制度等硬实力基础上,遇到危机"求制度",而不是求神保佑。建立良好向上的企业文化、设立完备的公司制衡机制才能为企业平稳发展保驾护航。

3. 公司战略

长期以来,海航坚持"做大规模、做大产值、做大产业链,再以量取胜、以大带强"的发展模式,经营范围涵盖航空、酒店、旅游、地产、零售、金融、物流等。海航集团最常用的模式是融资、扩张、上市,再融资,再扩张。2009—2011年,在短短的两年内,通过并购,海航集团旗下公司由200家迅速增至近600家,涉及航空、物流、资本、实业、旅业等领域。2015—2017年,海航系的并购浪潮更是达到了巅峰,一举入股希尔顿酒店、德意志银行以及纽约和伦敦的摩天大楼、香港的"地王"等。

表2简要总结了海航集团的并购情况。

表2　2010—2016年海航集团并购大事记

时间	并购对象	股权(%)	金额
2010年1月	澳大利亚Allco公司飞机租赁业务	100.00	1.50亿美元
2010年11月	土耳其飞机维修公司my TECHNIC	60.00	3 000万美元
2011年6月	纽约1180号大道大楼	90.00	2.70亿美元
2011年9月	悉尼约克街1号办公楼	100.00	1.21亿美元
2011年10月	土耳其货运航空公司ACT	49.00	2 500万美元
2011年12月	新加坡集装箱租赁公司GESEACO	100.00	10.50亿美元
2012年10月	法国蓝鹰航空	48.00	4 000万美元
2013年4月 2014年1月 2014年11月	西班牙NH酒店集团	20.00	首次交易2.34亿欧元，后续未公开
2013年5月	澳大利亚Arena航校	80.00	未公开
2013年6月	TIP拖车租赁公司	100.00	未公开
2014年11月	英国集装箱租赁公司Cronos	80.00	约6.15亿美元
2015年5月	南非商务航空集团（Comair Limited）	6.20	1 300万美元
2015年6月	美国红狮酒店	15.00	约2 150万美元
2015年7月 2016年1月	爱尔兰飞机租赁公司Avolon	20.00	2.50亿美元
2015年7月	瑞士国际空港服务公司Swissport	100.00	27.3亿瑞士法郎
2015年8月	Sinolending Ltd	6.18	4 200万美元
2015年8月	英国路透社总部大楼	100.00	未公开
2015年11月	法国皮埃尔度假及中心公园集团（PVCP）	10.00	约2 500万欧元
2016年2月	蓝色巴西航空Azul Brazilian Airlines	23.68	4.50亿美元
2016年2月	英迈国际	100.00	60.09亿美元
2016年4月	纽约曼哈顿写字楼（8503rd AVE）	100.00	4.63亿美元
2016年4月	英国外币兑换运营商（ICE）	—	未公开
2016年4月	伦敦金丝雀码头17Columbus Courtyard物业	100.00	1.31亿英镑
2016年4月	卡尔森酒店集团（Carlson Hotels）	100.00	约20.1亿美元
2016年4月	瑞德酒店集团（Rezidor Hotel Group,AB）	51.30	未公开
2016年5月	瑞士航空配餐公司Gategroup Holding AG	96.10	14亿瑞士法郎

续表

时间	并购对象	股权(%)	金额
2016年6月	维珍澳洲航空	13.00	1.59亿澳元
2016年7月	葡萄牙航空公司TAP	25.96	3 000万欧元
2016年7月	瑞士飞机维护服务提供商SR Technics	80.00	未公开
2016年8月	旧金山市中心123Mission大楼	100.00	2.55亿美元
2016年10月	华盛顿纽卡斯尔高尔夫俱乐部	100.00	1.37亿美元
2016年10月	美国上市公司CIT的飞机租赁业务	100.00	约104亿美元
2016年10月	希尔顿酒店集团	25.00	64.97亿美元

1) 经营状况不佳

海航控股作为海航集团的"旗舰",是海航集团多元化进程的缩影。2015—2019年,海航控股的资产负债率先减后增,资产负债率明显高于行业平均水平,尤其是2015年与2019年都接近警戒水平0.7;现金利息保障倍数先增后减,均低于行业水平。高杠杆的扩张并购,导致海航控股的偿债能力不足,存在较大的财务风险。

在多元化进程中,海航囤积了大量的资产,并对企业的营运能力产生了不利影响。2015—2019年,海航控股的流动资产周转率和总资产周转率均低于行业平均水平,特别是流动资产周转率,行业平均水平均为海航控股的两倍,说明企业资产配置效率低,营运能力不足。

不论是总资产净利润率,还是净资产收益率,海航控股都远远低于行业平均水平,造血能力远低于预期,盈利能力不足。

综上所述,通过对海航控股的财务分析,可以看出,在多元化经营战略下,海航集团的经营状况不如预期,反而伴随着高债务风险、资产配置效率低,盈利造血能力不足等问题。

2) 多元化下复杂交易网增加了违规操作概率

多元化战略下,海航集团内部结构网络复杂。2020年2月9日,海南省海航集团联合工作组成立,联合组成员用了4个月时间才摸清海航集团整体脉络,梳理出了海航系的股权的关系树状图,其涉及企业多达2 000余家。组织结构越复杂,就越难以理清关系,也就增加了内部人违规操作的风险。2021年,海航基础、海航控股以及供销大集3家上市公司,发布了《关于上市公司治理专项自查报告的公告》:据统计,大股东及关联方违规占用资金及未披露担保等所涉金额高达1 000多亿元,仅海航控股就被占用资金434亿元。

2007年,旗下上市公司海南航空和西安民生,将联建的北京科航大厦以成本价6亿元多卖给海航集团。2008年金融危机爆发时,又以17.28亿元的价格从海航集团的手中买回股权,海航集团利用关联交易直接当年扭亏为盈。

3) 庞杂的集团体系不利于内部协调发展

在激进的发展战略下,海航集团所涉足的领域特别广,在快速扩张中很容易忽视子公司的发展质量。一方面,导致非主业容易占据主业资源而削弱海航集团的竞争力。海航控股代表了海航集团的主业机场航空业务,但海航控股2015—2019年的经营状况并不理想。另一方面,由于在非主营业务上的管理经验并不丰富,集团板块过于庞杂,管理难度增加,导致非主业的盈利能力不足。

2015—2019年,海航集团旗下四家子公司的净资产收益率均呈相同的变化趋势,总体呈下降趋势。除凯撒旅游在2015年达到过28.5%外,其余子公司的净资产收益率都明显不高,尤其是海航创新,5年中有3年为负值,且数值都低于-10%。由此反映出海航集团非主营业务的综合盈利能力不足,且整体呈下降趋势。

4) 债务融资比例过高,增加财务风险

在多元化的战略下,海航通过大量融资来并购其他企业。海航的融资方式十分多样,包括定增、配股、资产抵押等。其中,股权质押融资是海航最典型的融资方式,而银行则是海航集团最大的资金来源。2017年,海航集团累计获批银行综合授信超8 000亿元。

从2017年末开始,海航就试图通过处置资产来缓解债务危机,2018年海航集团的资产负债率高达0.71,流动比率也只有1.1,2021年海航集团宣布破产重组,当年资产负债率为0.72。2021年3月15日,海南省高级法院公告称海航集团已进入实质性破产合并重整阶段。

启发:

高杠杆的并购,为后期海航集团债务危机埋下了很大隐患。我们需要关注并购过程中的三种风险:

(1) 并购实施前的决策风险:对自身并购能力评估不当,导致债务规模过大。对并购方估值不当,带来因价值高估导致的财务风险。

(2) 并购过程中的操作风险:高资产负债率带来的风险。融资来源产生的高杠杆所带来的风险。

(3) 并购完成后的整合风险:管理不协同产生的风险。缺乏对外部环境的洞察而产生的风险。

4. 公司治理

1）控制人不和与派系斗争

制衡机制常被称为公司治理理论的核心，它通过分权来防止大股东独断专权，以形成对大股东的有效监督与约束，进而提高公司治理效率。然而上市公司内部权力制衡往往超越监督界限，甚至上升到权力斗争，反而成为公司治理的"绊脚石"，这种现象在大型集团企业中尤为突出。如果领导人在各部门挑选骨干员工的标准是"是否与自己亲近"，而不是工作绩效与能力，员工将无心生产，而将更多精力用于"办公室政治"。

领导人内斗越激烈，员工"权力投资"越大，经营性努力越小。而这种权力斗争通常产生三种效应：一是业绩效应，权力斗争最终改变控制权归属，因此控制人能力会影响公司业绩；二是分配效应，因控制人享有公司利益的分配权，因此控制权归属决定着受益方与受益程度；三是耗损效应，权力斗争会消耗员工的精力与企业的资源，因此也间接消耗了企业声誉与前景，而且债务违约这种消耗完全是浪费资源。为数不少的企业都被内斗拖垮，因此企业内斗又被称为"内耗"。可见，在激烈的权力斗争下，企业由经济组织演变为政治组织，完全改变了公司治理的本质与初衷。

本案例中，海航集团创始人陈峰与王健曾在中国民航局共事，1989年两人离职，共同创办海航集团。集团建立初期，控股股东是海航集团工会，两位创始人默契的合作让海航集团迅速成长。2010年，海航集团拟发行股票，按照中国证监会《关于职工持股会及工会能否作为上市公司股东的复函》以及《关于职工持股会及工会持股有关问题的法律意见》的规定："暂不受理工会作为股东或发起人的公司公开发行股票的申请。"为此，海航集团注册成立了海南省慈航公益基金会，陈峰与王健各持股14.98%，再通过基金会间接持股海航集团。这样，陈峰与王健同为海航集团创始人的身份，拥有同等的持股比例，两人在海航集团的地位不分伯仲。然而，随着海航集团的不断扩大，自2012年起，两位创始人的默契不再，取而代之的是不和与内斗。2016年，内斗升级，为向王健表达忠诚，海航集团高管集体签发了一份《阳光宣言》，并对陈峰施行"三不政策"。随后，海航集团进行了一轮大规模"清洗"，近百名员工被处理，旗下多家子公司高管在一年之内被调整400余次，"清洗"范围遍布每个岗位。而后的2年，海航集团一直处于创始人的内斗中，高管无心进行公司管理。这种派系斗争在2018年以王健的意外去世而彻底结束，此时海航集团已经债务缠身、摇摇欲坠。

2)三会一层名存实亡

三会一层是公司治理的核心,其架构形式直接影响公司治理效果。我国《公司法》规定通过三会一层的公司治理架构行使决策权、控制权与监督权,即通过股东之间的相互制衡、董事之间的相互牵制、监事的监督监察,形成"三权分立-制衡"机制,从而使公司治理发挥应有效能,平衡公司权力分配,进而保护中小股东利益。

但我国公司治理起步较晚,实际运行过程中仍存在诸多问题:

第一,股权过于集中,影响公司治理制衡机制作用的发挥。

第二,在过于集中的股权结构下,董事会内部人控制现象严重。按照《公司法》规定,上市公司董事长应由股东大会选举产生,然而某些集团企业本身并未上市,而是通过收购与控股多家上市公司发展壮大的。在这种体制下,公司创始人理所当然地就成为集团企业的董事长,并掌握着公司的决策大权与财务大权。在董事长独揽大权的企业内部,集团董事的选举也成为形式,实则大部分由董事长任命。

第三,董事与监事的监督作用难以发挥,因监督职权的实现需通过股东大会,然而股东大会召开次数有限,弱化了董事与监事的监督职责。

此外,由于目前法规的不完善,使得独立董事与独立监事职责存在交叉,从而导致两种结果:要么重复监督,引发监督主体之间的矛盾;要么无人监督,进一步增加董事长权限。

本案例中,作为海航集团最高权力机关的股东大会,在两位创始人的斗争中分派站队,形成两个派别,各自为营。而股权结构直接影响董事会架构,海航集团前董事长王健任职时,董事会人员主要是童甫等人,而陈峰任职后随即进行了大规模更换。海航集团有着一个不成文的规定,两位创始人一方用过的人对方不会再用。在这种制度下,公司治理完全变成了"人治",即便是代表股东经营管理权的董事会也处在创始人的控制之下。海航集团曾经在2016—2017年2年没有召开董事会,致使董事的监督职能失效。本应行使监督职能的监事会,并未真正发挥监督监察作用。在这样畸形的"三会"制度背景下,集团管理层也随着创始人的内斗被大规模"清洗"。海航集团的三会一层成为创始人争权夺势的工具,其结构随着创始人地位的改变而不断改变。三会一层的名存实亡是海航集团公司治理失败的一个充分例证。

3)伪文化凌驾于企业价值观之上

偏激的企业文化更倾向于个人主义与短期利益,更倾向于以权谋私的行为。本案例中,海航集团以所谓的佛学作为企业文化,将个人崇拜强加给员工,以伪文化代替公司制度,致使公司治理在这样的企业文化背景下变味。

4) 其他利益相关者缺位

契约理论认为各利益相关者行使相应权利,有利于公司内部权力制衡,并提高公司治理效率。2002年,中国证监会制定了《上市公司治理准则》,明确了利益相关者在公司治理中的权利,尤其强调"股东本位"原则,认为各股东应明确权责,共同提高公司治理效率。然而在实践中,各利益相关者往往面临意见分歧与利益冲突,此时利益相关者的反应通常有两种:一是强化监督,其结果是激化矛盾甚至引起内部斗争;二是弱化监督、放任不管,其结果是间接加大其他股东权力,导致控制权越位,进而诱发严重的公司治理问题。

本案例中,作为海航集团旗下主要角色、海航集团起家之业的海航控股(原海南航空公司),海南省政府国有资产监督管理委员会是其终极控股股东。然而海航集团与海南省发展控股有限公司对大新华航空有限公司的持股仅有1.8%之差,且大新华航空有限公司的法人代表是陈峰(海航集团董事长),所以海航控股真正的控股股东是海南省政府国有资产监督管理委员会还是海航集团,一直遭受质疑。而从公司运营层面来看,海航控股的管理层随着海航集团创始人的变更也被多次"清洗",最终导致海南省政府国有资产监督管理委员会控股股东身份缺位,进一步造成了海航集团控制权越位,滥用公司治理权力。

5) 另类股东控制、关联交易与掏空

由于我国国有股东的特点,国有股份作为第一大股东的公司可能会出现另类股东控制。在另类股东控制下,公司主要的代理问题就是另类控股股东与控股股东、其他中小股东的利益冲突,另类控股股东可能会掏空上市公司。

由于国有资产全民所有,其所有权主体非人格化,导致国有产权归属不清,产生了包括全体人民、国家、政府、公司与公司管理层等多层委托代理关系,最终导致国有资产无人所有、无人管理。又由于国有公司由国有企业改制而来,改制前的企业领导成为改制后的董事长或总经理,或同时兼任,监事会职能严重弱化,新三会和老三会之间的矛盾没有有效解决,这些均会导致国有公司内部治理效率低下,无法监督国有公司高管。再由于缺乏有效的经理人激励机制和约束机制,导致无法约束国有公司高管,还有长期形成的国有公司行政级别、高管任免制度、"一把手"负责制等,导致国有公司高管无人敢管、无人能管。这些因素综合起来,结果就是国有控股公司的控股股东实际并不控制公司。

案例中,通过海南航空股权结构(见图1)可以发现,其实际控制人海南省国资委可能不控制或者无法控制公司,海航集团可能实际控制了海南航空;通过对海南航空董事会构成的分析可以看出,海航集团实际上控制了海南航空董事会;通过对海南航空高管构成的分析可以看出,海南航空高管都由海航集团指派,从而确定海南航空属于典型的另类股东控制。

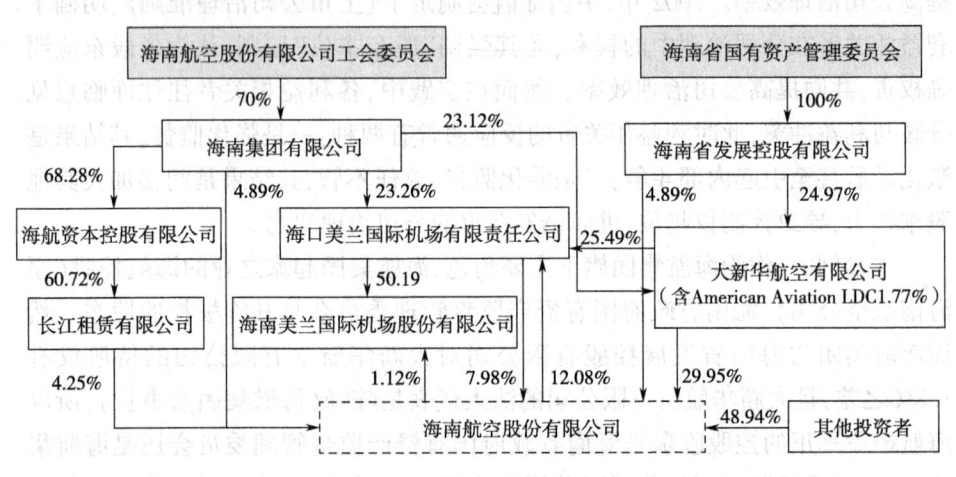

图1 海南航空的股权结构

近年来,海航集团与海南航空的系列关联交易充分暴露了海航集团掏空了海南航空,主要体现在两方面:一是通过高评估溢价转让股权,从海南航空转移利益,最典型的是科航投资的转让。2007年海南航空以账面价将科航投资出售给海航集团,1年后海航集团溢价3.15倍将科航投资转回给海南航空。从科航投资2009—2011年的实际业绩与业绩预测的巨大差异可以看出,该关联交易就是海航集团"赤裸裸"地掏空海南航空的证据。二是通过高溢价关联交易,占用了海南航空大量货币资金,同时规避了关联方非经营性占用资金的监管。

综上,海航集团通过一系列高评估增值甚至超高评估增值的股权转让给海南航空,从海南航空套取资金或转移利益,导致海南航空为过多持有货币资金而大量负债、大量支付利息,降低了其盈利能力,直接损害了其他股东利益。

5. 违约事件经过与财务分析

1)债务违约预警

海航集团的大肆扩张引起了有关部门的注意。2017年6月,中国银行业监督管理委员会要求各大银行对参与海外并购的民营企业进行风险排查,海航集团位列其中。2017年11月,标普对海航集团降级,海航集团深陷债务危机,开始出售资产应对流动性危机压力。截至2019年,海航集团已经累计甩卖了3 000多亿元的资产,但账面上的负债仍有几千亿元。除此之外,员工工资被拖欠,客户集资购买的P2P产品无法兑付,非标违约、非公开债违约频频发生,包括先前所提到的公开"13海航债"延期兑付等等风险事件,层出不穷,雷一个接着一个爆了。

表4简要总结了海航控股的信用风险情况。

表4　海南航空控股股份有限公司信用风险大事记

时间	事　件
2017-02-04	股权收购完成,收购天津航空有限责任公司48.21%股权
2017-03-29	2016年年报正式披露,营业总收入406.78亿元,同比增15.48%,净利润为31.38亿元,同比增4.51%,基本EPS为0.21元,平均ROE为7.02%
2018-03-28	海南航空控股股份有限公司被海口市地方税务局第二税务分局下达1条行政处罚
2018-06-12	海南航空控股股份有限公司重大资产重组
2018-07-30	海南航空控股股份有限公司累计欠税7 847.36万元,包含城镇土地使用税
2019-01-08	大新华航空有限公司减持900万股公司股份,平均减持价格为1.915元人民币。截至2019年1月9日,持有股份数量为40.8亿股流通股份,占流通股份总数比例为24.28%
2019-03-14	467 410.89万股海航股股份于2019年3月14日被冻结,涉及股东:大新华航空有限公司、海航集团有限公司
2019-03-27	2018年年报业绩预告,公司业绩首亏,预计净利润约-400 000万元至-300 000万元,下降190%~220%
2019-04-30	2018年年报正式披露,营业总收入677.64亿元,同比增加13.12%,净利润为-359 142.90万元,同比降208.08%,基本EPS为-0.23元,平均ROE为-6.46%
2019-07-27	因未及时披露公司重大事项,中国证券监督管理委员会海南监管局于2019年7月25日依据相关法规给予"出具警示函处分"决定
2019-12-11	因业绩预测结果不准确或不及时,未及时披露公司重大事项,公司高管谢皓明被上海证券交易所于2019年12月3日依据相关法规给予"公司批评处分"决定
2020-04-17	公司已于2020年4月17日支付"011901639"当期利息,"011901639"的兑付日期自2020年4月17日起展期270天,兑付日由2020年4月17日调整为2021年1月12日
2020-06-11	海南航空控股股份有限公司新增1条被执行人信息,执行法院浙江省高级人民法院,执行标的价值3.44亿
2020-09-30	2020年三季报显示当期发生亏损,净利润为-164.26亿元

续表

时间	事件
2020-09-30	2020年6月30日至2020年9月30日,大新华航空有限公司减持190.55万股公司股份,平均减持价格为1.6226元人民币。截至2020年12月2日,持有股份数量为38.79亿流动股份,占流通股份综述比例为23.08%
2021-01-12	公司已于2021年1月12日支付"011901639"当期利息,"011901639"的兑付日期自2021年1月12日起展期270天,兑付日由2021年1月12日调整为2021年10月9日
2021-02-19	收到法院受理公司重整申请裁定,实施ST

从海航2019年发行债券的业内同比,可以窥探一二。同样是3A评级,海航集团发行的债券与东航集团、南航集团发行的债券相比,融资成本明显高出一个层级。东航、南航2019年发行的短期债券利率一般在2.5%左右,而海航系的资金成本比三大航高出4%左右,其旗下几乎每个公司的利润率都高于6.5%,但仍旧需要以高成本借入资金,主要原因是资金链紧张。

表5为2019年我国航空业绩券发行情况。

表5　2019年我国航空业债券发行

债券简称	发行人	发行量(亿元)	票面利率	发行日	到期日	债券类型	主体评级
19海航01	海航集团	33.57	7.00%	2019-04-29	2022-04-29	非公开发行	AAA
19海航02	海航集团	5.70	6.50%	2019-06-06	2022-06-06	非公开发行	AAA
19海航03	海航集团	10.73	6.00%	2019-06-21	2024-06-21	非公开发行	AAA
19海航04	海航集团	22.09	6.00%	2019-07-29	2024-07-29	非公开发行	AAA
19海南航空SCP001	海航控股	10.00	5.70%	2019-03-04	2019-11-30	公开发行	AAA
19海南航空SCP002	海航控股	7.50	4.35%	2019-07-19	2020-04-17	公开发行	AAA
19美兰机场SCP001	美兰机场	10.00	6.50%	2019-03-18	2019-12-14	公开发行	AA+
19东航MTN001	东航集团	30.00	3.94%	2019-09-02	2022-09-04	公开发行	AAA
19东航SCP002	东航集团	20.00	2.25%	2019-05-05	2022-11-05	公开发行	AAA
19南航集SCP004	南航集团	5.00	2.05%	2019-08-26	2019-10-25	公开发行	AAA
19南航集SCP005	南航集团	5.00	2.55%	2019-08-26	2020-05-22	公开发行	AAA

2）债务违约历程

（1）"13海航债"延期兑付：

2020年4月14日，海航集团突然宣布召开2013年海航集团有限公司公司债2020年第一次债券持有人会议。会议上，海航集团宣布"13海航债"延期一年兑付，同时豁免本次会议召开的程序问题，这让海航集团成为舆论焦点。4月15日凌晨，海航集团发布了"13海航债"2020年第一次债券持有人会议决议公告，公告中称会议通过了"13海航债"本息延期一年支付的议案，将本息递延至2021年4月15日支付。当日，在二级市场，海航集团旗下的"15海航债"开盘遭到市场抛售，大跌23.45%后被临时停牌，恢复交易后再次下跌，跌幅超31.08%，盘中第二次临时停牌。4月15日全天，"15海航债"一度跌近40%，截至收盘才有所回升。

表6所示为海航集团债券存续情况。

（2）破产重组：

经地方政府与企业高层讨论，为防范海航一债务危机对社会造成巨大负面影响，对海航实施破产重整，实施退市风险警示。2021年2月10日，海南省高院发布《民事裁定书》《决定书》，认为海航控股及下属10家子公司不能清偿到期债务，且现有全部资产不足以偿付全部负债，裁定受理债权人对公司的重整申请。公司股票于2021年2月19日被实施退市风险警示，股票简称改为"*ST海航""*ST海航B"。风险警示原因为：上市公司治理问题需要整改；公司2020年净利润为负，净资产为负；法院已受理重整申请，存在重整失败后的破产风险；重整成功也面临后续经营和财务指标不符合上市标准的风险。2021年2月27日，海航控股发布了"公司股票可能被实施退市风险警示"的第二次风险提示公告。

（3）实质性违约：

截至2021年2月，海航集团累计发行债券40只，共存续10只，存续债券余额为131.9亿元。其中"11海航02"为一般公司债，"15海南航空MTN001""16海南航空MTN001"为一般中期票据，"19海南航空SCP002""19海南航空SCP003"为超短期融资债券。海航控股于2月10日进入破产重整程序，根据《企业破产法》，未到期的债券，在破产申请受理时视为到期，附利息的债券自破产申请受理时起停止计息。故债券于2月10日提前到期未兑付，构成实质性违约。

表7为海航集团债券实质违约情况。

表 6 海航集团债券存续情况

	债券代码	债券简称	债券类型	债券期限（年）	剩余期限（年）	发行规模（亿元）	发行日期	到期日期
1	101664005.IB	16 海南航空 MTN001	一般中期票据	6.00	0.02	25.0	2016-03-07	2022-03-09
2	136901.SH	18 海航 Y5	一般公司债	3.00	—	14.0	2018-11-26	2021-11-27
3	136934.SH	18 海航 Y4	一般公司债	3.00	—	8.0	2018-11-01	2021-11-05
4	101654049.IB	15 海南航空 MTN001	一般中期票据	6.00	—	25.0	2015-10-19	2021-10-21
5	136946.SH	18 海航 Y3	一般公司债	3.00	—	15.0	2018-10-17	2021-10-19
6	136956.SH	18 海航 Y2	一般公司债	3.00	—	8.0	2018-09-25	2021-09-27
7	136960.SH	18 海航 Y1	一般公司债	3.00	—	5.0	2018-09-12	2021-09-14
8	122071.SH	11 海航 02	一般公司债	10.00	—	14.4	2011-05-24	2021-05-24
9	142024.SH	海航 303	企业 ABS	4.27	—	5.0	2016-08-18	2020-11-23
10	142025.SH	海航 3 次	企业 ABS	4.27	—	0.5	2016-08-18	2020-11-23
11	142023.SH	海航 302	企业 ABS	4.10	—	8.0	2016-08-18	2020-09-23
12	011902819.IB	19 海南航空 SCP003	超短期融资券	1.48	—	10.0	2019-11-27	2020-08-25
13	123909.SH	海航 203	企业 ABS	4.77	—	5.0	2015-09-17	2020-06-23
14	123910.SH	海航 2 次	企业 ABS	4.77	—	0.5	2015-09-17	2020-06-23
15	123908.SH	海航 202	企业 ABS	4.60	—	8.0	2015-09-17	2020-04-23
16	011901639.IB	19 海南航空 SCP002	超短期融资券	2.22	—	7.5	2019-07-19	2020-04-17
17	123609.SH	海航 1 次	企业 ABS	4.79	—	0.5	2015-04-10	2020-01-23
18	123608.SH	海航 104	企业 ABS	4.79	—	5.0	2015-04-10	2020-01-23

续表

	债券代码	债券简称	债券类型	债券期限（年）	剩余期限（年）	发行规模（亿元）	发行日期	到期日期
19	011900494.IB	19海南航空SCP001	超短期融资券	0.74	—	10.0	2019-03-04	2019-11-30
20	011802057.IB	18海南航空SCP001	超短期融资券	0.74	—	10.0	2018-10-25	2019-07-23
21	101456019.IB	14海南航空MTN001	一般中期票据	5.00	—	4.0	2014-05-07	2019-05-09
22	123607.SH	海航103	企业ABS	3.79	—	5.0	2015-04-10	2019-01-23
23	142022.SH	海航301	企业ABS	2.27	—	7.0	2016-08-18	2018-11-23
24	011764125.IB	17海南航空SCP005	超短期融资券	0.74	—	10.0	2017-11-09	2018-08-10
25	011764122.IB	17海南航空SCP004	超短期融资券	0.74	—	5.0	2017-11-01	2018-07-30
26	123907.SH	海航201	企业ABS	2.77	—	7.0	2015-09-17	2018-06-23
27	123606.SH	海航102	企业ABS	2.79	—	5.0	2015-04-10	2018-01-23
28	011764045.IB	17海南航空SCP003	超短期融资券	0.66	—	5.0	2017-05-16	2018-01-13
29	011764021.IB	17海南航空SCP001	超短期融资券	0.58	—	10.0	2017-04-06	2017-11-06
30	011764040.IB	17海南航空SCP002	超短期融资券	0.49	—	5.0	2017-05-02	2017-10-31
31	123605.SH	海航101	企业ABS	1.79	—	5.0	2015-04-10	2017-01-23
32	122070.SH	11海航01	一般公司债	5.00	—	35.6	2011-05-24	2016-05-24
33	041456016.IB	14海南航空CP001	一般短期融资券	1.00	—	4.0	2014-04-21	2015-04-23
34	0781232.IB	07海航CP02	一般短期融资券	1.00	—	13.0	2007-11-13	2008-11-13
35	0781161.IB	07海航CP01	一般短期融资券	1.00	—	12.0	2007-08-15	2008-08-15
36	0681070.IB	06海航CP01	一般短期融资券	1.00	—	5.6	2006-05-12	2007-05-15

表7 海航集团债券实质违约情况

	债券代码	债券简称	债券类型	债券期限（年）	剩余期限（年）	发行规模（亿元）	发行日期
1	16海南航空MTN001	一般中期票据	实质违约	2021-02-10	25	21150.0	2022-03-09
2	18海航Y5	一般公司债	实质违约	2021-02-10	14	2100.0	2021-11-27
3	18海航Y4	一般公司债	实质违约	2021-02-10	8	1562.6	2021-11-05
4	15海南航空MTN001	一般中期票据	实质违约	2021-02-10	25	21950.0	2021-10-21
5	18海航Y3	一般公司债	实质违约	2021-02-10	15	3490.2	2021-10-19
6	18海航Y2	一般公司债	实质违约	2021-02-10	8	2220.8	2021-09-27
7	18海航Y1	一般公司债	实质违约	2021-02-10	5	1551.3	2021-09-14
8	11海航02	一般公司债	实质违约	2021-02-10	14.4	6408.6	2021-05-24
9	19海南航空SCP003	超短期融资债券	实质违约	2021-02-10	10	2958.9	2020-08-25
10	19海南航空SCP002	超短期融资债券	实质违约	2021-02-10	7.5	2413.4	2020-04-17

3）违约分析（财务分析）

(1)财务背景：

公司主营业务收入主要由客运收入、货运及逾重行李收入、其他主营业务、其他业务构成。2019年，客运收入为643.36亿元，占全年主营业务收入的88.87%；货运及逾重行李收入为24.75亿元，占全年主营业务收入的3.42%；其他主营业务收入为2.39亿元，占全年主营业务收入的0.33%；其他业务收入为53.39亿元，占全年主营业务收入的7.38%。

公司2019年全年主营业务收入为723.89亿元，毛利率为7.42%，毛利率较上年上升0.12个百分点，主要受客运收入、货运及逾重行李收入、其他业务的影响。其中，客运收入、货运及逾重行李收入、其他业务毛利率分别为3.31%、3.31%、54.68%，较上年分别减少0.12、0.12、24.11个百分点。

需注意的是，海航集团有限公司在2019年延期披露当年的公司年报，给出的理由是"因新冠疫情影响，全国各地复工时间均有所延迟，导致公司年度报告涉及的各项审计工作及编制工作完成时间比原计划滞后"。而由于2021年3月13日正式开展重组工作，2020年年报也延期披露了。

表8为海航主要财务指标情况。

表8 海航主要财务指标情况

财务指标	2019年	2018年	2017年	2016年
总资产(亿元)	1965.35	2047.35	1973.48	1481.44
货币资金(亿元)	201.44	379.26	363.91	215.91
净资产(亿元)	621.07	687.50	739.57	678.76
总债务(亿元)	1344.28	1359.85	1233.91	802.68
资产负债率(%)	68.40	66.42	62.52	54.18
净利润(亿元)	7.55	-36.48	38.82	34.10
主营业务收入(亿元)	723.89	677.64	599.04	406.78
主营业务利润(亿元)	8.29	-51.12	42.96	30.05
EBITDA(亿元)	115.23	54.93	141.07	110.06
EBITDA/营业总收入(%)	15.92	8.11	23.55	27.06
主营业务利润率(%)	1.14	-7.54	7.17	7.39
主营业务收入增长率(%)	6.83	13.12	47.26	15.48
总资产报酬率(%)	2.94	-0.24	5.00	4.83
净资产回报率(%)	1.03	-6.46	5.85	7.02
经营活动现金流(亿元)	137.33	92.25	129.60	122.87
投资活动现金流(亿元)	-301.73	-113.86	-94.27	-183.44
筹资活动现金流(亿元)	-60.87	-12.76	81.64	107.88
经营性现金流/EBITDA(%)	1.19	1.68	0.92	1.12
存货周转率(%)	112.81	292.71	376.10	1104.44
流动比率	0.42	0.44	0.63	0.90
速动比率	0.41	0.44	0.63	0.90
带息债务(亿元)	989.82	1026.81	879.61	528.23
净债务(亿元)	788.38	647.54	515.69	312.32
获息倍数	1.22	-0.10	2.04	2.09
EBITDA/带息债务(%)	11.64	5.35	16.04	20.84
短期债务/总债务(%)	89.45	92.41	55.25	40.96
带息债务/总投入资本(%)	61.45	59.90	54.32	43.76
货币资金/短期债务(%)	0.17	0.30	0.53	0.66
货币资金/总债务(%)	0.15	0.28	0.29	0.27

(2)财务状况分析：

● 航空业处于低谷,公司收入大幅下降,产生巨额亏损。2020年受疫情影响,航空客运需求大幅下降,亚太地区乘客需求下降53.8%,航空业整体收入锐减。2020年三季度,海航控股营业收入为198.45亿元,同比下降64.86%,净利润亏损达164.26亿元。2021年1月30日公布的业绩预告显示,海航控股2020年度净利润预计亏损580亿~650亿元,其中经营性亏损165亿元。因海航控股及关联方申请重整,460亿元为计提的资产减值损失。2020年三季度的经营活动现金流为-120.79亿元。巨额亏损导致现金流不足,短期偿债能力下降。2018—2019年度,海航控股净利润分别为-36.48亿元、7.55亿元。除了疫情因素,海航自身的盈利能力并不乐观,2018年出现了大额亏损,其中财务费用为63.69亿元,同比增长203%,资产减值损失18.21亿元。

● 流动性紧张,短期债务占比高,利息负担重。2018—2020年三季度,海航控股流动负债分别为1 256亿元、1 202亿元、1 187亿元,短期债务占总债务的比率高达92.41%、89.45%、92.96%,负债比例不合理,短期负债过高,大量债务到期导致流动性持续承压。2018—2020年,货币资金逐年减少,货币资金与短期债务之比仅为0.3、0.17、0.12,无法覆盖短期债务,短期偿还能力堪忧。公司带息债务占总投入资本的59.9%、61.45%、66.83%,高额负债带来大量利息费用,进一步增加了偿债难度。

● 并购频繁,业务复杂,自救失败。海航集团自2013年开始大举并购国内外多家公司,涉及行业繁多,从单一航空业逐渐发展到酒店、旅游、地产、金融服务、物流运输、商业零售等多个行业,成为资产万亿的跨国性企业。但高速扩张的同时带来了集团债务激增、并购整合不力等一系列问题。并购的资金来源于近几年海航集团的大量新增融资,海航集团的债务规模从2013年2 000亿元扩张到2019年上半年的7 067亿元,2019年上半年资产负债率高达72%。行业过度多元化导致集团经营风险增加。并购中忽视投资项目质量,收购的子公司整合不力,不仅不能带来利润,反而会加重集团的风险。2017年,国家开始限制企业在海外的盲目收购,海航不得不开始变卖海外资产。2018年,海航处置了约3 000亿元的非航空资产,2019年、2020年又不断出售子公司、股权、飞机等各类资产以换取现金流,试图清理非主营业务,回归航空、物流主业。但大规模的快速抛售也带来了一定的亏损。在集团内部经营问题和新冠疫情的双重冲击下,海航集团最终还是没有摆脱债务危机,资不抵债,走上了破产重整的道路。

● 公司内部治理不善,存在资金占用、未披露担保、资产过户等问题。2021

年 1 月 29 日,海航控股发布的上市公司治理专项自查报告显示:①公司及其控股子公司存在非经营性资金占用情形,包括资金拆借给关联方,大量借款被海航集团及其子公司实际使用,海航控股为关联方提供担保进而形成资金划扣的情况。截至 2021 年 1 月,海航控股对外担保金额共 356.23 亿元,占公司净资产的 57.36%,其中对子公司担保总额 116.57 亿元,对关联方担保总额 239.66 亿元,逾期担保 121.93 亿元。②公司存在超过 80 笔担保款项为股东及关联方擅自以公司名义提供的担保,导致公司未能及时披露信息。③部分资产尚未办理过户手续,新冠疫情造成投资损失需进行减值测试。

综上:航空业处于低谷,公司收入大幅下降,产生巨额亏损;流动性紧张,短期债务占比高,利息负担重;并购频繁,业务复杂,自救失败;公司内部治理不善,存在资金占用、未披露担保、需关注资产等问题;破产重整,实施退市风险警示。

启示:

- 警惕短期负债比例高,缺乏盈利能力的发债主体。企业短期负债过重增加了流动性压力,利息费用占用了一定流动资金的同时也减少了利润。企业在无法盈利的情况下仍要支出大量融资费用,可能导致亏损,使现金流进一步紧张,导致债务违约。

- 警惕激进扩张,产业过多的发债主体。企业盲目收购大量公司,不能保证投资项目的质量,导致后续管理经营难度加大。经营行业过多导致资产整合困难,并购的子公司不但无法提供利润,反而带来风险。

- 警惕公司存在治理问题的发债主体。公司管理不善导致企业内部风险加重,同时股东管理层的违规行为也损害了公司的利益。

- 警惕疫情带来的负面影响。新冠疫情之下,复工复产工作难以展开,服务业最受影响,公司经营风险显著增加,企业再融资困难加剧。

6. 信用评级一览

2011 年 3 月 28 日,上海新世纪首次给予海南航空控股股份有限公司信用评级为 AA+,评级展望为稳定。

2015 年 4 月 13 日,上海新世纪将海南航空控股股份有限公司评级上调为AAA,评级展望为稳定,原因为海南航空主业盈利能力增强,流动性状况和资产质量相对稳定。

2021 年 1 月 28 日,上海新世纪将海南航空控股股份有限公司评级下调为AA,原因为 2020 年核心航空主业业绩大幅下滑,出现重大亏损,并面临较大的流动性压力。

2021年2月1日,上海新世纪将海南航空控股股份有限公司评级下调为BB,评级展望为负面,原因为公司申请重整,巨额亏损且可能净资产为负值,出现信息披露问题,有退市风险。

2021年2月23日,上海新世纪将海南航空控股股份有限公司评级下调为C,原因为海航控股发布了重整公告,开展重整工作。

详见表9。

表9 海南航空控股股份有限公司主体评级变动情况

发布日期	评级标准	信用评级	评级展望	变动方向	评级机构
2021-02-23	主体评级	C	—	调低	上海新世纪
2021-02-01	主体评级	BB	负面	调低	上海新世纪
2021-01-28	主体评级	AA	—	调低	上海新世纪
2015-04-13	主体评级	AAA	稳定	调高	上海新世纪
2011-03-28	主体评级	AA+	稳定	首次	上海新世纪

(三)知识重点

1. 打破刚性兑付

什么是刚性兑付?

刚性兑付的概念最早是在2005年左右提出,最初来源于信托行业。它是指信托产品到期后,信托公司必须分配给投资者本金以及收益的要求。当信托计划出现不能如期兑付或兑付困难时,信托公司需要兜底处理。

实际上,我国并没有任何一项法律条文要求信托公司进行刚性兑付。这一行业习惯是我国金融市场宽松,资本机构争夺资金的结果,之后演变为行业一个不成文的规定。

《关于规范金融机构资产管理业务的指导意见(征求意见稿)》明确提出,金融机构资产管理要打破刚性兑付,实行净值化管理,银行都不再兜底。

那么为什么要打破刚性兑付?

为使投资回归资管业务的本质,也就是"卖者尽责、买者自负"。

投资者之所以购买银行理财,很大一部分原因是安全、稳定,而其中保本保息的预期收益型产品更是占据重要地位。现在银行理财不再承诺保本,长远来看未尝不是一件好事。在承诺保本的情况下,投资者容易忽略风险的存在,甚至认为银行的保本理财是没风险的。

而银行承诺了保本保息,在产品到期后,无论这项理财产品是亏是赚,银行都要按合同约定归还本金和相应的利息。赚了还好,如果是亏了,银行只能想办法从其他地方调来资金补上缺口。这就是我们常说的拆东墙补西墙,借新还旧。

而多层嵌套,就是把一款产品经过不同机构或不同宣传包装,变成一个看上去高大上或源头复杂难明的"好资产"。一项真正的好资产不用包装都会很抢手,如果要经过多层包装来欺瞒投资者,这项资产的底层质量一般都不行。

2. 偿债能力要素

偿债能力分析主要分为短期偿债能力和长期偿债能力两个方面,主要考察企业的资产在面临短期债务或是长期债务时能否支付现金进行偿还。企业有无能力偿还债务代表着其财务状况的好与坏。它是公司按照约定偿还到期债务的保证。主要指标包括流动比率、速动比率、现金比率、资本周转率、清算价值比率、利息支付倍数等。但判断一个企业的偿债能力是好是坏,单凭分析反映企业偿债能力的指标是不够的,也是不科学的,必须与获利能力、现金流量指标相结合,这样分析才能反映企业实际的偿债能力。

此外,公司偿债能力的好坏取决于公司获利能力的高低。即使公司的各项偿债能力的指标都符合上述标准,如果该公司处于衰退期,并且是夕阳行业获利能力很低的话(即息税前利润率低于负债的资金成本),则该公司从偿债能力指标分析来看,可能仅在短期具有一定的偿债能力,但从长期来看,该公司的偿债能力是不可靠的,是值得怀疑的。相反,如果公司的资产负债比率较高(如大于60%),但该公司的息税前利润率高于公司负债的资金成本且该公司的获利能力较强,并且该公司处于发展阶段及朝阳行业,则从偿债能力指标分析来看,该公司短期内偿债能力较差,但长期而言,该公司的偿债能力是可以肯定的。所以,单纯地以偿债能力指标的高低来判断公司的偿债能力是不科学的。

3. 公司治理结构

公司治理结构、公司治理机制,是一种对公司进行管理和控制的体系。是指由所有者、董事会和高级执行人员(即高级经理)三者组成的一种组织结构。现代企业制度区别于传统企业的本质在于所有权和经营权的分离,或称所有与控制的分离(separation of ownership and control),从而需要在所有者和经营者之间形成一种相互制衡的机制,用以对企业进行管理和控制。现代公司治理结构正是这样一种协调股东与其他利益相关者关系的一种机制,它涉及激励与约束等多方面的内容。简单地说,公司治理结构就是处理企业各种契约关系的一种制度。例如，董事会、经理层、股东和其他利害相关者的责任、权利分布，明确决策公司事务时所应遵循的规则和程序。公司治理的核心是在所有权和经营权分离的条件下，由于所有者和经营者的利益不一致而产生的委托-代理关系。公司治理的目标是降低代理成本，使所有者不干预公司的日常经营，同时又保证经理层能以股东的利益和公司的利润最大化为目标。

公司治理结构要解决关系公司成败的两个基本问题：

一是如何保证投资者（股东）的投资回报，即协调股东与企业的利益关系。在所有权与经营权分离的情况下，由于股权分散，股东有可能失去控制权，企业被内部人（即管理者）所控制。这时控制了企业的内部人有可能做出违背股东利益的决策，侵犯股东的利益。这种情况会引起投资者不愿投资或股东"用脚表决"的后果，有损于企业的长期发展。公司治理结构正是要从制度上保证所有者（股东）的控制与利益。

二是企业内各利益集团的关系协调。这包括对经理层与其他员工的激励，以及对高层管理者的制约。这个问题的解决有助于处理企业内部各集团之间的利益关系，又可以避免因高管决策失误给企业造成的不利影响。

良好公司治理的特征：

√ 能够维护股东的权利；

√ 确保包括小股东和外国股东在内的全体股东受到平等的待遇；如果股东的权利受到损害，他们应有机会得到补偿；

√ 确认利益相关者的合法权利，并且鼓励公司与利益相关者为创造财富、工作机会以及为保持企业财务健全而积极地进行合作；

√ 保证及时准确地披露与公司有关的任何重大问题，包括财务状况、经营状况、所有权状况和公司治理状况的信息；

√ 确保董事会对公司的战略性指导和对管理人员的有效监督，并确保董事会对公司和股东负责。

4. 财务指标分析

财务指标分析是指总结和评价企业财务状况与经营成果，包括偿债能力指标、运营能力指标、盈利能力指标和发展能力指标。

（1）偿债能力分析：分析企业偿还到期债务（包括本息）的能力。偿债能力分析包括短期偿债能力分析和长期偿债能力分析。

短期偿债能力——企业流动资产对流动负债及时足额偿还的保证程度，是衡量企业当前财务能力，特别是流动资产变现能力的重要标志。衡量指标包括:流动比率、速动比率、现金流动负债率。

长期偿债能力——企业偿还长期负债的能力。它的大小是反映企业财务状况稳定与否、安全程度高低的重要标志。衡量指标包括:资产负债率、产权比率、负债与有形净资产比率、利息保障倍数。

(2)营运能力分析:根据企业资金周转的有关指标分析其资产利用的效率,对企业管理层管理水平和资产运用能力的分析。衡量指标包括:应收款项周转率、存货周转率、总资产周转率、固定资产周转率。

(3)盈利能力分析:即分析企业资金增值的能力,通常体现为企业收益数额的大小与水平的高低。企业盈利能力的分析可从一般分析和社会贡献能力分析两方面研究。

一般分析——主营业务毛利率/利润率、资产净利率、净资产收益率、资本保值增值率;

社会贡献能力分析——社会贡献率、社会积累率。

(4)发展能力分析:分析企业在生存的基础上,扩大规模,壮大实力的潜在能力。衡量指标包括:销售(营业)增长率、资本积累率、总资产增长率、固定资产成新率、三年利润平均增长率、三年资本平均增长率。

需要强调的是,上述四类指标不是相互独立的,它们相辅相成,有一定的内在联系。企业周转能力好,获利能力就较强,就可以提高企业的偿债能力和发展能力;反之则反。

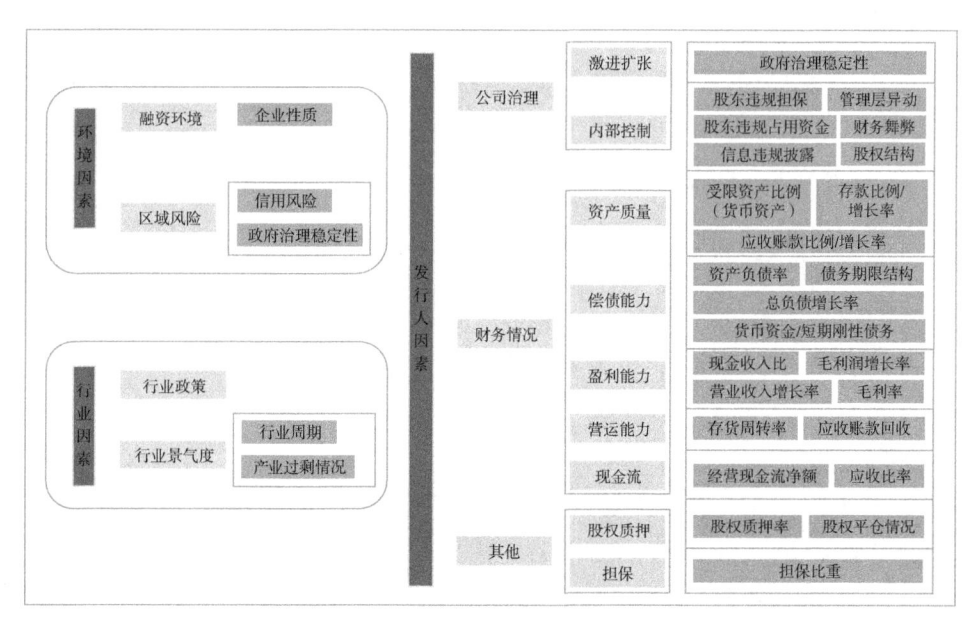

发行人因素			
环境因素	融资环境	企业性质	
	区域风险	信用风险	
		政府治理稳定性	
公司治理	激进扩张	政府治理稳定性	
	内部控制	股东违规担保	管理层异动
		股东违规占用资金	财务舞弊
		信息违规披露	股权结构
财务情况	资产质量	受限资产比例(货币资产)	存款比例/增长率
		应收账款比例/增长率	
	偿债能力	资产负债率	债务期限结构
		总负债增长率	
		货币资金/短期刚性债务	
	盈利能力	现金收入比	毛利润增长率
		营业收入增长率	毛利率
	营运能力	存货周转率	应收账款回收
	现金流	经营现金流净额	应收比率
行业因素	行业政策		
	行业景气度	行业周期	
		产业过剩情况	
其他	股权质押	股权质押率	股权平仓情况
	担保	担保比重	

5. 信用风险数理模型

信用风险模型，用于衡量、监测和控制投资组合的信用风险。下面主要介绍结构模型和简化模型的要素，此外还有结构/简化混合模型。

（1）基本概念和知识点：信用风险建模的难点、信用风险模型概述、信用评级与信用风险模型、结构模型、Black-Scholes-Merton 模型、结构模型的优点和缺点。

（2）估计投资组合的信用风险：违约相关性和关联结构、简化模型、泊松过程、Jarrow-Turnbull 模型、Duffie-Singleton 模型、简化模型的优点和缺点、信用风险模型的应用、不完全信息模型。

（3）问题与应用（能力要求）掌握两类基本的信用风险模型：结构模型和简化模型，了解不完全信息模型，并能够利用信用风险模型对公司债券市场进行分析。

透过国际收支平衡表看中国经济发展模式的演进[①]

陈奉先

一、课程简介

国际金融学是金融学专业的8门核心课程之一,旨在开拓学生思维,形成国内、国际相结合的思维模式。课程阐述了国际金融学领域的重点知识,包括国际收支、汇率、资本流动基础知识,以及短期中期和长期汇率决定理论、国际货币体系、内外均衡理论和微观主体外汇风险管理理论等。

通过本门课程的学习,学生将系统掌握国际金融的基本理论和基础知识,了解国际金融市场在一国经济和社会发展中的地位和作用,熟悉国际金融的基本业务,掌握必要的基本技能,探索国际金融的研究方法和实践意义。教学过程将以理论学习为主,实际案例为辅,为学生后期进一步学习高阶课程打下良好的基础。

国际金融学这门课具备与生俱来的搭建课程思政体系的优势。近年来,国际金融领域的形势风云激荡,汇率战(货币战)、国际收支争端、国际资本流动、发达经济体政策溢出等问题受到世界各国前所未有的关注。中国"一带一路"倡议、金融业对外开放、中美贸易摩擦、英国脱欧等国际时事与国家安全及中国人民的利益休戚相关。在课程教学过程中,引导学生关注、了解国际时事新闻,从国际金融的角度对这些国际新闻事件进行深入剖析,挖掘事件背后的本质,从而融入爱国主义情怀的教育,社会主义思想政治的熏陶,有利于为中华民族伟大复兴培养新时代人才。国际金融学课程融入思政教育,有利于引导当代大学生树立正确的世界观、人生观、价值观,将实现个人价值同国家前途命运紧紧联系在一起,增强学生的民族和专业自豪感,有利于实现"三全育人""立德树人"的教育目标,为中华民族伟大复兴培养高质量人才。

[①] 本案例得到北京高等教育本科教学改革创新重点项目"一体两翼四轮驱动:金融学拔尖创新人才培养模式的探索与实践"以及学校2024年教改立项"国际金融学数智化转型路径探索"资助。
作者简介:陈奉先,经济学博士,金融学院副教授;主要研究方向:国际金融、开放宏观经济学。

二、思政元素

通过学习国际收支理论,结合中国国际收支的演变规律,剖析中国经济演化转型背后的深层次逻辑,使学生在获得知识的同时增进大局意识、强化道路自信、理解新发展理念、提升战略思维和战略定力。

(一)树牢"大局意识"

习近平总书记强调:"必须牢固树立高度自觉的大局意识,自觉从大局看问题,把工作放到大局中去思考、定位、摆布,做到正确认识大局、自觉服从大局、坚决维护大局。"作为青年学子,具备大局意识,即自觉站在党和国家的高度,清醒地认识到党和国家面临的复杂的国内外形势和机遇挑战,以此去思考问题、研究问题、解决问题。改革开放以来的中国国际收支充分反映了我国发挥比较优势走"出口导向型"的发展战略,同时根据形势发展需要,积极调整发展思路,在成为"世界工厂"之后努力提高产品质量,从"制造大国"迈向"制造强国""智造强国"的发展路径,中国在全球产业分工链、价值链中地位的不断提升,为高质量发展奠定了物质基础。

(二)坚定"道路自信"

坚定道路自信,必须坚持中国特色。每个国家和民族都具有自身的特殊性,不能简单移植嫁接他国的道路和模式。中国特色之"特":一是在于守正创新。在坚持发展道路和基本原则的基础上,立足国情世情、引领时代变革;在战略决断上,以不变应万变;在策略方法上,以不断自我革命应对新的挑战。二是在于国家治理体系和治理能力的不断完善与进步。"创新、协调、绿色、开放、共享"的发展理念,为我们转变发展模式、推动三大变革、共建和谐社会开辟了新天地。

改革开放以来中国国际收支变迁轨迹深刻地折射出我们与时俱进的发展理念。当中国缺少国际舞台和公平竞争环境时,我们努力做到国际收支平衡;当我们成功"入世"后,我们充分发挥比较优势,借助外部市场推动中国经济崛起;当我们面临竞争优势衰减、外部摩擦加剧时,我们积极调整贸易策略,提高产业附加值,同时推动企业走出去,在全球更广阔的范围内配置资源、发挥禀赋优势。

(三)构建新发展格局

2020年7月21日,习近平总书记在企业家座谈会上指出:"面向未来,我们要逐步形成以国内大循环为主体、国内国际双循环相互促进的新发展格局。"当今世界,正经历百年未有之大变局,全球治理体系深刻重塑,国际格局加速演变。国际金融危机发生以后,全球贸易增速相比之前明显放缓,经济全球化进入一个低潮期。一些国家祭起保护主义大旗,"逆全球化"风潮渐起。尤其是2021年以来,受新冠疫情冲击,世界经济低迷,全球贸易萎缩,我国经济社会发展面临新的困难和挑战。以国内大循环为主体,要求集中力量办好自己的事,充分发挥国内超大规模市场优势,通过繁荣国内经济、畅通国内大循环,为我国经济发展增添动力,带动世界经济复苏;国内国际双循环相互促进,要求在以国内大循环为主体的同时,不能关起门来封闭运行,而要通过发挥内需潜力,使国内市场和国际市场更好联通,更好利用国际国内两个市场、两种资源,实现更加强劲可持续的发展。在中国国际收支上,新发展格局表现为不再简单地追求"高出口""高引资""高创汇",而是注重进出口品的质量层次,要以高质量的进口、明确的负面清单管理吸引外资、助力产业升级、推动高质量的产品出口,切实提升中国产品在全球价值链中的地位,增强抵御外部冲击摩擦的能力和底气。

(四)提升战略定力、提升发展信心

重视战略问题,保持战略定力和发展信心是习近平总书记治国理政思想的重要特色。党的十八大以来,习近平总书记多次强调要树立战略思维、保持战略定力。可以说,"战略"决定了发展的方向、目标,而"定力"决定了发展方向、目标及其实施的长期性、稳定性和可持续性。没有战略就没有方向,而没有定力,再好的战略也等于零。"战略定力"是实现经济社会长期可持续发展的重要支撑。

中美经贸关系一直是中美两个大国关系的"压舱石"和"稳定器"。但是,2016年以来,美国采取单边主义措施,导致中美之间贸易摩擦和争端不断升级。妥善应对中美贸易摩擦,事关我国改革发展稳定大局。我们要在以习近平同志为核心的党中央坚强领导下,保持战略定力和战略耐力,全国上下团结一致、勠力同心,充分发挥我国的制度优势、产业优势、市场优势,综合施策,妥善应对短期冲击。一是做好出口受阻企业的救助工作,帮助企业转向内销或向其他国家

市场出口。二是采取有效措施鼓励企业调整进口结构,增加从替代国进口,保证国内市场稳定供应。同时保持战略定力,不受对方干扰,不断扩大对外开放。对接高标准国际经贸规则,构建开放型经济新体制,打造全面开放新格局,提升产业国际竞争力和国际分工地位,建设贸易强国。大力倡导自由贸易,维护多边贸易体制权威性。积极推进自由贸易区战略,推进"一带一路"建设。

三、教案设计

(一)教学目标

1. 知识层次

本案例从国际收支的定义出发,引出国际收支平衡表的概念,在介绍BOP报表的记账原则、编制原理基础上,通过国际收支平衡表的编制案例,深刻理解BOP报表的科目含义、钩稽关系、与国际投资头寸表的内在关联,最后从历史维度介绍中国国际收支平衡表演化,分析背后折射出的中国经济转型发展之路。此外,本案例还通过大量的事实数据,让学生直观地感受中国国际收支背后的经济转型,多角度增强学生的道路自信和民族自豪感。

2. 能力层次

本案例旨在培养学生利用国际收支平衡表、国际投资头寸表计算中国对外金融资产收益率和对外负债成本率的能力,同时测算中国经常账户盈余、赤字的可持续性等,进一步促使学生将国际金融理论与中国实际经济发展情况结合在一起,并深入思考"为何中国对外投资回报率如此低""为何'穷国'向'富国'融资""中国经常账户赤字能持续多久"等一系列现实问题。

3. 价值层次

通过让学生正确认识中国国际收支跌宕起伏的画卷,深刻领悟背后折射的经济转型之痛、之难、之必要,帮助学生增强中国特色社会主义道路自信、理论自信、制度自信、文化自信,从而将爱国情、强国志、报国行潜移默化地融入勤奋学习中,最终让学生可以意志坚定、激情澎湃地投入到建设社会主义现代化强国、实现中华民族伟大复兴的奋斗之中。作为金融学子,正确理解、科学看待中国国际收支问题,深刻领悟经济转型的重要性、必要性、紧迫性及其对中华民族伟大复兴的积极推动作用,可以帮助学生树立正确的世界观、人生观、价值观,将实现个人价值同国家前途命运紧紧联系在一起,增强学生的民族和专业自豪感,并提升学生一生的幸福感。

(二)教学内容

本案例从国际收支的定义出发,引出国际收支平衡表的概念,在介绍 BOP 报表的记账原则、编制原理基础上,通过国际收支平衡表的编制案例,让学生深刻理解 BOP 报表的科目含义、钩稽关系、与国际投资头寸表的内在关联。最后从历史维度介绍中国国际收支平衡表演化,分析背后折射出的中国经济转型发展之路。此外,本案例还将通过大量的事实数据,让学生直观地感受中国国际收支背后的经济转型,多角度增强学生的道路自信和民族自豪感。具体教学设计思路见图 1。

1. 教学重点及难点

(1)国际收支的基本构架及各个账户之间的关系;

(2)国际收支平衡表的记账原则;

(3)国际收支失衡的调节措施;

(4)国际收支的经济含义。

2. 课程的考核要求

(1)了解国际收支、经常差额、综合差额的概念;

(2)掌握国际收支平衡表的编制方法;

(3)理解国际收支失衡原因、经济影响及市场调节机制;

(4)领会国际收支与主要宏观经济变量的关系,以及政府调节国际收支的政策措施和一般原则。

3. 思政切入点

通过学习国际收支体系,让学生思考中国货币体系的发展前景,培养、提高学生的家国情怀和自信心。

4. 复习思考题

1)名词解释

国际储备、净国际投资头寸、国际收支平衡表、资本账户、金融账户、官方国际储备、官方结算余额、经常账户余额、误差和遗漏。

2)简答

国际收支失衡的主要原因是什么?

国际收支账户的主要类型有哪些?

具有经常账户赤字的国家有无可能同时拥有国际收支盈余?使用经常账户和非储备金融账户的假设数据来解释你的回答。

国际收支平衡表和国际投资头寸表是什么关系？

国际收支
- 国际收支的定义
  - 交易发生在居民与非居民之间 — 居民
    - 自然人居民（在本国居住时间长达一年以上的个人）
    - 法人居民（营利性或非营利性机构及该经济体中的政府）
  - 以国际经济交易为基础
    - 交换
    - 转移
    - 移居
  - 流量概念：汇总记录一定时期内国际经济交易
    - 国际收支（流量）
    - 国际投资头寸（存量）
  - 事后概念：对一个会计年度移居发生的事实进行记录

- 国际收支平衡表BOP
  - 账户分类
    - 经常账户：货物和服务（进口和出口）流动
      - 货物 ┐ 贸易账户差额
      - 服务 ┘
      - 初次收入 ┐ 经常账户差额
      - 二次收入 ┘
    - 资本与金融账户
      - 资本账户：特殊类别资产（资本）的流动；通常是非市场的、非生产的或无形资产，如债务减免、版权和商标
        - 资本转移
        - 非生产、非金融资产交易
      - 金融账户：金融资产（金融资本）流动的账户
        - 非储备性质的金融账户
          - 直接投资
          - 证券投资 ┐ 长期资本流动及短期资本流动
          - 金融衍生工具
          - 其他资产
        - 储备资产
    - 误差和遗漏账户（平衡账户）
  - 记账法则
    - 借贷法
      - 借方（记负值）：记录资产增加或负债减少
      - 贷方（记正值）：记录资产减少或负债增加
      - 权责发生制原则
    - 增减法（现行）— 无论资产还是负债，增加即记正值，减少记负值

- 国际投资头寸表IIP
  - 反映特定时点上一个国家或地区居民对世界其他国家或地区非居民金融资产和负债存量的统计
  - 账户分类
    - 净头寸 — 资产-负债
    - 资产
      - 直接投资
      - 证券投资
      - 金融衍生工具
      - 其他投资
      - 储备资产
    - 负债
      - 直接投资
      - 证券投资
      - 金融衍生工具
      - 其他投资
  - 基本指标之间的关系
    - 年末头寸=年初头寸+交易+价格变化+汇率变化+其他调整
    - 资产=在国外的直接投资+证券投资+金融衍生工具+其他投资+储备资产
    - 负债=来华直接投资+证券投资+金融衍生工具+其他投资
    - 净头寸=资产-负债

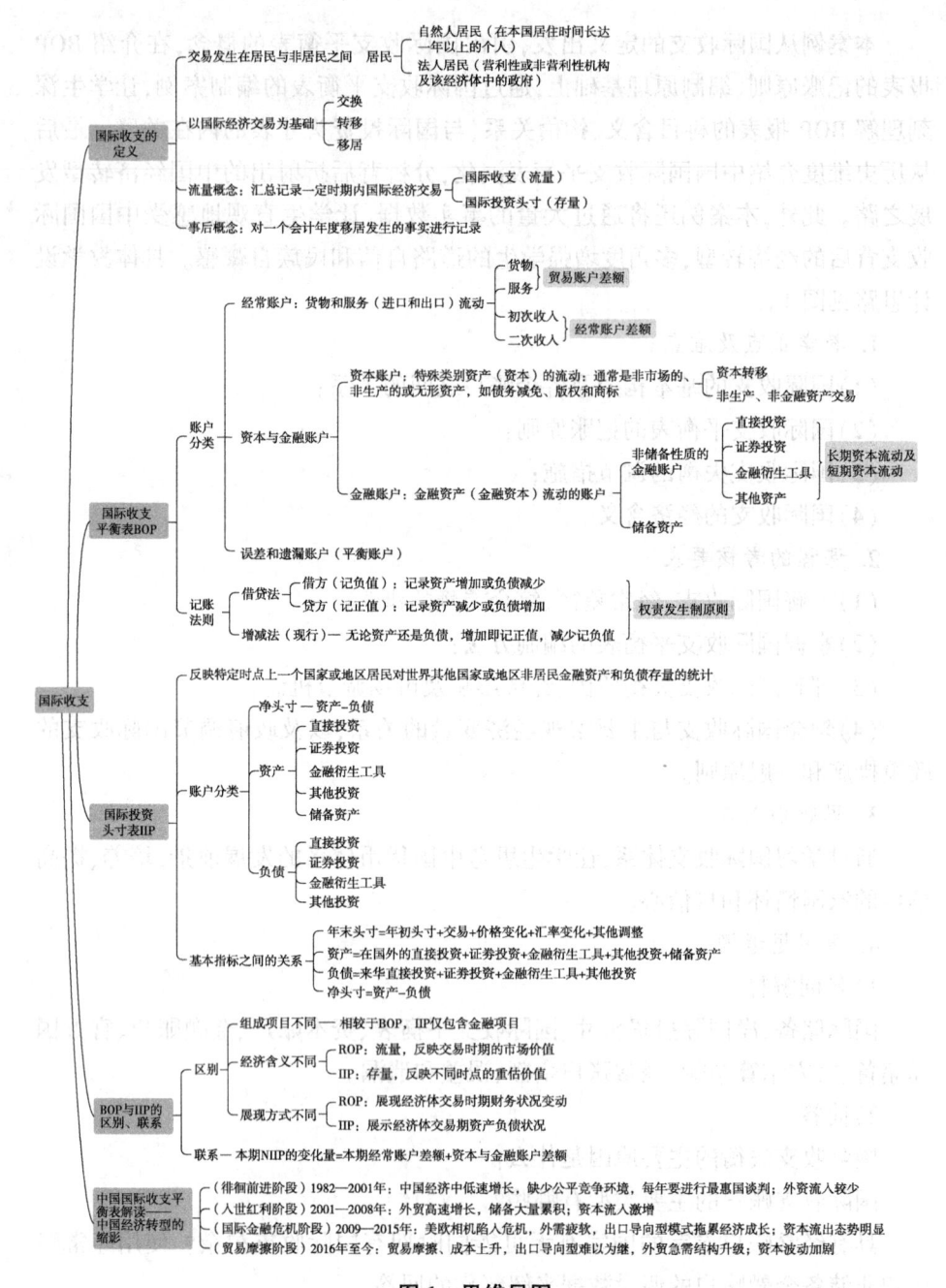

- BOP与IIP的区别、联系
  - 区别
    - 组成项目不同 — 相较于BOP，IIP仅包含金融项目
    - 经济含义不同
      - BOP：流量，反映交易时期的市场价值
      - IIP：存量，反映不同时点的重估价值
    - 展现方式不同
      - BOP：展现经济体交易时期财务状况变动
      - IIP：展示经济体交易期资产负债状况
  - 联系 — 本期NIIP的变化量=本期经常账户差额+资本与金融账户差额

- 中国国际收支平衡表解读——中国经济转型的缩影
  - （徘徊前进阶段）1982—2001年：中国经济中低速增长，缺少公平竞争环境，每年要进行最惠国谈判；外资流入较少
  - （入世红利阶段）2001—2008年：外贸高速增长，储备大量累积；资本流入激增
  - （国际金融危机阶段）2009—2015年：美欧相机陷入危机，外需疲软，出口导向型模式拖累经济成长，资本流出态势明显
  - （贸易摩擦阶段）2016年至今：贸易摩擦、成本上升，出口导向难以为继，外贸急需结构升级；资本波动加剧

图1 思维导图

3)论述

如果一国设立较高的进口壁垒,对该国的私人储蓄、国内投资和政府财政赤字会产生什么影响?你是否认为对进口的限制一定会削减美国的经常账户赤字?结合中美贸易摩擦谈谈你的理解。

(三)思政引入

1. 国际收支与 GDP 核算

第一步,通过提出问题引导学生思考国际收支与 GDP 的关系,让学生带着问题开始学习。

问题1:什么是国际收支?国际收支的统计范畴是什么?

问题2:国际收支与 GDP 核算的关系。

第二步,通过讲授国际收支的统计范畴、国际收支的报表体系、记账方法,让学生深刻理解国际收支科目之间的钩稽关系。同时,补充介绍 BOP 报表簿记规则改变的具体情况。

1)国际收支的基本概念及主要统计原则

(1)国际收支的概念:根据 IMF 的解释,一国的国际收支是指一国(或地区)的居民在一定时期内(一年、一季度、一月)与非居民之间的经济交易的系统记录。

(2)国际收支统计范围:一个经济体和其他经济体之间发生的一切经济交易流量以及对外金融资产负债存量。

(3)经济交易(Economic Trade):IMF 所给出的国际收支概念包含全部国际经济交易,是以交易为基础。

IMF 对经济交易的分类:①金融资产与商品和劳务之间的交换,即以货币为媒介商品和劳务的买卖;②商品和劳务与商品和劳务之间的交换,即物物交换;③金融资产和金融资产之间交换;④无偿、单向的商品和劳务转移;⑤无偿、单向的金融资产转移。

(4)经济体(Economies):经济体由经济领土、经济领土内的居民、居民的经济活动共同组成。其中,经济领土是指一个政府或国际组织有效实施经济管理的管辖或地理区域。使用经济体概念的目的是便于确定国际收支统计的范围和进行国际比较。我国国际收支统计范围是大陆地区,不包括中国香港、澳门和台湾地区。

(5)居民(Resident):经济体内的居民是指一个机构/个人在该经济体内有

某种场所、住所、生产地或者其他建筑物,并且在这些地方无限期地或者有限期但长期地从事一定规模的经济活动和交易,即该机构/个人的经济利益中心在该经济体内。在实际操作时,IMF将经济利益中心的认定时间定义为一年或一年以上,主要是为了避免实际操作中统计口径的不一致,同时也便于数据的国际比较。我国的国际收支统计对中国居民范围定义参见《国际收支统计申报办法》(国务院令第642号)。

2)国际收支的报表体系及记账方法

(1)流量的记录时间:国际收支统计原则上采用权责发生制确定流量/交易的记录时间。权责发生制是在经济价值被创造、转换、交换、转移或消失时,记录流量。这说明:反映经济所有权变更的流量是在所有权转移的时点记录,而服务是在提供时记录。也可以说,经济交易是在其发生期间记录,而无论是否已经收/付了现金,还是将来会收/付现金。例如,在货物已出口但未收回货款的情况下,应借记其他投资项下的贸易信贷,同时贷记货物出口。

其中,权责发生制下的经济所有权是指经济资产/负债的所有者承担的与经济资产/负债所有权有关的经济权利和义务或者收益和风险。

(2)计值原则:国际收支交易主要采用市场价格计价,实际操作中如果没有市场价值时,按照等价交易或者等价物的市场价值,或者按面值记值。国际投资头寸表也是按统计期末市场价格对外金融资产和负债进行记值。

(3)国际收支平衡表主要结构:经常账户、资本账户和金融账户。经常账户下又分为:货物和服务账户、初次收入账户、二次收入账户。金融账户下又分为:直接投资、证券投资、金融衍生品和雇员认股权、其他投资、储备资产。此外,国际投资头寸表主要结构与国际收支平衡表中的金融账户完全一致,见表1。

表1　中国国际收支平衡(BPM6)表示例(节选部分年份)

单位:亿美元

项目	2019	2020	项目	2019	2020
1. 经常账户	3 529	4 019	2. 资本和金融账户	-2 184	-3 113
贷方	39 313	39 508	2.1 资本账户	1	-3
借方	-35 785	-35 489	贷方	3	2
1.A 货物和服务	4 615	5 763	借方	-2	-5
贷方	35 552	37 158	2.2 金融账户	-2 185	-3 110
借方	-30 937	-31 395	资产	-8 949	-2 815

续表

项目	2019	2020	项目	2019	2020
1.A.a 货物	5 627	6 686	负债	6 764	-294
贷方	32 158	33 469	2.2.1 非储备性质的金融账户	-303	-2 110
借方	-26 531	-26 782	资产	-7 067	-1 816
1.A.b 服务	-1 012	-923	负债	6 764	-294
贷方	3 394	3 690	2.2.1.1 直接投资	1 653	305
借方	-4 406	-4 613	2.2.1.1.1 资产	-1 788	-1 497
1.A.b.1 加工服务	135	135	2.2.1.1.1.1 股权	-1 524	-820
贷方	142	143	2.2.1.1.1.2 关联企业债务	-264	-677
借方	-7	-8	2.2.1.1.1.a 金融部门	-383	-364
1.A.b.2 维护和维修服务	41	39	2.2.1.1.1.1.a 股权	-338	-308
贷方	79	83	2.2.1.1.1.2.a 关联企业债务	-45	-56
借方	-38	-43	2.2.1.1.1.b 非金融部门	-1 405	-1 133
1.A.b.3 运输	-180	-224	2.2.1.1.1.1.b 股权	-1 186	-512
贷方	1 286	1 465	2.2.1.1.1.2.b 关联企业债务	-219	-621
借方	-1 467	-1 689	2.2.1.1.2 负债	3 441	1 802
1.A.b.4 旅行	-981	-1 052	2.2.1.1.2.1 股权	3 006	1 597
贷方	113	96	2.2.1.1.2.2 关联企业债务	435	205
借方	-1 094	-1 148	2.2.1.1.2.a 金融部门	248	125
1.A.b.5 建设	57	67	2.2.1.1.2.1.a 股权	186	116
贷方	154	143	2.2.1.1.2.2.a 关联企业债务	62	10
借方	-97	-76	2.2.1.1.2.b 非金融部门	3 193	1 677
1.A.b.6 保险和养老金服务	-143	-153	2.2.1.1.2.1.b 股权	2 820	1 481
贷方	50	45	2.2.1.1.2.2.b 关联企业债务	373	195
借方	-193	-198	2.2.1.2 证券投资	514	-2 811
1.A.b.7 金融服务	2	11	2.2.1.2.1 资产	-1 253	-1 732

续表

项目	2019	2020	项目	2019	2020
贷方	46	50	2.2.1.2.2.1.1 股权	-847	-477
借方	-44	-39	2.2.1.2.2.1.2 债券	-405	-1 255
1.A.b.8 知识产权使用费	-351	-312	2.2.1.2.2.2 负债	1 766	-1 079
贷方	118	133	2.2.1.2.2.2.1 股权	829	344
借方	-469	-445	2.2.1.2.2.2.2 债券	937	-1 423
1.A.b.9 电信、计算机和信息服务	107	178	2.2.1.3 金融衍生工具	102	-58
贷方	507	557	2.2.1.3.1 资产	171	27
借方	-400	-379	2.2.1.3.2 负债	-68	-85
1.A.b.10 其他商业服务	339	419	2.2.1.4 其他投资	-2 572	454
贷方	869	944	2.2.1.4.1 资产	-4 197	1 386
借方	-530	-525	2.2.1.4.1.1 其他股权	-6	-2
1.A.b.11 个人、文化和娱乐服务	-18	-12	2.2.1.4.1.2 货币和存款	-1 661	125
贷方	14	14	2.2.1.4.1.3 贷款	-1 398	1 011
借方	-33	-26	2.2.1.4.1.4 保险和养老金	-43	-56
1.A.b.12 别处未提及的政府服务	-18	-19	2.2.1.4.1.5 贸易信贷	-611	103
贷方	16	17	2.2.1.4.1.6 其他	-478	204
借方	-33	-36	2.2.1.4.2 负债	1,625	-932
1.B 初次收入	-1 245	-1 936	2.2.1.4.2.1 其他股权	0	0
贷方	3 273	1 902	2.2.1.4.2.2 货币和存款	663	-528
借方	-4,518	-3,839	2.2.1.4.2.3 贷款	96	-178
1.B.1 雇员报酬	-14	63	2.2.1.4.2.4 保险和养老金	33	25
贷方	171	204	2.2.1.4.2.5 贸易信贷	334	-314
借方	-185	-141	2.2.1.4.2.6 其他	84	64
1.B.2 投资收益	-1 258	-2 031	2.2.1.4.2.7 特别提款权	416	0
贷方	3 068	1 658	2.2.2 储备资产	-1 882	-1 000
借方	-4 326	-3 689	2.2.2.1 货币黄金	0	-35
1.B.3 其他初次收入	27	32	2.2.2.2 特别提款权	-416	19

续表

项目	2019	2020	项目	2019	2020
贷方	34	41	2.2.2.3 在IMF的储备头寸	1	-2
借方	-7	-9	2.2.2.4 外汇储备	-1 467	-982
1.C 二次收入	159	191	2.2.2.5 其他储备资产	0	0
贷方	488	447	3. 净误差与遗漏	-1 345	-906
借方	-329	-256			
1.C.1 个人转移	9	15			
贷方	54	57			
借方	-45	-42			
1.C.2 其他二次收入	150	176			
贷方	434	390			
借方	-285	-214			

3) BOP 报表记账方法的改变

我国从 2015 年开始按照《国际收支和国际投资头寸手册》(第 6 版)的标准编制和公布国际收支平衡表和国际投资头寸表。BPM5、BPM6 版的中国国际收支平衡表将金融账户按照差额列示,不分别列示借方和贷方。主要原因是金融交易买卖往往非常频繁,规模非常大,分析资产和负债的净变化比总流量更有意义,同时总流量通常很难统计,很多时候需要根据存量变化推算流量。例如,存款的存取笔数很多,短期外债的提款和还款频繁,通常只关心其净增加多少就可以满足分析需求,同时其余额也会在国际投资头寸表中记录。表 2 节选部分中国国际收支平衡表(BPM5)的内容,方便学生与中国国际收支平衡表(BPM6)进行对比分析。

表 2 中国国际收支平衡(BPM5)表示例——节选部分年份

单位:亿美元

项目	2013	2014	项目	2013	2014
一、经常账户差额	1 482	2 197	2.2 负债差额	582	932
贷方	26 621	27 992	贷方	801	1 371
借方	25 139	25 795	借方	218	439

续表

项目	2013	2014	项目	2013	2014
A. 货物和服务差额	2 354	2 840	2.2.1 股本证券差额	326	519
贷方	24 250	25 451	贷方	407	777
借方	21 896	22 611	借方	81	258
a. 货物差额	3 599	4 760	2.2.2 债务证券差额	256	413
贷方	22 190	23 541	贷方	394	594
借方	18 591	18 782	借方	137	181
b. 服务差额	−1 245	−1 920	2.2.2.1(中)长期债券差额	136	410
贷方	2 060	1 909	贷方	238	497
借方	3 305	3 829	借方	102	88
1. 运输差额	−567	−579	2.2.2.2 货币市场工具差额	121	4
贷方	376	382	贷方	156	97
借方	943	962	借方	35	94
2. 旅游差额	−769	−1 079	3. 其他投资差额	722	−2 528
贷方	517	569	贷方	12 619	19 694
借方	1 286	1 649	借方	11 897	22 222
3. 通信服务差额	0	−5	3.1 资产差额	−1 420	−3 030
贷方	17	18	贷方	1 352	995
借方	16	23	借方	2 771	4 025
4. 建筑服务差额	68	105	3.1.1 贸易信贷差额	−603	−688
贷方	107	154	贷方	65	282
借方	39	49	借方	667	970
5. 保险服务差额	−181	−179	长期差额	−12	−14
贷方	40	46	贷方	1	6
借方	221	225	借方	13	19
6. 金融服务差额	−5	−4	短期差额	−591	−674

续表

项目	2013	2014	项目	2013	2014
贷方	32	45	贷方	64	276
借方	37	49	借方	654	950
7. 计算机和信息服务差额	94	99	3.1.2 贷款差额	−319	−738
贷方	154	184	贷方	374	177
借方	60	85	借方	693	915
8. 专有权利使用费和特许费差额	−201	−219	长期差额	−422	−455
贷方	9	7	贷方	100	0
借方	210	226	借方	522	455
9. 咨询差额	169	164	短期差额	102	−282
贷方	405	429	贷方	274	177
借方	236	265	借方	172	459
10. 广告宣传差额	18	12	3.1.3 货币和存款差额	−74	−1 597
贷方	49	50	贷方	803	514
借方	31	38	借方	877	2 111
11. 电影．音像差额	−6	−7	3.1.4 其他资产差额	−423	−8
贷方	1	2	贷方	110	22
借方	8	9	借方	533	29
12. 其他商业服务差额	135	−217	长期差额	100	0
贷方	341	14	贷方	100	0
借方	206	231	借方	0	0
13. 别处未提及的政府服务差额	0	−10	短期差额	−523	−8
贷方	12	11	贷方	10	22
借方	12	20	借方	533	29
B. 收益差额	−784	−341	3.2 负债差额	2 142	502

续表

项目	2013	2014	项目	2013	2014
贷方	1 840	2 130	贷方	11 268	18 699
借方	2 624	2 471	借方	9 126	18 197
1. 职工报酬差额	161	258	3.2.1 贸易信贷差额	449	−21
贷方	178	299	贷方	449	154
借方	17	42	借方	0	174
2. 投资收益差额	−945	−599	长期差额	8	0
贷方	1 662	1 831	贷方	8	3
借方	2 607	2 429	借方	0	3
C. 经常转移差额	−87	−302	短期差额	442	−20
贷方	532	411	贷方	442	151
借方	619	714	借方	0	171
1. 各级政府差额	−31	−29	3.2.2 贷款差额	934	−343
贷方	11	16	贷方	9 493	17 464
借方	42	46	借方	8 558	17 807
2. 其他部门差额	−56	−273	长期差额	194	−57
贷方	520	395	贷方	569	511
借方	577	668	借方	375	569
二、资本和金融账户差额	3 461	382	短期差额	740	−286
贷方	17 528	25 730	贷方	8 923	16 953
借方	14 067	25 347	借方	8 183	17 239
A. 资本账户差额	31	0	3.2.3 货币和存款差额	758	814
贷方	45	19	贷方	1 208	994
借方	14	20	借方	450	180
B. 金融账户差额	3 430	383	3.2.4 其他负债差额	0	52
贷方	17 483	25 710	贷方	118	87

续表

项目	2013	2014	项目	2013	2014
借方	14 053	25 328	借方	118	35
1. 直接投资差额	2 180	2 087	长期差额	8	58
贷方	3 806	4 352	贷方	21	64
借方	1 626	2 266	借方	13	6
1.1 我国在外直接投资差额	−730	−804	短期差额	−8	−6
贷方	364	555	贷方	97	23
借方	1 094	1 359	借方	104	29
1.2 外国在华直接投资差额	2 909	2 891	三、储备资产变动额	−4 314	−1 178
贷方	3 442	3 797	贷方	13	312
借方	532	906	借方	4 327	1 490
2. 证券投资差额	529	824	3.1 货币黄金差额	0	0
贷方	1 058	1 664	贷方	0	0
借方	529	840	借方	0	0
2.1 资产差额	−54	−108	3.2 特别提款权差额	2	1
贷方	258	293	贷方	2	1
借方	311	401	借方	0	1
2.1.1 股本证券差额	−25	−14	3.3 在IMF储备头寸差额	11	10
贷方	136	170	贷方	11	13
借方	161	184	借方	0	4
2.1.2 债务证券差额	−28	−94	3.4 外汇储备差额	−4 327	−1 188
贷方	122	123	贷方	0	298
借方	150	217	借方	4 327	1 486
2.1.2.1(中)长期债券差额	−28	−92	3.5 其他债权差额	0	0
贷方	122	123	贷方	0	0
借方	150	215	借方	0	0

续表

项目	2013	2014	项目	2013	2014
2.1.2.2 货币市场工具差额	0	-2	四、净误差与遗漏	-629	-1 401
贷方	0	0	贷方	0	0
借方	0	2	借方	629	1 401

第三步,通过比较国际收支平衡表与国际投资头寸表,使学生理解国际收支流量与存量之间的关系。

(1)国际投资头寸表的内涵:

国际投资头寸是反映特定时点上一个国家或地区居民对世界其他国家或地区非居民金融资产和负债存量的统计。国际投资头寸的变动是由特定时期内交易、价格变化、汇率变化和其他调整引起的。国际投资头寸表在计价、记账单位和折算等核算原则上均与国际收支平衡表保持一致,并与国际收支平衡表共同构成一个国家或地区完整的国际账户体系。

表3为中国国际投资头寸表示例。

表3 中国国际投资头寸表示例(节选部分年份)　　单位:亿美元

项目	2021年末	2022年末
净头寸	15 619	19 021
资产	68 032	69 565
1 直接投资	19 900	21 002
1.1 股权	17 788	18 265
1.2 关联企业债务	2 111	2 738
1.a 金融部门	2 660	2 939
1.1.a 股权	2 551	2 774
1.2.a 关联企业债务	109	165
1.b 非金融部门	17 239	18 063
1.1.b 股权	15 237	15 491
1.2.b 关联企业债务	2 002	2 572
2 证券投资	6 996	7 766

续表

项目	2021年末	2022年末
2.1 股权	4 627	4 435
2.2 债券	2 368	3 331
3 金融衍生工具	118	229
4 其他投资	16 533	15 723
4.1 其他股权	68	73
4.2 货币和存款	3 878	3 862
4.3 贷款	7 064	6 309
4.4 保险和养老金	154	196
4.5 贸易信贷	4 517	4 641
4.6 其他	851	641
5 储备资产	24 485	24 845
5.1 货币黄金	808	881
5.2 特别提款权	379	384
5.3 国际货币基金组织的储备头寸	76	81
5.4 外汇储备	23 222	23 502
5.5 其他储备资产	−1	−3
负债	52 412	50 544
1 直接投资	25 746	26 266
1.1 股权	23 477	23 809
1.2 关联企业债务	2 270	2 457
1.a 金融部门	1 521	1 492
1.1.a 股权	1 317	1 306
1.2.a 关联企业债务	204	186
1.b 非金融部门	24 226	24 774
1.1.b 股权	22 159	22 502
1.2.b 关联企业债务	2 066	2 271

续表

项目	2021年末	2022年末
2 证券投资	15 345	13 382
2.1 股权	9 564	8 448
2.2 债券	5 781	4 935
3 金融衍生工具	75	138
4 其他投资	11 246	10 759
4.1 其他股权	0	0
4.2 货币和存款	4 265	3 959
4.3 贷款	3 212	3 029
4.4 保险和养老金	168	201
4.5 贸易信贷	3 021	2 875
4.6 其他	218	333
4.7 特别提款权	362	362

（2）国际投资头寸表的基本指标之间的关系：

年末头寸＝年初头寸＋交易＋价格变化＋汇率变化＋其他调整

资产＝在国外的直接投资＋证券投资＋其他投资＋储备资产

负债＝来华直接投资＋证券投资＋其他投资

净头寸＝资产－负债

（3）BOP与IIP的区别和联系：

国际投资头寸和国际收支的联系如下：

资产－负债＝净头寸

起初存量＋交易变化＋价格和汇率变化＋其他调整＝期末存量

本期NIIP的变化＝本期经常账户差额＋本期资本金融账户差额

国际投资头寸和国际收支的区别如下：

一是组成项目不同。BOP包括经常账户项目、资本账户项目、金融账户项目、误差与遗漏账户项目；而IIP仅包含金融账户项目。

二是经济含义不同。BOP反映流量，是交易发生时候的市场价值；IIP反映存量，随统计期间交易而增加或者减少，或因价格变化而变化，反映不同时点的重估价值。

三是展现方式不同。BOP 采用复式记账,相当于财务状况变动表;而 IIP 相当于资产负债表,金融资产负债交易或市值重估以及货币折算后,在某一时间呈现为净资产或净负债。

(4)中国金融资产回报率与负债成本率测算与国际比较:

从图 2 至图 6 可以看出,中国、印度和巴西的金融资产回报率低于负债成本率,而美国和日本的金融资产回报率则高于负债成本率。发达经济体和发展中经济体资产回报率和负债成本率不同的原因有以下两点:

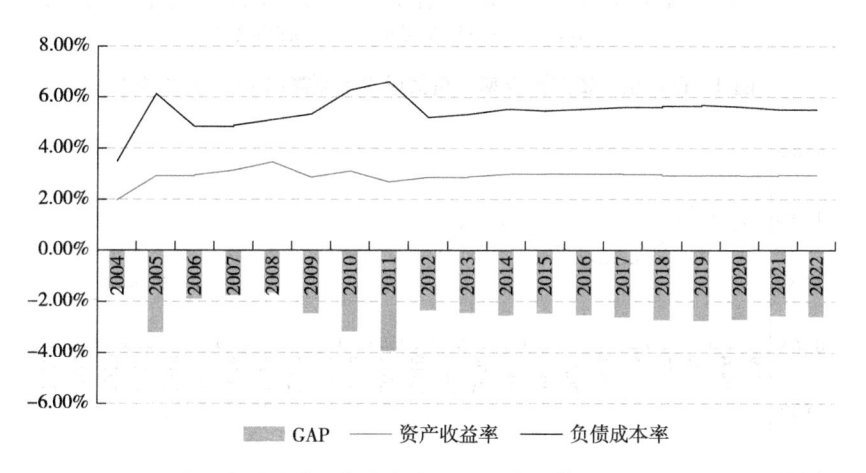

图 2 中国金融资产回报率与负债成本率测算(2004—2022 年)

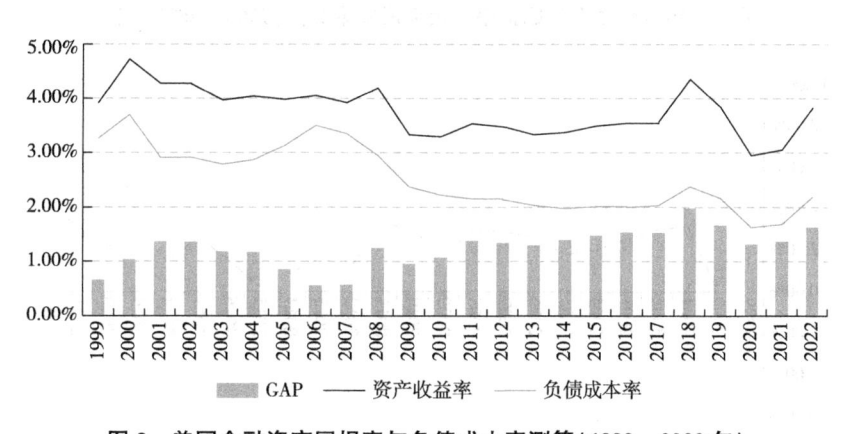

图 3 美国金融资产回报率与负债成本率测算(1999—2022 年)

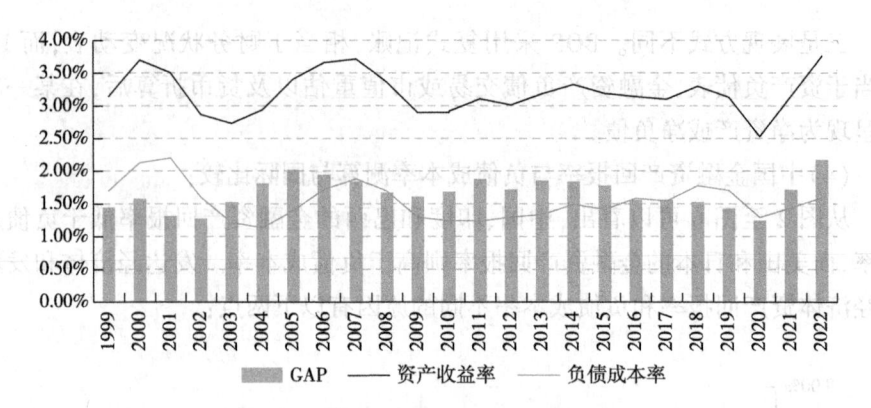

图 4　日本金融资产回报率与负债成本率测算（1999—2022 年）

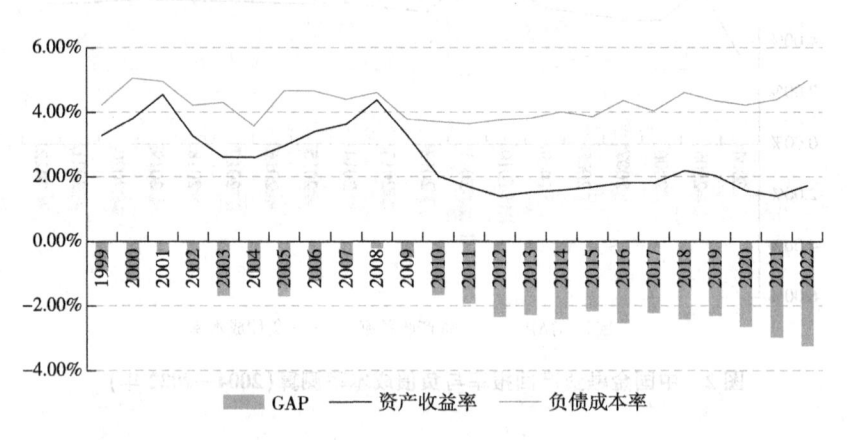

图 5　印度金融资产回报率与负债成本率测算（1999—2022 年）

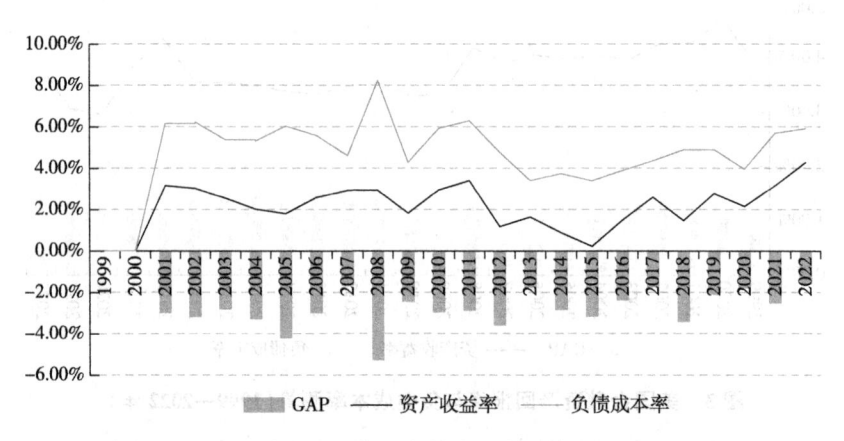

图 6　巴西金融资产回报率与负债成本率测算（2001—2022 年）

第一,产业结构差异。由于美国的资本流入与商品流入已经持续多年,尽管关于美元崩溃等预言多次出现,但是国际经济格局一直保持相对稳定。这说明在资本与商品流动中,美国的实体经济因素具有吸引资本流入的能力,从而支撑了经常项目逆差。可以发现,以美元计价的金融资产基准收益率较高的根本原因在于经济体内部资本回报率较高,而这种较高的资本回报率的根本来源在于美国的产业结构可以提供更高的投资回报率。在美国的经济结构中,制造业占比仅为11%,服务业占比达到40%以上,这有效确保了美国国内制造业集中在高附加值领域。另一方面,从经济学理论来看,要素边际生产率与其投入的比例成反比。相对制造业而言,服务业中劳动投入的比例要明显高于资本,因此服务业中资本的边际生产率明显高于制造业中的水平。优化的产业结构使得发达经济体拥有较高的收益率,进而吸引低成本的发展中经济体的资本进入,由此,发达经济体和发展中经济体产业结构的差异造成了资本回报率的差异。

第二,资金流向的解释。发达经济体和发展中经济体互相出资于不同的金融市场。例如,美国经济和美元的强势地位吸引了全球大量资本购买美元资产,我国(发展中经济体)对美国(发达经济体)的出资主要是购买美国的国债,这即是直接金融市场。我国一般储户可以从银行得到的利率是大概3%。而美国对我国(发展中经济已)的投资大多数是直接投资形式,考虑到这些资金附带的技术、经验溢出效应,东道国往往对发达经济体的资本给予更高的投资回报;同理,发达经济体从发展中经济体获得的资金成本更小,负债成本率也就更低。

Dooley,Folkerts-Landau,and Garbe(2004a[1]、2004b[2],2005[3],2009[4])提出了全球不平衡的DFG模型——布雷顿森林体系II,这应该是目前关于国际货币体系研究影响很大的研究成果。其基本含义是:新兴发展中外围国家(主要是亚洲国家)采取币值低估并盯住美元实施出口导向型的发展战略以促进增长和就

---

[1] DOOLEY M P, FOLKERTS - LANDAU D, GARBER P. The Revived Bretton Woods system [J]. International Journal of Finance & Economics, 2004, 9(4): 307-313.

[2] DOOLEY M P, FOLKERTS-LANDAU D, GARBER, P M. Direct Investment, Rising Real Wages and the Absorption of Excess Labor in the Periphery [R]. NBER Working Paper, 2004, No. 10626.

[3] DOOLEY M P, GARBER P M. The Revived Bretton Woods System: Alive and Well [J]. Proceedings, 2005, 9(4): 307-313.

[4] DOOLEY M P, FOLKERTS - LANDAU D, GARBER P M. Bretton Woods II Still Defines the International Monetary System [J]. Pacific Economic Review, 2009, 14(3): 297-311.

业,并通过吸收 FDI 来提高资源配置效率,同时使用美元储备来干预外汇市场维持币值低估;国际货币中心国家(美国)使用外围国家大量的美元储备来低成本融资,同时从 FDI 的高回报率中获取收益,并享受来自外围国家价格低廉的消费品。DFG 模型认为这一体系中资金是从发展中国家流向发达国家(即存在 Lucas 之谜),并符合美国和亚洲的利益。因此,即使在一定时期会受到金融危机冲击,这一体系也会持续运行。

2. 透视中国国际收支变动的历史逻辑

1)经常账户与子科目的变化趋势

中国自 1982 年开始公布国际收支数据,40 多年来大部分年份中国国际收支都呈现为顺差状态。尤其是 20 世纪 90 年代以来,经常账户顺差规模不断扩大。按照《国际收支手册》第 6 版,经常账户分为货物和服务、初次收入与二次收入三个子项目。1984—1989 年,我国货物贸易出现了 6 年的逆差。1990—2019 年,30 年间有 29 年我国货物贸易都是顺差(除 1993 年是逆差),并且顺差一直在稳步扩大,顺差额从 1982 年的 30 亿美元上升到最高 2015 年的近 6 000 亿美元,扩大了近 200 倍,这其中货物与服务贸易是经常账户顺差的主要来源见图 7。可以看出,中国近 40 年经常账户差额变动趋势与货物服务贸易变动几乎重合。深入分析后可以发现:1992 年的邓小平南方谈话推动了中国的改革开放,我国对外贸易快速发展,货物服务贸易出口开始超过货物与服务贸易进口,表现为经常账户顺差缓慢增长。2001 年中国加入世界贸易组织(WTO)后,正式融入世界贸易体系中,我国的货物与服务贸易在短时间内获得了迅猛的发展,表现为经常账户顺差规模急剧扩大。2008 年受世界金融危机影响,货物服务贸易顺差出现下滑态势,经常账户差额也随之减小,但从 2012 年起,货物与服务贸易顺差又出现较快增长。自 2015 年以来,受国内产业结构转型和国际经济形势变化的影响,贸易顺差又开始出现下降趋势,经常账户也表现出顺差收窄的趋势。

2)金融账户及其子科目的变化趋势

资本与金融账户又分为资本账户和金融账户,由于资本账户几乎没有变动,所以图 8 这里重点分析非储备性质的金融账户。非储备性质的金融账户包括直接投资、证券投资、金融衍生工具和其他投资收入四个子项目,其中金融衍生工具项目自 2015 年开始统计且金额不大,因此这里主要从直接投资、证券投资和其他投资三个方面分析资本与金融账户的结构性变化。如图 8 所示,直接投资和其他投资对资本与金融账户的结构变化影响比较明显。2012 年之前,资

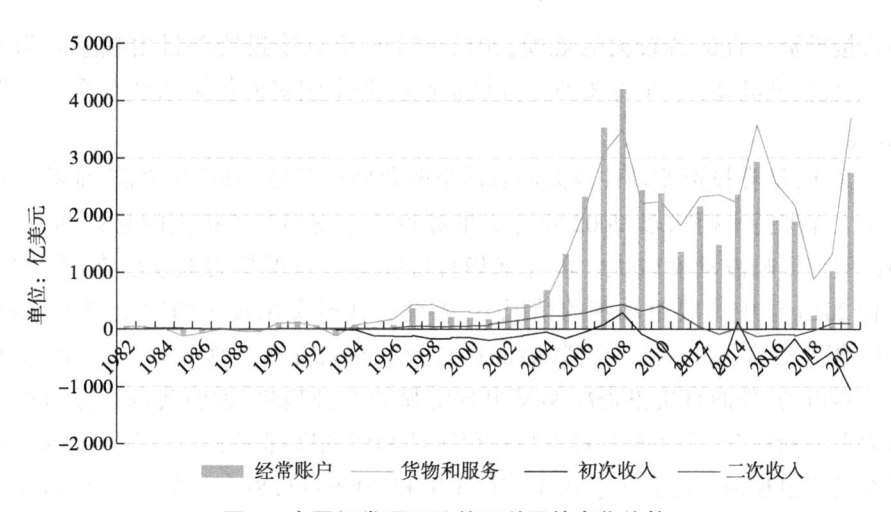

透过国际收支平衡表看中国经济发展模式的演进

图7 中国经常项目及其子科目的变化趋势

本与金融账户的顺差主要是直接投资带来的,2012—2020 年的资本与金融账户波动主要是由其他投资巨额逆差导致的。

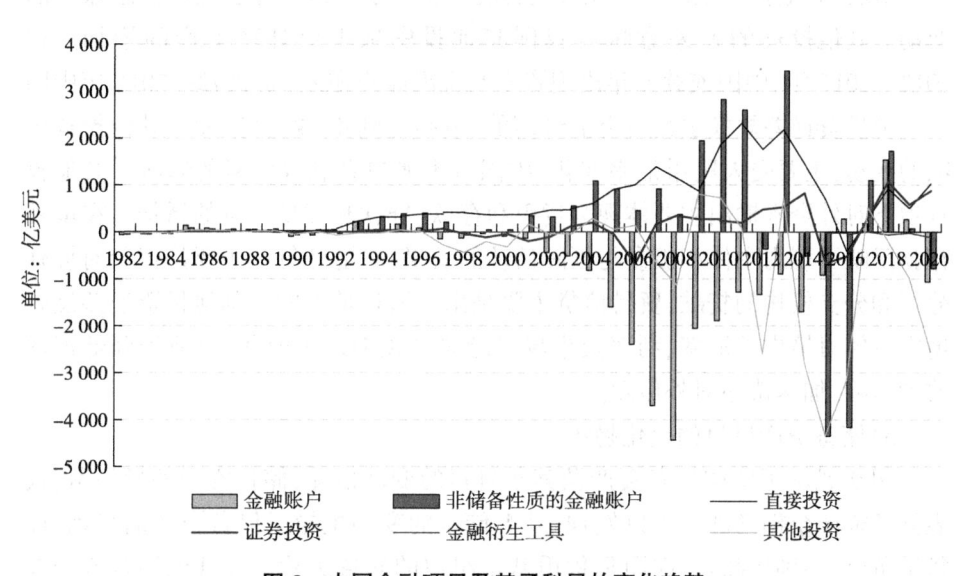

图8 中国金融项目及其子科目的变化趋势

首先,直接投资顺差是资本与金融账户顺差的主要来源:1982—2020 年,39 年间有 38 年的直接投资都是顺差状态(除 2016 年是逆差)。2012 年之前我国直接投资项目长期以来呈现较大规模的净流入状态(顺差),主要是由于外商来华直接投资一直保持较大的规模；2012—2020 年直接投资项目由顺差变为逆差，出现剧烈波动，是外商来华直接投资减少和中国对外投资增加双重因素造成的。

其次，证券投资波动性较大但总体呈顺差增长态势：2002 年之前，证券投资差额大体保持平衡状态，2002 年之后证券投资呈现出顺差扩大的趋势，但是受中国股市影响波动性较大。境外来华直接投资一直保持着顺差状态，在 2008 年和 2015 年中国股市动荡的情况下，外商直接投资出现了两次急剧的下降。2015 年外资流入减少还受美联储加息及大宗商品价格下跌的影响，2016 年开放债券市场，外商直接投资净额又出现明显的上升趋势，说明我国证券市场吸引力在不断提升，境外投资者参与的积极性和便利度都有显著提高。我国对外证券投资出现两个小高峰：2005—2006 年和 2015—2020 年。第一个小高峰主要是受美联储加息的影响，资本外流明显。第二个高峰期，是由于购买境外股票等资产的便利化程度不断提高，国内投资者开始在全球范围内进行资产配置。

最后，其他投资项的变动在较大程度上主导了中国非储备性质金融账户的变动。其他投资的逆差意味着我国其他投资项下对外净资产的增加。在 2012—2015 年，中国连续 4 年出现资本与金融账户逆差，而 2012—2016 年中国的其他投资逆差规模也是历史上最高的，最高达到 4 340 亿美元。其他投资余额的变动，主要受人民币汇率变化、中国资本账户管制等因素的影响。其他投资项下对外资本输出主要体现为货币和存款、贷款和贸易信贷的增加。在境外存款反映了境内主体积极参与国际活动的效果，对境外贷款主要是银行对境外分行和分支机构的贷款，贸易信贷主要是出口增长带来的。其他投资逆差反映境内主体对境内外汇率、利率及市场风险等的预期发生变化，企业为降低汇率波动风险，加速偿还对外借款。

3）储备资产科目的变化趋势

图 9 展示了中国储备资产及其子科目的变动情况，储备资产差额为负，代表储备资产余额增加。可以发现，外汇储备的变动主导了储备资产的变动，而货币黄金、特别提款权、在国际货币基金组织的储备头寸以及其他储备资产变动很小，对储备资产的影响可以忽略不计。在近 40 年间，中国的外汇储备经历了大幅度的增长。

首先是 1994—2001 年，1994 年中国初步确立了社会主义市场经济体制，这是社会生产力在改革开放后的又一次大解放，中国经济发展进入了高速增

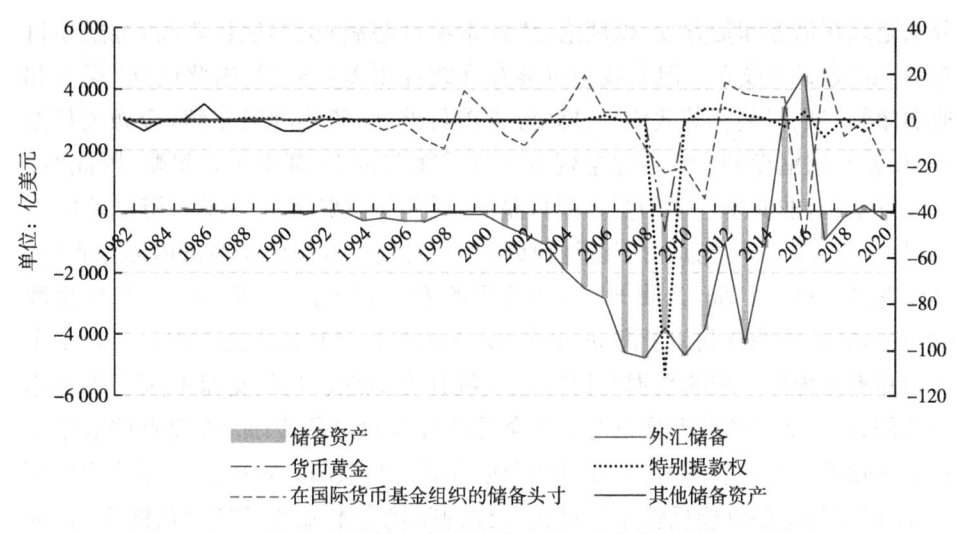

图 9 中国储备资产及其子科目的变化趋势

长时期。中国的国内生产总值从 1994 年的 48 638 亿元快速增长至 2002 年的 121 717 亿元。对外贸易也迅速增长,这个时期出口额的增长也使得外汇储备规模不断增加。1998—2000 年,中国外汇储备增长不明显,这是因为受到了亚洲金融危机的影响。1998 年的亚洲金融危机造成中国对外出口减少、外国对华直接投资放缓,同时中国动用大量外汇储备缓解香港货币危机。2001—2013 年,中国外汇储备进入持续高速发展阶段,2001 年底,中国加入世界贸易组织,使得贸易出口局面得到了根本性的改观。经常项目下的持续顺差使得我国外汇储备规模不断增加,同时人民币的升值预期刺激国际资本继续向中国流动,以期通过人民币升值获取更多的收益,这也进一步刺激了中国外汇储备的增加。总而言之,经常项目和资本项目下的双顺差结构是这一时期中国外汇储备增加的主要原因之一。2015 年,中国流失了近 5 000 亿美元外汇储备,这是由于美元对人民币不断走强,人民币兑美元升值加大了中国的偿债成本,于是在此期间使用外汇储备偿还了大量的美元外债。除此之外,地下资本的流出和中国居民增持海外资产也是中国外汇储备减少的重要原因。而 2018 年以来,中美发生贸易摩擦,中美贸易竞争降低了人民币的市场预期,国际投资变得更为谨慎,短期套利资本开始从我国流出,导致我国外汇储备降低。

4) 误差和遗漏项的变化趋势

BOP 每个项目差额等于当期贷方发生额减去借方发生额。由于每笔交易分别记录在借方和贷方,所以理论上"经常项目差额+资本项目差额+金融项目差额=0"等式恒成立。但实践中可能存在统计误差和遗漏,因此设立"误差和遗漏净额"项,以使得等式成立,即"经常项目差额+资本项目差额+金融项目差额+误差与遗漏净额=0"。通常资本项目差额非常小,基本可以忽略,因此"经常项目差额+非储备性质的资本项目差额+误差与遗漏净额=-储备资产差额"。净误差与遗漏,既可能是由于统计原因产生的,也可能是由于经济原因导致的。对前者(统计原因)而言,我国国际收支平衡表的编制是以国际收支统计申报数据为基础的,并综合利用了海关、商务部、人民银行等其他相关数据。来自多个部门和不同统计系统的数据与国际收支统计在概念、口径、记录原则上不尽相同,再加上各部门的数据难以对所有交易进行全面记录,因此,在将这些数据汇总至国际收支平衡表中时,就有可能会形成误差与遗漏。对后者(经济原因)而言,净误差与遗漏可能反映了未被记录到的跨境资本流动,俗称"热钱流入"或者"资本外逃"。

如果净误差与遗漏数值长期为正或者为负,则可能反映未被记录的热钱流入或者资本外逃问题较为突出。据此,对2009年以来我国国际收支平衡表中的"净误差与遗漏"年度数值一直为负(2002—2008年则连续为正)(见图10)的情况进行判断,就有理由怀疑有些资本外流未被统计。特别是2014—2016年,其数值持续增大且为负值,更高度疑似"资本外逃"。随着中国近年来对地下钱庄及国际热钱的整治,2017年之后净误差与遗漏项目在逐渐减小。

5)国际收支变动与中国经济转型

(1)徘徊前进阶段(1982—2001年):中国经济中低速增长,缺少公平竞争环境,需要每年进行最惠国谈判,外资流入较少。由于政府对进出口贸易、跨境资本流动的管控较为严格,我国国际收支基本维持平衡。通常情况下,处于工业化发展初期,因对发达国家较为先进的生产设备、技术服务存在大量需求且自身缺乏技术难以生产出价格低廉、质量上乘的产品,发展中国家的经常收支一般呈现逆差状态。而我国在徘徊前进阶段的国际收支呈现以下特点:经常收支与资本收支规模相对来说都较为有限,且顺差逆差交替出现。由国家外汇局数据可知,在此阶段,有5年出现了经常账户逆差,有14年为经常账户顺差,而资本账户逆差出现了9年,资本账户顺差则出现了11年。在改革开放早期的近10年间,我国经常账户与资本账户呈"一顺一逆"反向变化的格局。

——净误差与遗漏（亿美元）

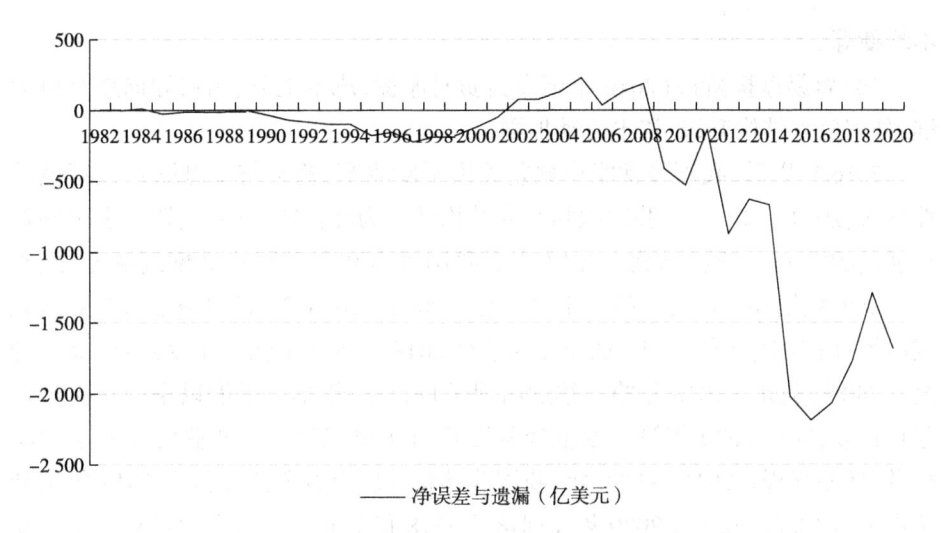

图10　净误差与遗漏项的变化趋势

（2）入世红利阶段（2001—2008年）：外贸高速增长，储备大量累积，资本流入激增。

我国在2001年加入了世界贸易组织，我国国际收支结构的变化由此进入了新阶段。随之，商品服务贸易往来显著增加，以出口和加工贸易为依托的返销式投资增加，使经常账户项下的发生额呈现爆发性增长，金融领域开放程度逐步加大，资本和金融项下收支额也大幅增加。其中，经常账户顺差从2001年的174亿美元增至2008年的4 206亿美元，达到这一时期的最高点。资本金融账户的变化则主要体现在非储备性金融账户上，非储备性金融账户在2001—2011年多年持续顺差。

（3）国际金融危机阶段（2009—2015年）：美欧相继陷入危机，外需疲软，出口导向型模式拖累经济成长，资本流出态势明显。

在此期间，我国经常账户长期顺差反映了经济结构储蓄高、投资高、消费低的特点，其中占比较大的贸易顺差则体现了我国出口导向型的发展模式。另一方面，中国在2009—2015年出台了一系列的贸易保护政策，加之外资优惠政策吸引大量外资流入，非储备性金融账户波动较大。可以看出，双顺差是中国工业化程度提高、参与国际分工程度提高、国际地位上升的必然结果。与此同时，长期双顺差必然带来我国外汇储备的增加。然而，国际收支长期处于失衡状态也存在一些潜在风险：外汇储备资产的持有和运用面临巨大的风险与损失，人民币的升值存在阻力，国家之间的贸易摩擦进一步加剧，经济增长的动力结构不均衡等。

(4)贸易摩擦阶段(2016年至今):贸易摩擦、成本上升、出口导向型难以为继,外贸急需结构升级,资本波动加剧。

2016年以后,我国经常账户顺差规模不断收窄,资本与金融账户差额波动性加大;2014—2016年,我国国际收支结构转变为经常账户顺差、资本和金融账户逆差的"一顺一逆"结构。2017年后我国资本和金融账户又恢复顺差,经常账户顺差规模和占比均呈持续下降趋势。2016—2020年,我国经常账户顺差先减后增,由2016年的1 913亿美元回落至2018年的241亿美元,2020年又回升至2 740亿美元。2018年第一季度出现了自2001年第二季度以来的首次经常账户逆差,随后2020年第一季度经常账户再次出现逆差。非储备性质金融账户顺、逆差互现。2016—2020年,我国非储备性质金融账户净值在2018年达到顶点1 727亿美元之后2020年又回落至-778亿美元。可以发现:第一,生产要素的成本上升、经济结构的变化使得我国对部分外资不再具有吸引力。人力资源成本的上升使得许多企业为了节约成本选择关闭在华工厂转而在东南亚地区投资设厂,由此货物贸易顺差减小、直接投资由顺转逆。第二,随着国内居民收入水平、生活水平的提高,对国外产品贸易的需求增加,这进一步加大了服务贸易逆差。近几年我国经常账户顺差有收缩的趋势,经常账户顺差、非储备性金融账户差额回落至较低水平,外需依赖降低、内需有所增加。这均体现出我国在经济内外均衡方面取得了一定成果,但是近两年国际收支"双顺差"的失衡格局仍在持续。这意味着资源的输出相对过多带来了损失,国外资本的大量流入将抢占国内资本的投资机会。

3. 国际收支调节理论与中国实践

1)国际收支调节的经典理论

(1)国际收支失衡的自动调节机制:

固定汇率制度下自动调节机制有两种:

一是金本位制—价格—铸币流动机制。1752年由英国经济学家大卫·休谟提出:在金本位制的条件下,一国的国际收支可以通过物价的涨落和货币的输出与输入实现自动平衡(见图11)。

国际收支改善的条件包括：
出口弹性：
$$\eta_X = (dX/X)/(de/e) = (dX/de) \times (e/X) \tag{1}$$
进口弹性：
$$\eta_M = (dM/M)/(de/e) = (dM/de) \times (e/M) \tag{2}$$
直接标价法：
$$P_M = e \times P_F \tag{3}$$
$$BP = X - e \times M \tag{4}$$
设初期国际收支平衡：即 $BP = 0$　　$X = e \times M$

对函数 BP 的汇率 e 求导：
$$\begin{aligned} d(BP)/de &= dX/de - (e \times dM/de + M) \\ &= \eta_X \times (X/e) + \eta_M \times M - M \\ &= (\eta_X + \eta_M - 1) \times M \end{aligned} \tag{5}$$

货币的时滞效应——J 曲线效应见图 15。

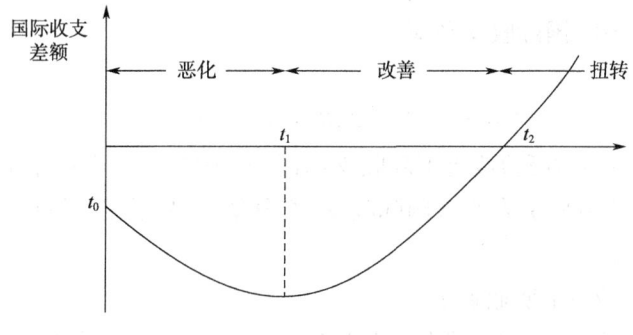

图 15　J 曲线效应

对弹性分析法的评价如下：

贡献：解决了长期以来关于本币贬值能否改善国际收支的争议，同时明确了贬值对改善国际收支的条件。

局限性：

- 将国际收支局限于贸易收支，具有一定的片面性；
- 弹性分析法以小于"充分就业"为条件；
- 它是一种局部的均衡分析法，只分析了货币贬值对进出口的影响，忽略了对社会总需求和总支出的影响；

- 弹性分析法是一种静态分析。

②吸收分析法：

第二次世界大战结束后,许多欧洲国家的货币虽然先后贬值,但是国际收支仍无显著改善,凯恩斯理论的支持者们开始考虑弹性分析理论的不足。1952年,米德和亚历山大在凯恩斯的国民收入方程式的基础上提出了吸收分析法,以解释当时各国面临的国际收支困境。

国内吸收与国际收支差额：

国民收入：

$$Y = C + I + G + X - M \tag{6}$$

总支出=总吸收：

$$A = C + I + G \tag{7}$$

国际收支：

$$BP = X - M = Y - A \tag{8}$$

$Y>A, BP>0$：国际收支顺差；

$Y<A, BP<0$：国际收支逆差；

$Y=A, BP=0$：国际收支平衡。

令：

$$A = A_0 + aY, 则 BP = (1-a)Y - A_0 \tag{9}$$

政策含义：通过贬值改善国际收支状况,必须使 Y 上升或者 A 下降。非充分就业,可通过调整 Y 来改善国际收支；充分就业,Y 不变,只有通过调整 A 来改善国际收支。

非充分就业下的吸收调节：

$BP<0 \to$ 贬值(满足马歇尔-勒纳条件) $\to X$ 增加,M 减少 $\to Y$ 增加(乘数效应) $\to A$ 增加,根据 $BP=(1-a)Y-A_0$；

若 $a>1$,A 的增加大于 Y 的增加,国际收支进一步恶化；

若 $a=1$,A 的增加等于 Y 的增加,国际收支不变；

若 $a<1$,A 的增加小于 Y 的增加,国际收支改善。

充分就业下的吸收调节：

$BP<0 \to$ 贬值(满足马歇尔-勒纳条件) $\to X$ 增加,M 减少,但 Y 不变,此时只能通过 A 来调整 BP,有三个效应：

实际货币余额效应：贬值 $\to P_m$ 上升 $\to P$ 上升 $\to$ 公众所持有的实际货币余额减少 $\to$ 抛售金融资产 $\to$ 金融资产价格下降 $\to$ 利率上升 $\to$ 投资下降 $\to A$ 下

降→国际收支改善;

收入再分配效应:贬值→P_m 上升→P 上升→工资收入减少,利润收入增加(工资收入者的 a 高于利润收入者)→ a 下降→ A 下降→ 国际收支改善;

税收效应:贬值→P_m 上升→P 上升→货币收入上升→ 政府税收增加(政府 a 较低)→ a 下降→ A 下降→ 国际收支改善。

吸收分析法的政策主张如下:

吸收论认为国际收支不平衡的原因是总收入 Y 和总支出 A 的不平衡,因此可以通过支出增减政策和支出转换政策来调节。

支出增减政策:主要通过支出水平变动来调节社会总需求(扩张性政策、紧缩性政策)。

支出转换政策:主要通过支出方向的变动来调节社会需求结构(汇率政策和外汇管制)。

弹性分析法和吸收分析法的比较如下:

就理论基础而言,吸收法采用的是一般均衡分析法,而弹性论则是采用局部均衡分析法。

就理论主张来看,吸收法是从总收入和总支出的相对关系中来考察国际收支失衡的原因。它注重国内需求水平的分析,而弹性论是从相对价格关系出发来研究国际收支失衡的。

就政策主张来看,吸收论由于注重内部和外部的同时均衡,因此含有强烈的政策搭配倾向。

③货币分析法:

货币分析法是随着现代货币主义的兴起,在20世纪70年代中后期开始流行的一种国际收支理论,其代表人物是美国经济学家蒙代尔和约翰逊。该理论认为国际收支是货币供给与需求所决定的一种货币现象,当货币供给大于需求时,表现为逆差;当货币供给小于需求时,表现为顺差;二者均衡时,国际收支平衡。

货币分析法假设条件包括:

• 货币需求在长期内是稳定的。市场无法容纳过多货币,货币需求是价格、国民收入和利率的函数,即 $M_D = P_f(Y, i)$。

• 总供给曲线是垂直的。一国处于充分就业的均衡状态,货币供给量变动不影响实际变量,即货币中性。

• 购买力平价理论在长期内成立,即物价水平决定汇率水平。

货币市场均衡与国际收支平衡：

货币供给：

$$M_S = m(D + R) \quad (10)$$

其中，m 为货币乘数，取决于货币创造能力，为分析方便令其等于 1；D 为国内供给的基础货币；R 为国外货币的供给，即外汇余额或外汇储备。

货币需求：

$$M_D = P \times f(Y,i) \quad (11)$$

货币市场均衡：

$$M_D = M_S = D + R \quad R = M_D - D \quad (12)$$

含义：当 $D>M_D$ 时，$R<0$，逆差；当 $D<M_D$ 时，$R>0$，顺差；当 $D=M_D$ 时，$R=0$，国际收支平衡。

因此，当一国国际收支失衡时，可以通过调节国内货币需求 M_D 和国内货币供给来平衡国际收支。

贬值对国际收支的影响如下：

由购买力平价：

$$P = e \times P_f \quad (13)$$

$$M_D = P \times f(Y,i) = e \times P_f \times f(Y,i) \quad (14)$$

本币贬值，则 M_D 将增加，由 $R=M_D-D$，则货币贬值能否改善国际收支取决于贬值时国内的名义货币供给量 D 是否增加。

如果 D 同时增加，且大于 M_D 的增加，国际收支恶化；

如果 D 不变或小于 M_D 的增加，国际收支改善；

如果 D 与 M_D 的增加相同，国际收支不变。

需要注意的是：D 的增加主要原因是政府为稳定汇率，往往会在外汇市场购买外汇，以阻止本币升值，从而增加本币供给。

货币分析法的调节机制：

固定汇率制下：$M_D<D$→ 国际收支逆差→ 资本外流→ 货币供给减少→ 公众持有的货币余额随之降低→ 减少对国内商品和金融资产的购买→ 国内利率上升→ 资本外流停止，资本流入→ 国际收支改善。

浮动汇率制下：$M_D<D$→ 国际收支逆差→ 外汇供给小于外汇需求→ 本国货币贬值→ 国内物价上涨→ 引起货币需求增加→ 国际收支逆差缩小。

货币分析法的政策主张如下：

传统的国际收支调整政策（如弹性分析法、吸收分析法等）都是从短期内来改善国际收支状况,但针对长期国际收支逆差,应着重于货币政策的调节,即降低本国货币的供给或增加本国货币的需求。

2) 中国国际收支调节的实践

关于独立货币政策、固定汇率和资本自由流动的选择问题,在存在长达30年的布雷顿森林体系中,各国选择的主要是货币政策的独立性和汇率的稳定,此时资本流动受到严格限制。1973年固定汇率制度瓦解以后,货币政策独立性和资本自由流动得以实现,浮动汇率制走上历史舞台。日本在1985年之前实行独立的货币政策和相对稳定的汇率,限制资本的充分流动。《广场协议》之后,放弃汇率稳定带来的则是实行独立的货币政策和资本的充分流动。

2001年以来,国际资本不断涌入新兴经济体,我国国际收支多年呈现出"双顺差"格局,外汇储备不断增加,基础货币被动投放。2008年金融危机后,主要经济体实行了量化宽松政策,资本流入得以持续。随着新兴经济体的增速放缓和发达国家量化宽松政策的退出,国际资本开始流出新兴市场。亦有观点认为跨境资本流动的规模明显增大,方向转换更加频繁,资本流动在"不可能三角"中的重要性明显提升。发展中国家汇率浮动情况、储备规模水平均不足以应对跨境资金流动所带来的货币政策冲击。自2014年二季度开始,我国非储备性质金融账户开始出现逆差并呈逐步扩大趋势,国际收支呈现了"经常账户顺差,资本与金融账户逆差"的新局面。

从西方宏观经济学理论可以看到,政策搭配是解决内外矛盾的基本方法。想要实现内外均衡,就必须针对本国经济发展特点和宏观经济运行情况,搭配运用各项政策工具,使其发挥出最大效能。浮动汇率和资本流动是发达经济体国际收支调节的两大市场化工具。对于我国而言,国际收支、资本流动、汇率和外汇储备变化都是影响宏观经济和货币政策的核心内容。"三元悖论"的现实应用就是在保持一定的货币政策独立性、有管理的浮动汇率制和有管理的资本流动的情况下不断平衡三者的关系。国际收支平衡,既是货币政策的目标,又与汇率变化和资本流动密切相关。在保持货币政策相对独立的条件下,扩大汇率的波动范围和对跨境资本的宏观审慎管理逐渐成了应对现实情况的一种合理选择。

当前,金融安全已上升到国家安全的高度,促进国际收支平衡目的不仅是为了防范失衡所带来的系统性风险,同样意味着保障金融的安全。金融稳定政策将进一步促进金融回归服务实体经济的本源,切实提高金融风险的管控能力。在"强监管"和"促改革"的背景下,对于国际收支失衡的调节应坚持主动和被动相结合：一是进一步发挥市场化调节机制的作用,理性看待汇率与外汇储备余额变动;二是将货币政策和产业税收等财政政策密切配合,不断发挥供给侧结构性改革效能;三是对于跨境资本流动实施宏观审慎管理,探索逆周期调节的方式方法;四是进一步完善资本项目和金融市场开放相关制度设计,打造高效、开放的市场环境;五是加强预期管理与货币政策的国际协调,密切关注跨境资金流向的趋势变化。

经常账户赤字可持续性（Sustainability of Current Account）：

$$CA + KA + FA = 0 \tag{15}$$

$$CA = -KA - FA \tag{16}$$

$$CA + FKA = \Delta R \tag{17}$$

$$CA_t = Y_t + i \cdot B_t - (C_t + I_t + G_t) \tag{18}$$

$$CA_t - FA_t (\text{不含 Reserve}) = ? R? = B_{t+1} - B_t \tag{19}$$

$$B_{t+1} - B_t = Y_t + i \cdot B_t - (C_t + I_t + G_t) \tag{20}$$

$$B_{t+1} - B_t = Y_t + i \cdot B_t - (C_t + I_t + G_t) \tag{20.1}$$

$$B_{t+2} - B_{t+1} = Y_{t+1} + i \cdot B_{t+1} - (C_{t+1} + I_{t+1} + G_{t+1}) \tag{20.2}$$

$$-(1+i^*)B_t = Y_t - (C_t + I_t + G_t) - B_{t+1} \tag{21}$$

$$-(1+i^*)B_t = \sum_{s=t}^{\square} \frac{Y_s - (C_s + I_s + G_s)}{(1+i^*)^{s-t}} - \lim_{s \to \square} \frac{B_{s+1}}{(1+i^*)^{s-t}} \tag{22}$$

$$\lim_{s \to \square} \frac{B_{s+1}}{(1+i^*)^{s-t}} = 0 \tag{23}$$

$$-(1+i^*)B_t = \sum_{s=t}^{\square} \frac{TB_s}{(1+i^*)^{s-t}} \tag{24}$$

由上面的公式可知,一国经常账户 TB 是盈余还是赤字,关键取决于该国净国际投资头寸 B_t 状态。如果该国为债权国, B_t 为正,则该国在未来 t 期内总体上可以保持赤字。相反,如果该国为债务国, B_t 为负,则该国在未来 t 期内必须总体上保持盈余。相比中美的净国际投资头寸,中国为债权国意味着中国可以维持经常账户赤字(上限位净债权附加利息)。图 16 为中美两国经常账户 CA 和净头寸 NIIP 的变化趋势。

（四）教学效果分析

1. 专业知识方面

通过本课程思政案例分析,有助于学生掌握国际收支相关理论,并在此基础上洞悉中国国际收支变动背后的经济学逻辑,以及中国经济转型对国际收支

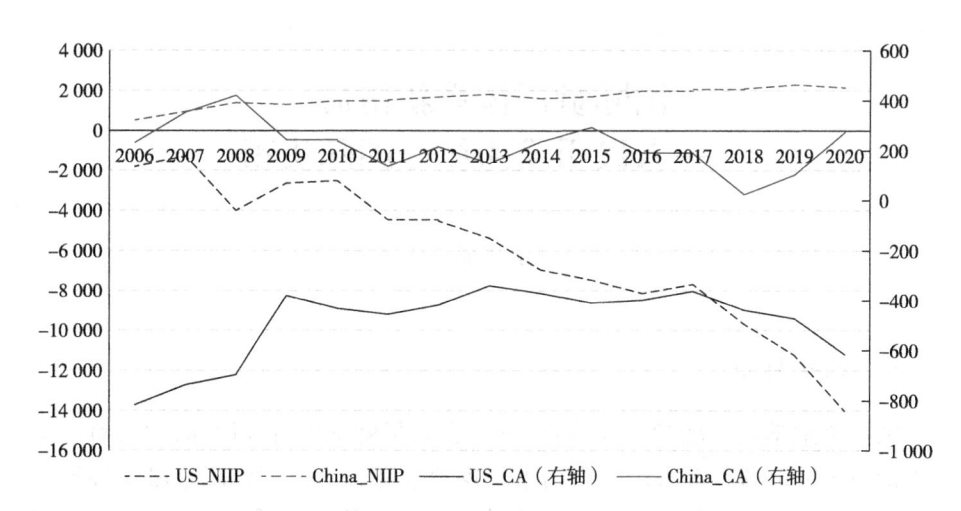

图 16　中美两国经常账户 CA 和净头寸 NIIP 的变化趋势(单位：十亿美元)

的影响,进而培养学生将经典国际金融理论与中国实际相结合的分析能力。

2. 科研能力方面

通过分析中国金融资产投资回报率及负债成本率,并与美国、日本、印度、巴西进行横向对比,让学生深刻理解发展中经济体为何会以如此低的"价格"借钱给发达经济体？为何又以如此高的成本向发达国家融资？这种悖论产生的根源何在？最后,学生通过查阅相关文献,对比总结观点,寻求如何破解悖论之道。

3. 理想信念方面

通过国际收支理论以及对中国国际收支的历史演变特征分析,增强学生对中国"因地制宜"的贸易战略的信心,提升对中国经济在内外压力下转型和高质量发展的信心。同时,增强对中国货币当局、外汇当局的汇率改革路径、外汇管理政策的信心,树立金融专业的认同感、使命感,进而为中国经济高质量增长、为实现"两个一百年"奋斗目标而努力奋进。

国际货币体系新格局
——人民币成为核心国际货币

赵 然

一、课程简介

国际金融学是金融学专业的核心课,也是帮助学生打开国际视野,将金融学理论与国际市场有效联接起来的重要窗口。课程介绍了国际金融学领域的重点知识,包括国际收支、汇率、汇率决定理论、国际货币体系、内外均衡理论等。

通过本门课程的教学,学生将系统掌握国际金融的基本理论和基础知识,了解国际金融市场在一国经济和社会发展中的地位和作用,熟悉国际金融的基本业务,掌握必要的基本技能,探索国际金融的研究方法和实践意义。教学过程将以理论学习为主、市场案例为辅,为学生后期进一步学习高阶课程打下良好的基础。

国际金融学这门课与生俱来就具备搭建课程思政体系的优势,不需要刻意为之。思政内容可以通过国际金融历史学习、国际金融市场比较以及数据解读渗透到教学中去,成为天然的思政教育的土壤。作为金融学子,学习和研究党的国际金融治理战略和货币崛起对中华民族伟大复兴的积极推动作用,可以帮助学生树立正确的世界观、人生观、价值观,增强学生的民族和专业自豪感,并提升学生一生的幸福感。

二、思政元素

我们现在正处在世界百年未有之大变局中,今天的中国比历史上任何时期都更接近中华民族伟大复兴的目标,世界舞台中央离我们也仅有一步之遥。中国已经成为当之无愧的全球经济发展引擎,我国同世界的联系更趋紧密,相互影响更加深刻,而意识形态领域面临的形势也更加严峻。

作者简介:赵然,经济学博士,首都经济贸易大学金融学院副教授;主要研究领域:国际金融与人民币国际化。

在习近平总书记提出的螺旋式上升的思政课程体系中,高校思政教育是检验这个课程体系效果的出口,是将中小学思政课程教育的精华进行提炼和升华并通过与实践紧密结合,帮助学生搭建完整社会主义核心价值观的关键一环。

大国崛起和货币崛起之间是相辅相成、互相成就的关系。一个国家的金融市场引领全球经济发展、站在世界之巅的最重要防护墙就是其货币坚不可摧的国际地位。人民币崛起成为国际货币将为中国走向世界舞台中央提供最坚强有力的保障。人民币的国际化不仅是实现中华民族伟大复兴目标的必然要求,更是国际货币体系更替以及全球经济内在发展的需要。

(一)元素1:引导学生增强中国特色社会主义道路自信、理论自信、制度自信、文化自信

通过对国际货币和人民币国际化相关理论的学习,可以在一定程度上帮助学生增强中国特色社会主义道路自信、理论自信、制度自信、文化自信,从而将爱国情、强国志、报国行潜移默化地融入进学生的血液中,让学生最终可以意志坚定、激情澎湃地投入到建设社会主义现代化强国、实现中华民族伟大复兴的奋斗之中。

(二)元素2:引导学生立德成人、立志成才,树立远大的人生理想,成为社会主义事业需要的合格建设者和接班人

"为学须先立志。志既立,则学问可次第着力。立志不定,终不济事。"高校教师首先要做的就是帮助学生树立正确的志向。我们的最终目标是要培养出能够完成"两个一百年"伟业的合格人才,而货币的崛起在我们逐渐走向"两个一百年"伟业目标的道路上所能起到的保驾护航的作用是非常显著且不可替代的。

(三)元素3:引导学生坚持理论性和实践性相统一

国际金融学所有理论的核心最终都会落脚到国际货币与汇率上,该案例在课程学习过程中起到承上启下的作用。通过该案例的学习,不仅可以帮助学生系统全面地串联理解课程的理论知识点,也可以最大限度上帮助学生树立远大的职业理想,进而成为社会主义事业需要的合格建设者和接班人。

(四)元素4:引导学生走向社会后为中国共产党治国理政服务,为巩固和发展中国特色社会主义制度服务

教育的历史责任就是要培养能够完成"两个一百年"伟业的合格人才。让学生系统学习货币崛起对中华民族伟大复兴的积极推动作用,就是要让学生最

终能成为为人民服务、为中国共产党治国理政服务、为巩固和发展中国特色社会主义制度服务、为改革开放和社会主义现代化服务的优秀人才。

（五）元素5：引导学生学会辩证唯物主义和历史唯物主义，善于运用创新思维、辩证思维武装头脑，分析当前的国际货币体系新格局

在国际货币体系演变的历史长河中，货币之间的相互衍生和模仿几乎都在不经意间维持了主要货币区的延续。本案例将引导学生应用辩证唯物主义和历史唯物主义的思维方法理解"国际货币"是不同国家的货币相互竞争的产物，一个国家货币的国际化程度或国际地位是该国经济实力强弱的外在表现，国家间经济实力的此消彼长决定了相应货币国际竞争力的高低，以及作为国际货币周期的长短。

（六）元素6：引导学生全面客观认识当代中国、看待外部世界，善于在批判鉴别中明辨是非

在中国逐渐走向世界舞台中央的过程中，引导学生理解美国经济给美元构筑的护城河正在收缩变窄，美元现已走在逐渐衰落的道路上，美元的国际货币地位不断下降，而人民币的国际化程度在快速上升。通过让学生正确认识货币崛起对中华民族伟大复兴的积极推动作用，帮助学生深刻理解人民币的国际化不仅是实现中华民族伟大复兴目标的必然要求，更是国际货币体系更替以及全球经济内在发展的需要。

三、教案设计

（一）教学目标

1. 知识层次

本案例从国际货币和货币国际化理论出发，引出人民币国际化的定义，帮助学生理解货币国际化的必要条件，以及人民币成为国际货币是国际货币体系改革的必然结果。此外，本案例还将通过大量的事实数据让学生直观地认识到人民币国际化的发展现状，多角度增强学生的理论自信和民族自豪感。

2. 能力层次

本案例旨在培养学生掌握使用国际货币理论解释人民币当前的国际化程度、展望国际货币体系改革路径的能力，并进一步帮助学生不断提升将国际金融理论与中国实际经济发展情况结合在一起的能力，丰富论文选题，大幅提高论文的应用价值。同时，通过深入的理论研究，解答中国货币崛起和国家崛起

过程中遇到的诸多问题。

3. 价值层次

通过让学生正确认识货币崛起对中华民族伟大复兴的积极推动作用，可以帮助学生增强中国特色社会主义道路自信、理论自信、制度自信、文化自信，从而将爱国情、强国志、报国行潜移默化地融入进学生的血液中，让学生最终可以意志坚定、激情澎湃地投入到建设社会主义现代化强国、实现中华民族伟大复兴的奋斗之中。作为金融学子，学习和研究货币崛起对中华民族伟大复兴的积极推动作用，可以帮助学生树立正确的世界观、人生观、价值观，将实现个人价值同党和国家前途命运紧紧联系在一起，增强学生的民族和专业自豪感，并提升学生一生的幸福感。

（二）教学内容

本案例教学首先从国际货币和货币国际化理论出发，引出人民币国际化的定义，进而通过学习货币国际化的必要条件，让学生理解人民币成为国际货币是国际货币体系改革的必然结果。最后，通过大量的事实数据让学生直观地认识到人民币国际化的发展现状，多角度增强学生的理论自信和民族自豪感。具体教学设计思路见图1。

1. 案例教学重点

（1）国际货币、货币国际化和人民币国际化的概念；

（2）国际货币的选择机制；

（3）国际货币体系格局的转变方向；

（4）人民币国际化的先导条件与发展现状。

2. 案例教学难点

（1）国际货币选择机制的复杂性；

（2）使用正确的理论判断人民币国际化的发展现状。

（三）思政引入

第一步，通过提出问题引导学生思考人民币国际化与国际货币体系之间的关系，让学生带着问题开始学习。

问题1：什么是国际货币？

问题2：为什么人民币一定会成长为核心国际货币？

问题3：国际货币体系未来的改革方向在哪里？

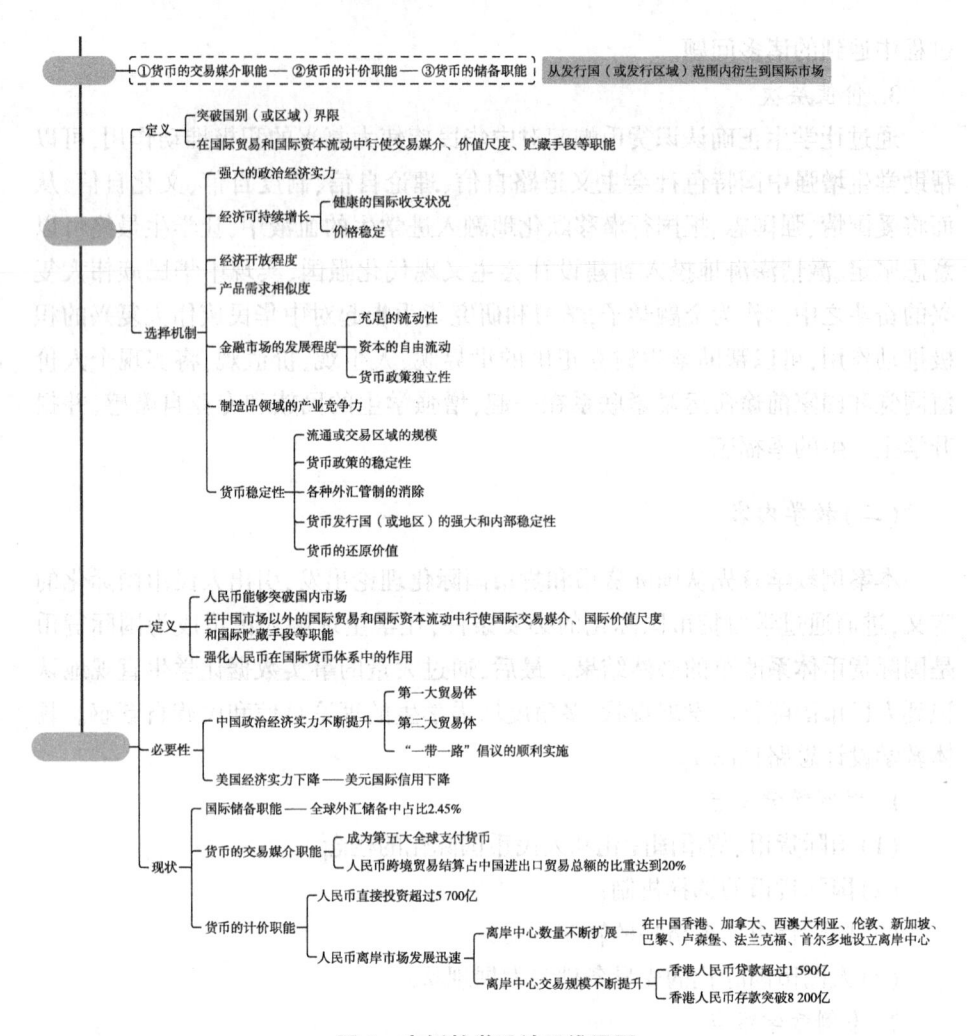

```
                ┌─ ①货币的交易媒介职能 ── ②货币的计价职能 ── ③货币的储备职能 ── 从发行国（或发行区域）范围内衍生到国际市场
                │
                │         ┌─ 突破国别（或区域）界限
                ├─ 定义 ──┤
                │         └─ 在国际贸易和国际资本流动中行使交易媒介、价值尺度、贮藏手段等职能
                │
                │              ┌─ 强大的政治经济实力 ── 健康的国际收支状况
                │              │
                │              ├─ 经济可持续增长 ── 价格稳定
                │              │
                │              ├─ 经济开放程度
                │              │
                │              ├─ 产品需求相似度
                │              │                        ┌─ 充足的流动性
                ├─ 选择机制 ──┤                        │
                │              ├─ 金融市场的发展程度 ──┼─ 资本的自由流动
                │              │                        │
                │              │                        └─ 货币政策独立性
                │              │
                │              └─ 制造品领域的产业竞争力
                │
                │                   ┌─ 流通或交易区域的规模
                │                   │
                │                   ├─ 货币政策的稳定性
                │                   │
                ├─ 货币稳定性 ──────┼─ 各种外汇管制的消除
                │                   │
                │                   ├─ 货币发行国（或地区）的强大和内部稳定性
                │                   │
                │                   └─ 货币的还原价值
                │
                │         ┌─ 人民币能够突破国内市场
                │         │
                ├─ 定义 ──┼─ 在中国市场以外的国际贸易和国际资本流动中行使国际交易媒介、国际价值尺度
                │         │   和国际贮藏手段等职能
                │         │
                │         └─ 强化人民币在国际货币体系中的作用
                │
                │                                           ┌─ 第一大贸易体
                │            ┌─ 中国政治经济实力不断提升 ──┼─ 第二大贸易体
                ├─ 必要性 ──┤                              │
                │            │                              └─ "一带一路"倡议的顺利实施
                │            │
                │            └─ 美国经济实力下降 ── 美元国际信用下降
                │
                │         ┌─ 国际储备职能 ── 全球外汇储备中占比2.45%
                │         │
                │         │                        ┌─ 成为第五大全球支付货币
                │         ├─ 货币的交易媒介职能 ──┤
                │         │                        └─ 人民币跨境贸易结算占中国进出口贸易总额的比重达到20%
                └─ 现状 ──┤
                          │                    ┌─ 人民币直接投资超过5 700亿
                          │                    │                            ┌─ 离岸中心数量不断扩展 ── 在中国香港、加拿大、西澳大利亚、伦敦、新加坡、
                          └─ 货币的计价职能 ──┤                            │                          巴黎、卢森堡、法兰克福、首尔多地设立离岸中心
                                               │                            │
                                               └─ 人民币离岸市场发展迅速 ──┤                        ┌─ 香港人民币贷款超过1 590亿
                                                                            └─ 离岸中心交易规模不断提升 ──┤
                                                                                                     └─ 香港人民币存款突破8 200亿
```

图 1　案例教学设计思维导图

资料来源：世界银行、IMF。

第二步，通过讲授国际货币理论的核心思想帮助学生理解人民币国际化的概念。

国际货币是由不同国家的货币相互竞争形成的产物，一个国家货币的国际化程度或国际地位是该国政治经济实力强弱的外在表现，国家间政治经济实力的此消彼长决定了相应货币国际竞争力的高低。

定义1："国际货币"。"国际货币"的范畴主要是指货币的交易媒介职能、计价职能以及储备职能从发行国范围内衍生到国际市场的货币。该种货币在发行国以外行使国际货币的职能。

定义2："货币国际化"。"货币国际化"是指一种货币突破国别界限，在国际贸易和国际资本流动中行使交易媒介、价值尺度、贮藏手段等职能。这种状态下的货币称为国际货币。

定义3："人民币国际化"。"人民币国际化"是指人民币能够突破国内市场，在中国市场以外的国际贸易和国际资本流动中行使国际交易媒介、国际价值尺度和国际贮藏手段等职能。

第三步，通过文献研究法和对比分析法讲授货币国际化的选择机制，帮助学生理解大国崛起和货币更替之间的必然联系，增强中国特色社会主义道路自信和理论自信。

1. 选择机制1：强大的政治经济实力

一国的货币要国际化，首先要拥有强大的政治权利，其次该国外部经济条件应当足够稳定并且具备充分的流动性以及健康的国际收支状况。此外，该货币还必须依托于一个强大、富有竞争力的并在国际贸易和金融市场中都占据主导地位的开放经济体。纵观历史长河，能够对国际货币体系的运转起到实质性关键意义的货币屈指可数。自从铸币或货币发明以来，每个历史阶段都是少数货币居于支配地位，比如18世纪的利弗尔、19世纪的英镑和20世纪的美元都是所处时代的支配货币。表1列出了历史上各个时代的支配货币，从中可以看出制造和发行支配货币的都是所处年代的实力雄厚的强国。Kindleberger（1967）就曾提出"国际货币"的首要决定因素就是一国的经济实力[1]。

表1　各个时代的支配货币

国家	时期	金	银	纸币
希腊	公元前7世纪—公元前3世纪	斯达特	德拉克马	—
波斯	公元前6世纪—公元前4世纪	达里克	沙克尔	—
马其顿	公元前4世纪—公元前2世纪	斯达特	—	—
罗马	公元前7世纪—公元后4世纪	奥内	德纳流斯、萨司特斯	—
拜占庭	5—13世纪	索里德斯(比赞特)	西里奎	—
伊斯兰	7—13世纪	蒂纳尔	蒂尔汉姆	—

---

[1] KINDLEBERGER C. The Politics of International Money and World Language [M]. Princeton: Princeton University, 1967.

续表

国家	时期	金	银	纸币
弗兰克	8—11 世纪	—	德尼尔	—
意大利城市国家	13—16 世纪	佛罗林、赛奎因或杜尔特	格罗索	英镑纸钞
法国	13—18 世纪	德尼尔	利弗尔或路易斯多	
荷兰	17—18 世纪	盾	—	
德国	14—19 世纪		塞勒	
法国	1803—1870 年	20-法郎或 40-法郎	法郎	
英国	1820—1914 年	英镑金币	先令	英镑纸钞
美国	1915 年至今	鹰币	美元	美元纸钞
欧盟	1999 年至今			欧元纸钞

资料来源：罗伯特·蒙代尔（Robert Mundell,1997）。

2. 选择机制2：成熟的金融市场

Flandreau & Jobst(2009)[①]通过对 Krugman(1980)所构建的汇率结构模型的扩展推导出流动性是决定一国货币能否成为国际货币的首要条件，充足的货币供给和资本的自由流动是拓展货币国际化深度的必要条件，所以一国金融市场的发展程度是决定该国货币能否国际化的关键因素。

3. 选择机制3：制造品领域的产品竞争力

邱崇明和刘郁葱(2010)进一步提出一国制造品领域的产业竞争力是支撑国际货币长久发展的决定性因素[②]。

4. 选择机制4：货币稳定性

蒙代尔(2003)提出，一国货币能否成为核心国际货币主要取决于市场对该货币稳定性的信心。而货币的稳定性又取决于五个方面：流通或交易区域的规模、货币政策的稳定性、各种外汇管制的消除、货币发行国的强大和内部稳定性以及货币的还原价值[③]。

[①] FLANDREAU M, C JOBST. The Empirics of International Currencies: Network Externalities, History and Persistence[J]. The Economic Journal, 2009, 119:643-664.

[②] 邱崇明,刘郁葱. 产业竞争力对货币国际化的决定性作用研究[J]. 福建论坛(社会科学版), 2010(6):9-14.

[③] MUNDELL R A. The International Financial System and Outlook for Asian Currency Collaboration[J]. The Journal of Finance, 2003, 58:3-7.

第四步,通过数据梳理和图表展示让学生直观地认识到中国当前的经济强国地位和人民币国际化的必要性,引导学生全面客观认识当代中国、看待外部世界。

1. 必要性1:中国已成为全球经济发展引擎

货币国际化的发展是一国经济实力的最高级表现形式,是一国政治经济科技都走向全盛时期后才可以拥有的国家红利。中国现在是全球第二大经济体、第一大贸易体,占全球GDP总量的比重达到17%,仅次于美国。中国出口占全球出口总额的比重超过13%,超过了日本和德国出口额之和,远超排名第二的美国。中国现在是当之无愧的全球经济发展引擎,疫情期间,中国对世界经济产生了正向的贡献率,美国和欧元区对全球经济增长的贡献率都已经转为负数。详见图2、图3。

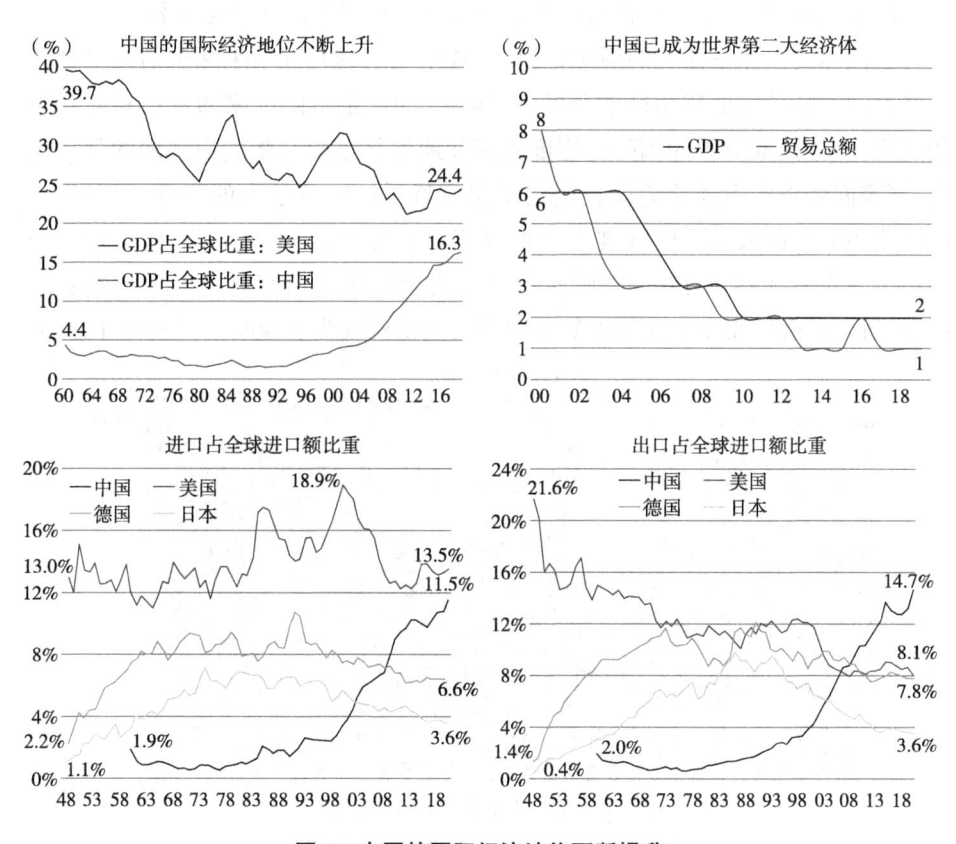

图2 中国的国际经济地位不断提升

资料来源:世界银行、IMF。

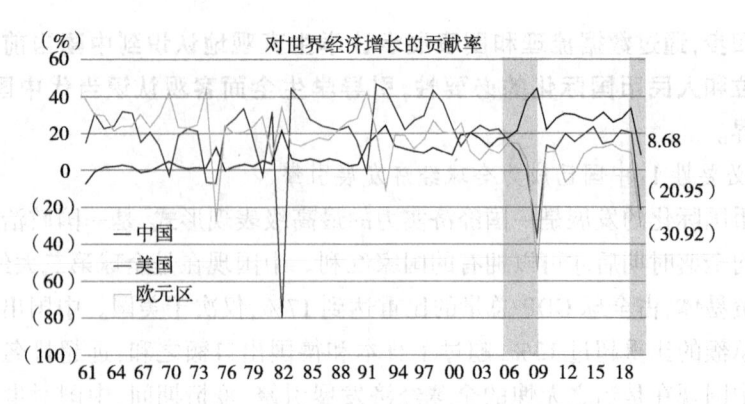

图3 中国已成为全球经济发展引擎

资料来源：WIND。

2. 必要性2：人民币当前的国际地位与中国的国际经济地位不符

在国际货币体系演变的历史长河中，货币之间的相互衍生和模仿几乎都在不经意间维持了主要货币区的延续。"国际货币"是不同国家的货币相互竞争的产物，一个国家货币的国际化程度或国际地位是该国经济实力强弱的外在表现，国家间经济实力地此消彼长决定了相应货币国际竞争力的高低，以及作为国际货币周期的长短。中国现在是世界第二大经济体、第一大贸易体，占全球GDP总量的比重达到17%，中国贸易总额占全球进出口贸易总额的比重超过13%，而人民币目前在全球外汇储备中所占的份额仅为2.66%。详见图4、图5。

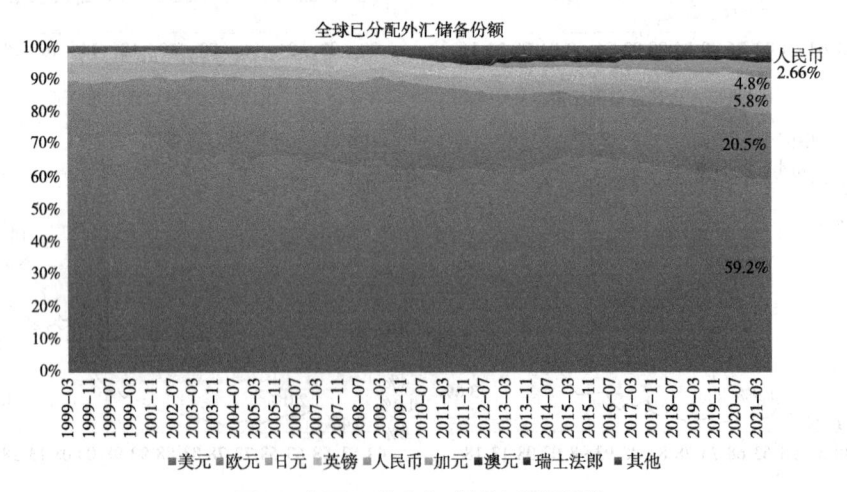

图4 中国已成为全球经济发展引擎

资料来源：IMF。

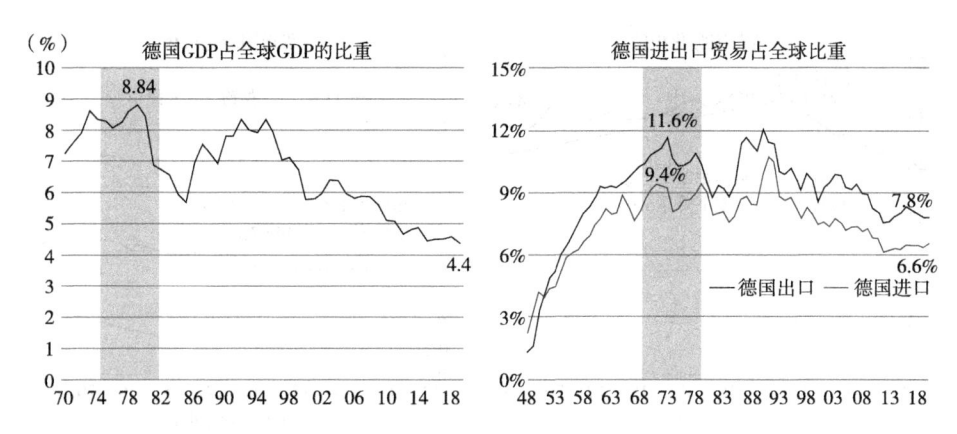

图5　中国当前的经济发展水平远远超过马克成为核心国际货币时期的德国
资料来源：WIND。

德国马克在19世纪70年代成为非常重要的国际货币,当时德国GDP占全球比重的峰值为8.8%,德国进出口贸易占全球的比重最高时不到11%,但是马克在全球外汇储备中所占的份额却超过16%。种种数据都表明,人民币在全球经济中的实际使用范围与其应该具有的市场份额之间是严重背离的。

3. 必要性3：国际货币体系发展的内在要求

英镑成为国际货币时,英国GDP占全球的比重超过70%;两次世界大战期间,美国GDP占全球的比重超过50%,随后美元登上世界舞台。经济实力是英镑和美元可以成为国际货币的重要前提。20世纪60年代初,欧洲经济开始逐渐从战后回暖复苏,美国GDP占全球的比重下降至40%,那时,美元占全球外汇储备的比重是59%。

近60年,美国GDP占全球的比重已经由40%下降至24%,降幅达40%。但美元在全球外汇储备货币中所占的比重仍然还是59%,没有丝毫下降。这说明,美国经济给美元构筑的护城河正在收缩变窄,美元现已走在逐渐衰落的道路上,美元的国际货币地位不断下降,而人民币的国际化程度在快速上升(见图6)。

美元和欧元频频出现的危机已经让现行的国际货币体系风雨飘摇,美国多次量化宽松政策的推行更是进一步说明其货币政策的关注目标更多的是国内市场,并不会在国内市场和国际市场同时出现危机时,选择牺牲自我利益而承担世界经济"稳定者"的职责。欧元则更是自顾不暇,欧洲债务危机和新冠疫情来势汹汹,几乎蔓延至欧元区的每个角落,在这样的情况下,欧元对

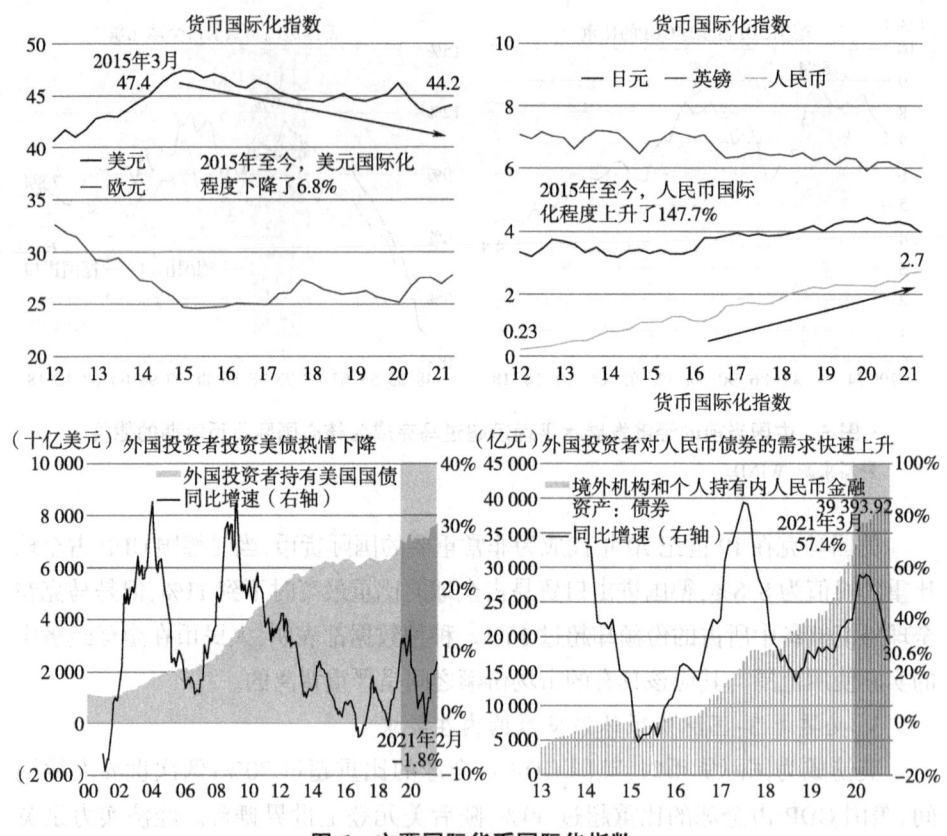

图 6　主要国际货币国际化指数

资料来源:根据相关数据计算得出。

美元的制约已非常有限。而日元和英镑的国际化前景日益暗淡,已经不太可能和欧元形成三足鼎立的局面来共同制约美元。显然,全球金融危机不仅使得美元放弃执行霸权货币的职责,也使得由欧元等多元二级国际货币组成的梯次架构摇摇欲坠。中国作为世界第二大经济体和第一大贸易体,需要责无旁贷地在这样的环境中承担起国际货币体系改革的重任,将人民币作为国际货币进行推广。这不仅是中国未来经济发展的内在要求,也是推进国际货币体系改革的最优路径。

第五步,通过案例讨论、数据梳理和图表展示让学生清晰地认识人民币国际化现状,引导学生学会辩证唯物主义和历史唯物主义,分析当前的国际货币体系新格局,并树立远大的人生理想,成为社会主义事业需要的合格的建设者和接班人。

1. 国际交易媒介职能：人民币已成为全球第五大支付货币

人民币在国际支付体系中的排名在过去10年已经由35名上升至目前的第5名，占全球国际支付市场份额的比重为2.42%。目前，人民币跨境贸易结算占中国进出口贸易总额的比重已经超过20%，总量超过6 670亿元人民币（见图7）。

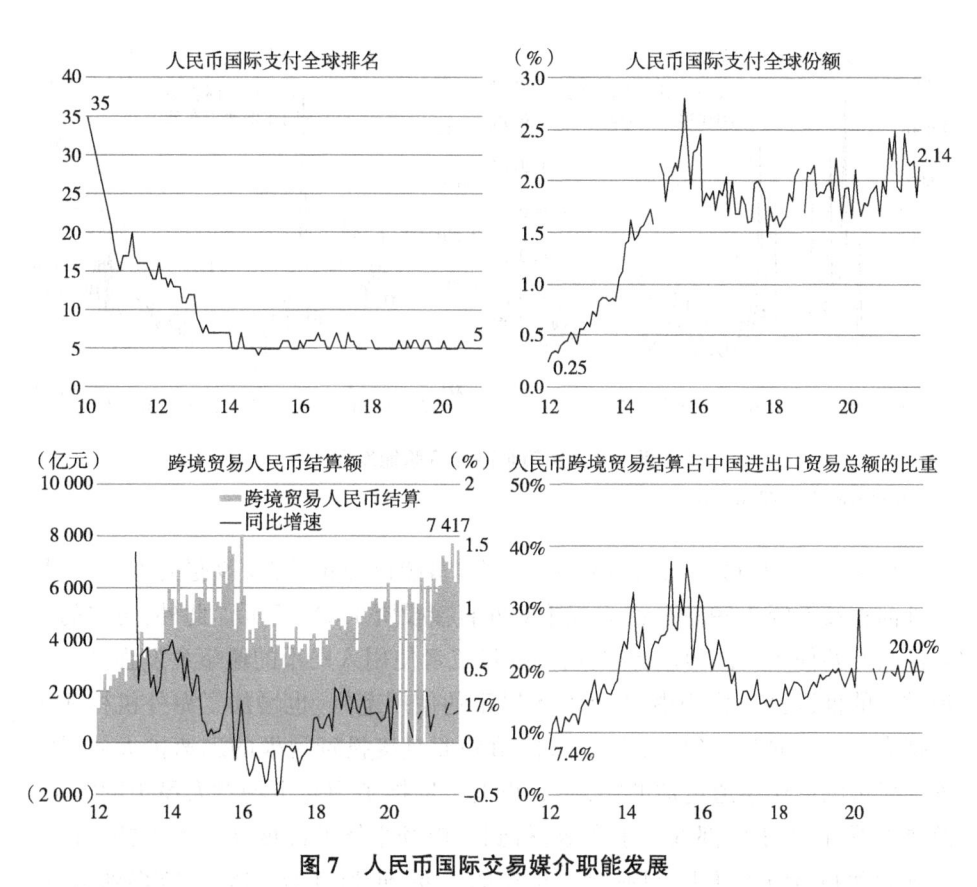

图7 人民币国际交易媒介职能发展

资料来源：SWIFT、WIND。

此外，从2012年下半年开始，中国香港人民币跨境贸易结算额占人民币跨境贸易总额的比重开始逐渐下降。这说明，人民币跨境贸易所覆盖的地域范围已经开始分散化，从一开始主要集中于内地与中国香港之间的贸易逐渐向其他地区分散，除了中国香港以外，还有其他国家或地区在进行贸易时采用人民币结算。

2. 金融计价职能：人民币金融交易规模和深度都大幅提升

近5年来，以人民币进行结算的对外直接投资规模不断扩大，以"一带一路"建设为引领，我国对外直接投资稳步增长，境外经贸合作区建设取得积极进展。越来越多的国家参与到"一带一路"建设中，与我国签订了战略合作协议，直接投资中使用人民币的真实需求不断上升(见图8)。

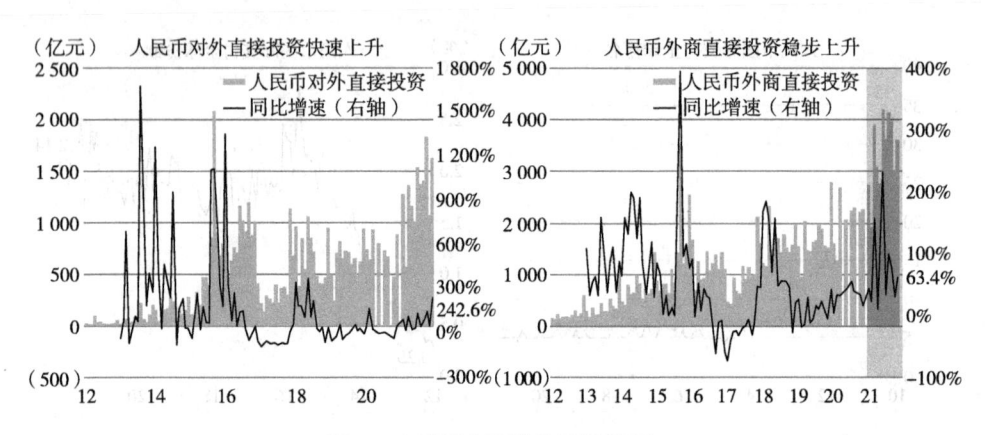

图 8　人民币金融计价职能发展

资料来源：SWIFT、WIND。

截至2021年11月，人民币直接投资总规模已经超过5 219亿元人民币，其中外商直接投资3 595亿元，人民币对外直接投资1 624亿元。此外，更多的大宗商品开始使用人民币进行结算，国际投资者使用人民币的愿望愈发强烈。多项政策的推进，拓宽了国际市场对人民币的使用范围，也增加了海外机构或个人持有人民币的意愿(见表2)。人民币外商直接投资规模的迅速扩大使得海外人民币的回流渠道更加顺畅，一定程度上助推了国际市场对人民币的需求。总体上看，试点工作都取得了实效，得到了市场主体的高度认可和支持。任何一项制度和措施的推出，只有满足市场的需要、便利市场主体，才能得到认可。多项政策的出台，不仅为海外人民币资金拓宽了投资渠道，也有利于减少市场交易成本，从而促进周边国家和地区提高对人民币的接受程度。

表2　使用人民币进行直接投资政策制度发展进程

时间	政策	主要内容
2011年1月6日	《境外直接投资人民币结算试点管理办法》	跨境贸易人民币结算试点地区的银行和企业可开展境外直接投资人民币结算试点

续表

时间	政策	主要内容
2011年10月13日	《外商直接投资人民币结算业务管理办法》	境外投资者和银行可依据此办法办理外商直接投资人民币结算业务
2012年3月9日	QFII审批	外汇管理局累计批准129家QFII机构,共计245.5亿美元投资额度
2012年3月31日	《基金管理公司、证券公司人民币合格境外机构投资者境内证券投资试点办法》	规定了试点机构开立境外机构人民币基本存款账户应选择一家同时具有合格境外机构投资者托管人资格和银行间债券市场结算代理人资格的境内商业银行
2012年4月3日	增加RQFII投资额度	经国务院批准,中国证监会、中国人民银行和国家外汇管理局决定增加500亿元人民币RQFII投资额度和500亿美元QFII投资额度
2015年4月29日	RQFII试点扩大至卢森堡	经国务院批准,人民币合格境外机构投资者(RQFII)试点地区扩大到卢森堡,初始投资额度为500亿元人民币
2015年11月17日	新加坡RQFII额度扩大至1 000亿元人民币	经国务院批准,新加坡人民币合格境外机构投资者(RQFII)额度扩大至1 000亿元人民币
2015年11月23日	RQFII试点扩大至马来西亚	经国务院批准,人民币合格境外机构投资者(RQFII)试点地区扩大到马来西亚,投资额度为500亿元人民币
2015年12月17日	RQFII试点扩大至泰国	经国务院批准,人民币合格境外机构投资者(RQFII)试点地区扩大到泰国,投资额度为500亿元人民币
2017年7月4日	中国香港RQFII额度扩大至5 000亿元人民币	经国务院批准,中国香港人民币合格境外机构投资者(RQFII)额度扩大至5 000亿元人民币

资料来源:中国人民银行网站。

3. 国际储备职能:人民币已经成为国际储备货币

2015年12月1日,国际货币基金组织宣布将人民币纳入特别提款权(SDR)的货币篮子,标志着人民币国际化正式过渡到新的战略高度,即竞争、博弈、收益和挑战共存的阶段。目前,人民币在SDR货币篮子中的权重为10.92%,超过日元和英镑,仅次于美元和欧元。SDR是非常重要的国际储备资产,人民币加入SDR意味着其已经不可逆转地成为国际储备货币。人民币加入

SDR，短期来看，可增强人民币在国际市场的可兑换程度，有利于双边贸易的共同发展；长期来看，国际储备货币的日益分散化，不仅可以助推人民币提升国际储备货币的职能，还能一定程度上帮助全球市场摆脱对世界发达经济体的过分依赖，构建适应新时代的国际货币体系新格局。

此外，2008年国际金融危机爆发后，中国超越《清迈倡议》的框架，开始在更大的范围内与更广泛的国家和地区签订双边本币互换协议，从2008年12月与韩国签订的货币互换协议开始，中国不再与他国签订以美元为标的的货币互换协议，而是直接采用人民币。截至2021年9月，中国人民银行先后与37个国家签订了72份双边本币互换协议，总规模达到3.5987万亿元人民币。此外，还有很多国家的央行或货币当局已经向中国表达了签署货币互换协议的意愿。中国签署的双边货币互换协议规模越来越大，货币互换对方国也从周边国家扩大至中亚、南亚、中东甚至拉美国家，越来越多的国家愿意接受人民币来进行双边贸易结算，并对人民币未来的发展充满信心。详见图9。

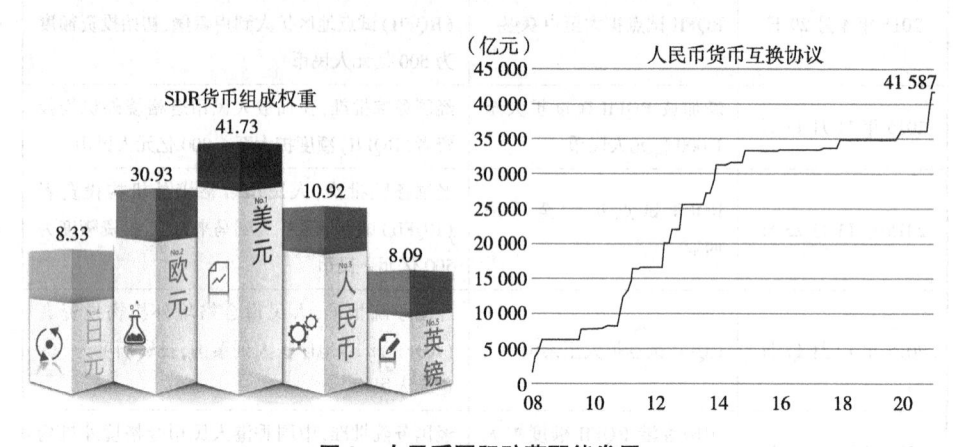

图9　人民币国际贮藏职能发展

资料来源：WIND、中国人民银行。

4. 离岸市场：人民币离岸市场发展迅速

国际货币发展的历史经验显示，世界主要国际货币在国际化进程中都离不开境外离岸市场的发展。据国际清算银行统计，美元和欧元有80%的外汇交易量发生在境外离岸市场，而日元72%的外汇交易量也是在日本境外的离岸市场中发生的。由此可见，中国香港人民币离岸中心对人民币国际化的支持是不可或缺的。中国香港是人民币走向世界的窗口，不仅为人民币提供了海外资金池，在遇到国际市场冲击时，也为人民币国际化战略提供了一个天然屏障和缓冲平台。

经过多年的发展,中国香港的人民币业务范围已经从2004年一开始的存款业务扩大至目前的债券业务和衍生产品业务。目前,中国香港占有53%的全球人民币离岸市场份额,在香港的人民币存量已经超过8 200亿元人民币。除中国香港以外,人民币离岸市场在全球范围内多处落地,包括加拿大、伦敦、新加坡、巴黎、卢森堡、法兰克福和首尔等地都设立了人民币离岸市场。

详见图10。

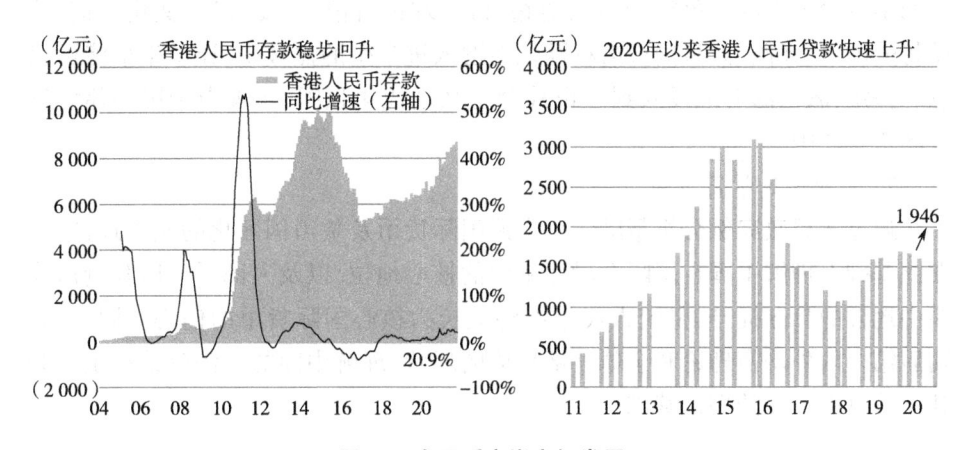

图10 人民币离岸市场发展

资料来源:WIND、中国人民银行。

综上所述,美元国际地位的下降是大势所趋,人民币成为核心国际货币是全球经济内在发展的需要,历史的车轮不会因为任何人或国家的阻挡而停止。大国的崛起必然伴随着货币的更替和国际货币体系的更新,这是谁都无法改变的历史发展规律。

(四)教学手段与方法

(1)通过讲授法帮助学生理解国际货币理论的核心思想;

(2)通过文献研究法和对比分析法帮助学生理解大国崛起和货币更替之间的必然联系,增强中国特色社会主义道路自信和理论自信;

(3)通过数据梳理和图表展示法让学生直观地认识到中国当前的经济强国地位和人民币国际化的必要性,引导学生全面客观认识当代中国、看待外部世界。

(4)通过案例讨论法让学生清晰地认识人民币国际化现状,引导学生学会以辩证唯物主义和历史唯物主义分析当前的国际货币体系新格局。

(五)教学效果分析

1. 德育方面

通过让学生正确认识货币崛起对中华民族伟大复兴的积极推动作用,点燃学生的民族热情,树立远大的人生理想,提升学生的人生幸福感,并最大限度地帮助学生增强中国特色社会主义道路自信、理论自信、制度自信、文化自信,从而将爱国情、强国志、报国行潜移默化地融入进学生的血液中,让学生最终可以意志坚定、激情澎湃地投入到建设社会主义现代化强国、实现中华民族伟大复兴的奋斗之中。

2. 专业理论学习方面

通过本思政案例分析帮助学生掌握国际货币及货币国际化的相关理论,并在此基础上理解中国在国际金融体系中的核心地位,以及人民币在国际货币体系中地位的日渐提升,坚定人民币终将成长为核心国际货币的信心。同时,为随后结合内外均衡理论和全球外部环境的现状,理解中国的经济政策稳定性和独立性打下良好的理论基础。

3. 科研方面

课程思政教育的不断渗透,可提高学生将国际金融理论与中国实际经济发展情况结合在一起的分析能力,将大幅提高研究的应用价值。通过深入的理论研究,可以解答中国货币崛起和国家崛起过程中遇到的很多问题。比如,人民币崛起的过程中,应该增持还是减持美债?在人民币崛起过程中外汇储备管理非线性方程解是什么?中国资本账户不断开放的过程中,国际收支管理应该在哪些方面进行改革?新冠疫情期间,中国所展示的大国姿态和全球经济发展定海神针的作用在多大程度上帮助了全球经济稳定复苏?

重归金融本质,防止经济脱实向虚

冯瑞河

一、西方"finance"与我国"金融"概念辨析

我国理论界长期以来都认为,金融学是从经济学当中分化出来的,金融理论是经济学的一个分支,作为"变异"的金融与作为母体的经济学有着密切的"遗传"渊源,有着紧密的联系。这种紧密联系的体现就是,金融自经济学母体中分化出来以后,形成了自己独特的运行规律和运作方式,有了自己的研究范围,但金融产生于经济,反过来又服务于经济,它是从金融角度来为母体服务。这便是通过一套精巧的机制安排,实现储蓄向投资的顺利、高效转化,最终实现资源的优化配置。"实现有限资源的优化配置"恰是作为母体的经济学的核心命题,也是我们要学习、研究经济学的主要原因。为此,我国学界一直将金融看作"资金融通"的简称,是有关资金在盈余单位和短缺单位之间的余缺调剂问题,资金余缺调剂的目的在于实现资源的合理分配。

大致从20世纪90年代开始,伴随着西方课程体系的引进和一些留学生,尤其是留美学生回归,给我们带来了西方的"finance",并且告诉我们,中国的"金融"与西方的"finance"不是一回事。自此开始,中国理论界一些人开始对多年来对于"金融"的认知产生了怀疑、动摇,学界逐渐向所谓的西方"finance"靠拢。更有甚者,有人极力割裂"金融"与"finance"的关联,断绝金融(finance)与实体经济的联系,认为自20世纪50年代西方"finance"进入所谓的"modern finance(现代金融)"以后,"finance"已经与经济学脱离。

虽然我们不能说西方的"finance"与我国理论界所说的"金融"是两个完全相同的范畴,得正视我国与西方在金融界定上存在的一些差异,但"finance"与"金融"的相通之处也是显而易见的。

随着人们对西方"finance"的了解进一步深入,东西方在"finance"或者是

作者简介:冯瑞河,首都经济贸易大学金融学院副教授,硕士生导师;主要研究领域:货币金融学。

"金融"的主流认识上并非像一些人说的那样"根本就不是一回事"。西方的"finance"同样认为"finance"解决的核心问题是资源的配置问题。例如，兹维·博迪(Zvi Bodie)和罗伯特·莫顿(Robert C. Merton)的《金融学》教材中就认为，"金融学(finance)是研究人们在不确定的环境中如何进行资源的时间配置的学科"。帮助人们完成决策的"金融体系(系统)包括股票、债券和其他金融工具的市场，金融中介(如银行和保险公司)、金融服务公司(如金融咨询公司)，以及监控管理所有这些单位的管理机构"[①]。由此可见，兹维·博迪和罗伯特·莫顿的金融定义与我国学者对金融的常规认识并不存在实质区别，其核心是"资金融通"或"资源配置"；不同的无非是兹维·博迪和罗伯特·莫顿在"资金融通"上加入了两个维度，即"不确定性因素"和"时间因素"。

与此同时，我们的确不得不承认西方有些学者对"finance"曾做出了"另类"的解释。史蒂芬·罗斯(Stephen A. Ross)在《新帕尔格雷夫货币金融大辞典》(The New Palgrave Dictionary of Money and Finance)中撰写"finance"词条时称："金融以其不同的中心点和方法论而成为经济学的一个分支，其中心点是资本市场的运营、资本资产的供给和定价。其方法论是使用相近的替代物给金融契约和工具定价。"[②]就该定义来看：①即使是"另类"的解释，它还是将金融(学)看作经济学的一个分支，如前所述，这是比较符合常理和普遍认识的；②它将金融问题仅限于资本市场上的问题未免太过狭隘和偏颇，有些以偏概全；③它对金融的认识是基于美英那种资本市场导向型的直接金融体系(系统)而得出的，否定了世界各国金融体系(系统)构造上的多样性，有些过于武断；④它是典型的20世纪50年代到90年代经典现代金融理论的观点。

二、西方货币金融理论的发展历程

理论界一般认为，以1952年美国金融学家哈里·马科维茨(Harry M. Markowitz)在《金融》杂志上发表《资产组合选择》(The Journal of Finance)一文为标志，西方货币金融理论可划分为所谓的传统(古典)金融理论和现代金融理论两个阶段。

20世纪50年代以前的传统金融理论囿于经济学理论，其研究的主要问题是金融(货币供给量变动)与实体经济增长之间的关系，涉及的内容除早期的货

---

① 兹维·博迪、罗伯特·莫顿,《金融学》,中国人民大学出版社2000年版,第4页。
② 彼得·纽曼、默里·米尔盖特、约翰·伊特韦尔,《新帕尔格雷夫货币金融大辞典》(第二卷),第27页。

币、信用、高利贷等现实问题之外,主要是金融体系安排对实体经济增长的作用机理方面的问题。该时期金融的最大贡献是为实体经济运行创造出了一套精巧的机制安排——金融体系(系统),金融体系(系统)的作用就在于低成本、高效率地实现储蓄向投资的顺利转化,实现有限资源的有效配置,熨平宏观经济运行中的波动,使一个经济体的实际经济增长率趋近其潜在经济增长率,从而提高短缺资源的使用效率。此时西方有关"finance"的研究,经济学家们关注的是"金融为实体经济服务"的问题。

1952年哈里·马科维茨发表的论文被一些人认为是传统(古典)金融理论向所谓现代金融理论转化的一个"光辉起点",同时也"真正"使金融从经济学当中独立出来,金融的"脐带"才被割断。

经典现代金融理论也被称为主流现代金融理论或者标准现代金融理论。该套理论体系以哈里·马科维茨的现代资产组合理论,尤金·法玛(Eugene F. Fama)等人的有效市场假说、完全理性假设等为基础,试图回答金融市场上微观投资者的问题"如何进行投资决策才是最优的"。为了解决金融市场上微观投资者的最优决策问题,构建这一理论体系的人们创建出了完美市场假定前提下的一系列模型,如资本资产定价模型、期权定价模型、套利模型、M-M定理等,并以此先后获得了诺贝尔经济学奖。自此以后,人们基本上不再以与实体经济紧密相联的资源配置问题为主要研究对象,而转向了对金融市场上微观投资者的投资行为及决策问题的研究。

三、从金融理论的异化到金融实践的异化

大致从20世纪90年代开始,基于史蒂芬·罗斯的"另类"金融定义一直被我国一些学者,尤其是大多数具有理工背景的金融学者们奉为"经典",视为"权威",从而成为对所谓现代金融的习惯性解释,并形成了金融理论(教学)上的异化现象,即罔顾经济金融现实,使金融专业培养越来越明显地背离为实体经济服务这个宗旨,逐渐变成了一个孤芳自赏、围绕"洋八股"式的所谓科研而运行的"独立领域"。

作为指导思想的金融理论的发展必然会影响到金融实践。20世纪70年代以来,伴随着经济自由主义思想的复活,发达市场经济国家纷纷放松对金融的管制,发展中国家、新兴市场经济国家、转轨国家先后进行了金融自由化的改革,大量的与所谓投资相联系的新型金融机构雨后春笋般地涌现出来,金融业得到了飞速发展。就连传统的银行也不得不适应形势,由原有的"银行账户"拓

展出了"交易账户",其业务也由资产负债表内逐渐转移到了资产负债表外,金融实践就这样逐渐被异化了。异化金融实践的最终结果便是经济活动的日益虚拟化,经济运行的人为操纵化和高风险化。

在国外,早在1994年,美国经济学家、政治家和教育家林顿·拉鲁什(L. H. LaRouche,Jr)就在《即将到来的金融市场崩溃》一文中提到,整个世界金融体系已经变成一座"摇摇欲坠的金融倒金字塔"[①];法国经济学家、诺贝尔经济学奖获得者莫里斯·阿莱(M. Allais)在1994年法国《世界报》的连载文章中指出,世界金融体系的发展趋势是"发疯",世界经济已经成为一个大赌场,在这个赌场中,每日金融交易与实际物品贸易有关的,不足2%;1995年6月15日至17日,于加拿大让·克雷蒂安新斯科舍省哈利法克斯召开的"八国集团"第21届高峰经济会议上,前法国总统雅克·勒内·希拉克(Jacques René Chirac)就曾预言,世界金融市场上存在一个庞大的投机泡沫,认为患了"金融癌症";美国《芝加哥论坛报》(*Chicago Tribune*)资深财经记者、杰出专栏作家理查德·隆沃斯(Richard C. Longworth)在《全球经济自由化的危机》一书中写道:"全球资金市场两个星期的交易量,就超过全世界每年贸易和投资之所需。另外50个星期的交易活动,全是投机。""投机性的经济活动,其规模是真正经济活动的12倍。"[②]

在国内,异化的金融认识把人们带入一个炒股票、炒债券、炒基金、炒期货……的金融世界,金融被浓缩为一个火热的"炒"字。由此,金融业成为一个最具魅力的热门行业,金融学成为现代经济学最热门的学科,金融逐渐失去其本义,人们趋之若鹜涌向金融,几乎都是看中了这个"炒"字,有相当多的人认为,经典的现代金融理论可以帮助我们实现既定风险下收益的最大化或者是既定收益下的风险最小化的理想目标,是我们"发财致富"的指路明灯,而忘却了金融的本质。一时间,券商、基金、股票、期货、互联网金融之类的金融名词漫天飞舞,货币资金空转,时至今日,甚至出现了明显的实物商品金融化、虚拟化的情形,从"豆你玩、蒜你狠、姜你军、苹什么、猪坚强……"等戏称中可略见一斑。面对近年来实体经济的下行压力、经济运行中存在的一些困难,加上中央政府相关政策安排所形成的外在约束,使得一些公司、企业,甚至一些地方政府不再专心制

---

① L. H. LaRouche,Jr. The coming disintegration of financial markets, EIR Volume 21, Number 26, June 24,1994,P24-37.

② 理查德·隆沃斯. 全球经济自由化的危机[M]. 应小瑞,译,北京:生活·读书·新知三联书店,2002.

造业,远离实体经济,热衷于资本炒作,并将触角伸入社会生活的方方面面,不仅制约了我国实体经济的发展,而且扰乱了市场,滋生出一些社会性的问题。有些人可能认为这样的"金融"带来了社会经济的繁荣,但我们必须清醒地认识到,投机炒作就像凯恩斯所讲的,它是一种非生产性的投机性努力,是对既定财富的再分配,并不能创造财富,能够为社会带来财富的最终还是实体经济。

四、思政价值

面对我国经济社会中出现的上述现实问题,中央政府高瞻远瞩、居安思危,在 2017 年的《政府工作报告》中明确提出,要促进作为金融体系重要组成部分的金融机构突出主业、下沉重心,增强服务实体经济能力,坚决防止脱实向虚。

基于中央政府相应的政策安排,我们有必要认清金融的本质,明确金融的根本是资金的融通、配置,金融的运行是为实体经济的发展服务。同时,我们应该认识到经济"脱实向虚"的原因虽然有很多,但自 20 世纪 90 年代以来异化的金融思潮难辞其咎。我们在学习和研究过程中,必须从整个经济发展的高度来思考问题,与中央政府的相关政策导向相契合,重归金融本质,防止经济脱实向虚,遏制过度的与实体经济脱节的所谓"创新"行为和资本炒作行为,把有限的资源引导到实体经济中来,实现虚拟经济与实体经济的协调发展。

金融学课程之金融监管思政案例

王姝勋

一、课程思政元素发掘

(一)元素1:展现中国金融监管对中小投资者的保护举措,向学生传递"以人民为中心"价值观

我国拥有全球规模最大的公众投资者群体,金融市场的稳定发展直接关乎亿万家庭、数亿群众的切身利益。中国金融监管政策处处体现人民性,切实保护投资者的各项合法权益。本节课在讲解金融监管的手段和方法时,教师将重点展示我国金融监管部门如何在金融改革、监管执法过程中积极保护中小投资者的合法权益,满足广大人民群众的财富管理需求,向学生传递"以人民为中心"的价值观。

(二)元素2:回顾中国金融监管的发展历程和改革成就,引导学生坚定"四个自信"

本节课在讲解金融监管体制时,教师将带领学生一起回顾我国金融监管的发展历程,以及取得的举世瞩目的改革成就,向学生展示中国金融监管部门在防范和化解重大金融风险、探索金融科技、应对重大突发事件等方面的中国故事,以此体现中国制度的优越性,培养学生的民族自豪感,引导学生坚定"四个自信"。

(三)元素3:借助案例分析对学生进行正面引导和反面警示,教育学生恪守职业道德

在学习了金融监管原理、金融监管体制以及金融监管举措等基础知识后,教师会运用金融市场的典型案例,如獐子岛事件、中证投服证券支持诉讼、康美集体诉讼案等,对学生进行正面引导和反面警示,提高学生的职业道德素养。

作者简介:王姝勋,经济学博士,首都经济贸易大学金融学院副教授;主要研究领域:公司金融、企业创新。

在案例讨论分析中,引导学生树立诚信意识,形成优良的精神底色,教育学生在今后的金融从业工作中恪守职业道德。

二、教案设计

(一)教学目标

本次课程的学习,旨在使学生了解金融监管的原理,理解金融监管的必要性,掌握金融监管体制的发展与变迁,学会应用法律手段、经济手段和行政处罚手段实施金融监管。

(二)教学内容

本次教学内容主要包括三个部分:
(1)金融监管原理:概念、必要性和作用;
(2)金融监管体制:构成、模式和发展演变;
(3)金融监管实施:手段、方法与内容。

(三)融入课程思政所采用的教学手段与方法

1. PPT 讲解,言传身教、潜移默化

在讲解金融监管原理、金融监管体制和金融监管实施等内容的过程中,将中国故事、中国元素以及中国制度融入其中,潜移默化地教育学生,在无形中培养学生的爱国意识和民族自豪感。

2. 观看金融监管改革、金融市场重大案件等相关新闻视频报道

课程运用多媒体技术(如观看视频),将知识由静转动、由平面变立体,调动学生学习积极性。在观看视频后,结合小组讨论和启发式提问,提高学生发言的主动性,营造积极热烈的课堂氛围。

3. 典型案例分析讨论,引导学生树立良好的金融职业道德观

结合授课内容,依次指导学生阅读案例一:以人民为中心的中国特色投资者保护制度、案例二:中国金融监管的改革成就、案例三:"零容忍"打击证券违法行为,并通过对案例进行详细分析讨论,对学生进行正面引导和反面警示。在案例讨论分析中,引导学生树立诚信意识,形成优良的精神底色,提高学生的职业道德素养。

(四)教学过程

教学过程见表1。

表 1 教学过程

教学要求	教学内容	教学手段与学生活动
带领学生回顾已学内容,明确本节内容在整体知识框架中所处的位置,使学生能够将已学知识与将学知识建立联系	(一)导言:上节课程内容回顾与本节课程内容导入 1. 回顾已学内容,引出本节内容。 简要回顾上节课内容:此前章节学习了金融市场、金融机构、利率等相关知识,强调了理论上的有效金融市场如何发挥资源配置优化的功能。 引出本节课内容:在现实中,金融市场的不完全性及其带来的市场失灵,需要政府采取必要措施对金融机构和市场体系进行合理干预和外部监管。当下,科学技术的飞速发展和金融创新的不断涌现,使得金融监管的重要性日益突出。 2. 本节内容概览。 第一部分:理解金融监管的原理。 第二部分:掌握金融监管体制的发展与变迁。 第三部分:如何应用法律手段、经济手段和行政处罚手段实施金融监管	1. 教师讲解和启发式提问,帮助学生回顾上节课内容,并导入本节课内容,提升学习积极性。 2. 此部分内容融入课程思政所采用的教学手段与方法:言传身教、潜移默化
讲解金融监管的基础概念和经济学理论,帮助学生夯实理论基础。观看新闻视频,导入金融监管作用相关教学内容。	(二)金融监管原理 1. 金融监管的概念。 广义的金融监管既包括一国的金融监管当局对金融体系的法定监管,也包括各金融机构的内部控制、同业自律性组织的监管、社会中介组织的监管等。 狭义的金融监管指一国的金融监督管理当局,依据法律法规的授权对金融业实施的监督管理。 金融监管包括三个基本要素:监管主体、监管客体和监管工具。 2. 金融监管的必要性。 从金融体系的外部性特征出发,对金融监管的必要性进行分析。 (1)金融体系的正外部性。金融体系的正外部性指的是金融体系作为一个公共品,其正常运行对整个实体经济运行有较大的益处。金融安全是国家经济安全的核心,要维护国家经济安全,必须高度重视金融安全,金融监管不可或缺。 (2)金融系统的负外部性。金融业是一个特殊的高风险行业,金融体系的负外部性表现在金融体系运行中的风险和内在的不稳定性会严重影响实体经济的发展。金融危机的发生会传导到实体经济中的各个方面,而带来全面的经济衰退和社会动荡。这也使得金融监管的必要性更加突出。 3. 金融监管的重要作用。 (1)维护社会公众的利益。	1. PPT 展示、内容讲解和启发式提问。紧扣教学大纲要求,让学生深入理解掌握金融监管的概念、必要性和作用。

续表

教学要求	教学内容	教学手段与学生活动
分析典型案例,向学生传递金融监管以人民为中心的价值观	(2)防范金融风险的爆发。 (3)促进金融发展更好地服务实体经济。 思政元素融入:展现中国金融监管对中小投资者的保护举措,向学生传递"以人民为中心"价值观。 在讲解金融监管可以发挥维护社会公众利益的作用时,带领学生观看新闻视频并开展案例分析小组讨论。 (1)观看新闻视频。 (2)开展案例分析,小组讨论。 借助案例一:以人民为中心的中国特色投资者保护制度,小组讨论我国金融监管对社会公众利益的维护	2. 视频播放。根据新闻中有关我国金融监管保护中小投资者权益的报道,引出本部分知识点。 3. 案例分析讨论。组织学生阅读案例一:以人民为中心的中国特色投资者保护制度,展现中国金融监管以人民为中心的价值观
	(三)金融监管体制	
讲解金融监管体制的构成、模式和发展变迁。	1. 金融监管体制的构成: (1)金融监管当局。 (2)金融监管对象。 2. 金融监管体制的模式: (1)功能监管。 (2)机构监管。 3. 西方等发达国家金融监管体制的发展变迁: (1)西方等发达国家金融业经营模式的发展演变。 (2)西方等发达国家金融监管体制的发展演变。 4. 中国金融监管体制的发展变迁: (1)中国金融业经营模式的发展演变。 (2)中国金融监管体制的发展演变。 思政元素融入:回顾中国金融监管的发展历程和改革成就,引导学生坚定"四个自信"	

续表

教学要求	教学内容	教学手段与学生活动
对比分析我国和西方等发达国家在金融监管体制建设方面的异同。 案例阅读中国金融监管的发展历程和改革成就,引导学生坚定"四个自信"	在讲解中国金融监管体制的发展变迁时,导入案例二:中国金融监管的改革成就。带领学生一起回顾我国金融监管的发展历程和举世瞩目的改革成就,讲解中国金融监管部门在防范和化解重大金融风险、探索金融科技、应对重大突发事件等方面的中国故事。培养学生的民族自豪感,引导学生坚定"四个自信"	1. PPT展示、内容讲解和启发式提问,帮助学生掌握金融监管体制的构成、模式和发展变迁。 2. 案例阅读。回顾我国金融监管的发展历程和举世瞩目的改革成就,培养学生的民族自豪感
	(四)金融监管的实施	
观看新闻视频报道,引入本部分有关金融监管手段和方法的相关内容。 重点讲解金融监管的手段和方法,以及银行业监管和证券业监管的主要内容。	1. 金融监管的实施:手段和方法。 2. 银行业监管。 (1)市场准入监管。 (2)日常经营监管。 (3)市场退出监管。 3. 证券业监管: (1)对证券机构的监管。 (2)对证券市场的监管。 (3)对上市公司的监管。 思政元素融入:借助案例分析对学生进行正面引导和反面警示,教育学生恪守职业道德。 在学习了金融监管原理、金融监管体制以及金融监管举措等基础知识后,教师将带领学生一起观看新闻报道,并学习案例三:"零容忍"打击证券违法行为。 (1)观看新闻报道。具体包括: ①獐子岛扇贝跑路事件。 ②康美药业证券纠纷案。	

续表

教学要求	教学内容	教学手段与学生活动
借助案例讲解,对学生进行正面引导和反面警示,教育学生恪守职业道德	(2)案例分析、小组代表发言。 通过对"獐子岛扇贝跑路事件"的分析讨论,引导学生重视科技手段在金融监管应用中的重要性。 通过对"康美药业证券纠纷案"的分析讨论,对学生进行正面引导和反面警示,引导学生树立诚信意识,提高学生的职业道德素养	1. 视频展示。观看"獐子岛扇贝跑路事件"新闻报道中对新兴科技手段应用于金融监管的视频展示,引出本部分学习内容。 2. PPT展示、内容讲解。 3. 案例分析,小组讨论发言。组织学生分小组进行案例讨论。在"獐子岛扇贝跑路事件"分析中,展示科技手段在监管应用中的重要性。在"康美药业证券纠纷案"分析中,对学生进行正面引导和反面警示,教育学生恪守职业道德
	(五)课程总结	
巩固本节课程内容,构建知识框架,突出重点	对本节课程的主要内容进行回顾,包括核心概念和关键内容,帮助学生理解国家的金融监管政策	运用简明的语言强化对本节重点内容的记忆,引导学生更好地理解国家的金融监管政策

三、教学效果分析

在课程思政方面,本节课主要实现以下三点教学成效:首先,引用中国故事将金融学讲授的具有中国特色和中国意识。其次,展示我国政府如何在金融监管过程中,保护中小投资者的合法权益,向学生传递"以人民为中心"的价值观。最后,借助案例分析对学生进行正面引导和反面警示,教育金融学专业学生恪守职业道德。

红色金融实践与商业银行经营管理

张 路

一、课程简介

货币金融学是金融学专业的必修理论基础课,也是其他经管类专业的必修或选修专业课之一。本课程的教学任务在于将学生引入正式的金融学理论体系之中,培养具有坚定政治立场,系统性掌握金融学科专业知识,同时具备宽广知识面和较强实践技能的金融学专业人才。通过本课程的学习,学生未来有能力在商业银行、证券公司、保险公司等金融机构从事管理工作,或者在研究机构、高等院校从事金融理论与政策研究。

本课程的教学要求是:在新时代思政课程建设的大背景下,积极探索将思想政治内核融入我校金融学核心课课堂教学全过程的理论和实践,实现打造一流金融学科的目标。具体包括:深入挖掘课程中所蕴含的思想政治教育资源;在授课形式和教学手段方面进行创新,在授课全过程纳入思政教学内容。创新课程考核方式,检验思政教学效果。最终,在培养学生扎实金融学学科知识的同时,切实提高学生的中国特色社会主义道路自信、理论自信、制度自信、文化自信。

本课程共 64 学时。这一课程理论性与应用性兼具。学生在修读本课程之前应已学习高等数学、线性代数、概率论与数理统计等学科基础课和经济学原理、会计学等专业课。

二、思政元素

(一)元素 1:中国历史中已经产生了现代金融中介机构的雏形

中国历史上的信用行为发端于先秦时期,在秦汉唐宋不断发展,并在明清时期产生了具有现代商业银行特征的金融中介机构的雏形。典型的金融机构

作者简介:张路,经济学博士,首都经济贸易大学金融学院副教授;主要研究方向:家庭金融、宏观金融、房地产金融。

包括典当行、钱庄(银号)、票号等,主要业务包括钱币兑换、存款、贷款和汇兑业务。这些具有中国特色的金融中介机构在发展市场经济方面发挥了重要的作用。但鸦片战争之后,列强打开中国国门,外国金融机构涌入中国,并凭借着雄厚的资本和各种特权挤压中国民间金融中介的生存空间,最终导致这些本土机构的衰落。

(二)元素 2:以史为鉴,充分警惕帝国主义对中国人民的金融掠夺

鸦片战争之后,帝国主义国家通过在中国设立银行,掌握政府存款、发行纸币、操纵国际汇兑,控制中国贸易和金融市场。帝国主义在华金融机构还积极通过金融手段操纵从通商口岸直到乡村的盘剥网,这些行为都严重损害了中国的金融主权。

(三)元素 3:树立"坚持党对金融工作领导"的正确观念

中国共产党从大革命时期就开始组建各种类型的金融机构,并且在革命斗争和社会主义建设时期一直坚持对金融工作的全面和正确领导。这是我国金融事业能够实现长期稳定发展的根本保证。

(四)元素 4:提炼革命战争时期的"红色金融"智慧

在革命斗争时代,我党在各个解放区设立的金融机构面对国民党反动派和日寇的疯狂围剿,运用独特的红色金融智慧,发展生产,发行公债,保障解放区币值稳定。这有力地支援了前线的军事斗争,获得了广大人民群众的支持,巩固了革命政权,为夺取革命的最终胜利发挥了不可替代的作用。

(五)元素 5:引导学生领会"金融服务实体经济"的重要观念

我党领导的金融事业始终坚持"金融服务革命战争,服务实体经济"的原则,这与西方资本主义国家金融市场盲目逐利、投机盛行的状况截然不同。

三、教案设计

(一)教学目标

教学目标设定为专业知识延伸、思政元素融入。

1. 要实现知识延伸

在本课程前二章中,学生已经对整个金融体系有了总体的认识。第二章到第七章主要向学生介绍有关直接融资市场的相关知识,包括债券市场,股票市场,外汇市场。第八章从经济学理论出发,分析直接融资市场存在的缺陷,并由此引出金融中介机构(商业银行)存在的必要性。

在本课程教学中,我们首先介绍介绍商业银行资产负债表,这部分知识构成了之后分析的基本工具。随后,我们通过数字,举例分析商业银行的基础业务——资产转换。接下来,我们逐一介绍商业银行管理的"五大原则":流动性管理、资产管理、负债管理、资本充足性管理、风险管理。以上就是本课程的主要知识结构。

2. 寓思政教学于专业教学之中,提升学生思想政治站位

我党在长期的革命斗争中开展了大量的"红色金融"活动,其中大部分是通过其建立和领导的根据地金融机构实现的,这为我们在本课程的教学中有机融入思政教育元素,提高学生思想政治水平提供了良好的契机。比如,在讲解商业银行基本业务时,我们可以介绍中国历史上的金融中介机构(钱庄、票号)的经营情况,以及近代以来帝国主义在华金融机构对中国人民进行的剥削;在介绍流动性管理原则的时候,可以向学生介绍我党各根据地金融机构实施准备金制度,放开自由兑换,稳定根据地货币币值的案例。通过有机融入思政教育元素,本次课程的教学能够有效提升学生们的思想政治站位。

(二)教学内容

1. 教学内容

简要复习之前学习的有关金融市场、金融工具(债券)的相关知识,并通过回顾第八章金融机构经济学分析中有关信息不对称理论的介绍,阐述金融中介机构(商业银行)产生和发展的必要性,以及其在整个金融体系中的地位,引出本章知识的逻辑起点。

2. 教学设计思路

教学设计思路见表1。

表1 教学设计思路

10.1 商业银行的资产负债表
10.1.1 资产负债表总览
10.1.2 银行资产
10.1.3 银行负债

续表

```
10.1.4  课堂练习
10.2 银行基本业务
  10.2.1  资产转换业务
  10.2.2  思政案例:中国历史上的金融中介
  10.2.3  思政案例:帝国主义国家在华金融机构对中国的金融掠夺
10.3 银行流动性管理原则
  10.3.1  准备金的作用
  10.3.2  商业银行应对流动性缺口的4种工具
  10.3.3  思政案例:革命战争时期的"红色金融"智慧
10.4 商业银行资产管理原则
  10.4.1  资产管理的目标
  10.4.2  资产管理的方法
  10.4.3  思政案例:红色金融机构对根据地经济建设的金融支持
10.5 商业银行负债管理原则
  10.5.1  负债管理兴起的背景
  10.5.2  负债管理的基本内容
  10.5.3  案例分析:负债管理的中国实践——以"同业存单"为例
10.6 资本充足性管理原则
  10.6.1  维持资本充足率的作用
  10.6.2  巴塞尔协议简要介绍
  10.6.3  思政案例:党对金融工作领导
10.7 银行风险管理原则
  10.7.1  信用风险管理:原则,工具
  10.7.2  利率风险管理:原则,工具
  10.7.3  操作风险管理
```

(三)思政引入

1. 元素1:中国历史中已经产生了现代金融中介机构的雏形

中国历史上的信用行为发端于先秦时期,在秦汉唐宋不断发展,在《周礼》中已经有政府借贷机构"泉府"的记载。唐宋时期,无论是私人还是政府的信贷业务都很发达。私人放款业务的供给方主要是富商,而政府放款沿用了公廨本钱的方式,并形成了一种经常性制度。提供存款服务的主要是寺院,并且诞生了世界最早的支票型信用工具——"书帖"。北宋王安石变法规定的"市易法"和"青苗法"中也规定了对民间发放抵押贷款和农业贷款的内容。

明清时期,中国产生了具有现代商业银行特征的金融中介机构的雏形。典型的金融机构包括典当行、钱庄(银号)、票号等。以典当行为例,康熙三年,全

国有大小典当行2万多家。其业务不仅局限于抵押贷款(典当放贷),还包括信用贷款、存款和货币兑换业务。由于典当行重要的金融影响,清政府曾经试图拨白银给它们充作资金,并通过典当行吸收铜钱送往官钱局,以便评级钱价。可见,典当行已经能够承担政府推行货币政策的工具。另一种典型的金融中介机构是票号。它的产生源于商人在不同地区进行贸易时的资金汇兑需要。自乾隆年间山西商人创建第一家票号之后,这种机构很快风靡全国。

但鸦片战争之后,列强打开中国国门,外国金融机构开始涌入中国,并凭借着雄厚的资本和各种特权挤压中国民间金融中介的生存空间,最终导致这些本土机构的衰落。

2. 元素2:以史为鉴,充分警惕帝国主义对中国人民的金融掠夺

鸦片战争之后,帝国主义国家通过在中国设立银行,掌握政府存款、发行纸币、操纵国际汇兑,控制中国贸易和金融市场。外国银行利用中国的钱庄和买办,向小手工业者和农民推销高利贷,最终形成了高利贷盘剥网络,使得外国银行能够轻易通过调整利率操纵市场,获取高额利润。

帝国主义列强还通过货币贬值的金融手段大幅倾销工农产品,转嫁经济危机。1934年,美国实行白银政策,人为提高白银收购价格,导致中国国内白银多数外流,国内银价上涨,通货紧缩,农产品价格大跌。这导致国民政府被迫将原有的白银本位制转变为钉住英镑的本位制,从而丧失了部分的货币主权。

除了金融机构,在华帝国主义其他机构和个人也趁机对中国农民进行直接的高利贷盘剥。据《中国近代农业史资料》记载,山西没有一个教堂不放高利贷。晋西当地的银号用30%~40%的年利率向当地一家教堂和医院借款,再以60%的年利率借给贫苦农民。所以,教堂的牧师和医院的医生来山西不到10年便成了富翁。

3. 元素3:树立"坚持党对金融工作领导"的正确观念

从大革命时期的衙前信用合作社、浏东平民银行,到土地革命时期的井冈山红军造币厂和苏维埃共和国国家银行。我党在进行革命斗争的同时一直高度重视金融工作,并且一直坚持对于金融工作的全面和正确领导。

毛泽东同志在1928年10月为中共湘赣边界第二次代表大会撰写的决议中首次告诫党要重视经济问题、解决经济问题,否则根据地将要遭到很大的困难。1933年8月,毛泽东在《必须注意经济工作》讲话中对经济战线的理念和思路再次做出及时回应,"革命战争的激烈发展,要求我们动员群众,立即开展经济战线上的运动,进行各项必要和可能的经济建设事业。号召群众购买公

债、发展合作社、调剂粮食、巩固金融、发展贸易,号召他们围绕这些口号而斗争,把群众的热情提高起来"。

在党中央和毛泽东同志的高度重视下,中华苏维埃共和国在诞生伊始,就决心在苏维埃区域内创建独立自主的统一金融体系,并建立自己的国家银行。1932年2月1日,在敌军围困的战争环境中,中华苏维埃共和国国家银行在瑞金宣告成立。国家银行在苏区的主要工作包括:①集中货币发行权,发行以银圆为本位的可兑换货币;②想方设法开源节流,充实国家银行资金实力;③建设统一的货币体系,科学管控发行量和流通量;④发行经济建设公债。这标志着中国新民主主义和社会主义金融事业的重大进展。

长期的革命斗争实践有力的证明,坚持党对金融事业的领导是我国金融事业能够实现长期稳定发展的根本保证。

4. 元素4:引导学生领会"金融服务实体经济"的重要观念

我党领导的金融事业始终坚持"金融服务革命战争,服务实体经济"的原则,这与西方资本主义国家金融市场上盲目逐利、投机盛行的状况截然不同。

在我党1937年长征胜利到达陕北并成立边区政府之后,原中华苏维埃人民共和国国家银行西北分行更名为陕甘宁边区银行。在随后开展的反围剿和抗日斗争中,边区银行积极开展贷款业务,支援工农业生产。

支持农业生产方面:到1942年边区银行农贷业务有了相当大的发展,农贷重点支持群众购买耕牛农具、植棉及棉花青苗等,一年放款总额达800万元,占当年生产建设贷款总额的50%。

在工商业贷款方面:边区银行主要贷款对象是工业企业,兼顾私营与私人小商品经济。1941—1942年,边区银行对难民纺织厂、化学工厂等六家国营骨干企业投放贷款总额达600万元以上;到1945年6月,边区商业贸易贷款高达8 010万元,有力支持了边区经济建设和工商业发展。

(四)教学手段与方法

1. 教学方法

针对"知识延伸""思政融入"两个层次的教学目标,本课程主要采用问题导向的启发式和互动式教学方法。在教学过程中,教师的理论讲解伴随着学生的小组讨论、观看短视频、课堂展示,使同学们深刻领会商业银行业务、管理原则及其所蕴含的思政元素。

2. 教学手段

采用多媒体课件、短视频与传统板书相结合的方式进行教学活动。多媒体教学形象生动、信息丰富,学生易于接受,主要用于基础知识的讲授。多媒体教学本身就是对学生知识的一种拓展,可以多层次地加大传授给学生的信息量。期间,通过"启发式"的问题引导,加深学生对本节课重点和难点的理解。板书在讲授一些特定知识点(如资产负债表结构、银行的流动性管理)时,具有形象直观、互动性强的优势。

(五)教学效果分析

商业银行在整个金融体系中处于核心位置,可在拥有生产性投资机会的借款者资金融通方面发挥重要作用。这些金融活动在保证金融体系和整个经济平稳有效运行方面也是十分重要的。本章的教学,可以帮助学生系统了解商业银行的基本业务,掌握商业银行管理的"五大"基本原则,了解商业银行所面对的各种不同种类的风险、风险的测算方法和管理原则,最后了解商业银行的表外业务。此外,通过课堂教学中对于思政元素的讲解和学生的自主学习,我们在潜移默化中培育大学生的思想意识,实现金融教学中思政内容"进教材、进课堂、进头脑",寓价值观于知识传授和能力培养之中,帮助学生塑造正确的世界观、人生观、价值观,增强学生对党的理论的政治认同、思想认同、情感认同,坚定中国特色社会主义道路自信、理论自信、制度自信、文化自信。

"思政飘香"下的中央银行
——红色金融的钱袋子[①]

李 雪

一、课程简介

金融学的前身是货币银行学、货币金融学,是高等财经院校金融学、金融工程学、投资学、保险学等金融类专业的必修课程,也是高等院校经济管理类专业的学科基础课。

1978年恢复招生以来,首都经济贸易大学金融学专业一直开设此课,至今已有40多年历史,是学校历史最悠久的课程之一。授课对象主要为本科生,每年的授课人数500人以上。授课教师梯队合理、经验丰富,教学效果良好。首都经济贸易大学坚持"立足北京、服务首都、面向全国、走向世界",加快建设"国内一流、国际知名"财经大学。金融学专业生源质量好,高考成绩通常处于所在省份的前10%。金融学专业的目标是培养具有国际视野的创新型、复合型高层次金融人才。

金融学作为金融学专业8门核心课程之一,以一流本科课程为目标,通过线上线下结合、课堂内外结合、教师和学生结合、阅读和练习结合等方式,不断创新教学内容和方式,实现创新性、高阶性和挑战度的有机统一。课程将为学生构建完整的金融学知识框架,使学生形成对金融体系、金融市场、金融机构、金融监管、货币理论、货币政策、国际金融等重要知识的系统认识,具有对金融现象、金融政策进行独立分析和判断的能力。

二、课程思政元素发掘

习近平总书记在全国高校思想政治工作会议中强调,"所有课堂都有育人功能,不能把思想政治工作只当作思想政治理论课的事。要把做人做事的基本道理、把社会主义核心价值观的要求、把实现民族复兴的理想和责任融入各类

[①] 基金项目:本文受首都经济贸易大学2024年校级金融学线下课程建设项目的资助。
作者简介:李雪,首都经济贸易大学金融学院副教授;主要研究方向:宏观金融。

课程教学之中,使各类课程与思想政治理论课同向同行,形成协同效应"。为在专业课程中有机融入思政元素,对学生进行潜移默化的思政影响,首先要深度挖掘、重新认识、仔细梳理专业课程中的思政元素。

金融学课程以开放经济为背景,以实体经济为基础,以货币经济为核心,为学生打开全球一体化的国际视野。课程内容分五大模块,即导论、金融市场、金融机构、货币理论与政策、国际金融。

▷导论部分,讨论为什么研究货币、银行与金融市场,简述金融体系的运行,回顾货币演变的历史,明确货币的定义、职能和层次。

▷金融市场部分,讨论利率的计算、决定和结构,分析股票市场和金融衍生工具。

▷金融机构部分,关注金融机构、银行的经营管理、监管,以及金融危机的来龙去脉。

▷货币理论与政策部分,介绍货币理论与政策,重点分析货币需求与货币供给、中央银行的职能与独立性、货币政策对于调节经济的作用原理、传导机制和效果等基础知识。

▷国际金融部分,讨论汇率的决定、外汇市场运行和国际金融体系的最新动态。

表1所示为金融学这门专业必修课程中对思政元素的挖掘与梳理。

表1 思政元素融入方案

序号	授课要点	思政元素融入点与预期成效	授课形式与教学方法
1	金融体系的含义、功能,分析金融体系的构成要素与运行	金融是实体经济的血脉:为实体经济服务是金融的天职,是金融的宗旨,也是防范金融风险的根本举措	资料检索课堂讨论
2	为什么学习金融市场?	信息披露,内幕交易危害;树立大学生法治思维;金融危机	课堂授课拓展视频
3	货币的功能与货币层次	金融强国,责任、担当;交易成本、交易效率、公平交易;红色货币	课堂授课拓展视频
4	信用制度与信用工具	健全人格,诚实守信;储蓄与价值观、优秀传统文化的认同和坚持	热点讨论观看视频

续表

序号	授课要点	思政元素融入点与预期成效	授课形式与教学方法
5	利率的风险结构	强调要格外小心、审慎管理金融风险;金融交易避险与投机功能的把握;民间金融	案例分析 教学实践
6	利率与收益率曲线	金融强国;积极参与全球经济金融治理,有助于进一步放大我国的"金融稳定器"作用	案例分析 拓展阅读
7	股票市场	破解之策:坚定不移推进金融改革开放;对系统性金融风险的认识	拓展视频 课堂讨论
8	金融衍生工具	金融创新的积极作用;构建普惠金融体系的重要性	课堂讨论
9	信息不对称与金融结构	互联网金融业务更加复杂,风险传染性更高;金融监管	案例分析
10	银行风险管理与金融危机	"六稳"中的"稳金融",充分体现了金融的稳定对于国家发展的重要意义;包商银行、海南发展银行破产	案例分析 拓展视频 课堂讨论
11	货币供给与需求	掌握金融体系运行的基本规律	课堂授课
12	货币政策传导与货币政策工具	为缓解小微企业融资困境,理解结构性工具对降成本的重要意义	拓展视频 课堂讨论
13	金融监管与信息不对称	正确认识国家的经济政策;P2P的监管	案例分析 课堂讨论
14	国际金融体系与人民币国际化	"两个一百年"奋斗目标和中华民族伟大复兴的中国梦离不开强大的金融能力;构建人类命运共同体	课堂授课 课堂讨论
15	外汇市场与汇率制度	东南亚金融危机与稳定人民币币值;制度自信	小组讨论 案例分析

三、教案设计

(一)教学目标

教学过程中,教师在讲授"思政飘香"下的中央银行教学单元内容中,主要讲授中央银行货币发行功能的基本概述、货币发行的基本原则和货币发行的应用与启示。在介绍中央银行发行功能的具体知识要点基础上,通过挖掘红色资源蕴含的思政教育元素,与教学知识点的无缝衔接,创新思政教学"有机融入"思维,每讲教学内容固定导入金融新闻或者红色金融素材,把做人做事的基本道理、社会主义核心价值观的要求、实现民族复兴的理想和责任融入教学,使学生能够在丰富多彩、有血有肉的感性材料中步入理性知识的殿堂,在"润物细无声"的知识学习中融入理想信念层面的精神指引。具体包括以下三个层次(见图1):

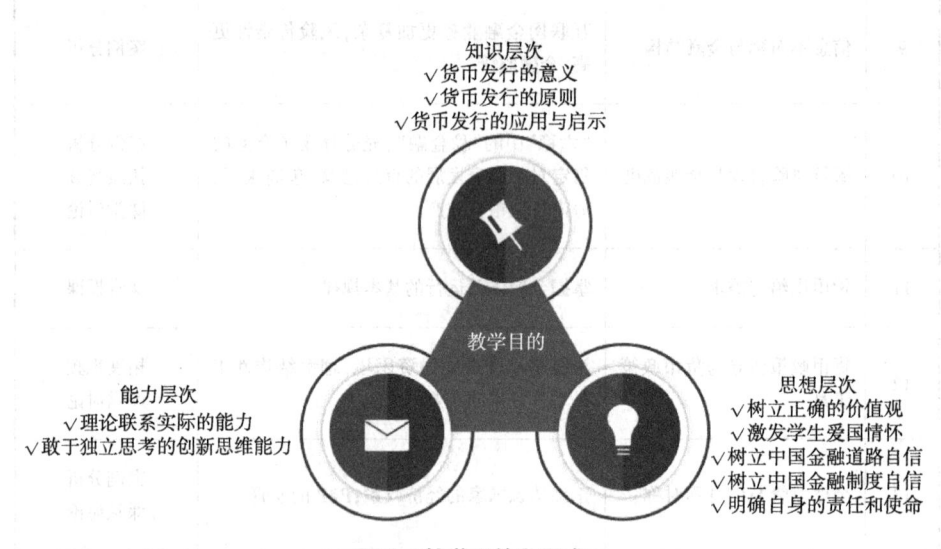

图1 教学目的和要求

知识层次
√货币发行的意义
√货币发行的原则
√货币发行的应用与启示

能力层次
√理论联系实际的能力
√敢于独立思考的创新思维能力

思想层次
√树立正确的价值观
√激发学生爱国情怀
√树立中国金融道路自信
√树立中国金融制度自信
√明确自身的责任和使命

教学目的

1. 知识层次

通过本节课的学习,掌握中央银行产生最重要的基础是货币发行这一重要概念,了解货币发行的原则与应用,并通过实验讨论与案例分析等方式帮助学生理解统一货币、币值稳定的重要性,同时让学生们认识到信用是金融的核心,牢记金融立足实体经济、服务实体经济的本质。

2. 能力层次

通过知识的学习，充分理解国家层面货币发行的动因以及相关措施，并培养学生将其转化到实际应用中的能力。在教学中，让学生通过实验讨论与互动，从运用金融、适应并服务经济的角度，培养学生理论联系实际和敢于独立思考的创新思维能力。

3. 思想层次

在掌握专业知识和技能的同时，充分认识币值稳定对人民生活的重要意义，引导学生理解国家层面的价值目标；导入惊心动魄的红色金融故事，引导学生了解中国金融改革之路并非一帆风顺，中国金融还有很长的一段路要走，激发同学们的爱国情怀；导入数字人民币的发行和试点的中国金融故事，引导学生洞悉金融发展背后的创新动力，明确自身的责任和使命，着力培养创新思维和意识。

各种思政元素通过专业课堂渗透给学生，培养学生以宏微观经济视角观察经济金融问题的能力，树立中国金融道路自信、理论自信，激发学生投身于实现中国金融梦的伟大事业中。

(二) 教学内容

1. 教学重点、难点

1) 教学重点

重点 1：我国中央银行存在的重要意义；

重点 2：货币发行的功能；

重点 3：货币发行的原则。

2) 教学难点

难点 1：理解货币与通货膨胀的关系；

难点 2：理解"金融活、经济活，金融稳、经济稳"的金融本质。

2. 授课方法和教学手段

1) 课堂平台融入思政

"有机融入"课程思政教学模式的实施是金融学专业课程与思政教育结合的关键方法，将专业课程教学与思想政治教育充分结合，将教书育人的内涵落实在课堂教学主渠道，从而突出专业课程的育人价值。在实施这一教学模式时，关键是要将课程内容的优势和特色挖掘出来，将"讲好中国金融学"作为金融学课程思政教学改革的思路和理念，把价值观的培育和塑造"有机融入"专业课程教学的全过程。这一点在说课部分会详细进行介绍。

2) 实践平台扩展思政

课堂上的实践平台主要是改变单纯灌输式的教学方式，更多采用启发式和互动式等教学方法"多措并举"。

(1) 为了讲好与思政元素相对应的专业知识，在实施"有机融入"思政教学模式时，运用多媒体演示、视频播放和板书相结合的方式，作为专业课程思政的载体，将思政元素具体化。

(2) 为了让学生理解货币与通胀的关系，教师通过列举滥发货币、超发货币导致极度恶性通胀国家的案例，透过具体国家的统计分析数据和当地人民生活的现状，通过真实事件进行延伸，加深对货币发行的认识，引发学生对问题实质的认识和思考。

(3) 通过启发式提问、实物展示以及集体实验讨论等互动方式，帮助学生复习已经学过的知识，并产生对新知识的兴趣。同时，鼓励学生自己课下思考和总结，通过课后阅读材料，思考问题与查找相关作业答案，复习、体会课堂上讲授的知识内容。

3) 网络平台助学思政

金融学课程思政建设中要充分利用"网络化、数字化、智能化、个性化"的互联网+技术。

(1) 采取学习通 App，实现教师和学生一对多的交流，推送的教学资料特别聚焦国内国际重大金融事件报道和解读，为课堂讨论、教学内容的讲授做前期的预热。通过网络推送课程资源、课程思政知识测验等，引导学生定制个性化学习方案，拓展学生自主学习维度。

(2) 以主流财经新闻媒体为媒介，引导学生课前、课后关注最新的中国金融故事，学会用金融理论解释现实世界中正在发生的金融故事，有意识地引导学生坚定"四个自信"。

3. 教学过程

根据教学要求以及教学设计思路，在课程的各个小环节融入思政元素，本着发现问题、分析问题和解决问题的课程目的，在增强学生学习效果、培养学生学习能力的基础上，在潜移默化中最大限度地接收、思考和感悟思政元素。具体的教学安排见表2。

"思政飘香"下的中央银行——红色金融的钱袋子

表2 具体课程流程

教学要求	教学内容	教学设计	思政意图
	"思政飘香"下的中央银行——红色金融的钱袋子		
	课程导入		
通过提出问题、实物展示,以及强化问题导入新课内容,引发学生对新知识的强烈兴趣	▷人民币的印花字样展示,引导出我国央行——中国人民银行的"独一无二",揭示本节课程的重要意义。 众多银行中独一无二的存在 中国人民银行:我们国家的中央银行 人民币,印有中国人民银行的字样 ▷提出问题:谁是世界上第一家中央银行? ▷从历史长河中寻找答案,阐述"货币发行权是中央银行成立最重要的标志"。 谁是第一家? 瑞典国家银行 VS 英格兰银行 · 货币发行权是中央银行成立最重要的标志。 · 一部中央银行史,是一部货币发行权走向集中、垄断、独占的历史。	实物展示、讲解	培养学生以宏微观经济视角观察经济金融问题的能力
	货币发行原则		
抛出有趣案例吸引学生,同时利用真实数据,引导学生关注实际问题	▷引入案例:从人人都是亿万富翁却几乎人人都吃不上饱饭的非洲某国到中国史无前例的低通胀和令人惊叹的长期高增长,指出因滥发货币造成的恶性通货膨胀的知识点。 津巴布韦 2019年统计数据: · GDP仅为中国的5000分之一 · 80万亿津元才能兑换1元人民币 · 通胀率高达到231000000% 人人都是"亿万富翁",却几乎人人都吃不上饱饭的神奇国度	图片展示、讲解、数据分析	树立中国金融道路自信、理论自信。 激发学生努力投身于实现中国金融梦的伟大事业中

257

续表

〝思政飘香〞下的中央银行——红色金融的钱袋子			
教学要求	教学内容	教学设计	思政意图
	货币发行原则		
通过以上实际案例,给出央行货币发行要遵循的原则	▷启发式互动:阐述本小节的学习要点,即货币发行的原则。强调中央银行的货币发行要遵循经济发行的原则。 ● 货币发行——原则 集中统一 · 除人民银行外,任何地区、任何单位和个人都无权发行货币 计划发行 · 根据国民经济发展的要求,有计划地发行 经济发行 · 按照商品流通的实际需要而进行货币发行,不会引起通货膨胀 ▷强调币值稳定对人民生活的重要意义	讲解、板书、多媒体展示	引导学生理解国家层面富强、民主、文明、和谐的价值目标
	货币发行应用		
讲述中国红色金融故事,启发学生们理解金融的本质问题	▷讲好红色故事:对比国共两党对战的艰难时期,国共两党在金融战上的不同做法。 国民党: ● 货币发行——应用 国民党 1 1935年〝法币改革〞,一个小骗局 → 纸币过量发行,至抗战结束,法币贬值数千倍 2 1948年〝金圆券改革〞,一个大骗局 → 对人民百姓进行财政大掠夺 3 用货币发行解决财政困难,不重视纸币本身的信用 → 当时世界上最严重的恶性通货膨胀 4 国民政府金融体系的腐败高官大中饱囊,发国难财 → 失去民心、失掉统治的合法性 共产党: ● 货币发行——应用 共产党 1 战胜法币和伪币 ← 1938年成立〝边区银行〞,发行边币 2 保证边币与主要工农业产品之间的合理比价兑换 ← 始终保持高达75%的准备金与30%的保证金 3 统一解放区货币,维持币值稳定,保持优异信用 ← 1948年建立独立、统一的货币体系 4 红色金融服务为民的初心 ← 促进生产,提升人民的生活水平		

"思政飘香"下的中央银行——红色金融的钱袋子

续表

\multicolumn{4}{c	}{"思政飘香"下的中央银行——红色金融的钱袋子}
教学要求	教学内容	教学设计	思政意图
\multicolumn{4}{c	}{货币发行应用}
播放经典电影故事，回忆战争年代百姓因政府滥发货币而生活在水深火热之中的景象，启示学生信用体系的重要意义	▷共产党人打赢三次红色信用货币战争的故事，启示学生革命的胜利既是枪杆子的胜利，也是红色钱袋子的胜利。 ▷播放《我这一辈子》经典老电影，指出民心是最大的政治，金融最大的民心就是信用。 货币发行——启示 民心是最大的根基，金融最大的民心就是信用 ▷撕毁人民币要受到惩罚的小插曲	1. 讲解中国金融故事。 2. 视频播放、讲解	1. 引导学生了解中国金融改革之路并非一帆风顺，中国金融还有很长的一段路要走，激发同学们的爱国情怀、民族精神 2. 引导学生坚定"四个自信" 3. 激发学生报效祖国、坚定大国金融的梦想
\multicolumn{4}{c	}{货币发行启示}
继续引入现代金融发生的故事，给出金融是服务经济的血脉，强调金融的本质问题	▷导入人民币国际化故事，阐述人民币世界影响力不断扩大。导入数字人民币的发行和试点故事，阐述货币形态创新、金融服务创新等创新内涵。 ▷讲解习近平总书记在《求是》发表的重要讲话，引导学生掌握金融风险、金融安全要义，牢记金融立足、服务实体经济的本质。 货币发行——启示 2021年第10期《求是》目录 "金融活，经济活；金融稳，经济稳"，金融是实体经济的血脉，为实体经济服务是金融的天职，是金融的宗旨，也是防范金融风险的根本举措。	讲解中国现代金融故事	1. 培养学生熟知金融规律并能解释国际金融现象的能力 2. 引导学生培养大国金融和大国担当的意识 3. 引导学生洞悉金融发展背后的创新动力，明确自身的责任和使命

续表

"思政飘香"下的中央银行——红色金融的钱袋子

教学要求	教学内容	教学设计	思政意图
	课堂小实验		
互动小实验，培养创新思维和创新意识	▷设计互动小实验1：作为公司老板，有一笔红包，且只能发给一个员工，你会发给谁？ 作为公司老板，你有一个红包发给谁？ Ⓐ新员工　Ⓑ老员工　Ⓒ关系户 ▷设计互动小实验2：30岁之后的在座各位学生，你会做出何种选择？ 30岁之后你会进行何种选择？ Ⓐ追逐梦想　Ⓑ安稳工作　Ⓒ投资后代 ▷引导理解国家为高质量可持续发展所采取的金融政策，"金融兴，则经济兴"	互动式教学	1. 引导学生不忘初心，树立工匠精神是金融业塔尖的意识 2. 鼓励学生做敬业诚信的中国金融践行者
	课后思考与延展资料		
回顾本节知识，强调重点问题，了解课后阅读材料，使学生更全面发展	▷简单总结本节课的重点知识点。 ▷课后作业和思考。 中国目前存在货币超发现象吗？钱都去哪了？ ▷课后延展阅读材料。 本讲延伸阅读： ▶当前国际形势下的货币供应与通胀　　余永定 ▶近40年来我国货币发行历史回顾　　任泽平 ▶Debt Risks, Quantitative Easing and China's Inflation	讲解、互动式教学	加强学生自主学习能力，培养发现问题、解决问题的能力

4. 讨论、思考题、作业

中国目前存在货币超发现象吗？钱都去哪了？

提示：从我国货币发行历史回顾，过量的货币最终流入实体市场和以房地产为代表的金融市场，是导致人民币外升内贬的重要原因。

如何建设现代中央银行制度？

提示：健全现代货币政策框架；建设金融基础设施服务体系；构建系统性金融风险防控体系；完善国际金融协调合作治理机制。

5. 参考资料

米什金．货币金融学[M]．北京：中国人民大学出版社，2016.

冯瑞河，王德河．金融学[M]．北京．中国金融出版社，2011.

黄达，张杰．金融学[M].4版．北京．中国人民大学出版社，2017.

（三）教学反思

新时代下，高校教师要从更高层次上认识课程思政的内涵和重要意义。在"两个大局"的重大战略判断下，今日的金融学专业课有了哪些变化？探索这些变化的过程就是教学者先受教育的过程。不断挖掘专业课程思政元素，以"会讲""讲懂""讲好"中国金融学为手段，践行课程思政、一体化设计、一体化实施的专业思政，才能将课程思政载体以最佳的方式渗透到专业教学当中，让学生在潜移默化中最大限度地接收、思考和感悟"活的"思政，才算是"守好一段渠、种好责任田"。

股票市场定价与有效市场假说

张若希

一、课程简介

货币金融学是金融类各学科专业的必修理论基础课,是金融学院的8门核心课程之一。本课程的教学任务在于将学生引入正式的金融学理论体系之中,培养学生的金融学思维和意识,并且与实践相结合。

教学过程中,通过帮助学生树立正确的金融意识和全新的金融理念,为学生进一步学习金融学相关课程打下必要的基础。本课程是一门金融学基础核心课程,它阐述了货币金融的基本理论、基本知识及其运动规律。

本课程的教学要求是:系统阐释货币金融的基本理论、基本知识及其运动规律,介绍当今世界上货币金融理论研究的新成果和实务的新发展,同时从实际出发,紧密联系中国金融体制改革和经济发展的实践,探讨社会主义市场经济中的货币金融问题。课程立足于引领学生从政治认同、国家意识、文化自信等方面提升金融素养,发挥金融专业的启航作用。

本课程共64学时。这一课程理论性与应用性兼具。学生在修读本课程之前应已学习高等数学、线性代数、概率论与数理统计等学科基础课和经济学原理、会计学等专业课。

二、思政元素

本课程包含的思政元素有以下几个方面:

(一)元素1:中华文明,薪火相传;文脉悠远,与古为新。现代西方经济学理论早在几千年前就体现于中国的传统文化中

我国南北朝时期《世说新语》中《道边苦李》的故事已经印证了现代西方的有效市场假说,市场能够迅速地吸收和反映所有与价格有关的信息,当前的证券价格是其内在价值的合理表现。

作者简介:张若希,经济学博士,首都经济贸易大学金融学院副教授;主要研究方向:货币危机。

（二）元素2：对知识的科学探索与进取精神

1952年，马科维茨首次提出了均值-方差模型，强调收益与风险的动态平衡。这一思想体现在本课程"股票定价机制"中，投资者给股票定价，除了考虑收益率，还要考虑认知风险。

（三）元素3：树立正确的财富观与价值观

通过股票指数的实证数据，说明股票这一高风险投资工具能让人一夜暴富，也能让人倾家荡产，因此要树立正确的财富观与价值观，不过度追求高于自身风险承受能力的投资。

（四）元素4：培养金融从业人员的优良品质，高度社会责任感

金融业是高风险行业，从业人员的职业道德直接关系到国家的金融稳定与安全。以此案例与原因探究来引导金融学专业的同学培养良好的法治意识、正直诚信，共同维护我国金融业持续健康的发展。

（五）元素5：面对金融危机，中国临危不乱，美国波及全球

通过对比2007年开始的美国次贷危机让全球经济陷入衰退，以及1997年香港金融保卫战两个案例，体现中国政府对中国香港强有力的保护与支持，以及作为大国的责任与担当。

（六）元素6：避免投资者心理偏差对股市的负面影响

股市是一个国家重要的金融市场，股市的健康可以促进国家宏观经济的发展。今后自己无论作为资本市场的从业者，还是金融市场的参与者，都要尽量避免这些非理性行为，为我国股市健康稳定发展贡献一己之力。

三、教案设计

（一）教学目标

教学目标设定为螺旋上升的三个层次：知识延伸、能力提升、思维拓展。

首先，要实现知识延伸。在本课程前两章中，学生已经了解了货币市场和资本市场中两个主要的有价证券：债券和股票。在第四章到第六章中，学生已

经掌握了第一种有价证券——债券的定价机理。这一章的教学将学生的知识延伸到股票市场的定价。从定量角度,以三个不同的模型确定股票价格。从定性的角度,分析市场的定价机理。如果市场定价是正确的,那么符合"有效市场假说"的推论;但事实上绝大多数股票的价格与"完美的理论"相差很远,原因就是投资者的心理因素、社会因素等共同作用(即行为金融研究的对象),推动股价向非理性的方向运动。这就是本节课的四个知识点。

其次,提升学生自主分析问题的能力。结合第一小节中学习的模型,学生在第二小节中遇到案例时有机会锻炼自己解决新问题的能力。课堂中的视频展示与"二手车拍卖"案例的展示,吸引学生学习兴趣,引导学生自主思考,并成功得出结论(已在课堂中反复实验证明)。

最后,拓展学生的思维能力。行为金融学是一门新兴学科,是金融学的热门边缘交叉学科,对传统金融理论的创新发展具有重要意义。学生通过参与本节课中设计的多个实验,可以对行为金融有初步的认知,批判性地分析现有的金融学理论的不足之处,可以激发大家的浓厚兴趣,为今后的论文写作,甚至研究生期间的研究选题奠定基础。课程结束前的思考题"如何用行为金融分析2003年非典期间的'板蓝根',2020年疫情期间的'双黄连'"等话题,引导学生将理论与生活结合思考,使学生不仅"知其然"而且"知其所以然"。

上述三个目标之间的关系如图1所示,具体目标如下:

图1 三个层次目标关系

1. 知识层次
(1)掌握股票、股指的含义,明白投资者选择投资债券还是股票的考虑因素。
(2)掌握股票定价的三个模型,以及各个模型的适用场景。
(3)理解股票市场定价的三个机制。

(4) 深入理解"有效市场假说"。

(5) 理解行为金融中最常见的两个偏差：过度自信和损失厌恶。

2. 能力层次

(1) 能够将股票定价机制推而广之到现实中的各种市场,如二手房市场、古董拍卖市场。

(2) 能用自己的认知阐述"有效市场假说"如果成立的话,市场应该是什么样的。

3. 思维层次

(1) 能从多角度分析股票市场的价格受到哪些因素的影响。

(2) 剖析其他心理因素对股市的影响,如"熟悉偏差""大数原理""时间偏差""心理账户""控制偏差"等,并用这些偏差解释生活中、职场中、销售中的行为和现象。

(二) 教学内容

1. 教学内容

1) 预习任务

在上次课程结束时,已经为学生布置了本节的预习任务:查阅资料,理解行为金融学讲的是什么,主要包括哪些心理偏差？

2) 单元教学任务

在50分钟的课堂教学中讲授第七章"股票市场、理性预期理论与有效市场假说"中的四小节内容,主要的教学框架如表1所示。

表1　教学框架

7.1　计算普通股的股价
7.1.1　股票与股指
7.1.2　计算普通股股价的三种模型
7.1.2.1　单期估值模型
7.1.2.2　扩展的股利估值模型
7.1.2.3　戈登增长模型
7.1.3　课堂习题
7.2　有效市场假说
7.2.1　有效市场假说的假设条件
7.2.2　有效市场假说的含义
7.2.3　套利
7.2.4　分组阅读
7.1.5　课堂习题

7.3 股票定价机制
7.3.1 三个机制
7.1.2 案例计算
7.1.3 课堂习题
7.4 股票市场为什么不总是"有效市场"——行为金融
7.4.1 过度自信
7.4.2 损失厌恶
7.4.3 课堂习题
课后思考题

2. 课堂设计思路

1) 课程引入阶段,利用多媒体视频抓住学生注意力

根据 Bunce 等(2010)研究,在一节课中,学生注意力的第一次下降发生在课程开始的第 30 秒,并在接下来的 3~4 分钟进一步下降(见图2)。因此,如何在课堂初期牢牢抓住学生的注意力是值得教师深入研究的。本节课程选取了年轻一代耳熟能详的辩论类综艺节目《奇葩说》第 5 季 0929 期的一个 2 分钟的片段,视频中演员演绎并抛出一个话题"该不该让另一半在房本上加上我的名字"。选择播放这一视频的原因是,在近几年的教学过程中,经常有学生私下找我谈心,谈论恋爱、婚姻等方面的困扰,可见学生对这一问题的关注度很高,选用这一片段利于引导学生思考,激发学生讨论,实现课程的"破冰"。在讲解、讨论第一个知识点后,再次呼应视频内容,启发学生将股票定价机理与"加名心理"结合起来分析。

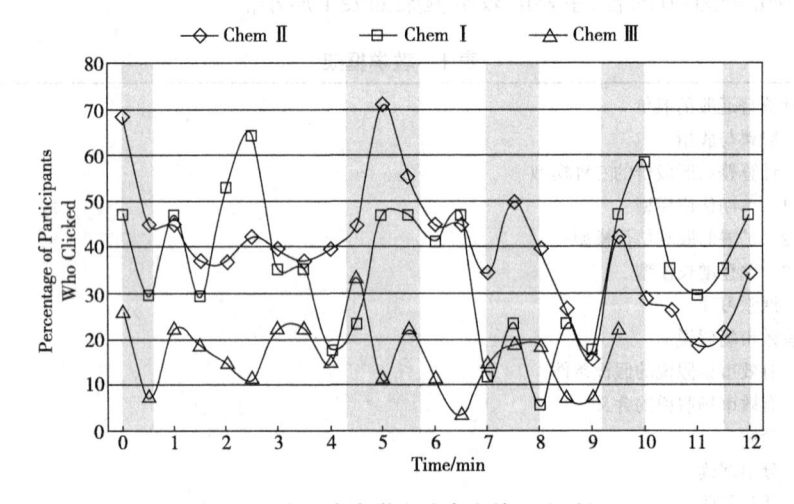

图 2　三次课堂中学生注意力的下降时间

2)启发学生在自主思考的过程中,推敲知识点

尽管股票定价充斥着各种模型、计算,但学生仍然可以在教师的引导下实现自主思考、推论,在不知不觉中将教科书式的完整结论全部得出。以"定价机制"为例,教师首先用板书的形式展现一个"二手车拍卖市场"中的简化拍卖过程,阐明两个竞拍者的出价以及出价原因,两者的差别,请学生分析拍卖结束的时间点,以及成交价格。通过这个简单的案例,让学生以两人一组为单位进行讨论,并推选代表发言。学生通常可以迅速准确地推导出 PPT 中的内容以及教师准备好的三个结论。

3)课程设计多个师生互动,确保每个学生的参与

在最后一节课"行为金融"中,会有多个案例和实验展现给学生,并且每个案例都会以举手投票的方式让大家参与进来,将投票结果与之前专家的实验结果做比较,并得出看似与完美理论相反,实际上又能够被心理因素解释的结论。互动结束后,回过头来用这些结论来解释股票市场价格现象是如何偏离"理性定价",也就是"有效市场假说"的。

3. 教学重点和难点

1)重点和难点的确定

在讲授本节课的逻辑架构上,通过承前启后的方式将知识、能力与思维三个教学目标涵盖其中。图 3 显示的是本节课授课的逻辑结构。

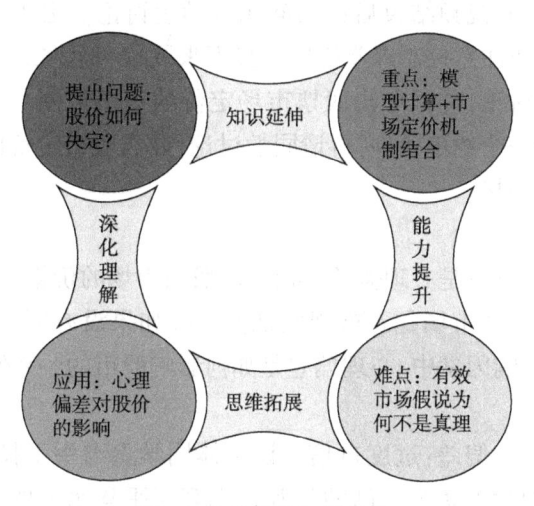

图 3 本节课的逻辑结构

如图3所示,本节课首先提出问题,股票价格是如何确定的,引导学生进一步学习定量模型与定性分析,推导出有效市场是什么样的,现实中的市场是什么样的,进一步利用心理偏差解释理论与现实的差别,从而对初始问题股价的确定形成深层次、全面的认识。

2）教学重点

本节课的重点是股票价格的三种计算模型。目的是通过课堂讲授和随堂练习使同学们掌握一般情况下股票价格的计算。在此基础上结合市场定价的三个机制完善对股票价格的理解。

预设问题：①在理想状态下,股票定价的方法有几种？分别是什么？②最常用的定价模型是哪种,它的优势有哪些？③股票定价机制可以总结为几方面的内容,分别是什么？

教学逻辑：

首先从第四章"现值"的计算入手,让同学们根据已经掌握的知识,计算持有一期的股票如何定价,也就是"单期估值模型"的推导。在此基础上,持有期延续为多期、无限期时,股票的卖出价格由于时间较长,对现值的影响微乎其微,可以忽略不计,进而推导出"扩展的股利估值模型"。利用等比数列求和公式,引导学生在练习本上自行推导出戈登增长模型,教师深入学生中间逐个查看,发现问题,之后以板书的形式演示,请同学核对自己的推导过程。

其次,播放视频,视频结束后提出问题供学生讨论。由于问题在大学生中能引起共鸣,因此要注意控制课堂进度。接下来展示一个"二手车市场拍卖"的简要案例,请大家讨论,并推导出股票市场定价的三个机制。然后回到视频中的问题,给问题加一个约束条件,再请同学讨论,并与股市定价的三种情况一一对应,深化大家的记忆。

3）教学难点

本节课的教学难点是心理偏差如何影响股票市场的价格。

预设问题：①有效市场是否被现实证实？②如果没有证实,可能的原因是什么？③在这些影响因素中,心理偏差是如何影响股市的？举例说明。

教学逻辑：

首先介绍第一个偏差：过度自信。请全体同学参与举手投票,统计会开车的同学以及这些同学中认为自己的驾驶技术高于平均水平的比率。在以往的教学活动中,这一比例往往高于70%,大多数会开车的同学自认为驾驶技术高于平均值。但理论上来说,应该只有50%的人可以高于平均水平,这就是过度自信的体现。接下来介绍过度自信的第二个例子,商家是如何利用消费者的这一心理赚取利润的。同样请全体同学参与举手投票,作为消费者,面对商家的促销行为时会做何选择。互动结束后,总结股票市场是如何受到这一心理因素的影响,股价是如何发生频繁波动的。

然后讲解第二个偏差:损失厌恶。给大家代入一种场景:父母给自己2 000元零花钱的快乐感,是否与不小心丢失这2 000元带来的痛苦感相等?答案是同样的金额,收入的幸福感远小于损失的痛苦感。原因何在?这就是损失厌恶。接下来请大家参与一个心理学家的小实验:面对收入时,大多数人的风险态度表现为风险厌恶型;而面对损失时,大多数人想放手一搏,变成了风险偏好型。由此得出结论,人们在面对收入和损失时,风险态度会发生变化,这也是"损失厌恶"告诉我们的。类似的偏差在股票市场上表现为,投资者抓不住盈利,且不能及时止损。

(三)思政引入

1. 元素1:现代西方经济学理论早在几千年前就体现于中国的传统文化中

其中一个例证:早在魏晋南北朝时期,我们的先辈就阐述并论证了西方现代金融市场理论——有效市场假说,即本节课的第一个重要知识点:

王戎七岁,尝与诸小儿游。看道边李树多子折枝。诸儿竞走取之,唯戎不动。人问之,答曰:"树在道边而多子,此必苦李。"取之,信然。

——世说新语·雅量

王戎七岁时曾和一群小朋友玩耍,大家看见路旁李树上有许多李子,就折断树枝,争着抢李子,只有王戎站着不动。别人问他为何如此,王戎说:"这树长在大路边,果子竟然还有那么多,一定是苦的。"孩子们尝了,果然是苦的。

这个故事印证的就是有效市场假说。想捡漏其实并不容易,市场能够迅速吸收和反映所有与价格有关的信息,当前的证券价格是其内在价值的合理表现。

2. 元素2:对知识的科学探索与进取精神

在经济学家马科维茨创造资产组合理论之前,投资者对证券选择的主要标准是基于收益率,并没有考虑投资风险。1952年,马科维茨首次提出了均值-方差模型,强调收益与风险的动态平衡。这一思想体现在"股票定价机制"中,表现为:

信息在资产定价过程中发挥了重要作用,一项资产若拥有更为完全的信息,则可以通过减少风险来提高其价格。当投资者考虑是否购买股票时,对于未来现金流有很多不确定因素,掌握更全面信息的投资者,在计算股票价值时,使用的贴现率更低,对股票的估价更高。

3. 元素3:树立正确的财富观与价值观

股票市场是投资者较为关心的市场,财经新闻、炒股专家备受追捧。近年来,我们目睹了股票市场的起伏波动。例如,20世纪90年代,纳斯达克指数上涨幅度高于1 000%,但在接下来的2003年、2007年,美国股市经历了大幅下跌,许多投资者在这个市场上血本无归。

在"股票与股票指数"小节中,通过给学生展示美国股票指数历史上的跌宕起伏,着重说明股票这一高风险投资工具可能让人一夜暴富,也能让人倾家荡产。因此,要树立正确的财富观与价值观,不过度追求高于自身风险承受能力的投资。

4. 元素4:培养金融从业人员的优良品质,高度社会责任感

在学习"股票定价机制"这一节时,通过展示案例《三位投资者的不同估值》,说明为什么同一支股票,在已知股利和股利增长率的前提下,三位投资者给出了差别较大的估值。原因在于,其中一位投资者对股票信息知之甚少,第二位投资者与行业内部人士有交流,第三位投资者知道股票发行公司的内幕信息。

相对于普通投资者,金融从业人员更有机会获得内部信息,一些股票分析人员为了赚取私利,恶意对上市企业做出过于乐观的研究报告,或者发布误导性信息操纵市场。这些现象反映了金融从业者缺乏职业素养,没有社会责任感。

金融业是高风险行业,从业人员的职业道德直接关系到国家的金融稳定与安全。以此案例及其原因探究,来引导金融学专业的同学培养良好的法治意识、正直诚信,共同维护我国金融业的持续健康发展。

5. 元素5:面对金融危机,中国临危不乱,美国波及全球

在"股价定价机制"一节中,"次贷危机与金融市场"案例介绍了美国次贷危机让股票市场进入了50年来最严重的一次熊市,利用股票估值分析,说明次贷危机对股票价格下跌的影响。

分析这一案例之后,对比1997年亚洲金融危机,在索罗斯对冲基金的猛烈攻击下,中国政府多次发声,表达人民币不会贬值以及无条件支持中国香港的决心。在祖国强有力的保护与大规模外汇储备的支持下,香港金融保卫战胜利

结束,中国香港经济迅速复苏。

6. 元素 6:投资者心理偏差对股市的负面影响

在"行为金融学"一节中,通过学习几种典型的投资者心理偏差,股市如何异常波动,理解行为金融的重要意义。例如,由于投资者过度自信,认为自己已经掌握了足够的、可以确保给他们带来高回报率的信息,由此导致了过量交易的产生。这会推动股价上升至远高于实际价值,产生投机泡沫,引发股市崩溃(过度自信)。

又如:股价上涨时,投资者过度谨慎,急于卖出,拿不住收益;面对股价下跌时,又舍不得放手,不能及时止损。对整个股票市场来说,则会引发股价异常波动(损失厌恶),从而让学生理解:

股市是一个国家重要的金融市场,股市的健康可以促进国家宏观经济的发展。今后自己无论作为资本市场的从业者,还是金融市场的参与者,都要尽量避免这些非理性行为,为我国股市的健康稳定发展贡献一己之力。

(四)教学手段与方法

1. 教学方法

针对"知识延伸""能力提高""思维拓展"三个层次的教学目标,本课程主要采用问题导向的启发式和互动式教学方法。在教学过程中,教师的理论讲解伴随着学生的小组讨论、投票统计、视频观看,使同学们深刻领会股票定价的方法及其运用。

2. 教学手段

采用多媒体的视频、图片、幻灯片与传统板书相结合的方式进行教学活动。多媒体教学形象生动、信息丰富,学生易于接受,主要用于本节课的基础知识讲授。多媒体教学本身就是对学生知识的一种拓展,可以多层次地加大传授给学生的信息量。其间,通过"启发式"的问题引导,可以直观地加深学生对本节课重点和难点的理解。

板书则主要体现分析问题的逻辑思维过程,让同学们跟随问题的逻辑关系形成互动。

3. 教学过程

具体的教学过程见表1。

表 1　教学过程

教学步骤	教学时间	教学内容和教学形式	教学目的	教学手段
导入	5 分钟	①播放幻灯片，回顾上一次课的主要知识。 ②播放动画视频"Stock market, what makes us tick(股票市场，助我们前行)"。 ③然后提出三个问题： ▶股票市场是什么？ ▶股票与债券的不同之处有哪些？ ▶股票市场为什么重要？ ④播放视频"什么是股票指数"并展示美国三大股票指数的走势图。 ⑤展示本节四个学习目标	回顾上节课主要知识，引出本次课的核心内容股票市场定价	①播放幻灯片与视频如下：
知识延伸	10 分钟	①厘清本节四部分内容的内在逻辑。 ②引导学生利用现值知识推导单期估值模型 ③在单期基础上拓展为多期估值模型 ④多期估值模型转化为戈登增长模型	(1)首先让同学们明白本节课的几个小节是有内在联系的； (2)其次让同学推导出股票定价的三个模型	②板书：投资与现金流的关系，戈登增长模型的推导过程。

272

续表

教学步骤	教学时间	教学内容和教学形式	教学目的	教学手段
知识延伸		①回顾第四章知识点：影响资产的需求因素有哪些，其中最重要的因素是哪个？		
知识延伸	5分钟	②推导证券的回报率的计算公式，以及预期回报率的计算公式。 ③学生讨论：最优预期价格与最优预期收益率的关系。 ④讨论过程：以外汇市场为例，分析套利的过程，以及套利如何消除市场上未被利用的盈利。 ⑤拼图阅读表达：将教长的阅读材料按小组划分，安排给每个小组进行阅读，并随机选派同学总结自己的阅读任务并回答问题： ◇投资分析师发布的报告价值几何？ ◇我们对热门股应该持怀疑态度吗？ ◇当有好消息时，股价一定上升吗？	（1）用已学知识点解答未知问题。 （2）通过套利的案例引导大家自主分析知识点，能用自己的理解说明什么样的市场是有效的。 （3）通过拼图阅读分配任务，随机点名回答问题，促进每位同学的参与，节约总体阅读时间。	①板书：证券回报率计算公式的组成部分。 ②幻灯片显示如下：

续表

教学步骤	教学时间	教学内容和教学形式	教学目的	教学手段
能力提升	10分钟	①观看视频，回答视频后的问题：是否会要求房东加我的名字②演示二手车拍卖案例③学生讨论：二手车市场的定价机制是什么，可以总结为哪三点④回到视频中的问题：如果分三种情景，你更希望哪种情景加你的名字？为什么？与股票加价的认知风险是如何联系的？	(1)将现实生活中的热点话题与金融学联系起来。(2)通过案例引导大家自主分析知识点。(3)通过视频中的三种情景，加深学生的长期印象，避免知识学过即忘	①幻灯片显示如下：②板书：二手车拍卖加价过程。
思维拓展	9分钟	①第一个偏差：过度自信。请同学针对自己的驾驶技术举手投票，发现过度自信的体现。②通过实例介绍商家如何利用消费者的这一心理赚取利润的。③互动结束后，总结股票市场是如何受到这一心理因素的影响，股价的发生偏差的	(1)让学生理解这一偏差很可能会出现在自己身上。(2)理解日常生活中，尤其是销售中是如何利用这一偏差。(3)深刻领悟股市中投资者的过度自信带来的结果	

274

续表

教学步骤	教学时间	教学内容和教学形式	教学目的	教学手段
思维拓展	9分钟	①第二个偏差：损失厌恶，给大家代入一种场景： ◇父母给自己2 000元零花钱的快乐感； ◇不小心丢失这2 000元带来的痛苦感。 这两种感受的程度是否相等？答案是同样的痛苦感远大于小丢失的快感。原因何在？ ②请大家参与一个小实验并得出结论，人们在面对收入和损失时，风险态度会发生变化，这就是损失厌恶。 ③总结：类似为投资者在股票市场上，表现为抓不住盈利且不能及时止损。	(1)让学生理解这一偏差会经常发生在日常生活中。 (2)理解股市中投资者的损失厌恶带来的结果。 (3)反省如何在生活中避免这些非理性行为	①幻灯片显示如下：
	2分钟	课后题布置： 结合所学内容，查阅资料，回答两个问题： 1.利用股票估值来分析2007年开始的次贷危机对美国股票价格的影响。 2.查阅资料，分析股票市场中的"羊群效应"，以反该效应在社会生活中的体现（如消费、职场、疫情期间的双黄连……）	锻炼学生收集资料的能力，自主思考学习的能力，并为下节课开始的讨论埋下伏笔	

4. 板书设计

本节课采用多媒体教学和传统板书相结合的方式进行。多媒体信息量大、但不能持续保留,因此对概念性知识、背景资料采用多媒体形式呈现。而对知识逻辑以及需要严密计算和推导的内容,则采取板书形式。具体板书如图4、图5、图6所示。

估值模型中现金流的考虑

投资	投资期间现金流	投资期末现金流
万年花城一套公寓	租金、水电等费用、维修费等	出售价格
贴现发行的债券	无	出售价格
股票	股利	出售价格

图4 板书一

戈登增长模型的推导

$$P_0 = \frac{D_0 \times (1+g)^1}{(1+k_e)^1} + \frac{D_0 \times (1+g)^2}{(1+k_e)^2} + \cdots + \frac{D_0 \times (1+g)^\infty}{(1+k_e)^\infty}$$

$$= \frac{D_0 \times (1+g)^1}{(1+k_e)^1} \cdot \frac{1-\left(\frac{1+g}{1+k_e}\right)^\infty}{1-\left(\frac{1+g}{1+k_e}\right)} = \frac{D_0 \times (1+g)^1}{(1+k_e)^1} \cdot \frac{1-0}{1-\left(\frac{1+g}{1+k_e}\right)^1}$$

$$= \frac{D_0 \times (1+g)^1}{(1+k_e)^1} \cdot \frac{1}{\frac{1+k_e-1-g}{1+k_e}} = \frac{D_0 \times (1+g)^1}{(1+k_e)^1} \cdot \frac{1+k_e}{k_e-g}$$

$$= \frac{D_0 \times (1+g)^1}{k_e-g}$$

图5 板书二

(五)教学效果分析

从美索不达米亚平原楔形文字泥版上记录的交易,到古代中国的金融遗产,从货币的发明到人类的社会价值起源,都表明金融是文明发展的一大助推力。而金融在整个国家经济中处于基础地位,金融领域意识形态的塑造和完善同样重要。习近平总书记在全国金融工作会议上强调,金融是国家重要的核心竞争力,金融安全是国家安全的重要组成部分,金融制度是经济社会发展中重

二手车拍卖加价过程

过程	投资者A	投资者B
试驾	发现问题，大问题！	发现问题，小菜一碟
心理估值	$5 000	$7 000
竞拍开始	$4 500	$4 700
继续加价	$5 000	$5 100
拍卖还能继续进行吗？		

图6　板书三

要的基础性制度。为此，我们在货币金融学课堂教学过程中，通过充分挖掘思政元素，把专业课程中的文化基因和价值引领融于课堂教学，全方位、多层次地引导学生树立正确的社会主义核心价值观。

本课程的思政完成效果体现在以下几方面：

（1）结合几个金融思政的故事或案例，多层次、多角度地培养学生的家国情怀。在演绎《道边苦李》的故事时，学生听得入迷，想得深入。古代故事反映了现实生活中的什么道理？它与有效市场假说有何相似之处？对比《世说新语》的创作时间与有效市场假说提出的时间，可以说明什么？

（2）通过股市的实证数据，提醒学生提升金融从业人员的职业素养。近年来，我们目睹股市的跌宕起伏，以及它给普通投资者带来的喜怒哀乐。股市的健康关系到金融安全、国家稳定。金融从业者只有做到正直、诚信，才能以专业素养促进金融稳步发展。

（3）股票投资者众多，股票价格影响国家、企业的方方面面，以及老百姓的生活。股市无疑应是经受最严格审查的市场，而在监管未及的细微之处，就需要股票从业者以儒家的"慎独"精神来要求自己。慎独是指一个人在独处的时候，即使没有人监督，也能严格要求自己，自觉遵守道德准则，不做任何不道德的事。

（4）行为金融学除了本节课包含的"过度自信"与"损失厌恶"，还包括"熟悉偏差""心理账户""确认偏差""幸存者偏差"等。这些心理因素均会助推股票价格的非正常波动。金融专业的学生，除了应要求自己尽量避免这些非理性行为，还要把这些知识传递给亲朋好友、未来客户等，为包括我国股市在内的金融市场的健康稳定发展贡献自己的力量。

金融学课程思政
——汇率制度与货币危机

袁梦怡

一、课程简介

首都经济贸易大学秉承"崇德尚能、经世济民"校训精神,坚持"立足北京、服务首都、面向全国、走向世界"。金融学院历来高度重视本科人才培养质量,努力为国家和社会培养适应当代经济和社会发展需要、富有创新精神和实践能力的高素质人才。金融学课程的前身是货币银行学,是高等财经院校金融、国际金融、投资、保险等专业的专业必修核心课程,也是高等院校经济管理类专业的学科基础课。作为金融学8门核心课程之一,金融学教学一直以实现一流本科教育质量为目标,加快推进学校建设"国内一流、国际知名"财经大学进程。课程坚持"以学生为中心",强化实践教学,联动第一课堂与第二课堂,为学生构建完整的金融知识体系框架,建立融能力培养、素质发展、创新教育为一体的人才培养体系,培养国家战略所需金融人才,支持北京"四个中心"和"雄安新区"建设,满足社会多层次金融人才需求。

本课程在全面、系统介绍金融学基本原理、金融体系运行规律和相关教学案例的基础上,结合金融学最新理论发展和具体实践,帮助学生融会贯通,形成系统、完善的金融学知识体系。本课程旨在帮助学生了解并掌握金融学的基础知识、金融市场的运行规律和主要金融工具的操作方法,同时引导学生理解我国的宏观金融调控政策,并在此基础上使学生能够将金融学知识运用于实际,分析和解决现实中的金融问题。

金融学课程讲授的内容较为广泛,具体包括:金融体系概览、金融市场、金融工具、金融机构、利率基本概念与利率均衡行为、中央银行与货币政策的实施、国际金融与货币政策以及各类货币理论。其中,货币理论主要包括货币需求、货币供给、总需求-总供给分析以及货币政策传导机制等。

完成本课程学习后,学生应能够熟练掌握金融学的基本概念、金融市场的

作者简介:袁梦怡,经济学博士,首都经济贸易大学金融学院副教授;主要研究方向:金融周期、货币危机。

运行规律以及全球金融体系的基本框架,理解全球金融体系与国内金融市场的关系。在知识体系上,本课程将帮助学生掌握扎实的金融基础知识和前沿的金融理论,拓展学生的金融视野和认知模式,为学生构建完整的金融学知识体系,使学生形成对金融体系、金融市场、金融机构、金融监管、货币理论、货币政策等的系统认识。在能力培养上,本课程将帮助学生掌握观察和分析金融问题的正确方法,通过系统性的金融思维训练,培养学生独立解析金融理论和创造性地解决实际金融问题的能力,使学生具备对金融现象、金融政策进行独立分析和判断的能力。在思想上,使学生能够清醒认识到当前国内外形势,理解国际金融市场运行背后的理念、逻辑和价值取向,秉承"人类命运共同体"的理念,树立强烈的民族自豪感、大国荣誉感,坚定"四个自信",自觉维护我国利益。

当今世界正在经历百年未有之大变局,疫情影响之下,世界经济格局正在调整、全球金融体系正在重塑。本课程通过思政元素与专业课程教学的深度融合,致力于价值观认同、金融文化传承、情感与品质的培养,系统提升学生的思想政治素质、专业素质与社会科学方面的素养,积极响应国家人文精神教育的号召,将高等教育的"知识传授"与"价值引领"相融合,实现"立德树人"的人才培养目标,为我国金融建设培养"德才兼修"的接班人。

二、思政元素

自现代西方经济学传入中国以来,我国金融学课程主要沿袭的是西方主流经济学理论。当前,中国特色社会主义市场经济建设的实践不断丰富,新时代背景下,结合金融学课程特点和我校学生的实际情况,本课程的思政元素主要体现在以下几个方面:

(一)元素1:中国红色金融史——坚定理想信念,增强民族自信道路

教学中,在理论传授基础上,融入中国红色金融典型案例,"把红色资源利用好、把红色传统发扬好、把红色基因传承好"。通过"党史观"教育,帮助学生学史明理、学史增信、学史崇德、学史力行,学党史、悟思想、办实事、开新局,以昂扬姿态奋力开启全面建设社会主义现代化国家新征程。

(二)元素2:金融创新服务实体经济——培育学生创新开拓精神,坚守初心使命

金融是实体经济的血脉,为实体经济服务是金融的天职,也是金融发展的

宗旨。中国共产党历来高度重视对金融工作的领导，无论是在革命战争年代，还是在社会主义市场经济的建设时期，党一直坚持牢牢把握金融事业发展和前进方向，不断探索金融支持经济，服务社会主义现代化建设的道路。

（三）元素3：诚信建设与职业道理——树立学生诚信意识，教育学生恪守职业道德

党的根基在人民，血脉在人民。在艰苦战争年代，众多革命先烈用钢铁意志和血的誓言，前赴后继、英勇奋斗，生动阐释了共产党人对远大理想的执着追求。作为我国金融市场未来的从业者，应当铭记先烈遗愿，继承先烈遗志，用诚信意识和踏实作风在和平年代继续发扬党的理想之光，努力成为有责任、有担当的祖国栋梁。

（四）元素4：金融监管与风险管理——敬畏市场风险，增强风险管理意识

牢记中国革命建设所形成的红色传统，继承红色金融的为民情怀，坚定文化自信，巩固民族精神的根本，切实防范和化解金融风险，学习了解新时代下实施宏观审慎监管政策的必要性。

（五）元素5：绿色金融与可持续发展——坚持绿色共享，践行社会责任

绿水青山就是金山银山。绿色金融支持环境改善、应对气候变化、推动资源高效利用，是新时代我国金融发展的新方向。当前，我国绿色金融政策正稳步推进，在信贷、债券、基金等领域都有长足发展。

（六）元素6：危机应对、国际参与、宏观治理、大国风范——维护国际金融安全，彰显大国担当

在多次国际金融危机以及当今全球疫情大流行的背景下，在党的领导下，我国政府力挽狂澜，顶住压力，稳定金融市场，积极参与国际治理，提振全球市场信心，彰显大国担当。

三、教案设计

（一）教学目标

1. 知识层次

根据学生的认知规律，我们通过对1997年亚洲金融危机的事件介绍导入

本次课程,帮助学生了解在素有"金融大鳄"之称的金融投机商索罗斯等国际金融投机家的持续猛攻下,亚洲国家和地区货币迅速贬值,经济出现萧条,造成大量失业乃至政治动荡的这次亚洲金融危机。在此过程中,带领学生理解和掌握汇率的概念、汇率的制度以及国际间资本流动等金融知识体系。

2. 能力层次

培养学生构建外汇市场知识体系和逻辑构造能力,了解外汇市场的运行机制,掌握影响长期汇率和短期汇率的主要因素,培养学生对汇率波动的分析和推理能力。结合"亚洲金融危机中的港币保卫战"案例,把已学过的汇率制度知识体系创新性地运用到中国主张和实践当中,帮助学生理解我国当前的主张,锻炼学生理论联系实际的能力和独立思考的思维。

3. 价值层次

在知识层次和能力层次上,培养学生理性思考的精神,结合历史发展进程,引导学生透过汇率制度及国际金融体系,科学、全面认识其背后的理念、逻辑和价值取向。秉承"人类命运共同体"的理念,提升对国际金融体系的理解和思考,并了解、掌握我国对外的金融主张和价值理念。

(二)教学内容

1. 教学内容
(1)汇率的概念及其重要意义。
(2)汇率的表达方式的含义。
(3)汇率的影响因素。
(4)外汇是如何进行交易的。

2. 教学重点

通过"亚洲金融危机中的港币保卫战"案例,区分长期汇率与短期汇率影响因素的差异。

3. 教学难点

在讲解长短期汇率影响因素时,需要进行一价定律与购买力平价理论的讲述,同时要使学生了解,一些西方经济学传统理论并不完全适用于当前的国际金融市场。

(三)教学手段与方法

1. 教学手段

金融学外汇市场相关内容的抽象性与逻辑性较强,对于本科二年级的学生而言,学习该课程有一定的难度。为此,本课程以教师主导的启发式教学为主,研讨式教学为辅。

首先,我们通过图片、数字、动画演示、视频等帮助学生快速了解和掌握外汇制度的知识体系架构和基本规则。

其次,我们运用幽默风趣的语言,帮助学生快速构建对外汇制度的初步印象和准确理解。

2. 教学方法

1) 知识点精讲教学法

结合大学生思维灵活和发散的特点,授课教师应避免填鸭式的满堂灌教学方式,帮助学生从金融学的学科特点和学科体系出发,进行启发性和互动性教学,积极引导学生归纳和构建知识体系和逻辑结构,结合经典案例和新闻事实,鼓励学生进行分析和研究。

首先,课堂精讲知识点,运用多媒体技术将图形、文字、视频、音频、动画等直接作用于学生的多种感官,借助"变色""闪烁"等手段突出重点,同时将抽象的道理具体化,突出重点,化难为易。同时,激发学生的学习兴趣,确保学生持续集中注意力,保持主动学习,提高学生多方面的能力。

其次,为提升学生兴趣和培养学生学习研究精神,引导学生利用已学到的外汇制度中的金融理论和基础知识,分析关于港币保卫战的案例,让学生了解和研究现实中我国外汇市场面临的一些问题和做法,加深对我国政府外汇管理手段的认识,将抽象理论知识转化为生动的案例事实,提高学生分析和研究的能力。

最后,通过课堂上积极的启发式提问和小组讨论等,让学生在主体意识中构建知识体系。在复习回顾过程中,借助正确引导,提示学生关注本节课的重点和难点内容。同时布置课后思考题和阅读材料,激发学生对下节课的学习兴趣。

2) 行动学习教学法

金融学教学中侧重基础理论理解,也注重对具体金融事件的分析。因此,课堂教学要借助小组讨论,帮助学生掌握我国外汇管理的规则和实践,以及具体处理思路和方式。

课堂教学中,授课老师应发挥主导作用,让学生扮演主体角色,以了解和掌握规则为导向,以学习讨论为载体,通过讨论分析提升学生对我国外汇制度的理解和分析能力。

3) 案例研讨教学法

案例教学能够赋予枯燥理论以趣味性和吸引力,提升开放性和互动性,通过讨论与争论,互动与交流,结合理论分析,将案例中的信息和知识与各种观点碰撞,引发学生的共鸣与兴趣,进而得出富有启发性的结论,提高学生对外汇市场制度规则的理解以及分析运用能力。

(四)教学手段与方法

1. 教学设计思路

本课程以"1997年亚洲金融危机"作为切入点,通过科学、有效的课程和教学环节设计,在价值传播中凝聚知识底蕴,在知识传播中强调价值引领,相互糅合、互为促进。

1)选题原因

之所以选取"亚洲金融危机"作为本节课思政教育的抓手,其原因在于"亚洲金融危机"是近年来一次典型的由国际投机资本引发的汇市危机,也是中国政府力挽狂澜,坚守诺言,彰显大国担当的具体个案,意义重大。

2)设计思路

首先,泰铢风暴作为这次亚洲金融危机的开端,通过向学生阐述受西方国际游资的打击后欣欣向荣的亚洲经济逐渐走向萧条的过程,以问题为抓手,带领学生展开深入探讨。1997年爆发的亚洲金融危机对亚洲各国经济产生了巨大的影响。东南亚国家在20世纪90年代初为了加快经济增长的步伐,纷纷放宽金融管制,推行金融自由化,以求成为新的金融中心,却忽视了各国经济增长不是基于单位投入产出的增长,而主要依赖于外延投入的增加。而在此基础上放宽金融管制,将各自的货币无保护地暴露在国际游资面前,极易受到来自四面八方的国际游资的冲击。

其次,在案例阐述之后,系统讲解外汇市场的概念及其运行规律,并分析影响汇率的具体因素,引领学生回到亚洲金融危机案例,分析国际热钱对一国汇率稳定的具体影响,使学生理解亚洲金融危机爆发的根本原因是各国经济发展失衡、市场过度投机以及金融市场对外开放政策等方面存在严重的问题,而爆发的导火索是国际游资的冲击。

最后,分析港币保卫战案例。东南亚金融危机演变为亚洲金融危机后,国际投机家从东南亚转移到中国香港地区。在中国政府强有力的干预下,香港最终顶住压力,力挽狂澜,金融市场恢复稳定。通过案例讲解,使学生切实感受中国政府在危急时刻的大国担当精神。为了帮助亚洲国家摆脱危机,中国履行了人民币不贬值诺言,并通过国际机构和双边援助来支持东南亚各国,提振了整个亚洲的信心,阻止了金融危机进一步扩散,在全球金融体系中起到了中流砥柱的作用,充分展现了负责任大国的风采。

2. 教学过程安排

教学过程安排见表1。

表1 教学过程安排

教学要求	教学内容	教学手段与学生活动
回顾上节课内容,并通过案例引出教学内容,激发学生对新课程内容的兴趣,提升其学习积极性	一、上节课内容简要回顾 简要回顾上节课内容,帮助学生回忆起国际金融体系的基本框架。 二、案例导入 1997年,亚洲金融危机席卷泰国,泰铢贬值。不久,这场风暴扫过马来西亚、新加坡、日本、韩国和中国等地,打破了亚洲经济继续发展的景象。	讲解,启发式提问,帮助学生回顾上节课内容,并导入亚洲金融风险的背景材料
理论知识讲解	一、外汇市场 (一)汇率概念 汇率就是两种不同货币之间的兑换比率,也就是以一国货币表示的另一国货币的价格。 (二)汇率的表示方法 直接标价法:以一定单位的外国货币为标准,折算成若干数量的本国货币来表示汇率的方法。也就是说,在直接标价法下,是以本国货币来表示外国货币的价格。 间接标价法:以一定单位的本国货币为标准,折算成若干数量的外国货币来表示汇率的方法,即在间接标价法下,以外国货币间接表示本国货币的价格。 二、汇率的重要意义 某国货币升值时(相对其他货币价值上升),该国商品在国外会变贵,而外国商品在本国则会变便宜(假设两国国内价格水平保持不变);相反,当某国货币贬值时,该国商品在国外将变得更便宜,而外国商品在本国将变贵。因此,货币升值时,国内生产商向国外出口商品将变得更困难,而外国商品因为价格下降,在国内的竞争力将会提高。 三、外汇如何进行交易 外汇市场是以场外市场的形式组织的,几百个交易商(大部分是银行)随时准备买入和卖出以外国货币计价的存款。 四、汇率的影响因素 (一)长期汇率 1. 一价定律 如果两个国家生产的商品是同质的,假设运输成本和交易壁垒很低,那么在世界范围内该商品的价格应该相同,而不管该商品是在哪国生产的。	

续表

教学要求	教学内容	教学手段与学生活动
	2. 购买力平价理论(PPP) 任何两种货币之间的汇率会调整到反映这两个国家物价水平的变动为止。PPP 理论只是一价定律在国家物价水平而不是个别价格上的应用。购买力平价理论可以用实际汇率来表达,即该理论预测实际汇率应当总等于 1。 **重点**:购买力平价理论不能充分解释汇率的原因 PPP 理论假设两国商品完全同质且运输成本和交易壁垒非常低,并认为汇率仅由物价水平的相对变动决定。如果这一假设是正确的,根据一价定律,所有商品的相对价格(也就是两国的相对物价水平)将决定汇率水平。由于一价定律并不适用于所有的商品,很多商品和劳务(在计算一国物价水平时它们的价格同样被包括进来)并没有跨境交易。因此,即使这些商品的价格上涨并使得一国物价水平相对于另一国上涨,对汇率也不会造成直接的影响。 3. 在长期内影响汇率的因素 任何导致本国产品相对于外国产品需求上升的因素都有使本币升值的倾向,任何导致本国产品相对于外国产品需求减少的因素都会使本币贬值。从长期看,影响汇率的主要因素有以下几点: (1)相对物价水平。从长期来看,一国价格水平上升(相对于他国价格水平)将导致本币贬值。一国相对价格水平降低将导致本币升值。 (2)贸易壁垒。关税(对进口商品征收的税)和配额(对可以进口的外国商品的数量限制)这些贸易壁垒也会对汇率产生影响。增加贸易壁垒在长期内将会导致一国货币升值。 (3)对国内与国外商品的偏好。对一国出口的需求增加导致其货币长期内升值;相反,对进口的需求增加会导致该国货币贬值。 (4)生产力。在长期内,一国生产力相对于其他国家上升,本币将会升值。反之,一国生产力相对于其他国家下降,则本币将会贬值。 (二)短期汇率:供给-需求分析 可以利用供求分析来了解短期汇率的决定机制。在这里,将美国视作本国,在任何汇率水平上,美元资产的供给量都是不变的,因而供给曲线 S 是垂直的。美元资产的需求量取决于美元资产的相对预期回报率。	

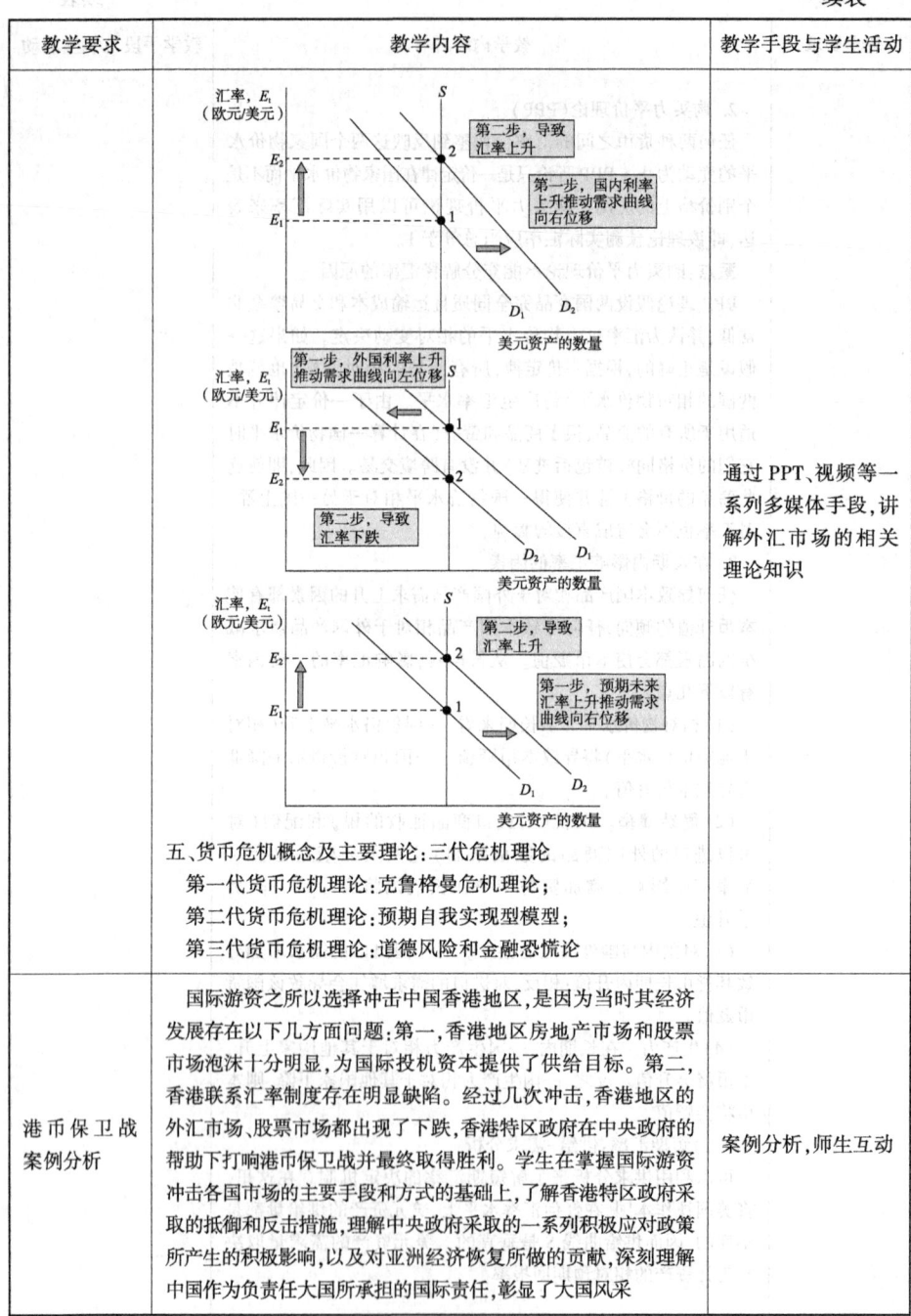

续表

教学要求	教学内容	教学手段与学生活动
	（图示：汇率与美元资产数量关系图三幅） 第一幅：汇率 E_1（欧元/美元），第一步，国内利率上升推动需求曲线向右位移；第二步，导致汇率上升。 第二幅：第一步，外国利率上升推动需求曲线向左位移；第二步，导致汇率下跌。 第三幅：第一步，预期未来汇率上升推动需求曲线向右位移；第二步，导致汇率上升。 五、货币危机概念及主要理论：三代危机理论 　　第一代货币危机理论：克鲁格曼危机理论； 　　第二代货币危机理论：预期自我实现型模型； 　　第三代货币危机理论：道德风险和金融恐慌论	通过PPT、视频等一系列多媒体手段，讲解外汇市场的相关理论知识
港币保卫战案例分析	国际游资之所以选择冲击中国香港地区，是因为当时其经济发展存在以下几方面问题：第一，香港地区房地产市场和股票市场泡沫十分明显，为国际投机资本提供了供给目标。第二，香港联系汇率制度存在明显缺陷。经过几次冲击，香港地区的外汇市场、股票市场都出现了下跌，香港特区政府在中央政府的帮助下打响港币保卫战并最终取得胜利。学生在掌握国际游资冲击各国市场的主要手段和方式的基础上，了解香港特区政府采取的抵御和反击措施，理解中央政府采取的一系列积极应对政策所产生的积极影响，以及对亚洲经济恢复所做的贡献，深刻理解中国作为负责任大国所承担的国际责任，彰显了大国风采	案例分析，师生互动

(五)教学效果分析

汇率制度与货币危机是极为复杂的问题,自现代西方经济学传入中国以来,我国金融学课程主要沿袭的是西方主流经济理论。当前,中国特色社会主义市场经济的实践不断丰富,金融学的教学内容具有多元价值交织、渗透的特点,单纯或过度依赖思政课价值引导的局限性日益凸显。

本课程从习近平新时代中国特色社会主义发展的全局出发,探索在提高学生对金融学知识水平的同时,培养学生的思想道德素养,引导其深度挖掘国际金融体系运行背后的逻辑和价值。在亚洲金融危机中,中国承受了巨大的压力,坚持人民币不贬值。由于中国实行审慎的金融政策和一系列金融风险防范措施,并未实行完全的资本开放政策,从根本上阻断了国际游资进入中国市场的流动性,维持了我国金融和经济的稳定运行。同时,为缓解亚洲金融危机,中国政府还采取了一系列积极政策,参与国际援助,本着高度负责的态度,与有关各方协调配合,推动地区间金融合作,对区域内经济复苏起到了至关重要的作用,彰显了大国的担当。

证券发行制度
——监管的使命与责任[①]

王佳妮

一、课程简介

投资银行学是金融类专业学生的一门重要专业课,也可作为其他专业学生的选修课。通过本门课程的学习,学生可对国际、国内的传统及创新的投资银行业务有一个清晰、透彻的了解,较系统地掌握现代投资银行机构各项业务运作原理。结合案例研究,比较投资银行各项业务在中国、中国香港和美国资本市场上的不同表现,可以加深对投资银行在资本市场中的各种金融创新活动的理解。同时,让学生了解相关专业和行业领域的国家战略、法律法规和相关政策,主动关注社会实践、关注现实问题;培养学生的独立思考能力及实际分析解决问题的能力,为将来报考证券从业资格、注册国际投资分析师及保荐代表人胜任能力等资格考试,以及从事投资银行实务工作,奠定一个较坚实的专业基础,培育学生经世济民、诚信服务、德法兼修的职业素养。

"证券发行制度——监管的使命与责任"属于投资银行学课程第二章第二节的内容,主要侧重于让学生掌握核心概念、了解证券发行监管制度以及证券公司的投行作用、IPO 业务流程。由于内容理论性强、部分法规条文枯燥难懂,需要通过图文并茂的 PPT 讲义展示、积极的启发式提问、生动的案例教学等多样化的教学方法,提升学生兴趣,引导学生关注现实问题并培养研究精神。

[①] 本案例得到首都经济贸易大学 2021 年教改立项(课程思政类)"金融类课程思政元素挖掘与教学改革路径研究——以投资银行学为例"项目资助。

作者简介:王佳妮,经济学博士,首都经济贸易大学金融学院副教授;主要研究方向:天使投资与风险投资。

二、思政元素

(一)元素1:坚定"四个自信"

新中国成立以来,资本市场的发展取得了巨大成就。投资银行机构和业务,从生长发展到规范发展,再到创新发展、开放发展,不仅依靠专业服务能力的提升,也离不开法律法规、监管制度的基础保障。

本课程第一讲为课程导论,包括投资银行业务的基本概念与特征,并介绍国内外投资银行机构和业务的发展;结合社会主义建设的伟大成就,讲授中国资本市场以及投资银行业务的发展历史;通过国内外比较,引导学生了解世情国情,坚定中国特色社会主义道路自信、理论自信、制度自信、文化自信。本课程在讲授具体的投资银行业务时,还引入热点事件和典型案例,既涉及外资机构,也有本土机构的发展与壮大,增强学生的信心,树立民族自豪感。

(二)元素2:习近平新时代中国特色社会主义经济思想

党的十八大以来,习近平总书记站在战略和全局的高度,围绕金融工作的重要性、金融与实体经济的关系、防控金融风险、金融改革等问题做出了一系列重要论述。这些论述都蕴含在习近平新时代中国特色社会主义经济思想的理论框架中。这些内容与本课程的专业知识密切相关,同时也是思政育人的重要资源。2019年2月22日,习近平总书记在中共中央政治局第十三次集体学习会议中指出,"金融是国家重要的核心竞争力……金融要为实体经济服务……"作为现代金融体系不可缺少的环节,投资银行业在提升直接融资占比和服务实体经济方面做出了重要贡献,优势也非常突出。在讲授投资银行各个业务时,我们引入大量行业实际数据及典型投融资事件,让学生体会金融机构在服务企业上市、推动民营企业改革创新、助力国有企业转型升级等方面的作用,领悟金融的本质。

2021年3月,《中华人民共和国国民经济和社会发展第十四个五年规划和2035年远景目标纲要》(简称"十四五"规划)正式发布。"十四五"规划强调了"深化金融供给侧结构性改革","健全具有高度适应性、竞争力、普惠性的现代金融体系,构建金融有效支持实体经济的体制机制……完善资本市场基础制度,健全多层次资本市场体系,大力发展机构投资者,提高直接融资特别是股权融资比重。全面实行股票发行注册制,建立常态化退市机制,提高上市公司质量。深化新三板改革……完善现代金融监管体系,补齐监管制度短板,在审慎监管前提下有序推进金融创新,健全风险全覆盖监管框架,提高金融监管透明度和法治化水平……"。"十四五"规划以习近平新时代中国特色社会主义经济思想为指导,体现了国家顶层设计。我们将"十四五"规划里的内容引入课程,有助于学生了解相关专业和行业领域的国家战略和政策法规。

(三)元素3:社会主义核心价值观教育与法治教育

国内外经验表明,金融行业的健康发展,不仅需要政策扶持,也离不开有效监管。尽管发展迅猛,但我国资本市场还没有完全成熟,特别是试点注册制是一个全新的探索,可能遇到各种各样的困难。近年的商业实践中,仍然会出现上市公司财务造假、信息披露不合规、中介机构失职等监管挑战。为了更好地规范市场并保护投资人权益,我国陆续出台相关的监管法规及行业规定。为此,我们结合法律法规讲授,中国证券发行监管制度,加强法治教育教育;结合上市公司恶性事件、债券违约、证券公司失职等案例,讲授监管要求,深化学生对社会主义核心价值观、法治理念、重要法律概念的认知。

(四)元素4:勇于探索的创新精神、善于解决问题的实践能力

本课程的教学模式是教师讲授与学生自主学习、课内教学与课外学习、理论知识学习与问题探究学习相结合,通过研究性教学充分调动学生学习的主动性和积极性,侧重培养和提高学生的创新思维和创新能力。根据教学目标设置一些思考题、研究课题,把思政元素融入课堂研讨互动与课后小组作业等环节。比如:改革开放对资本市场发展有什么影响?注册制对证券公司投资银行业务有什么影响?如何看待蚂蚁集团暂缓上市、滴滴公司美股退市?如何看待地方政府债违约现象?私募基金如何在国企混改中发挥优势?等等。通过研讨式教学、合作式学习来启发学生思考、小组讨论以及师生交流,不仅有助于学生对知识的理解和内化,还能增强学生勇于探索的创新精神、善于解决问题的实践能力。

(五)元素5:职业素养教育

一方面,投资银行业务工作人员应当具备从业资格,这就要求其拥有一定

的专业知识。另一方面,从业人员在从事投资银行业务时要勤勉尽责,充分发挥资本市场"看门人"作用。2021年7月,证监会发布了《关于注册制下督促证券公司从事投行业务归位尽责的指导意见》,强调了完善投行业务执业标准、厘清中介机构责任等工作要点。

在本课程教学中,一方面通过知识点讲解、案例分析、研讨互动等方式,让学生充分感受对从业人员职业素养的要求。另一方面,通过"投资银行与职业规划"专题学习、专家进课堂等方式,为学生分享实务案例和职场经验,引导学生深刻理解并自觉实践投资银行业务相关的职业精神和职业规范,增强职业责任感,培养学生遵纪守法、爱岗敬业、诚实守信的职业品格和行为习惯。更重要的是,让学生认识到新时代下个人成长与国家命运之间的关系,增强学生服务国家发展的责任感与使命感。

三、教案设计

(一)教学目标

1. 知识目标

(1)能够掌握证券发行制度的相关概念及特征。

(2)能够理解投资银行在证券发行及上市中的作用,尤其是理解保荐机构和承销商的主要职责。

(3)能够理解证券首次公开发行的基本流程,了解国内股票发行现状。

2. 能力目标

(1)能够掌握首次公开发行(IPO)相关的专业术语,并熟练阅读和理解相关的文献资料;锻炼学生的语言表达能力和综合分析能力。

(2)充分理解证券发行制度、保荐与承销的相关概念,理解证券发行的基本流程,了解中国股票发行的基本情况,并能够在未来的学习和实际工作中对相关理论充分理解、灵活运用。

3. 价值目标

(1)能够用习近平新时代中国特色社会主义经济思想武装头脑,充分认识到资本市场改革、投资银行机构对我国经济高质量发展的战略意义。

(2)了解投资银行业务相关的国家战略、法律法规和相关政策,理论联系实际、主动关注现实问题。

(3)树立诚信、法治等社会主义核心价值观,正确分析证券发行过程中的经验和教训,尤其是正确认识负面事件和违法违规案例,深刻反思和自我警示。

(4)深刻理解并自觉实践投资银行领域的职业精神和职业规范,增强职业责任感,培养遵纪守法、诚实守信的职业品格和行为习惯。

(二)教学内容

本节课的教学内容为:①证券发行监管制度;②投资银行的作用;③首次公开发行(IPO)业务流程;④拓展学习。其中:教学重点为三大发行制度的相关概念及特征、投资银行在证券发行及上市中的作用;教学难点为保荐机构和承销商的主要职责、IPO业务流程。

(三)思政引入

1. 教学总体思路

首先,以《习近平总书记在首届中国国际进口博览会的讲话》引出本节课的第一个主题,提出核心问题,随后进行概念解析。课程思政的体现:①通过问题引导,让学生了解国家战略和行业政策。了解我国资本市场的发展情况,思考并理解科创板的设立、北交所的成立对服务国家经济社会发展的战略意义。②了解证券发行制度变革的历程和现状,感受资本市场改革发展的成就,坚定"四个自信"。③对关键概念进行解析,掌握三大制度的内涵特征,通过提问互动,让学生理解制度变革与本国国情,加强对现实的关注。

其次,通过登云股份IPO造假案例引出本节课的第二个主题,提出核心问题,然后进行知识点的深度讲解。课程思政的体现:①通过分析"登云公司IPO造假案""蚂蚁集团暂缓上市案",让学生理解投资银行从业人员在业务中的工作职责,以及金融监管的使命与责任。②负面案例的引入,发挥警示教育作用,帮助学生树立正确的价值观。③问题引导、层层深入,调动学生学习的积极性,提高自主思考能力和探索能力。

再次,通过创耀科技案例讲解本节课的第三个知识点,让学生更为直观地感受企业IPO业务流程。课程思政的体现:①通过分析案例,让学生了解企业IPO过程实际情况,加强学生理论联系实际的能力。②通过揭示发行人的信息披露义务,强调"高质量的信息披露是上市公司高质量发展的重要体现"。

最后,通过"IPO被否原因",以及"保荐代表人考试大纲"等资料对知识点进行拓展和延伸,并对本节课进行总结。课程思政的体现:①通过分析近年 IPO 被否原因,引导学生深入社会实践、关注现实问题,从发行人、中介机构、监管部门等多视角思考证券发行和上市的基本门槛,加深对知识点的理解。②通过解读考试大纲进行职业教育,培育学生经世济民、诚信服务、德法兼修的职业素养。③布置课后阅读作业,重点学习《保荐人尽职调查工作准则》《证券发行上市保荐业务工作底稿指引》(证监会 2022 年 5 月发布)。

2. 教学过程安排

"证券发行制度——监管的使命与责任"属于投资银行学课程第二章第二节的内容,主要侧重让学生掌握核心概念、了解证券发行监管制度以及证券公司的投行作用、IPO 业务流程。在内容设置上,从历史、专业、行业、国家、职业等多角度增加课程的知识性、人文性,提升引领性、时代性和开放性。

具体的思政导入与教学过程安排如表 1 所示。

表 1 教学过程安排

证券发行制度——监管的使命与责任(45 分钟)		
教学意图	教学内容及手段	环节设计
导言	**上节课内容简要回顾** (1)公司的概念和类别; (2)公司融资渠道; (3)企业上市的好处和弊端。 **时事导入** 2018 年 11 月 5 日,首届中国国际进口博览会在上海开幕。国家主席习近平出席开幕式并发表题为"共建创新包容的开放型世界经济"的主旨演讲。在演讲中,他强调……将在上海证券交易所设立科创板并试点注册制,支持上海国际金融中心和科技创新中心建设,不断完善资本市场基础制度。 **提出核心问题** 什么是注册制?推出科创板并试点注册制有什么战略意义?我国现行的证券发行制度是什么特征?	PPT 展示,上节课内容回顾;新闻导入、激发兴趣;提出问题、引起思考
课程框架	**本节课知识点的架构安排** (1)证券发行监管制度; (2)投资银行的作用; (3)IPO 业务流程; (4)拓展学习与小结	了解本节课内容

续表

	证券发行制度——监管的使命与责任(45分钟)	
教学意图	教学内容及手段	环节设计
知识点一	(1)一般而言,证券发行制度大致分为三类:审批制、核准制、注册制。其中:注册制是市场化程度比较高的国家实行的一种证券制度,强调公开原则,发行人的信息披露是核心。 (2)从历史经验来看,我国证券发行制度改革与资本市场发展情况相适应。以股票为例,我国股票发行制度经历了额度管理和指标管理两种审批制度;2001年3月起,实行了核准制下的"通道制";2004年至今,上交所主板实行核准制下的"保荐制度",深交所创业板从2020年6月起,从过去的核准制转向注册制;科创板与北交所实行注册制。当前,我国处于核准制向注册制转变的过渡阶段。 **时事导入** (3)从科创板开板仪式以及北交所开市仪式上的领导讲话引出:科创板和北交所建立的战略意义。 √2019年6月13日,科创板开板仪式在上海举行。证监会主席易会满在会上表示:设立科创板并试点注册制,是深化资本市场改革开放的基础性制度安排,是推进金融供给侧结构性改革,促进科技与资本深度融合,引领经济发展向创新驱动转型的重大突破……牢牢把握科创地位,以全面的改革精神,推进关键技术创新,真正落实以信息披露为核心的证券发行注册制,着力支持符合国家战略,突破关键核心技术,市场认可度高的科技创新企业做优、做强,发展壮大。 √2021年11月15日上午,北京证券交易所揭牌暨开市仪式在北京举行。证监会主席易会满致辞说,设立北京证券交易所,是党中央、国务院立足构建新发展格局、推动高质量发展做出的重大决策部署,对于进一步健全多层次资本市场、加快完善中小企业金融支持体系、推动创新驱动发展和经济转型升级,都具有十分重要的意义……持续深化新三板改革,努力办好北京证券交易所,打造服务创新型中小企业主阵地。希望北京证券交易所牢记初心使命,坚持错位发展、突出特色,以试点注册制为基础,扎实推进契合中小企业特点的制度创新;推动提高上市公司质量,维护市场"三公"秩序和平稳运行,切实保护投资者合法权益;加强与新三板创新层、基础层的有机联动,深化与沪深交易所、区域性股权市场协调发展,共同营造多层次资本市场发展的良好生态	

续表

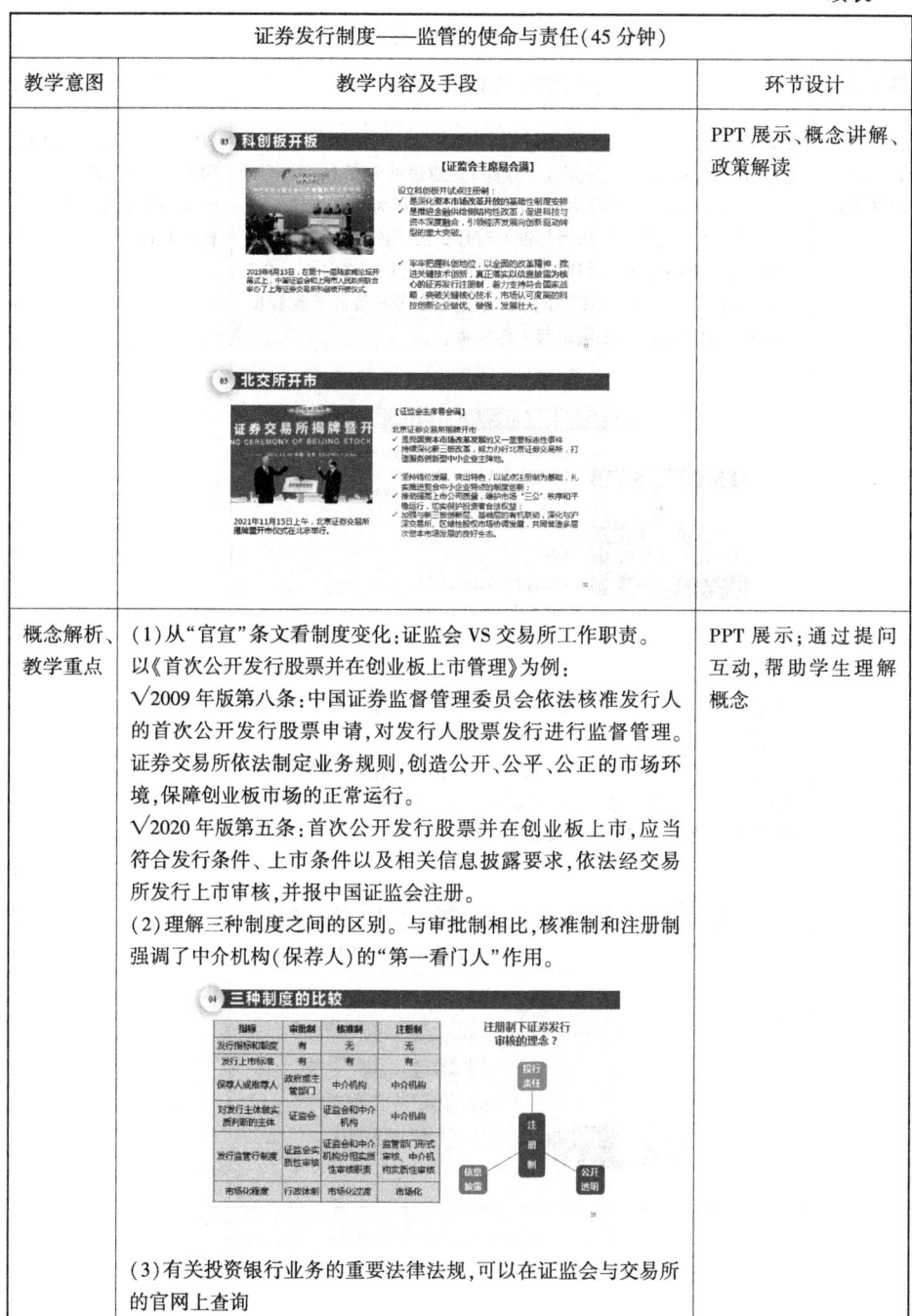

证券发行制度——监管的使命与责任(45 分钟)		
教学意图	教学内容及手段	环节设计
	科创板开板 【证监会主席易会满】 2019年6月13日，第十一届陆家嘴论坛开幕式上，中国证监会和上海市人民政府共同举办的上海证券交易所科创板开板仪式举行。 北交所开市 【证监会主席易会满】 2021年11月15日上午，北京证券交易所隆重举行开市仪式在北京举办。	PPT 展示、概念讲解、政策解读
概念解析、教学重点	(1)从"官宣"条文看制度变化：证监会 VS 交易所工作职责。以《首次公开发行股票并在创业板上市管理》为例： √2009 年版第八条：中国证券监督管理委员会依法核准发行人的首次公开发行股票申请，对发行人股票发行进行监督管理。证券交易所依法制定业务规则，创造公开、公平、公正的市场环境，保障创业板市场的正常运行。 √2020 年版第五条：首次公开发行股票并在创业板上市，应当符合发行条件、上市条件以及相关信息披露要求，依法经交易所发行上市审核，并报中国证监会注册。 (2)理解三种制度之间的区别。与审批制相比，核准制和注册制强调了中介机构(保荐人)的"第一看门人"作用。 04 三种制度的比较 (3)有关投资银行业务的重要法律法规，可以在证监会与交易所的官网上查询	PPT 展示；通过提问互动，帮助学生理解概念

295

续表

证券发行制度——监管的使命与责任(45分钟)		
教学意图	教学内容及手段	环节设计
知识点二： 教学重点、 教学难点	**视频导入** 观看证监会新闻发布会视频(3分钟)。通过视频信息，引出本节课第二个知识点，并提出核心问题：上市公司为什么受罚？证券公司为什么受罚？执法者是谁？有什么法律依据？ 从证监会新闻中，可以听到几个关键词"保荐机构""虚假记载""重大遗漏""未勤勉尽责"等。而这些关键词里蕴含了投资银行机构在业务中的角色定位与工作职责。 （图：证监会新闻：登云股份IPO造假案） (1)证券公司(投资银行)在证券发行与上市过程中扮演中介机构的角色——"保荐机构"与"承销商"。 (2)作为保荐机构，最基本的职业规范就是要做到"诚实守信、勤勉尽责"。在登云股份IPO造假案中，新时代证券之所以受罚，也是因为没有履行好相关职责。 （图：案例(5)：登云股份IPO造假，券商受处罚）	PPT展示；通过案例引入、提问互动，帮助学生理解投资银行机构在IPO中的作用

续表

证券发行制度——监管的使命与责任(45分钟)		
教学意图	教学内容及手段	环节设计
教学难点	(1)作为保荐机构,具体有哪些工作职责?《证券发行上市保荐管理办法(2020)》的第三章详细地给出了职责要求。保荐职责主要是上市前的尽职推荐以及上市后的持续督导,具体涉及尽职调查、发行人辅导、签订保荐协议、撰写推荐意见、帮助发行人准备发行与上市相关文件、向证监会与交易所提交文件、上市之后的持续督导等工作。 (2)尽职调查目的就是为了"把关"。按照《保荐人尽职调查工作准则(2021年修改征求意见稿,2022年正式发布)》:本准则所称尽职调查是指保荐人对拟推荐境内公开发行股票、可转换债券或存托凭证等公司(以下简称"发行人")进行的尽职调查,通过执行合理、必要的尽职调查程序,以合理确信发行人符合《证券法》等法律法规的相关规定,符合中国证监会及证券交易所规定的发行条件、上市条件和信息披露要求,以及合理确信公开披露文件已结合发行人实际情况进行有针对性的风险提示,充分披露了投资者做出价值判断和投资决策所必需的信息,信息披露真实、准确、完整,且不存在泄密风险。 (3)上市辅导就是对发行人的关键人员进行教育培训。根据《首次公开发行股票并上市辅导监管规定(2021)》:保荐机构应当对发行人的董监高人员、持有5%以上股份的股东和实际控制人(或者其法定代表人)进行系统的法规知识、证券市场知识培训,使辅导对象全面掌握发行上市、规范运作等方面的有关法律法规和规则,知悉信息披露和履行承诺等方面的责任和义务,树立进入证券市场的诚信意识、自律意识和法治意识,以及中国证监会规定的其他事项。 (4)根据法律规定,发行人必须要提交一些公司信息、招股说明书等多项重要文件。发行申请文件是证券发行条件/资格的支撑材料,主要是递交给证监会和交易所相关部门进行审核。 **案例导入** 金融监管的使命与责任: 考虑到学生们对"蚂蚁集团"比较熟悉,当时的事件也是热门话题,特选用"蚂蚁集团暂缓上市"的例子融入课程教学内容,强化学生对金融监管的认识。 通过案例分析,让学生理解IPO合规的重要性以及监管的必要性。蚂蚁集团的主要业务是金融科技领域,由于行业监管环境发生重大变化,蚂蚁集团因而出现了不符合发行上市条件以及不满足信息披露要求等不合规情况。上交所发布了暂缓蚂蚁集团上市的决定。证监会在随后的新闻发布会上也表示,这一决定体现了对投资者和市场负责。事实上,保护投资者合法权益本身也是监管的使命与责任所在	

续表

教学意图	教学内容及手段	环节设计
	证券发行制度——监管的使命与责任(45分钟)	
	蚂蚁为何暂缓上市？（图示：近日，发生你公司实际控制人及董事长、总经理被有关部门联合监管约谈，你公司也报告所处的金融科技监管环境发生变化等重大事项。重大事项可能导致你公司不符合发行上市条件或者信息披露要求。）	PPT展示；通过提问互动、法律法规解读、案例分析，帮助学生理解保荐机构具体的工作职责，以及证券监管的使命与责任
知识点三：教学重点	(1)通过流程图展示保荐机构在IPO业务的主要工作，以及IPO核准或者注册通过后的发行和上市流程。 (2)证券公司除了担任"保荐机构"之外，还要担任承销商的角色。按照规定，发行人向不特定对象发行证券，主要采用证券公司承销的方式，票面总额超过5 000万元，应当由多家机构形成"承销团"进行承销，其中"主承销商"为保荐机构	PPT展示；提问互动、法规解读，帮助学生了解IPO业务流程
案例讲解	**案例导入** "芯片关乎国家发展命脉！"作为硬科技，芯片产业是科创板重点支持的领域，特别选取科创板芯片股"创耀科技"作为案例。"创耀科技"于2021年12月31日发行，并于2022年1月6日在上海交易所上市。根据相关规定，发行人需要在发行前进行询价、路演及相关的信息披露，在发行人还要开展网上发行和网下配售及相关的信息披露。通过科创板官网的信息披露截图，让学生了解实际的上市流程。 案例（3）：科创板——创耀科技 688259 公司背景：一家专业的集成电路设计企业，主要专注于通信核心芯片的研发、设计和销售业务，并提供应用解决方案与技术支持服务。 发行流程： 20211223 发行/询价安排公告/招股意向 1228 询价 1229 网上路演公告 1230 发行公告/网上路演 20211231 网上网下申购（发行日T） 上市流程： 20220104 网上摇号抽签 T+1 0105 网上结果/缴款 T+2 0106 网下摇号 0107 上市招股/发行结果 0111 上市公告 T+5 0112 交易所上市（上市日）T+6	

续表

证券发行制度——监管的使命与责任(45分钟)		
教学意图	教学内容及手段	环节设计
	在第一个知识点讲解过程中提到,信息披露是注册制的核心。发行人及其他信息披露义务人,应当及时依法履行信息披露义务。信息披露义务人披露的信息,应当真实、准确、完整,简明清晰,通俗易懂,不得有虚假记载、误导性陈述或者重大遗漏。具体的信息披露要求在《证券法(2020)》里面有详细规定。	PPT播放,通过实例讲解,让学生进一步理解IPO具体操作程序
知识点拓展学习	(1)引入近年IPO被否的资料,解读被否原因以及不同板块的差异性,强调监管的重点方向。 (2)通过介绍"保荐代表人考试大纲"的框架,让学生了解从业人员需要具备的知识、能力以及职业规范,再次强调德才兼备。	PPT展示;通过近两年IPO被否案例、保荐人考试大纲等信息的解读,帮助学生了解IPO现状以及认识到投行从业人员的"高门槛",从而激励学生在学校认真学习,打下坚实的基础

续表

证券发行制度——监管的使命与责任(45分钟)		
教学意图	教学内容及手段	环节设计
课程总结 重点内容	(1)对本节课的主要内容进行小结： 学生们要能够清楚理解我们现行的证券发行制度，理解制度改革的背景；理解投行在证券发行过程中的作用；理解发行人、中介机构、监管部门等各方主体在 IPO 业务中的责任与担当。 (2)指出下一节内容，便于学生提前预习。 (3)课后阅读：《保荐人尽职调查工作准则》《证券发行上市保荐业务工作底稿指引》(证监会2022年5月发布)	PPT 展示，对本节知识点进行小结，并指出下一节课的主要内容；还布置了课后阅读作业，重点学习最新文件

(四)教学手段与方法

本课程的教学内容组织以"引导式教学"、"研讨式教学"以及"案例教学"为主，充分发挥学生的主体作用。除了教师在课堂上讲授外，实践性教学设计还包括学生阅读和查找资料，案例讨论以及课后实践实训、作业论文等方式。教学内容会根据行业相关动态实时更新教学内容，积累资本市场和相关政策的最新动态，并及时把这些信息在教学内容中反映出来，从而引导学生去探索、拓展新知识，增加学生的学习动力和创造力。尤其是选择一些有特色的案例材料，激发学生兴趣，提高学生阅读分析和解决问题的能力。

1. 引导式教学

通过提炼知识点相关的核心问题(包括与课程思政相关的内容)，如推出科创板并试点注册制有什么战略意义？现行的证券发行制度是什么特征？保荐机构最基本的职业规范是神？等等。利用这些问题引导学生主动思考、自主学习。从课前的预习到课堂研讨，再到课后拓展学习，这些核心问题始终贯穿学习全过程，促使学生更好地理解和掌握知识，达到更好的学习效果。

2. 研讨式教学

不同于传统教学模式，研究性教学是以学生及探究式学习为主，侧重提高学生的创新能力。一方面，在课堂上提供丰富的学习资料，巧妙地将思政元素融入知识点，设置一些研究课题，如新时代下金融监管的使命、证券发行制度变革和政策优化、注册制对证券公司投资银行业务的影响等，积极推进讨论式教学、案例教学、实训模拟等教学方法和合作式学习方式。另一方面，让学生参与教师科研项目，初步进行独立的探索性研究工作，从而拓展学生的专业视野，培养学生的实践动手能力。

3. 案例教学法

无论是引导式教学,还是研究性教学,将资本市场改革、企业上市相关的真实情景及事件引入到课堂,促使学生主动关注现实、思考问题、参与课堂讨论、与教师进行互动交流。本课程教学中,引入了投资银行业务相关的典型事件及行业制度政策等案例,如登云公司造假、蚂蚁集团暂缓上市等,提炼若干核心问题,引导学生思考和研究。这些案例的背后还蕴含丰富的思政元素,可培养学生诚实守信的道德品质,以及勤勉尽责的职业素养。

4. 混合式教学

将课程思政相关的重点知识讲解和典型案例分析制作成教学视频,连同配套的讲义、拓展阅读等资源,一起嵌入线上学习平台中,供学生日常预习、学习和复习使用;通过"线上+线下"的教学模式,提高学习的灵活度和主动性。

(五)教学效果分析

课程思政的本质是立德树人。课程思政的目标就是让学生通过学习专业知识,掌握事物发展规律,通晓天下道理,丰富学识、增长见识,帮助学生塑造品格和价值观,努力成为德智体美劳全面发展的社会主义建设者和接班人。课上询问及课后访谈结果显示:学生普遍感到"学有所思、学有所获"。同时,课程思政的重点在于教师。课程思政建设的准备、实践及课后总结本身就是教师不断学习、不断积累经验的过程;通过课程思政建设,教师教书育人本领得到了提高。

20级投资学专业孙睿襄同学:

通过王佳妮老师的投资银行学课程,我深入了解了我国投资银行业的发展历程、行业创新及在我国目前的资本市场所占的重要地位。为了加深我们的课堂印象,老师还在课堂上列举了很多有关国内实际行业投融资操作的事例进行更生动的讲解。这门课程让我知道了中国资本市场发展的成就,发展的速度和结构不逊色于早已起步的西方国家,增强了我的民族自豪感和爱国热情。同时,课程中包含关于证券发行、投资融资的规范和法律,也让我思考作为一名金融专业的学子,在未来与金融相关的工作中一定要以知法守法,诚信道德的态度去面对自己未来可能从事的工作和生活。

20级投资学专业傅俊瑜同学:

中国金融市场不过短短几十载,我们不断学习发达经济体的成功经验,并结合本国国情特色,中国的金融体系取得了巨大的进步,金融机构分工愈发明确,专业的投资银行机构也逐渐成了中国金融体系不可缺少的部分。在这样的背景下,投资银行学作为一门新兴的学科应运而生,其实践性和理论性高度融合。在课上,老师从理论+实践的方式入手,逐步提升学生的思维能力,全面强化学生对中国投资银行业务的基本知识原理的理解。我们在一个个生动的案例中学习到了中国资本市场一步步摸索走来的不易,通过不断自我完善,在社会主义市场经济体系下,能够帮助我国企业解决融资难、融资贵的问题,全面深化改革,为中国经济注入市场经济的活力。

  总体来看,本课程的思政育人效果良好。学生在教学活动中有了更多的获得感,对课程学习体验和学习效果的整体满意度较高;与此同时,教师在学习和实践中,课程思政建设的意识和能力也得到了全面提升。

投资工具 REITs 知识点讲解

徐新扩

一、课程简介

投资学课程是各大高校经济金融类专业学生的核心课程,思政教育下的投资学课程对提高学生综合素质、实现学生理论联系实际具有十分重大的意义。投资学是为有兴趣从事金融业的学生设置的课程,好的投资决策需要丰富的金融知识,善于分析问题和数学推导,该课程教授学生与投资决策相关的金融理论知识与实践应用技能,主要包括金融市场投资、金融理论的应用、定量分析技巧和分析工具应用等。

本课程旨在通过运用教学、反馈、实践等多样化的方式,培养学生发现、分析、思考的能力以及在投资学领域具有自己的逻辑观点,做到学以致用,将理论知识转化为投资实例。学习本课程,要求学生掌握理论基础和模型,能够使用AI 工具进行定性分析,并会使用统计软件或者 EXCEL 工具定量分析。

在完成本课程后,学生对投资工具和金融市场应具有完整和清晰的认知,便于今后在资本市场进行投资研究和理论模型设计。学生应学会了解金融市场的动向,应用所学的金融理论选择金融市场和金融资产,配置金融资产,做出最优投资决策,并为金融市场的发展提供助力。

二、课程思政元素发掘

(一)马克思主义基本原理:具体问题具体分析

具体问题具体分析是辩证法的基本原则之一,也是马克思主义活的灵魂,

作者简介:徐新扩,博士,首都经济贸易大学金融学院副教授、博士生导师;主要研究领域:绿色金融、资产配置。

项目资助:本文得到首都经济贸易大学改革项目《生成式人工智能在研究生培养中的应用与管理研究》的部分支持,特此感谢!

在我们的实际生活中具有十分重要的指导意义。他要求我们对矛盾的特殊性辩证看待，找出针对性的解决方案。在新冠疫情背景下，我国经济发展面临三重压力：需求收缩、供给冲击、预期转弱。需求方面，外需和房地产投资增长都承受巨大压力，消费疲软，制造业方面投资动能也边际衰减；供给方面，服务业和工业出现供应链阻塞，在"双碳"目标等因素制约下，发展速度明显放缓；预期方面，市场主体预期转弱，消费不振和投资谨慎增加了经济发展的难度。结合具体经济形势，我国于2021年下半年推出的基础设施公募REITs，具有流动性较高、收益相对稳定、安全性较强等特点，能有效盘活存量资产，填补当前金融产品空白，拓宽社会资本投资渠道，提升直接融资比重，增强资本市场服务实体经济质效。短期看，有利于广泛筹集项目资金，降低债务风险，是稳投资、补短板的有效政策工具；长期看，有利于完善储蓄转化投资机制，降低实体经济杠杆，推动基础设施投融资市场化、规范化健康发展。在经济低迷的情况下，其是助力我国经济稳增长的有力工具。

(二)毛泽东思想：理论与实际相结合

毛泽东思想是马克思主义中国化的重要理论成果，也是我们党的指导思想。理论联系实际是中国革命和建设进程中被实践证明了的正确的理论原则。毛泽东曾说："我们要把马、恩、列、斯的方法用到中国来，在中国创造出一些新的东西。只有一般的理论，不用于中国的实际，打不得敌人。"我国对公募REITs的探讨始于2009年，以"房地产投资信托基金"等名称提出，但由于顾忌REITs成为房地产融资渠道，上述政策探讨均未落实。2018年以后，关于基础设施和PPP项目开展REITs的可能性进入政策讨论视野，公募REITs政策层面的探讨集中于四个方面：①REITs立法层级；②不动产试点范围；③REITs顶层设计，是采用公司制、信托制还是公募基金制；④税收机制，对REITs各环节税收进行专门立法还是按照当前类REITs模式进行避/节税操作。最终，未对公募REITs进行专门立法，仅以部门规章的形式制定业务规范，将试点范围锁定在基础设施领域，采用目前来看最为简单的"公募基金+类REITs"设计，采用类REITs交易结构进行避/节税，以尽快推出公募REITs试点项目。与国外REITs不同的是，公募REITs引入公募基金实现公募化，采用"封闭式公募基金-ABS专项计划-项目公司-项目"的结构，而非国外REITs通用的信托制或公司制。这表明，我们既要借鉴国外的经验，又要选择适合中国的方式。

(三)习近平新时代中国特色社会主义思想:发展绿色经济

习近平新时代中国特色社会主义思想,是马克思主义中国化的最新成果,是中国特色社会主义理论体系的重要组成部分,推动了中国特色社会主义进入新时代。党的十八大以来,党中央贯彻新发展理念,坚定不移走生态优先、绿色低碳发展道路,着力推动经济发展全面绿色转型,建立健全绿色低碳循环发展经济体系,持续推动产业结构和能源结构调整,推动产业优化升级,紧抓新一轮科技革命和产业变革的机遇,推动新兴技术与绿色低碳产业深度融合,提高绿色低碳产业在经济总量中的比重。公募REITs试点行业面向能源基础设施、生态环保基础设施、园区基础设施、新型基础设施等。其中,能源基础设施包括风电、光伏发电、水力发电、特高压输电、充电基础设施、分布式冷热电项目等;生态环保基础设施包括城镇污水垃圾处理及资源化利用、固废危废医废处理、大宗固体废弃物综合利用项目等;园区基础设施位于自由贸易试验区、国家新区、战略性新兴产业集群的研发平台等;新型基础设施包括数据中心类、人工智能项目、5G、物联网、智能交通、智慧城市等。我们看到,已上市的中航首钢生物REIT和富国首创水务REIT表现优秀,不仅可以给投资者带来良好的收益,而且对企业资金的运转提供了良好的保障,更重要的是,对实现"双碳"目标具有重大的推动。我们要大力推动基础设施REITs发展,深入贯彻习近平生态文明思想,落实党中央、国务院决策部署,推动对外投资合作可持续发展和绿色"一带一路"建设,提升对外投资合作建设项目环境管理水平,更好服务构建新发展格局。

(四)坚持党的领导,坚定"四个自信"

习近平总书记在庆祝中国共产党成立95周年大会上的讲话中明确指出:"坚持不忘初心、继续前进,就要坚持中国特色社会主义道路自信、理论自信、制度自信、文化自信,坚持党的基本路线不动摇,不断把中国特色社会主义伟大事业推向前进。"坚定"四个自信",是不断把中国特色社会主义伟大事业推向前进的内在动力,也是全面建成小康社会和实现中华民族伟大复兴中国梦的根本保障。在我国资本市场建设的道路上,我们应严格遵守各项监管制度,在不断实践中,将资本市场发展壮大。同时,在我们的发展过程中,通过借鉴国外先进经验,不仅丰富了我国的投资方式,更开拓了新的创新点,从而增强民族自豪感,提升文化自信。

(五)职业素养教育,培养底线意识

金融市场既是可以获得高投资回报的地方,又是充满风险挑战的场所。作为专业的投资者,要坚守底线思维,牢记资本市场的监管规范,在法律允许的范围内获得投资收益。在 REITs 发展初期,严格禁止在房地产市场试点,目的是防范炒房者扰乱金融秩序,破坏民生稳定。通过案例教学,引导同学们树立正确观念,培养社会责任感,将来在工作岗位上,更好坚守底线,防止给国家和人民造成损害,增强职业责任感,培养良好的职业品格。

三、教学设计

(一)教学目标

首先,了解金融市场运作机制和投融资关系,掌握金融工具的基本理论,并学会灵活运用以实现资本增值和保值;其次,掌握固定收益证券相关知识,尤其是债券定价、久期和凸性理论;再次,熟悉基本面分析和技术分析方法,有助于准确判断证券是否合理定价;最后,通过专业课程案例分析,让学生认识到国家利益、企业发展和个人成长之间的密切关系,帮助学生树立正确的价值观和良好的职业素养,而不是盲目追求盈利目标。

1. 知识目标

(1)全面掌握投资领域相关理论、资本市场及投资工具。

(2)国内外投资理论和实践的发展。

2. 能力目标

(1)掌握资本市场的投融资环境现状,理解公募 REITs 的本质。

(2)培养发现、分析及解决问题的思维能力,保持对未知领域的探索兴趣。

(3)学习金融相关知识,紧跟时政热点和国家政策,积累投资经验,争取创新金融工具和完善投资策略。

3. 价值目标

(1)领会习近平新时代中国特色社会主义经济的发展方向,尤其在新冠疫情背景下经济低速发展时期国家调节金融市场运行所做出的巨大努力。

(2)通过了解国外 REITs 市场的发展,充分认识我国在 REITs 市场建设初期取得的伟大成果,坚定学生的"四个自信"。

(3)教导学生牢记我国在资本市场发展中的经验教训,树立正确的职业道

德观,培养社会责任感。

(二)教学内容

教学的基本内容包括:

(1)掌握金融市场与经济、投资工具、投资过程、中美证券市场基本情况等。

(2)掌握资产组合理论,掌握资本资产定价模型、套利定价理论与风险收益多因素模型、有效市场假说、随机游走等概念。

(3)熟悉证券分析基本原理,掌握比较估值、内在价值与市场价值、股利贴现模型、市盈率、自由现金估值方法,并会计算。

(4)学习宏观经济分析与行业分析的原理、步骤、区别和联系,了解行为金融与技术分析、证券收益的实证依据。

(三)教学手段与方法

本课程融入课程思政的教学手段与方法包括专业知识讲授、重点案例分析、模拟实践体验、问题思考分析等,使学生学以致用并感受金融学科的魅力,从而增强对投资学课程的学习情趣,培养学生的爱国热情和主人翁意识,同时恪守职业道德,为国家的经济建设贡献力量。

1. 直接引用介绍

一方面,围绕投资学教学大纲开展思政教育,结合前面的教学目标,增设帮助学生培养家国情怀及良好政治素养的内容,使学生形成强烈的社会责任感,减少将来政治犯罪的概率;另一方面,在讲授专业知识时,结合国家重大发展战略和政策导向,引导学生在习近平新时代中国特色社会主义背景下学习金融知识,树立建设和发展祖国金融体系的责任感和使命感。

2. 案例教学

我们在投资学的经典案例中融入思政元素。例如,将新冠疫情背景下我国积极探索新的投资方式促进经济体系平稳运转;面对中美贸易摩擦,我国提出"双循环"的新发展格局,增强学生的民族自豪感。尤其是在"双碳"目标下,大力发展绿色经济和数字经济,积极投资新基建,开放合作,与世界各国一起向未来,增强学生的时代使命感。

3. 模拟实践

将投资学的理论知识结合实际运用起来,指导学生利用模拟账号开展相关投资工具理论模型的操作,加深生理感受,树立风险意识,引导学生遵守国家法律,恪守职业道德,尊重市场秩序。

(四)教学过程

1. 教学设计思路

首先,通过介绍国外在经历重大危机事件后,利用 REITs 这种投资工具走出经济低迷的情况,激发同学们对 REITs 运行机制的兴趣。如何保持经济正常运行,成为每一个人关注的焦点问题。那么,REITs 可以在我国经济低迷时期发挥作用吗? 带着这些疑问,我们开始探索 REITs 的发展道路和运行机制。

其次,对核心概念进行解析,使同学们清楚 REITs 的内涵、分类,为下面做铺垫。通过对海外 REITs 的发展现状进行介绍,用市场数据和案例分析,让同学们感受这种投资工具的市场表现,初步了解 REITs 涉及的行业和底层资产。同时,梳理我国公募 REITs 的发展脉络,导入产品市场表现,剖析产品结构和产品特征,使其对双层结构和"股债"双性有更加深刻的认识,了解这种投资工具的现金流稳定性和高收益性。

再次,通过市场的数据、生动的图表,展示 REITs 抗击通胀的良好特性。与市场指数、GDP 现价和物价指数的序列比较,严格证明 REITs 可以在经济低迷时期帮助投资者跑赢通胀。同时,对国内的市场数据做相关性分析和事件性分析,发现二者均与 REITs 表现高度相关(尽管与资金面相关性较弱,可能是由于发展初期数据库有待扩充有关),因此,我们相信,推行公募 REITs 是我们走出经济低迷的极佳选择。

最后,通过课堂互动,了解同学们对本节课的掌握情况,并总结 REITs 对我国经济发展的重大意义,增强同学们对投资的兴趣,培养职业荣誉感。同时,利用课后作业的方式,让同学们自己去丰富完善公募 REITs 相关知识,保持对资本市场的关注,将来为资本市场建设做出贡献。

2. 教学过程安排

"新冠疫情背景下 REITs 助力经济发展"属于投资学中投资工具课程的内容。本讲内容侧重让学生先理解核心概念,了解国内外市场发展现状,充分认识这一投资工具在我国当前发展阶段具有的重大作用。在内容设置上,尝试理论结合现实、人文结合数科等,多角度保证课程内容的专业性,增加课程内容的生动性,从而达到良好的教学效果。详见表 1。

表 1　教学过程安排

新冠疫情下 REITs 助力经济发展(50 分钟)		
教学意图	教学内容及手段	环节设计
导言	**案例导入** REITs 的推出对于国家的经济发展有着重要的作用,尤其在经济下行时,有助于摆脱低迷、走出危机,为经济发展提供新动能。根据北京大学光华管理学院 REITs 课题组发布《REITs 市场建设与经济转型发展——基于各国推出 REITs 制度的历史分析》,在统计的 35 个经济体中,有 29 个均在经济低迷或出现危机时推出 REITs 制度。中国香港地区 REITs 政策出台在 2003 年 SARS 危机后,经济疲软之时;1957—1958 年,美国经历了短暂但严重的经济衰退——艾森豪威尔衰退,政府有意引导个人投资者在内的社会资本参与地产项目的投资;1960 年,美国国会通过《REITs 法案》。新加坡则在 1997 年亚洲金融危机后起草第一套监管新加坡房地产投资信托市场的指导方针。REITs 市场的建设是在疫情所致的经济低迷时期进行防御性投资的极佳选择。 提出核心问题,引出本节知识点:新冠疫情背景下推行 REITs 可以助力经济发展吗?	PPT 展示,案例导入、激发兴趣;提出问题、引起思考
本节课程总体架构	本节课知识点的架构安排:①REITs 概念与分类;②REITs 发展简史(国内外);③REITs 抗通胀性;④国内 REITs 上市表现;⑤推行 REITs 的意义	使学生了解本节课涉及的主要内容
核心概念与分类 (教学重点 1)	通过解读 REITs 的基本概念,了解目前 REITs 的种类。	PPT 展示、概念讲解、厘清分类

续表

新冠疫情下 REITs 助力经济发展(50 分钟)		
教学意图	教学内容及手段	环节设计
REITs 发展历程——国外	(1)探索 REITs 发展历程 REITs 起源于 20 世纪 60 年代的美国。1986 年,美国国会通过了《税收改革法》,放松了对于房地产投资信托的诸多限制,并给予 REITs 税收优惠,推动了美国 REITs 市场在 20 世纪 90 年代飞速发展。在美国经验的带动下,比利时、巴西、加拿大及土耳其等国家相继引入 REITs 制度,实现了 REITs 在全球范围内的初步发展。截至 2020 年末,全球共有 43 个国家或地区出台了 REITs 制度,全球公募 REITs 市场的总市值已超过 2 万亿美元。 (2)理解 REITs 涉及的底层资产 目前,美国是全球最为成熟的 REITs 市场,截至 2020 年底,在美国上市的 REITs 约有 223 只,总市值规模约 1.25 万亿美元,占全球总市值的 65.9%左右。其中权益型 REITs 占主导,产品共有 186 只,市值达到 1.22 万亿美元。美国 REITs 覆盖 12 类资产,涉及工业、基础设施、自助仓储、住宅、办公楼及医疗健康物业等,占比前三的分别为基础设施类、住宅类及零售物业类。	PPT 展示;通过提问互动,帮助学生理解行业现状

310

续表

新冠疫情下REITs助力经济发展(50分钟)		
教学意图	教学内容及手段	环节设计
REITs发展 历程——国内 (教学重点2)	(1)我国公募型REITs的发展阶段 随着REITs在全球蓬勃发展，尤其是中国香港地区在2003年推出《房地产投资信托基金守则》，REITs逐渐引起国内金融监管部门及金融机构的关注。2001年至今，我国REITs的发展可分为萌芽-停滞-恢复-试点-实践几个阶段： 几经探索，公募型REITs终落地　　首都经济贸易大学 （此处为2001–2005萌芽阶段、2006–2008停滞阶段、2009–2014恢复阶段、2015–2016试点阶段、2017至今实践阶段的图示） (2)REITs政策框架成型 2020年4月30日，证监会、发改委联合发布《关于推进基础设施领域不动产投资信托基金(REITs)试点相关工作的通知》，启动基础设施公募REITs试点。随后，上交所、深交所发布了一系列核心配套规则文件，中国证券业协会和基金业协会发布相关自律规则，基础设施公募REITs政策框架自此形成。2021年5月23日，上交所和深交所分别审核通过首批9只基础设施公募REITs发行，并于6月21日成功上市，国内公募REITs正式启航 从顶层设计到配套规则，REITs政策框架基本成型　　首都经济贸易大学 （顶层设计、配套规则、自律规则三部分文件列示图）	

311

续表

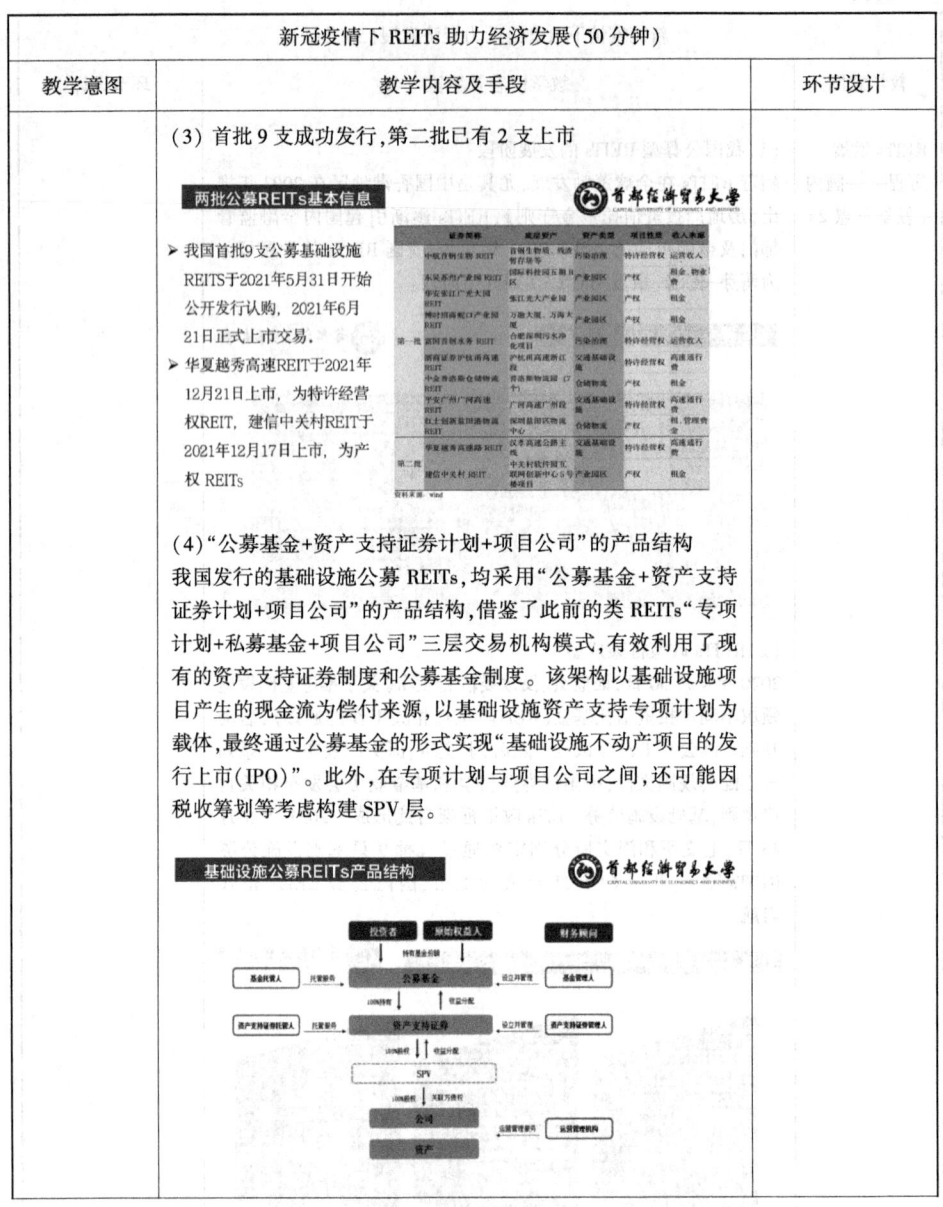

新冠疫情下 REITs 助力经济发展(50 分钟)		
教学意图	教学内容及手段	环节设计
	(3) 首批 9 支成功发行,第二批已有 2 支上市 ➢ 我国首批 9 支公募基础设施 REITS 于 2021 年 5 月 31 日开始公开发行认购,2021 年 6 月 21 日正式上市交易。 ➢ 华夏越秀高速 REIT 于 2021 年 12 月 21 日上市,为特许经营权 REIT,建信中关村 REIT 于 2021 年 12 月 17 日上市,为产权 REITs (4)"公募基金+资产支持证券计划+项目公司"的产品结构 我国发行的基础设施公募 REITs,均采用"公募基金+资产支持证券计划+项目公司"的产品结构,借鉴了此前的类 REITs"专项计划+私募基金+项目公司"三层交易机构模式,有效利用了现有的资产支持证券制度和公募基金制度。该架构以基础设施项目产生的现金流为偿付来源,以基础设施资产支持专项计划为载体,最终通过公募基金的形式实现"基础设施不动产项目的发行上市(IPO)"。此外,在专项计划与项目公司之间,还可能因税收筹划等考虑构建 SPV 层。	

续表

新冠疫情下 REITs 助力经济发展（50 分钟）		
教学意图	教学内容及手段	环节设计
	（5）"股权+债权"的产品特征 基础设施公募 REITs 作为创新型投资品种，兼具股性和债性。一方面，基础设施公募 REITs 的本质是底层资产的 IPO，"公募基金+资产支持证券计划"的双层结构将缺乏流动性的基础设施资产转变为流动性强的标准化权益性金融产品。从这个角度来看，其权益属性较为突出；但与股票产品不同的是，基础设施公募 REITs 底层资产可以带来稳定的现金流，具备抗通胀属性。另一方面，基础设施公募 REITs 有严格的现金分派比例，风险收益特征上呈现出典型的固定收益属性。与债券产品不同的是，REITs 投资者拥有底层资产的股权（或"股权+债权"） **基础设施公募REITs产品特征**	PPT 展示；通过提问互动、案例引入，帮助学生理解我国公募 REITs 的本质和显著优势
海外 REITs 抗通胀性 （教学重点3）	通过市场数据，利用图表来展示成熟国家 REITs 投资的抗通胀属性，从而使学生理解我国在经济低迷时期如何利用好 REITs 工具帮助中国经济走出低迷。 **海外REITs抗通胀性** • 国际主流成熟市场的REITs收益表现普遍较好，且多以住宅地产和商业地产为标的，所以通常具备了较强的抗通胀属性。 • 尤其在中高通胀时期，其房地产市场的租金和价值双双上行，从而推动REITs的分红收益上涨，使其在通胀时期仍能获得不错的收益。 • 以美国市场为例，美国REITs分红收益总体优于股市股息率及债市收益率。	

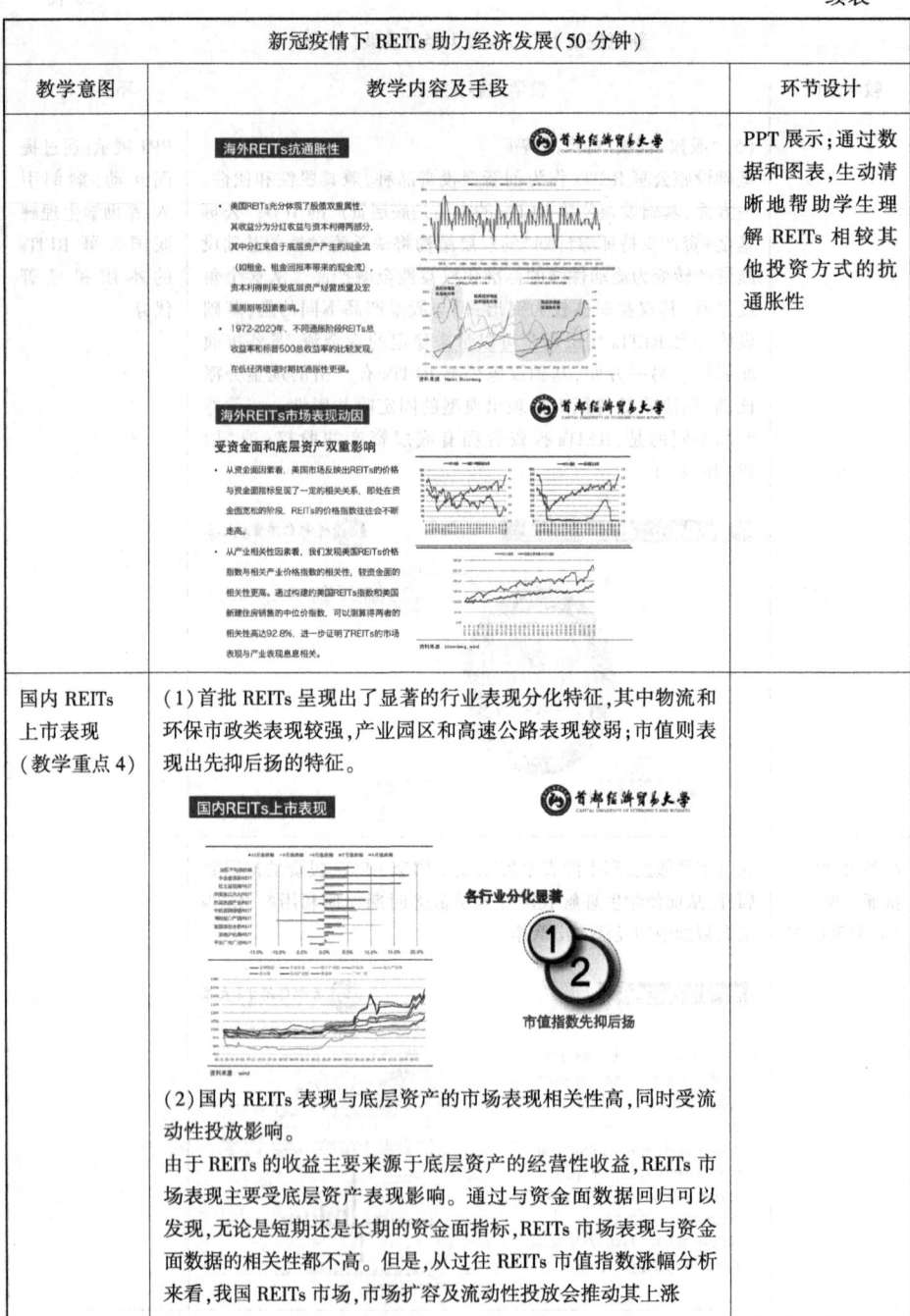

续表

新冠疫情下 REITs 助力经济发展(50 分钟)		
教学意图	教学内容及手段	环节设计
	海外REITs抗通胀性 • 美国REITs充分体现了股债双重属性，其收益分为分红收益与资本利得两部分，其中分红来自于底层资产产生的现金流（如租金、租金回报率带来的现金流），资本利得则来自低层资产经营质量及宏观周期等因素影响。 • 1972—2020年，不同维度阶段REITs总收益率和标普500总收益率的比较发现，在低经济增速时期抗通胀性更强。 海外REITs市场表现动因 受资金面和底层资产双重影响 • 从资金面因素看，美国市场反映出REITs的价格与资金面指标显现了一定的相关关系，即处在资金宽松的阶段，REITs的价格指数往往会不断走高。 • 从产业相关性因素看，我们发现美国REITs的价格指数与相关产业价格指数的相关性更高。较资金面的相关性更弱。通过构建的美国REITs指数和美国新建住房销售的中位价指数，可以测算得两者的相关性高达92.8%，进一步证明了REITs的市场表现与产业息息相关。	PPT 展示；通过数据和图表,生动清晰地帮助学生理解 REITs 相较其他投资方式的抗通胀性
国内 REITs 上市表现 (教学重点4)	(1)首批 REITs 呈现出了显著的行业表现分化特征,其中物流和环保市政类表现较强,产业园区和高速公路表现较弱;市值则表现出先抑后扬的特征。 国内REITs上市表现 各行业分化显著 市值指数先抑后扬 (2)国内 REITs 表现与底层资产的市场表现相关性高,同时受流动性投放影响。 由于 REITs 的收益主要来源于底层资产的经营性收益,REITs 市场表现主要受底层资产表现影响。通过与资金面数据回归可以发现,无论是短期还是长期的资金面指标,REITs 市场表现与资金面数据的相关性都不高。但是,从过往 REITs 市值指数涨幅分析来看,我国 REITs 市场,市场扩容及流动性投放会推动其上涨	

续表

教学意图	教学内容及手段	环节设计
	新冠疫情下REITs助力经济发展（50分钟）	
	国内REITs市场表现相关性分析 ➢我国REITs市场表现与底层资产行业指数相关性较高，这与REITs收益主要来源于底层资产的经营性收益有关。 ➢无论是短期还是长期的资金面指标，REITs市场表现与资金面数据的相关关系都不高。我们认为这可能与数据时间较短有关。 国内REITs市场表现事件性分析 ➢央行流动性的投放阶段与REITs大幅上涨阶段基本重合。 ➢这主要是由于流动性的投放有利于降低实体经济的融资成本，融资改善则有利于提高企业的经营效率，进而推动REITs上涨。	PPT展示；通过市场报告数据解读，帮助学生掌握我国REITs投资的市场发展现状
推行公募REITs的意义	推行公募REITs对我国经济发展具有重大意义，不仅丰富了资本市场的投资方式，对于流动性相对较差的底层资产，扩宽了融资渠道，也为投资者带来了更加丰厚的回报	PPT展示；通过提问互动，让同学们深刻理解REITs对我国经济发展的重要作用
课后阅读和思考	**拓展阅读、案例思考题** （1）思考我国公募REITs的运行机制与国外有什么不同。 （2）阅读资料，举例说明我国公募REITs政策未落实的方面。	PPT展示，布置课后阅读和案例思考题，为本节复习和下节预习做准备

（五）教学效果分析

通过课程思政的教学，使同学们牢固掌握投资学专业知识，关注国家重大发展战略，树立主人翁意识，激发为祖国经济建设贡献力量的使命感。同时，在教学过程中，理论联系实际，使学生了解未来从事的职业，营造了课堂的欢乐氛围，拉近了师生的距离，为更好指导学生明确未来发展目标奠定良好基础，为国家发展培养优秀人才。

投资学课程
——导论讲解

徐新扩

一、课程简介

投资学课程是金融专业本科生的专业必修课程,在金融学院本科生的课程培养体系中处于重要地位。我国证券投资市场建设虽然起步较晚,但发展速度较快,随着证券市场的快速发展,对投资方向人才的培养提出了更高的要求。

本课程旨在通过运用教学、科研、实训等多样化手段,培养学生在投资领域发现、分析及解决问题的能力和实操本领,做到理论与实践相结合、国际视野与国内实情相结合、利用 AI 工具与加深对问题的理解相结合,并对投资学发展历程有一定的了解。

本课程主要为学生今后学习投资专业课程和在金融投资行业发展打下学科基础。在学完本课程后,学生应能够全面掌握投资领域相关理论,掌握投资市场及投资工具、国内外投资理论和实践的发展趋势,并培养发现、分析及解决投资问题的能力。

二、课程思政元素发掘

我国的投资学课程主要是以西方的投资理论作为主要内容。随着我国金融体制改革不断深化,在当前百年未有之大变局的时代背景下,发掘投资学课程思政元素具有十分重要的意义,应立足于中国的发展,通过中国的金融投资学案例,讲好中国故事,帮助同学们树立正确的价值观。本课程包含的思政元素包括以下几个方面:

(一)元素1:坚持党的领导,思想政治引领

我国始终坚持党对我国金融工作建设的领导,坚持用马克思主义科学的观点和方法去指导金融工作的建设。

[①] 本文得到首都经济贸易大学改革项目"AI 大模型在金融投资人才培养中的应用与管理"的部分支持。

作者简介:徐新扩,首都经济贸易大学金融学院副教授;主要研究领域:绿色金融、资产配置。

在教学中，注重引入马克思主义关于金融投资的知识和观点，同时注重引导学生学习使用马克思主义科学的观点去看待投资学理论和现实案例，帮助学生学会用马克思主义经济思想和马克思主义科学的观点去学习投资学的学科理论。

根据当前我国投资市场的现实情况，结合当前世界发展的局势，让学生了解、学习习近平新时代中国特色社会主义思想关于经济金融市场建设的指引。

(二)元素2：坚持党的领导，坚定"四个自信"

党的十九大报告中，习近平总书记强调"全党要更加自觉地增强道路自信、理论自信、制度自信、文化自信"，坚持走中国特色社会主义道路的自信、对马克思主义及中国特色社会主义理论先进性的自信、对中国特色社会主义制度的优越性的自信、对中国特色社会主义文化先进性的自信。"四个自信"是中国共产党和中国人民建设社会主义现代化中国的精神动力。

在教学过程中，通过联系我国经济建设的实际情况，引导学生了解我国社会主义现代化经济金融领域建设的伟大成果。改革开放以来，在党的领导下，金融投资领域发展迅速，在市场规模、市场丰富程度上均有突出成果。近年来，随着科创板、北交所的建立，金融领域的建设在党的领导下翻开了新的篇章。

了解社会主义金融市场的建设过程有助于坚定学生的"四个自信"，坚定学生对我国社会主义事业必胜的决心。作为金融专业的学生，夯实"四个自信"在今后的职业发展中具有重要的作用。在投资学的课堂上，用中国自己的话语体系讲好中国的投资故事，增强精神动力。

(三)元素3：坚持党的领导，深化金融改革

坚持党的领导，进一步深化金融改革，是我国金融投资市场下一步发展的重要目标之一。改革开放40多年来，我国始终坚持党的领导，坚持走正确的道路。习近平总书记提出，改革开放要从国情出发，从我国当前发展的实际情况出发，不做表面文章，始终坚持正确的方向。

关于金融改革，第五次全国金融工作会议中进一步明确，在当前复杂的宏观环境下，我国金融工作要坚持党的领导，持续深化金融改革。从我国金融改革的实践来看，坚持党的领导是我国建设中国特色金融市场的最大优势。

在教学过程中，通过引入我党领导金融改革的实践案例，结合金融工作的几次重要会议，帮助学生了解我国金融改革的历史，更深入地理解金融改革工作的重要性和进一步深化金融改革的必要性。

（四）元素4：促进经济发展，实现民族复兴

金融投资市场的发展，其重要目标是金融服务实体经济。金融服务于我国经济建设及经济社会的需要是金融题中应有之义，要发挥好金融在支持建设社会主义现代化中资源配置、管理风险的作用。

近年来，面对国内外政治经济及宏观情况的发展变化，我国加强资本市场改革，设立科创板、北交所等助力高新技术企业发展，促进区域金融协调发展。在教学过程中，我们通过我国金融服务实体经济发展的案例和相关经济现象，启发学生思考金融投资如何促进我国经济社会的发展，金融投资如何服务实体经济，帮助学生了解金融市场的重要性。

（五）元素5：维护金融安全，促进社会和谐稳定

金融问题涉及人民群众的财产安全，维护金融安全、促进社会和谐稳定是党领导下的金融工作的重中之重。保持平稳的经济环境，推动经济社会平稳健康可持续发展，离不开金融的安全稳定。

面对2008年全球金融危机、2020年新冠疫情等一系列风险冲击的考验，我国金融工作科学调控，政策制定具有前瞻性、针对性，保持了资本市场的稳定，保护了人民群众的财产安全。与此同时，我国不断加强金融监管工作，补齐金融监管短板，针对互联网金融等金融创新不断创新金融监管，促进了我国社会的和谐稳定。

在教学过程中，我们深挖我国防范金融风险工作的典型案例和经典实践，帮助同学们了解我国金融投资市场的发展过程以及出现的问题，并在党的领导下做出及时的应对，启发学生思考维护金融稳定的措施以及金融稳定的重要意义。

（六）元素6：树立正确价值观，培养底线意识

投资学是一门实务性较强的学科，在课程教学期间培养学生科学的投资方法、基础的投资理论的同时，也要注重坚持教书与育人相结合，帮助同学们树立正确的价值观和投资观。通过投资学案例的教学，引导同学们正确认知投资，培育爱国情怀、社会责任感以及底线意识。

三、教案设计

（一）教学目标

了解资本市场在现代金融发展中的地位及其作用。全面掌握投资领域相

关理论和投资工具(市场),尤其是现代投资组合和资产定价模型及应用。掌握投资的基本分析法、技术分析法及其主要经济意义。了解投资风险防范的基本方法,了解国内外投资理论和实践的发展趋势。运用教学、科研、实训等多样化手段,着重培养学生在投资领域发现、分析及解决问题的思维能力,做到理论与实践相结合、国际视野与本土操作相结合、历史-现实-未来相结合,为学生之后的投资专业课程打好学科基础。

1. 知识目标

(1)国内外投资理论和实践的发展趋势。

(2)掌握投资领域相关理论、投资市场及投资工具相关等理论。

(3)较为系统地掌握证券市场与资产定价的理论知识。

2. 能力目标

(1)培养发现、分析及解决问题的思维能力。

(2)掌握投资的基本分析法、技术分析法及其主要经济意义。

(3)学习收集、处理并理解各种信息,进行投资分析和决策。

3. 价值目标

(1)教学过程中做到"知识传授与价值引领相结合",高举习近平新时代中国特色社会主义思想体系的理论旗帜,引导同学们从实际国情出发,了解中国金融投资市场的发展历程。

(2)引导学生正确认识和解读社会主义金融市场建设过程中出现的经济金融现象,对西方理论不能盲目吸收,要结合中国的社会主义制度进行批判吸收,取其精华,去其糟粕。

(3)教导学生树立马克思主义投资观,树立正确的人生观和价值观,在投资中守住底线。

(二)教学内容

教学的基本内容:

(1)投资学基本知识,包括投资环境、投资市场与投资工具的概念和基本情况。

(2)投资组合和定价模型,包括对风险和收益关系的基本认识,对风险资产的定价与证券组合管理模型、投资组合管理业绩评价模型以及债券组合管理理论的应用(本课程难点内容,用案例方法引导学生学习,掌握基本方法)。

(3)投资的主要分析方法。从基本面分析方法(具体包括宏观经济分析、产业分析、公司财务分析以及公司价值分析),到行为金融和技术分析方法(本课程重点内容,用案例方法引导学生学习,掌握基本方法)。

(4)投资组合业绩评价,包括业绩评价的相关理论,评价指标和评价方法。

(三)思政引入

1. 直接引用介绍

直接引用和介绍马列主义、毛泽东思想、邓小平理论、"三个代表"重要思想、科学发展观、习近平新时代中国特色社会主义理论体系,以及党和国家领导人的发言和中央重要政策文件关于金融以及投资的观点和论断。在引入投资学章节知识点时,结合思政元素讨论在中国特色社会主义发展背景下的投资学,培育学习金融学生的爱国热情,以及建设祖国金融体系的使命感和责任感。

2. 案例教学

通过投资学和金融学的经典案例结合思政元素,作为教学过程中相关知识点的教学案例,在学习案例的过程中挖掘其中的思政要素。引导学生基于正确立场,运用辩证思维、战略思维、法治思维、创新思维、底线思维、历史思维分析金融和投资领域中的热点问题,并提出观点,帮助学生理解知识点内容,提升学生的职业素养和爱国热情,灵活应用马列主义和马克思主义中国化的最新成果。

3. 模拟实践

将投资学的知识点实到课堂中,引导学生在实践中应用投资学理论,并在模拟实践的过程中强化马克思主义哲学的指引作用。培养学生的主人翁意识、爱岗敬业的工作态度,激发学生的爱国情怀,培养一批拥有科学的马克思主义哲学指导的金融人才。

(四)教学手段与方法

本课程融入课程思政的教学手段与方法包括引导教学法、案例教学法、模拟实践、文献阅读法,使学生既能掌握理论和实操,又能同时学习思政理论,培养学生的爱国热情和主人翁意识,切实做到理论与实践相结合。本课程强调案例分析,力图通过案例分析培养专业习惯和体会投资学中的思政理论,训练学生的分析能力与思维能力。

1. 引导教学法

通过与课程知识点相结合的时政新闻热点引入,引发学生学习相关知识点的热情。比如,我国当前的资产新规的发布、证监会对于证券市场监管的最新要求、习近平总书记关于金融发展的最新论断等,帮助同学们了解金融投资行业发展的最新动态,并对知识点学习进行引导。

2. 案例教学法

本课程通过大量的实践案例引导学生加深对金融市场的认知,特别是对中国出现的一些实际问题的案例分析,促使学生主动关注现实、思考问题。通过生动的、具有启发性的讲解,激发学生学习本课程的积极性,并鼓励学生了解行业前沿。

3. 模拟实践法

投资学作为实务性较强的学科,在教学过程中引入证券投资模拟软件等进行模拟实践教学,可帮助同学们了解证券投资市场的实际情况,对理论也有更加深入的理解。

4. 文献阅读法

投资学方面有许多经典文献,可以在安排学生对资产定价、风险管理等领域的经典文献进行阅读,在课堂上就相关内容进行讨论,并对投资学资产定价理论等理论的发展进行学习讨论。

(五)教学过程

1. 教学设计思路

首先,本课程以收益和风险的均衡关系作为切入点,通过中国投资市场建设的现实案例,帮助同学们对投资环境、资产定价、风险管理形成全面的认知。通过中国投资市场建设的成就,帮助同学们了解金融投资对于国家经济发展的重要作用。通过证券市场崩盘和政府救市行动案例,帮助同学们进一步理解收益和风险这一对均衡的关系。在这一过程中,树立学生的国家自豪感,坚定"四个自信"。

其次,本课程的教学注重对于投资学中的相关理论和关键概念的内涵进行解析,帮助学生初步了解投资学的经典理论知识;并通过案例分析、模拟实践等教学手段,使学生进一步掌握相关理论和概念,提升学生的思考分析能力。

再次,对于投资学的基本分析工具,要引导学生动手实践,帮助学生学会运用投资分析理论和相关工具,为未来的职业生涯发展打下良好的基础。同时,通过案例分析教学,引导同学们形成正确的投资观念,树立正确的世界观、人生观、价值观,培养学生们的底线意识。

最后,通过课堂作业、期末考试、小论文等方式,帮助同学们加深对知识点的理解,使其对投资学的相关概念及理论有更加深刻的认知,并且能够从我国经济发展的现实背景出发,去学习、理解和运用投资学的分析理论及工具。

2. 教学过程安排

第一章涉及的投资环境属于投资学课程的引导内容,给出了金融系统的基本框架。这一部分的内容旨在让学生掌握投资学的基础知识、了解投资市场的发展背景以及风险收益的基本概念。本课程对这一部分的内容,从投资环境、实体经济、风险收益基本概念、投资市场发展状况、市场发展历史等多角度,通过知识点讲解、案例分析、中外对比等增加课程的知识性、人文性,提升时代性和开放性,并加强思政引领作用。详见表1。

表1 教学过程安排

投资学导论:投资环境(50分钟)		
教学意图	教学内容	教学手段与环节设计
导言:通过小故事引入、提问方式,引导同学们讨论对投资学概念的认知	(1)你平时是否做投资?作为个人、企业应当如何进行投资?引导学生从个人投资、企业投资角色出发,思考投资的意义。 (2)你认为什么是投资?根据兹维·博迪给出的定义,投资是指投入当前资金或其他资源以期望在未来获得收益的行为。这句话中包含三个概念:投入、时间、期望收益。这三个基础概念构成了投资的行为。 (3)投资的要素是什么?根据上述对于投资的定义,我们可以提炼出投资的三要素:时间性、收益性、风险性。投资的时间性本质上是指投入当前的资源以获得未来的期望回报;收益性是指投资成功带来的投入以外的回报;风险性是藏在投资收益背后的本质,投资获取的是未来的期望收益,期望可能大可能小,也可能无法实现。所有投资的共性是投资者放弃现有价值的东西以期望未来获益。	

续表

投资学导论:投资环境(50分钟)		
教学意图	教学内容	教学手段与环节设计
	(4)我国金融市场发展现状,联系我国金融市场发展的现状,从市场规模、市场结构等角度出发,和同学们共同了解我国建设金融市场的成就,坚定"四个自信",树立国家自豪感和民族自豪感。A股市场是我国代表性的投资市场,从A股市场的发展能够看到我国投资市场的建设成就,截至2021年末,我国A股市值首次突破90万亿元,全年成交金额再次突破250万亿元,市场规模不断扩大;A股投资者数量达到了1.95亿元,投资者规模位居全球之首。越来越多的人开始认识到投资的重要性。	PPT展示,故事导入,激发兴趣;提出问题、引起思考
本节课程总体框架架构	本节课知识点的架构安排: (1)实物资产与金融资产 (2)金融市场与经济 (3)案例讨论:回顾2015年A股大幅波动与政府救市行动	使学生了解本节课涉及的主要内容
知识点1:实物资产与金融资产	知识点 实物资产和金融资产的概念。 习近平关于金融服务实体经济的相关论述。 (1)实物资产是社会的物质财富,是由社会成员创造的,即社会成员创造的产品及服务,如土地、房屋、机器和可用于提供服务的知识。实物资产是能够为经济创造净利润的,在投资过程中,要关注金融与提供产品及服务的实物资产的关系。 (2)金融资产与实物资产相对应,金融资产代表人们对实物资产的索取权。金融资产通常可以分为三类:固定收益型金融资产、权益型金融资产、衍生金融资产。金融资产在经济发展中起到了至关重要的作用,正是金融资产帮助创造了经济中的大部分实物资产	

续表

投资学导论:投资环境(50分钟)		
教学意图	教学内容	教学手段与环节设计
	金融资产 金融资产与实物资产相对应,金融资产代表人们对实物资产的索取权。金融资产通常可以分为三类:固定收益型金融资产、权益型金融资产、衍生金融资产。金融资产在经济发展中起到了至关重要的作用,正是金融资产帮助创造了经济中的大部分实物资产。 **金融资产** 1. 固定收益型金融资产:即债券,承诺按固定的现金流进行支付的证券。 2. 权益型金融资产:此类金融资产代表了持有者对公司的所有权,此类资产未承诺收益,但可以参与分配公司利润,因此权益收益与公司经营成败密切相关。 3. 衍生金融资产:此类金融资产的收益取决于其他资产价格。 (3)时政热点:学习习近平总书记对金融服务实体经济的重要论述。习近平总书记在关于金融工作的论述中,多次谈到了金融回归本源,强化服务实体经济的能力。为实体经济发展创造良好金融环境,疏通金融进入实体经济的渠道,积极规范发展多层次资本市场,扩大直接融资,加强信贷政策指引,鼓励金融机构加大对先进制造业等领域的资金支持,推进供给侧结构性改革。金融是实体经济的血脉,为实体经济服务是金融的天职,是金融的宗旨,也是防范金融风险的根本举措。金融要为实体经济服务,满足经济社会发展和人民群众需要。 习近平总书记在关于金融工作的论述中,多次谈到了金融回归本源,强化服务实体经济的能力。我们一起来学习习总书记对金融服务实体经济的重要论述。 · 为实体经济发展创造良好金融环境,疏通金融进入实体经济的渠道,积极规范发展多层次资本市场,扩大直接融资,加强信贷政策指引,鼓励金融机构加大对先进制造业等领域的资金支持,推进供给侧结构性改革。 ——《在十八届中央政治局第四十次集体学习时的讲话》(2017年4月25日) · 金融报实体经济的血脉,为实体经济服务是金融的天职,是金融的宗旨,也是防范金融风险的根本举措。 ——《在全国金融工作会议上的讲话》(2017年7月14日) · 金融要为实体经济服务,满足经济社会发展和人民群众需要。 ——《在中共中央政治局第十二次集体学习上的讲话》(2019年2月22日) (4)思考:金融可以从哪些方面服务实体经济? **一起来思考** 金融可以从哪些方面服务实体经济? · 思考方向:企业融资、普惠金融、绿色金融……	PPT展示、概念讲解、政策解读

续表

投资学导论:投资环境(50分钟)		
教学意图	教学内容	教学手段与环节设计
知识点2: 金融市场 与经济	知识点: 金融市场概念 金融市场的作用 金融市场的参与者 (1)金融市场:金融市场的存在是为了满足投资者对金融资产的交易需求,社会经济中存在着不确定性,投资者或是为了平抑风险或是为了投机,均会产生交易需求,由此产生了金融市场。 金融市场 金融市场的存在是为了满足投资者的对金融资产的交易需求,社会经济中存在着不确定性,投资者或是为了平抑风险或是为了投机均会产生交易需求,由此产生了金融市场。 (2)金融市场分类:按照前文我们对金融资产的分类,金融市场可大致分为固定收益证券市场、权益证券市场、衍生品金融市场。上述分类还可以进行细分,投资者和公司还会参与到一些其他金融市场如外汇市场、股权投资市场等。 金融市场的分类 按照前文我们对金融资产的分类,金融市场可大致分为固定收益证券市场、权益证券市场、衍生品金融市场,上述分类还可以进行细分,投资者和公司还会参与到一些其他金融市场如外汇、股权投资市场等。 (3)金融市场的作用,通过知识点讲解,帮助学生了解金融市场的基本作用,并根据金融市场的作用结合现实背景,进行提问互动,联系金融服务实体经济:如何利用金融市场服务实体呢? 金融市场的作用 · 资源配置:金融市场能够有效的促进资源配置,发挥重要的信息作用,金融引导资本进入最具有增长潜力的企业和领域。 · 财富管理:金融市场能够帮助人们进行现实消费与收入的分离,通过投资行为对财富进行"储存"。 · 风险分配:金融市场能够对实物资产的风险进行分配,投资者可以选择满足自身条件的风险收益偏好资产。 · 公司治理:金融市场能够通过进行所有权和经营权的分离形成公司治理机制,推动公司更好的经营。 (4)四个重要的市场参与方。通过生活中的例子和知识点的讲解,帮助学生了解金融市场的主要参与者及各自的作用。	

326

续表

投资学导论:投资环境(50分钟)		
教学意图	教学内容	教学手段与环节设计
	金融市场的主要参与者 金融市场的主要参与者有:个人、公司、政府、金融中介。 个人及家庭通常是金融资产的购买方,公司和政府往往是融资方也为金融资产的提供方。 金融中介是能够帮助资金的供求双方有效匹配的机构,如银行、投资公司、保险等。 图片来源:恒大研究院	PPT展示;通过提问互动,帮助学生理解概念
案例分析:2015年A股崩盘与政府救市行动	之前的内容带领大家初步了解了金融系统的大体机构,以及金融与实物的部分联系。强化金融服务实体经济的能力,金融要回归本源是习近平总书记关于金融的重要论断。同时习近平总书记提出要重点防范系统性金融风险,维护金融安全。接下来将介绍2015年A股大幅波动与政府救市行动的案例,与同学们通过案例学习,进一步理解金融的风险以及服务实体经济的意义。 **前言** 金融体系的重要组成部分之一是股票市场,股票市场作为晴雨表有着反映国民经济的功能。股票市场作为投资者集中进行交易投资的场所,而治理不当和股票本身的投机性也会对整个经济体系带来巨大的风险。面对股票市场危机的解决办法,每个国家给出的答案都不同。2015年面临A股市场面临重大的风险,政府决策者拿出了魄力和方案对危机进行了处理,其影响结果值得我们进行反思。	PPT展示;通过提问互动、案例引入,帮助学生理解金融市场中的系统性风险以及金融服务实体经济的意义
案例引入	介绍2015年前股市情况和背景信息: (1)通过前言和2015年股价走势图,帮助同学们了解案例发生的时间,对股市大幅波动发生的概况有一个初步的了解。引导同学们思考股市大幅波动发生的背景与关联,思考其中各种现象的经济意义。 **前言** 股票市场作为投资者集中进行交易投资的场所,而治理不当和股票市场本身的投机性也会对整个经济体系带来巨大的风险。面对股票市场危机的解决办法,每个国家给出的答案都不同。2015年面临A股市场面临重大的风险,政府决策者拿出了魄力和方案对危机进行了处理,其影响结果值得我们进行反思。 2015年,我国股票市场经历了震荡剧烈的股市行情,此次跌幅之大,股市震荡之剧烈是A股市场前未有的,对A股投资者造成了巨大的伤害。股市的危机极易传染到整个金融系统中从而引发系统性金融风险,系统性金融风险将会对我国的实体经济造成打击,在当时复杂的国际政治经济局势下,处理好A股市场的股市危机是我们党和政府面临的一个金融市场治理难题。	

327

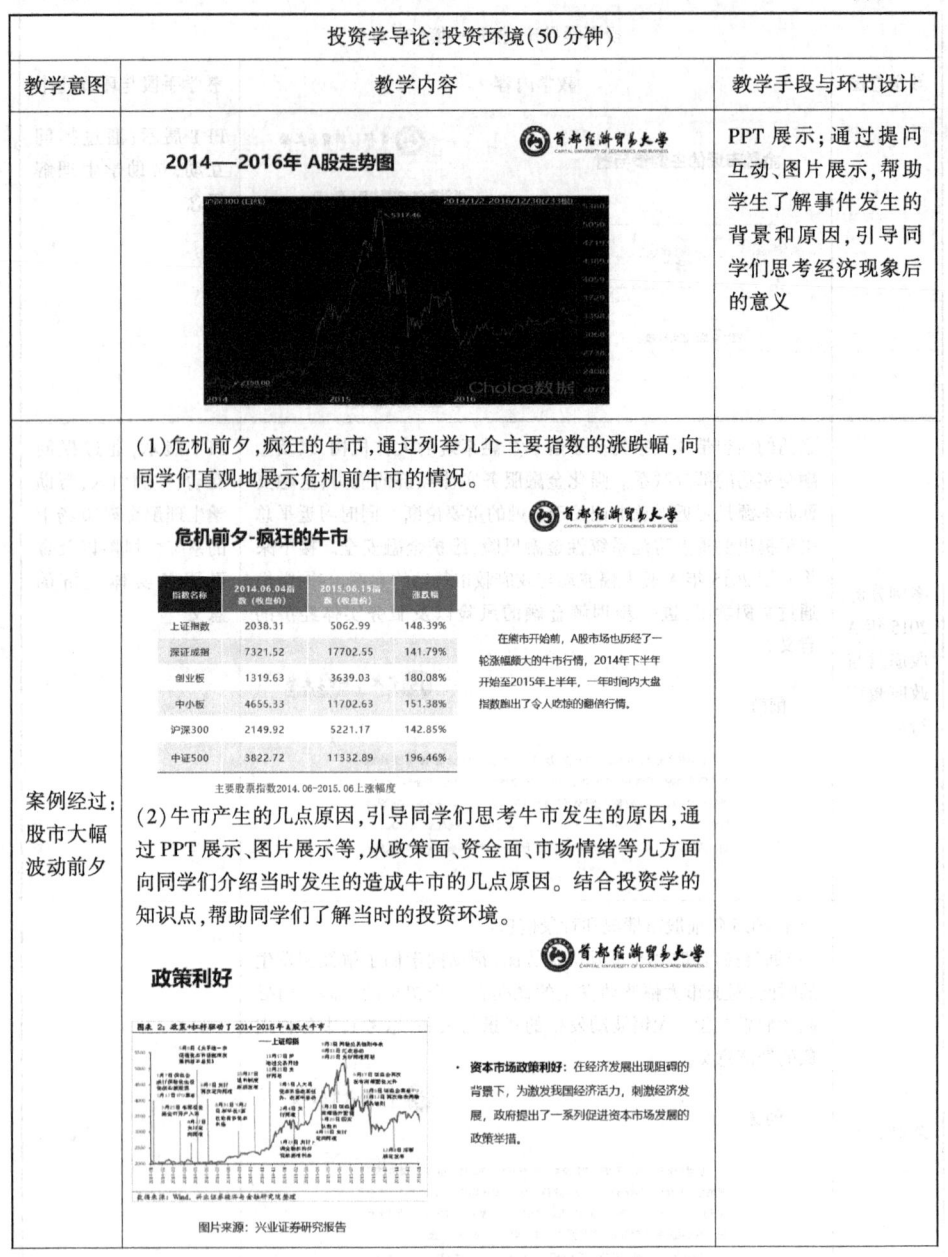

续表

投资学导论：投资环境（50分钟）		
教学意图	教学内容	教学手段与环节设计
案例经过：股市大幅波动前夕	**2014——2016年 A股走势图** (1)危机前夕，疯狂的牛市，通过列举几个主要指数的涨跌幅，向同学们直观地展示危机前牛市的情况。 **危机前夕-疯狂的牛市** | 指数名称	2014.06.04指数（收盘价）	2015.06.15指数（收盘价）	涨跌幅
---	---	---	---
上证指数	2038.31	5062.99	148.39%
深证成指	7321.52	17702.55	141.79%
创业板	1319.63	3639.03	180.08%
中小板	4655.33	11702.63	151.38%
沪深300	2149.92	5221.17	142.85%
中证500	3822.72	11332.89	196.46% | 主要股票指数2014.06-2015.06上涨幅度 在牛市开始前，A股市场也经历了一轮涨幅颇大的牛市行情，2014年下半年开始至2015年上半年，一年时间内大盘指数演绎了令人吃惊的翻倍行情。 (2)牛市产生的几点原因，引导同学们思考牛市发生的原因，通过PPT展示、图片展示等，从政策面、资金面、市场情绪等几方面向同学们介绍当时发生的造成牛市的几点原因。结合投资学的知识点，帮助同学们了解当时的投资环境。 **政策利好** 图表2：政策+杠杆驱动了2014-2015年A股大牛市 图片来源：兴业证券研究报告 **资本市场政策利好**：在经济发展出现阻碍的背景下，为激发我国经济活力，刺激经济发展，政府提出了一系列促进资本市场发展的政策举措。	PPT展示；通过提问互动、图片展示，帮助学生了解事件发生的背景和原因，引导同学们思考经济现象后的意义

328

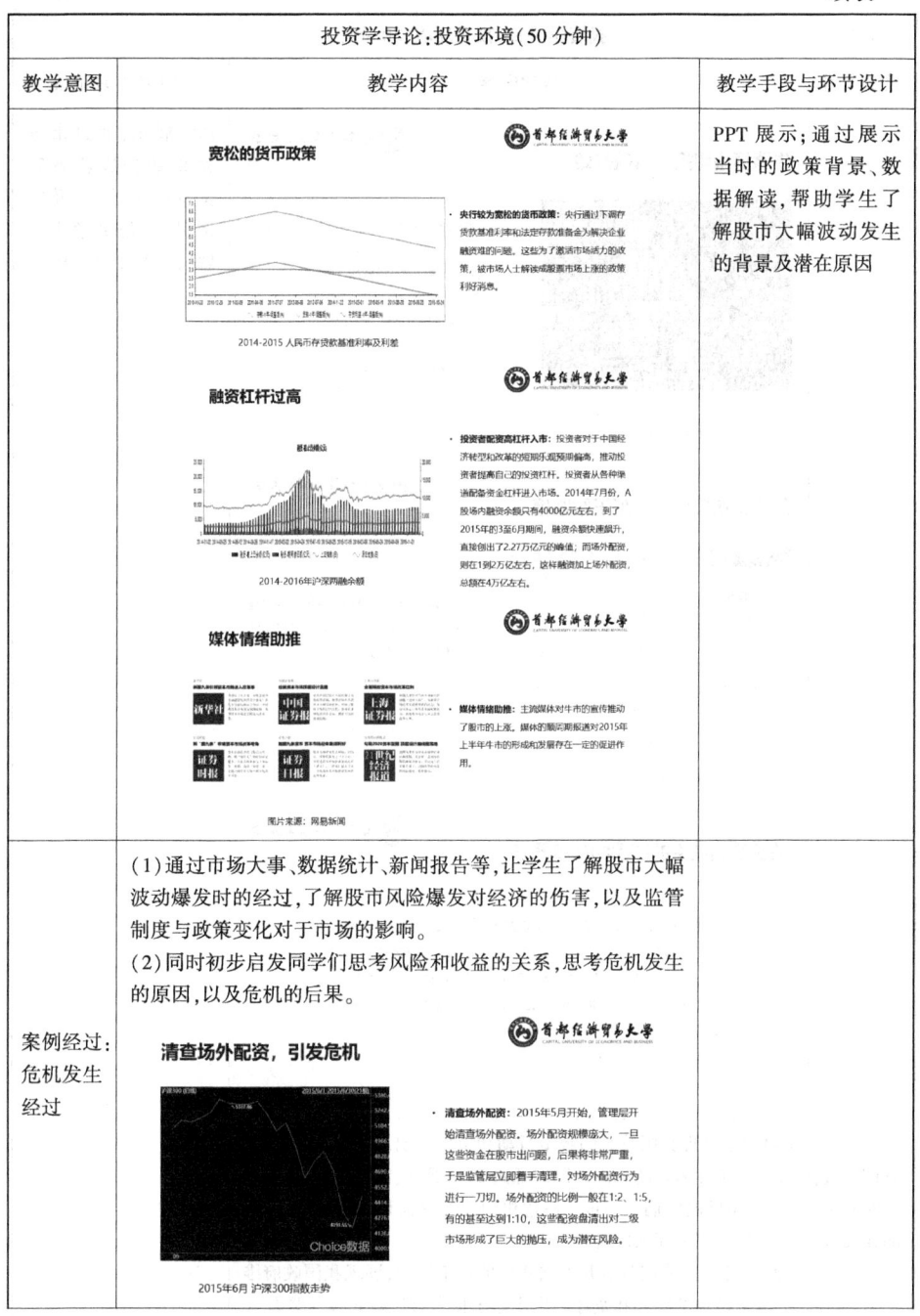

续表

投资学导论:投资环境(50分钟)		
教学意图	教学内容	教学手段与环节设计
	宽松的货币政策 2014-2015 人民币存贷款基准利率及利差 · 央行较为宽松的货币政策:央行通过下调存贷款基准利率和法定存款准备金以解决企业融资难的问题。这些为了激活市场活力的改革,被市场人士解读成股票市场上涨的政策利好消息。 **融资杠杆过高** 2014-2016沪深两融余额 · 投资者配资高杠杆入市:投资者对于中国经济转型和改革的短期乐观预期偏高,推动投资者提高自己的投资杠杆。投资者从各种渠道配资资金杠杆进入市场。2014年7月份,A股场内融资金额只有4000亿元左右,到了2015年的3至6月期间,融资余额快速飙升,直接创出了2.27万亿元的峰值;若加上场外配资,则在1到2万亿元左右,该轮融资加上场外配资,总额在4万亿左右。 **媒体情绪助推** 图片来源:网易新闻 · 媒体情绪助推:主流媒体对于牛市的宣传推动了股市的上涨,媒体的顺周期报道对2015年上半年牛市的形成和发展有一定的促进作用。	PPT 展示;通过展示当时的政策背景、数据解读,帮助学生了解股市大幅波动发生的背景及潜在原因
案例经过:危机发生经过	(1)通过市场大事、数据统计、新闻报告等,让学生了解股市大幅波动爆发时的经过,了解股市风险爆发对经济的伤害,以及监管制度与政策变化对于市场的影响。 (2)同时初步启发同学们思考风险和收益的关系,思考危机发生的原因,以及危机的后果。 **清查场外配资,引发危机** 2015年6月 沪深300指数走势 Choice数据 · 清查场外配资:2015年5月开始,管理层开始清查场外配资。场外配资规模庞大,一旦这些资金在股市出问题,后果将非常严重,于是监管层立即着手清理,对场外配资行为进行一刀切。场外配资的比例一般在1:2、1:5,有的甚至达到1:10,这些配资盘清出对二级市场形成了巨大的抛压,成为潜在风险。	

续表

投资学导论：投资环境(50分钟)		
教学意图	教学内容	教学手段与环节设计
	牛熊情绪切换，暴跌开始 2015年6月 沪深300指数走势 **暴跌开始**：2015年6月份沪指继续飙升，到2015年6月12日，沪指最高涨到了5178.19点。随后市场牛熊情绪迅速切换。股市开启第一轮下跌（2015年6月15日—6月19日）。一周内沪指跌幅13.32%，深指下跌13.11%，创业板跌幅14.99%。这周监管层没有任何表态，显然认为这是正常调整。 **熊市情绪蔓延，出现千股跌停** | 大跌日期	跌停家数	当日跌幅 | |---|---|---|
6月26日	2025	-7.40%
6月29日	1512	-3.34%
7月2日	1461	-3.48%
7月3日	1428	-5.77%
7月7日	1750	-1.29%
7月15日	1273	-3.03%
7月27日	1811	-8.48%
8月18日	1584	-6.15%
8月24日	2185	-8.49%
8月25日	1999	-7.23% | 2015年6月-2015年8月沪市千股跌停记录 **千股跌停**：市场熊市情绪迅速蔓延，从开始到市场整体反弹的时间内，沪市出现了10个交易日以上的千股跌停日。 **关于危机发生的原因的几点思考** 这次从6月中旬开始的股灾原因是复杂的，一个主要原因是由于政策的收紧导致前期疯狂的场外融资带来的高杠杆在股价急剧下跌的情况下触及平仓线，强制平仓带来的恐慌性抛售给股市造成了流动性危机。除了这个原因外，美联储9月加息预期、A股交易制度不完善、短期经济预期偏高导致投机情绪等都是这次股灾的主要原因。 你的思考呢？	PPT展示；通过市场大事、报告数据、政策文本的解读，以及案例引入，帮助学生了解风险爆发的情况
案例经过：政府救市的相关行动	(1)通过梳理我国政府的救市行动和市场表现，树立同学们防范金融系统性风险的思想。同时通过PPT展示、新闻展示、数据展示等，帮助同学们进一步了解危机的发展过程和危机的紧急性，对危机有更加深入的理解。 (2)整理当时我国政府几方面角色的救市行动，展现我国政府维护金融稳定的决心和坚守不发生系统性金融风险底线的努力	

续表

投资学导论:投资环境(50分钟)		
教学意图	教学内容	教学手段与环节设计
	政府救市行动

在股市如此暴跌的紧急行情下,为防止股市风险进一步转化成整个金融系统的系统性风险,防范系统性金融风险,我国政府开展了一系列的救市举措干预市场,维护金融市场稳定,缓解市场的恐慌情绪,防止恐慌情绪进一步蔓延引发系统性金融风险。在政策层面上,央行和证监会以及中央汇金和中央汇金公司联合券商使出了救市组合拳。

政府救市行动-央行出手,释放流动性

· 央行:中国人民银行出台一些政策释放资金层面的流动性,央行于6月27日宣布同时降低利率和降款准备金率。

交易所与证监会出手,维护市场稳定

· 交易所与证监会:央行出手后,面对市场难以止住的颓势,交易所宣布降低交易费用以支撑市场,同时证监会等部门开始采取暂停A股IPO和限制股指期货空军等一系列举措维护金融稳定。

国家队资金进场救市

· 国家队入市:在经历一系列救市政策后,A股市仍然难以止住下跌的趋势,2015年7月4日,中央汇金联合中信证券等21家证券公司开始向股市注资,这成为被广大投资者称为"国家队"救市行动的开端,这一行动一直持续到2015年8月14日证监会宣布不再入市操作。

政府救市行动梳理 | PPT展示,通过报告数据、政策文本的解读,以及案例引入,帮助学生了解政府救市的行动以及市场的表现 |

331

续表

投资学导论:投资环境(50分钟)		
教学意图	教学内容	教学手段与环节设计
案例思考：危机带给我们的反思	(1)引导同学们学习习近平总书记关于金融服务实体经济是金融的本质要求的相关论述，结合危机发生的原因，帮助同学们树立正确的金融投资认知。 **坚持金融服务实体经济** (2)通过股市大幅波动去理解金融风险和收益的关系，引入习近平总书记关于防范发生系统性金融风险的重要论述，引导同学们认识金融风险，提高对金融风险的认识水平。 **防范系统性金融风险，维护金融稳定** (3)树立正确的投资观，是作为个人在此次股市大幅波动中要形成的认知。 **树立正确的投资观念**	拓展思考：结合习近平总书记关于金融工作的论断，引入思政，帮助同学们树立正确的投资观念
课后阅读和思考	拓展阅读、案例分析思考题： (1)阅读相关资料，你所知道的金融投资的工具和产品有哪些？ (2)根据学过的知识，谈谈你对金融投资中风险管理的认识	PPT展示，布置课后阅读和案例思考题，为本节复习和下节预习做准备

（六）教学效果分析

通过课程思政的教学,能够有效提升同学们的主人翁意识,激发学生建设祖国金融体系的热情。思政教学能够提升学生对投资学的专业荣誉感,掌握投资学的基本职业素养,科学地应用马列主义的哲学观指导投资学的学习实践,培养学生的专业应用能力、团队合作精神和职业精神。同时,课程思政的引入使投资学课程变得更加生动有趣,贴近现实和实践,让同学们更加了解当前的金融治理实践,提升学生的实践能力和分析能力。

社会主义市场经济背景下的有效市场假说

杨龙光

一、课程简介

本课程是为金融专业(投资学专业)学生开设的专业基础课。本课程系统地介绍了投资学的相关概念与理论,如资本市场、投资工具、资产定价理论等;投资的主要分析方法,从基本面分析方法(具体包括宏观经济分析、产业分析、公司财务分析以及公司价值分析),到技术分析方法;投资组合的管理,包括对风险资产的定价与证券组合管理的应用、投资组合管理业绩评价模型以及债券组合管理;量化分析与交易策略,具体包括量化投资与信息比率、配对交易策略。

通过本门课程,让学生掌握资本市场在现代金融发展中的地位及其作用;全面掌握投资领域相关理论和投资工具;熟悉投资领域的基本分析法和技术分析法,以及其主要经济意义、风险防范与未来发展趋势;培养学生的独立思考能力及实际分析解决问题的能力,为将来从事实际投资工作奠定一个较坚实的专业基础。

二、课程思政元素发掘

(一)坚持以经济建设为中心不动摇

新中国成立后,在"一穷二白"的基础上,中国共产党领导全国人民完成了社会主义改造,建立了比较完整的工业体系、国防体系和国民经济体系。党的八大提出,全国人民的主要任务是集中力量发展社会生产力,实现国家工业化,逐步满足人民日益增长的物质和文化需要。这一要求已含有以经济建设为中心的思想。党的十一届三中全会坚决摒弃"以阶级斗争为纲"的错误方针,做出了把党和国家工作中心转移到经济建设上来、实行改革开放的历史性决策,中国由此进入发展快车道。1987年,党的十三大对社会主义初级阶段基本路线做出明

作者简介:杨龙光,经济学博士,首都经济贸易大学金融学院副教授;主要研究方向:资本市场与风险管理。

确概括：领导和团结全国各族人民，以经济建设为中心，坚持四项基本原则，坚持改革开放，自力更生，艰苦创业，为把我国建设成为富强、民主、文明的社会主义现代化国家而奋斗。"一个中心、两个基本点"是对这条路线的简明概括。

2021年底召开的中央经济工作会议强调，必须坚持高质量发展，坚持以经济建设为中心是党的基本路线的要求，全党都要聚精会神贯彻执行，推动经济实现质的稳步提升和量的合理增长。深刻把握坚持以经济建设为中心的历史逻辑、理论逻辑和实践逻辑，对于新发展阶段实现高质量发展有着十分重大的意义。

股票投资一直被认为是能够增加个人财富的方法，自从我国的全国性股票市场成立以来，无数股民前赴后继，积极投身于股票买卖中。但股票本身应该体现经济基本面，不能脱离于实体经济，不能是金融空转。

(二)平衡好金融开放与金融安全的关系

金融是现代经济的血液，金融活则经济活。在金融开放进程中，我国必须把金融安全放在首位，平衡好金融开放与金融安全的关系。坚定不移推进金融开放，有利于我国构建新发展格局，实现高质量发展。

毋庸置疑，高水平金融开放，促进了金融市场竞争，提高了国内国际两个市场、两种资源优化配置的能力，强化了金融服务实体经济的功能。2019年我国发布了11条金融业对外开放措施，向外资开放了债券、理财、保险、养老金市场以及资信评估行业；我国实行负面清单制度，而且负面清单逐年缩减，外资市场份额稳步上升；通过股市通、债市通、理财通、现金池等制度性安排，不断增加资本跨境流动渠道，我国已成为全球第二大吸收外资国和对外投资国；我国基本实现利率、汇率市场化，市场成为金融价格形成和金融资源配置的决定性力量；上海对标国际规则，改善营商环境，建设全球金融中心，并在全球金融中心综合竞争力排名中一路上升。这些为我国有力应对新冠疫情冲击，率先实现经济正增长并保持较高经济增速提供了坚实保障。

金融开放要求资本自由流动、银行国际经营、基础设施互联互通、各国遵守国际规则，客观上会增加金融的对外依赖性和风险感染性。

第一，为了金融跨境活动顺畅进行，必须遵守金融产品、金融监管的国际标准(如不断更新的巴塞尔协议)。这些金融标准和规则的制定权、话语权主要掌握在发达国家手里。

第二，在现行国际货币体系下，为了进行高效便捷的支付，需采用由主要发达国家主导的金融基础设施。

第三,国内外金融市场的联系更加紧密,国际金融市场的风险传递非常迅速,主要国家的货币政策变化、金融风险、政治经济危机都会冲击我国金融稳定。

本课程的第一个内容是股价的随机性问题。金融开放在一定程度上使风险来源更加多元化,增加了风险管理难度。比如,股票市场较为关注的北向资金指标是市场的一个重要风向标。北向资金本身的买入卖出受到诸多国际因素的影响,不仅包含对A股基本面的判断,也包括美股涨跌、美国经济、大宗商品、国际政治局势等因素,从而可能加剧国内A股的波动率。

(三)发挥投资的关键作用

2021年底召开的中央经济工作会议指出:"要深化供给侧结构性改革,重在畅通国内大循环,重在突破供给约束堵点,重在打通生产、分配、流通、消费各环节。"畅通国内大循环,必须畅通投资消费循环,发挥投资在优化供给结构方面的关键作用,不断满足消费需求和消费升级的需要,促进国民经济良性循环、平稳健康发展。

1. 扩大民生领域投资,满足民生消费需求

居民对教育、医疗、养老等领域的消费需求是扩大内需的重要方面,对于畅通国内大循环具有重要促进作用。

2. 扩大创新领域投资,催生新型消费

创新是引领发展的第一动力,以创新驱动、高质量供给引领和创造新需求,提升供给体系的韧性和对国内需求的适配性,是"十四五"乃至更长一个时期,推动我国经济高质量发展的重大举措。

3. 管理市场预期,稳定投资和消费

预期在企业投资决策和居民消费决策中发挥着重要作用,做好稳预期工作非常重要。增强政策前瞻性,坚持先立后破,保持政策连续性稳定性,及时通过新闻发布会、政策解读等形式与市场沟通,引导投资主体形成合理的收益和风险预期,引导居民形成合理的就业和收入预期。

机构投资者是市场的一个重要参与主体,其投资行为不仅可以直接对实体经济产生影响,还会通过其行为本身向市场其他参与者传递信息,从而强化整个市场的一致性预期。在关于股价是否随机的争论中,有效市场假说一部分观点正是聚焦于机构投资者的行为:他们的行为是对股价的反应,还是对股价产生了影响?

(四)在应对风险挑战中敢于斗争善于斗争

从2019年3月1日到2022年3月1日,习近平总书记在中央党校(国家行

政学院)中青年干部培训班开班式上共发表六次重要讲话,系统阐明了年轻干部在新时代担当作为、可堪大用、建功立业的正确路径,为广大年轻干部成长成才指明了努力方向。六次重要讲话主题不同、各有侧重,但每次重要讲话都对年轻干部敢于斗争善于斗争、发扬斗争精神、增强斗争本领做了重要论述。敢于斗争、敢于胜利,是党和人民不可战胜的强大精神力量。党和人民取得的一切成就,不是天上掉下来的,不是别人恩赐的,而是通过不断斗争取得的。我们党依靠斗争走到今天,也必然要依靠斗争赢得未来。奋进新征程,我们要把握新的伟大斗争的历史特点,抓住和用好历史机遇,下好先手棋、打好主动仗,发扬斗争精神,增强斗争本领,凝聚起全党全国人民的意志和力量,就一定能够战胜一切可以预见和难以预见的风险挑战。

30年前,社会主义能否有市场经济还一度是全社会参与大讨论的命题,而30年后,却很少有人再提起当年的那些讨论。其中一个重要原因是,我国的资本市场在这30多年的时间里,总体发展健康,虽然有一些风险事件的发生,但总体而言,是经受住了考验的。这个过程中,靠的就是面对风险时敢于斗争、善于斗争的精神。

(五)扎实推进共同富裕

习近平总书记指出:"共同富裕是社会主义的本质要求,是中国式现代化的重要特征。"中国共产党坚持人民至上,坚持全心全意为人民服务的根本宗旨,践行以人民为中心的发展思想,不断促进人的全面发展和全体人民共同富裕,更好满足人民对美好生活的向往。

我们党在波澜壮阔的百年奋斗中,始终坚持以人民为中心,团结带领全国各族人民为创造美好生活、实现共同富裕而不懈奋斗。经过新中国成立以来,特别是改革开放以来的持续发展,我国综合国力显著增强,稳居世界第二大经济体。当前,我国已经进入高质量发展阶段,在高质量发展中促进共同富裕,才能更好满足人民在经济、政治、文化、社会、生态等方面日益增长的需要,更好推动人的全面发展、社会全面进步。同时应认识到,共同富裕不是所有人都同时富裕,也不是所有地区同时达到一个富裕水准。我国发展不平衡不充分的问题仍然突出,城乡区域发展和收入分配差距较大,促进共同富裕既不能急于求成,也不能畏难不前,而要对实现共同富裕的长期性、艰巨性、复杂性有充分估计,扎扎实实向前推进。

股票市场之所以吸引了越来越多的股民,是因为股票投资潜在的收益率可能很高。但对于投资经验不足的大部分散户而言,他们可能认识不到高收益的背后其实伴随着高风险。对个别幸运事件的反复宣传可能会加剧投资者的高预期,不利于股市健康长远发展。这背后的深层次逻辑是先富起来的人做了榜样,引发后来者的追捧,收入差距大是其源动力。因此,实现共同富裕能在一定程度上减少资本市场上的非理性投资行为,有利于资本市场的长期发展。

三、教案设计

(一)教学目标

1. 知识目标

(1)增加对股票价格运动的理解。

(2)对于股票价格是否随机这一问题,了解各方的观点。

2. 能力目标

(1)观察现实中的股票价格,并通过讨论关于股价随机性的各方观点,加深对股票价格运动的理解,形成对股票价格运动的解释。

(2)针对各方论证观点时所用的方法,熟悉这些方法,了解它们各自的优缺点,并选择其中几种方法实际上手计算,加深对其的掌握。

3. 价值目标

(1)对金融是阶级社会的产物这一论题进行讨论,形成自己的理解。比如:在资金的卖方市场条件下,金融更容易服务于高净值人群或者大型公司、企业,这些人承受风险的能力更强,而高风险容易带来高收益。在我国经济整体处于长期持续发展的大环境下,金融或许在一定程度上加剧了贫富差距。从表象上可以说,金融本身是慕强的。这一问题涉及我国第三次分配、共同富裕等议题。

(2)股票市场是实体经济的晴雨表,应该体现实体经济的发展状况。但在股民圈还流传着我国 A 股对实体经济反映不足的说法。在讨论中,首先需要明辨这一观点的正误,然后从我国坚持以经济建设为中心不动摇的基本方针出发,理解股票价格反映实体经济的机制和规律。

(3)随着我国综合国力的不断增强,国际化程度必然不断加深。近年来,我国在国际金融市场上的大额风险事件频发,需要学生认识到这一问题涉及金融开放与金融安全的关系,但不能因噎废食,国内金融机构与企业需要提升自身素质,敢于斗争善于斗争,在我国金融国际化的浪潮中激流勇进。

(4)金融不能空转,必须有实体经济的支撑,否则市场上的盈利就变成了一种数字赌博游戏。必须让金融回归服务于实体经济的本质,即发挥金融本身资金融通的作用。具体而言,对企业两大资金来源——借贷和募股而言,本门课程重点关注募股的作用,即需要发挥投资在支持实体经济上的关键作用。

(二)教学内容

(1)股价是随机的吗?
(2)四种辩驳的观点。
(3)华尔街接受哪种观点?
(4)市场异象是什么?

其中:教学重点为四种辩驳的观点、华尔街接受的观点以及市场异象是什么。教学难点为如何验证市场的有效性。

(三)教学手段与方法

本课程的教学内容组织以"引导式教学"与"研究性教学"为主,充分发挥学生的主体作用。实践性教学设计主要包括学生阅读和查找资料,案例讨论,以及课后实践实训、作业论文等方式。内容上根据行业相关动态实时更新教学内容,积累创业投资行业和政策的最新动态,并及时把这些信息在教学内容中反映出来,从而引导学生去探索、拓展新知识,增加学生的学习动力和创造力。此外,有针对性地选择一些案例材料,激发学生兴趣,提高学生阅读分析和解决问题的能力。

1. 引导式教学

通过提炼知识点相关的核心问题(包括与课程思政相关的内容),比如,股价运动是随机的吗?你是怎么认识这个问题的?如何去验证股价是否随机?利用这些问题引导学生主动思考、自主学习。从课前的预习,到课堂研讨,再到课后拓展学习,将这些核心问题始终贯穿学习全过程,促使学生更好地理解和掌握知识,达到更好的学习效果。

2. 研究性教学

不同于传统教学模式,研究性教学是以学生探究式学习为主体,侧重于提高大学生的创新能力。一方面,在课堂上提供丰富的学习资料,巧妙地将思政元素融入知识点,设置一些研究课题。比如,坚持以经济建设为中心不动摇与股价反映实体经济状况、平衡好金融开放与金融安全的关系和股票市场扩大开放后的风险、发挥投资的关键作用与避免金融空转、在应对风险挑战中敢于斗争善于斗争以及金融市场风险事件应对、扎实推进共同富裕与避免或减弱金融投资中的马太效应等,积极推进讨论式教学、案例教学、实训模拟等教学方法和合作式学习方式。另一方面,让学生参与教师科研项目,独立进行初步的探索性研究工作,从而拓展学生的专业视野,培养学生的实践动手能力。

3. 案例教学法

无论是引导式教学,还是研究性教学,将实际股票投资中的真实情景及事件引入课堂,促使学生主动关注现实、思考问题,参与课堂讨论,与教师进行互动交流。本课程教学引入了幸运事件、市场异象等案例,提炼了若干核心问题,引导学生思考和研究;个别案例还巧妙地融入思政元素,从知识、能力及价值观多维度培养学生的综合素养。

(四)教学过程

1. 教学设计思路

首先,通过日间和日内消息公布前后异常收益的例子,引出问题:股票价格对消息是有反应的吗?进而对消息的种类进行深入分析,比如是好消息还是坏消息;如果是好消息,那么有多好?如此引出意料之中和意料之外二者的区别。

在明确了股票价格对消息是有反应的前提下,提出对消息的另一种分类,即按照消息获取和分析的难易程度,划分为历史量价信息、历史基本面信息和内幕信息,从而引入对有效市场三个层次的划分:弱有效市场、半强式有效市场和强式有效市场。

在这里,通过股票价格对实体经济的反映,以及金融开放与金融国际化可能会加剧股票价格波动的逻辑,引入坚持以经济建设为中心不动摇、平衡好金融开放与金融安全关系两个课程思政元素。然后阐明有效市场只是一种假说,其本质是讨论股票价格是否可预测,即股票价格是否是随机的,从而引出关于这一问题的四种主流辩驳:机构投资者的选股行为是否有效?市场泡沫是否可预测?分析师荐股是否具有价值?因子模型能否解释超额收益?

其中,从机构在市场中的特殊地位这一角度出发,阐明机构本身具有信息优势,应该做到理性投资等。机构的投资行为哪怕出现了偏差,也会对市场产生影响,因此应该对机构行为进行科学合理的监管,引入思政元素——社会主义市场经济建设以及实现中华民族伟大复兴的过程中,应发挥投资的关键作用。进而在市场有时会定价失灵、出现泡沫的基础上,引入思政元素——在应对风险挑战中,敢于斗争善于斗争,尤其是在建设社会主义市场经济体系时,更应该具备敢于斗争善于斗争的精神。

在介绍完现有的四种主流辩驳观点之后,引出华尔街对此的讨论。实际上,华尔街并不认为股票价格是严格随机的,并且提出了三点意见:市场规模、选择偏见、幸运事件。通过对幸运事件案例的介绍,对贫富差距、高风险高收益、金融的马太效应等进行阐述,并引入思政元素——扎实推进共同富裕。要让学生了解,共同富裕不是一句空话,而是对金融体系有现实作用,对国家经济发展有现实意义。这也是为体现我国社会制度优越性必然要实现的目标。

最后,介绍本次课程的最后一部分内容,即市场异象。本课程的第一部分提到,消息会对股票价格产生影响,而消息分难易,不仅是获取难度,还有分析难度。而市场异象是指仅用几个,甚至只用一个指标,就能获得一定的超额收益的现象。也就是说,不用去花大量的时间或成本,仅仅通过一个指标,就可能获得不错的回报。这种现象在一定程度上说明股票价格并不像有效市场假说里提到的那样完全随机,而是在随机和有序之间反复切换。

2. 教学过程安排

"有效市场假说"属于投资学整学期课程的后半部分内容,是课程的重点理论知识。本讲内容侧重让学生掌握核心概念、理论和方法。在内容设置上,从摆事实、顺逻辑、讲方法出发,结合课程思政元素给学生讲授相关知识。详见表1。

表1 教学过程安排

有效市场假说(90分钟)		
教学意图	教学内容及手段	环节设计
导言	回顾已有的投资组合理论,抛出样本内、外这一需要考虑的点,进而引出问题:股票价格是可以被预测的吗?针对这一问题,再抛出与之相关的一系列问题:股票价格的运动是随机的吗?股票价格为何会发生变化?市场消息对股票价格的影响是什么?消息是引起股票价格变动的唯一原因吗?	时间:10分钟 PPT展示,案例导入、激发兴趣;提出问题、引起思考
本节课程总体框架架构	本节课的知识点架构: (1)股票价格的随机性;(2)四种辩驳的观点:机构投资者的选股行为是否有效?市场泡沫是否可预测?分析师荐股是否具有价值?因子模型能否解释超额收益?(3)华尔街的观点:市场规模、选择偏见、幸运事件;(4)市场异象	时间:5分钟 使学生了解本节课涉及的主要内容

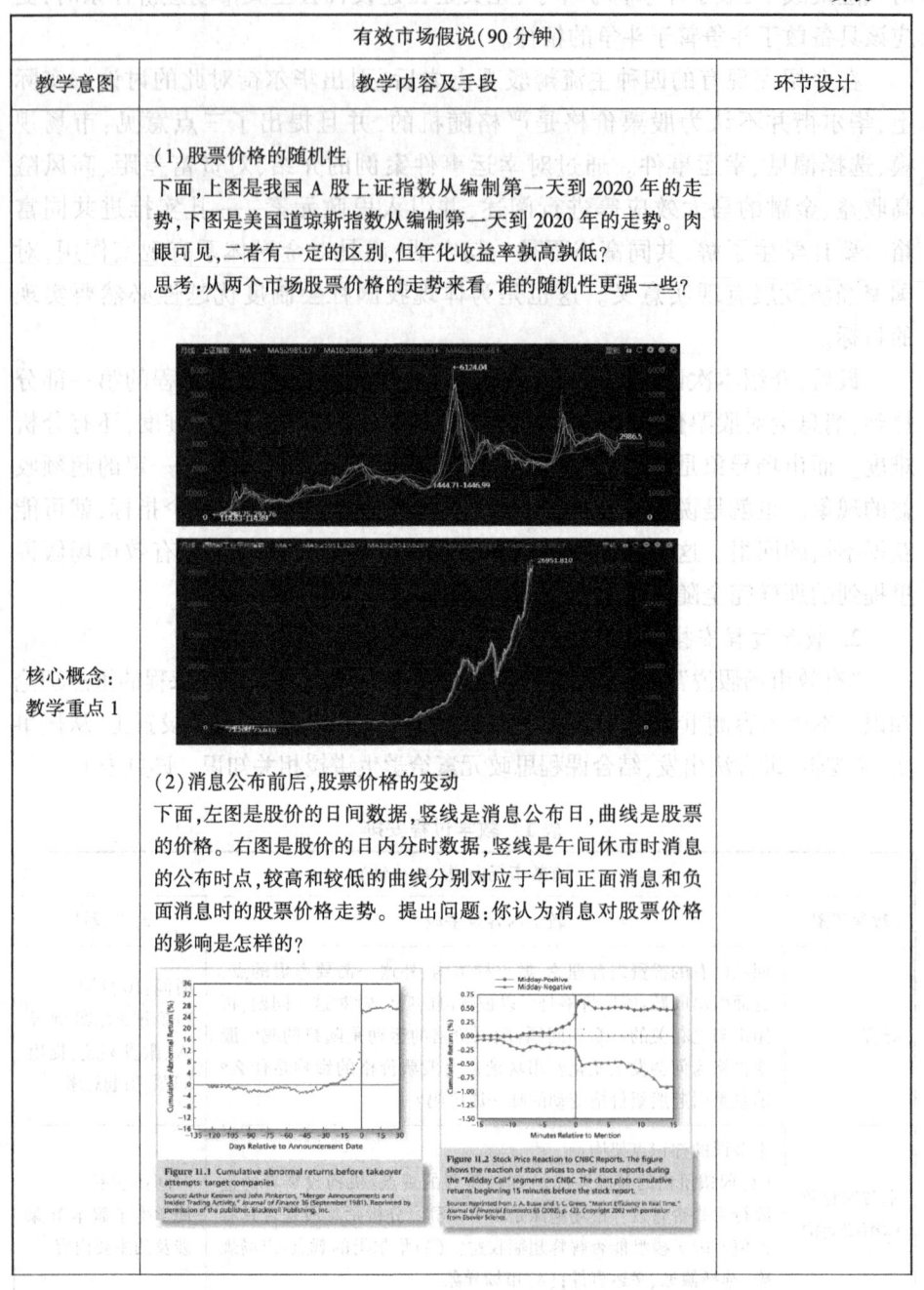

续表

有效市场假说(90 分钟)		
教学意图	教学内容及手段	环节设计
核心概念： 教学重点 1	(1) 股票价格的随机性 下面,上图是我国 A 股上证指数从编制第一天到 2020 年的走势,下图是美国道琼斯指数从编制第一天到 2020 年的走势。肉眼可见,二者有一定的区别,但年化收益率孰高孰低? 思考:从两个市场股票价格的走势来看,谁的随机性更强一些? (2) 消息公布前后,股票价格的变动 下面,左图是股价的日间数据,竖线是消息公布日,曲线是股票的价格。右图是股价的日内分时数据,竖线是午间休市时消息的公布时点,较高和较低的曲线分别对应于午间正面消息和负面消息时的股票价格走势。提出问题:你认为消息对股票价格的影响是怎样的?	

342

续表

有效市场假说(90分钟)		
教学意图	教学内容及手段	环节设计
	(3)打开任意一款股票看盘软件,向学生展示历史量价数据、基本面数据,并通过王府井 2020 年的全年走势案例,讲述内幕消息发酵的过程。让学生区别消息的种类,了解消息获取以及处理的难易程度,并由此引出有效市场假说的三个层次	PPT 展示、概念讲解、政策解读
核心概念: 教学重点2	(1)紧接刚才的内容,阐述目前关于股价是否随机这一问题,赞同方和反对方存在四种观点上的辩驳,目前各方谁也没有说服谁。 (2)双方的第一个辩论焦点:如果股价是随机的,那么为何有众多金融机构都要雇佣大量的分析师进行选股? (3)双方的第二个辩论焦点:如果泡沫注定破裂,可以在泡沫破裂前卖出,从而规避风险,获得超额收益。如果这个逻辑行得通,也就意味着股价是可以被预测的? (4)双方的第三个辩论焦点:有的股票在分析师推荐之后上涨,对于国内情况便是,如果众多金融机构都对某一上市公司进行调研,那么这一上市公司的股价更可能上涨,所以分析师荐股其实证明了股价是可以被预测的? (5)双方的第四个辩论焦点:在理论指导实际投资时,主要用的是因子模型,具体而言,主要借用的是因子模型在估计时所获得的 α 值。由于因子模型在全球各个国家的股票市场内都是通用的,所以实际上说明了股票价格是可以被预测的? 针对第四个辩论焦点,列出关于 α 值可持续性问题的证据: **Figure 11.8** Risk-adjusted performance in ranking quarter and following quarter	PPT 展示;通过提问互动,帮助学生理解概念

续表

有效市场假说（90分钟）		
教学意图	教学内容及手段	环节设计
核心概念： 教学重点3	在介绍完现有的四种主流辩驳观点之后，引出华尔街对此的讨论。实际上，华尔街并不认为股票价格是严格随机的，并且提出了三点意见：市场规模、选择偏见、幸运事件。 (1)市场规模是指股票价格不可能每时每刻都被正确定价，或者说不可能每时每刻都是涨跌概率完全参半，但只要价格有一定的连续性，即使这种连续性很短暂，幅度也很小，如果能够被金融机构、基金经理等专业机构和人员抓住，在所管理资产规模很大的情况下，就会带来金额上的较大盈利。 (2)选择偏见是说，通过书籍、报刊、论坛等公布出来的投资方法会很快地被大多数投资者学习模仿。不论是模仿这一行为本身抹掉了超额收益，还是说这些方法本身就用处不大，总之，公开的方法一般持续预测能力都不强。这就会给投资者造成一种感觉，那就是股价是不可被预测的。但实际上，或许只有本身无效的方法才会被公之于众，而有效的方法一般会被留着闷声发大财，从而股价无法被预测实际上是因为选择偏见的问题。 (3)幸运事件是指即使股票价格的涨跌概率参半，并且在这一前提假设下，投资者在一生中反复投资，但只要投资者的数量基数足够大，总会有一些幸运儿会在一生中保持较高的胜率。那么，对这些幸运儿而言，股票价格看上去就是可被预测的。 下图是一枚质地均匀的硬币连续抛50次，出现正面的次数及其所对应的概率： 在这个案例中，50次连续出现12次反面的概率为$1.078×10^{-4}$，如果把这一案例对应到股票交易上，反面对应于下跌，正面对应于上涨，那么50次中出现38次正面对应于76%的股票交易胜率，虽然这一概率很低，但1万人里至少出现1人。而我国股民已经超过1亿人，对应于这个例子，如果投资者有10年股龄，每年买入5支股票，差不多总成交次数就是50次，而其中有38次都获利，这一胜率已经很不错了。按概率来看，我国至少有1万个这样的幸运儿。	PPT展示；通过提问互动、案例引入，帮助学生理解华尔街的观点，尤其是幸运事件

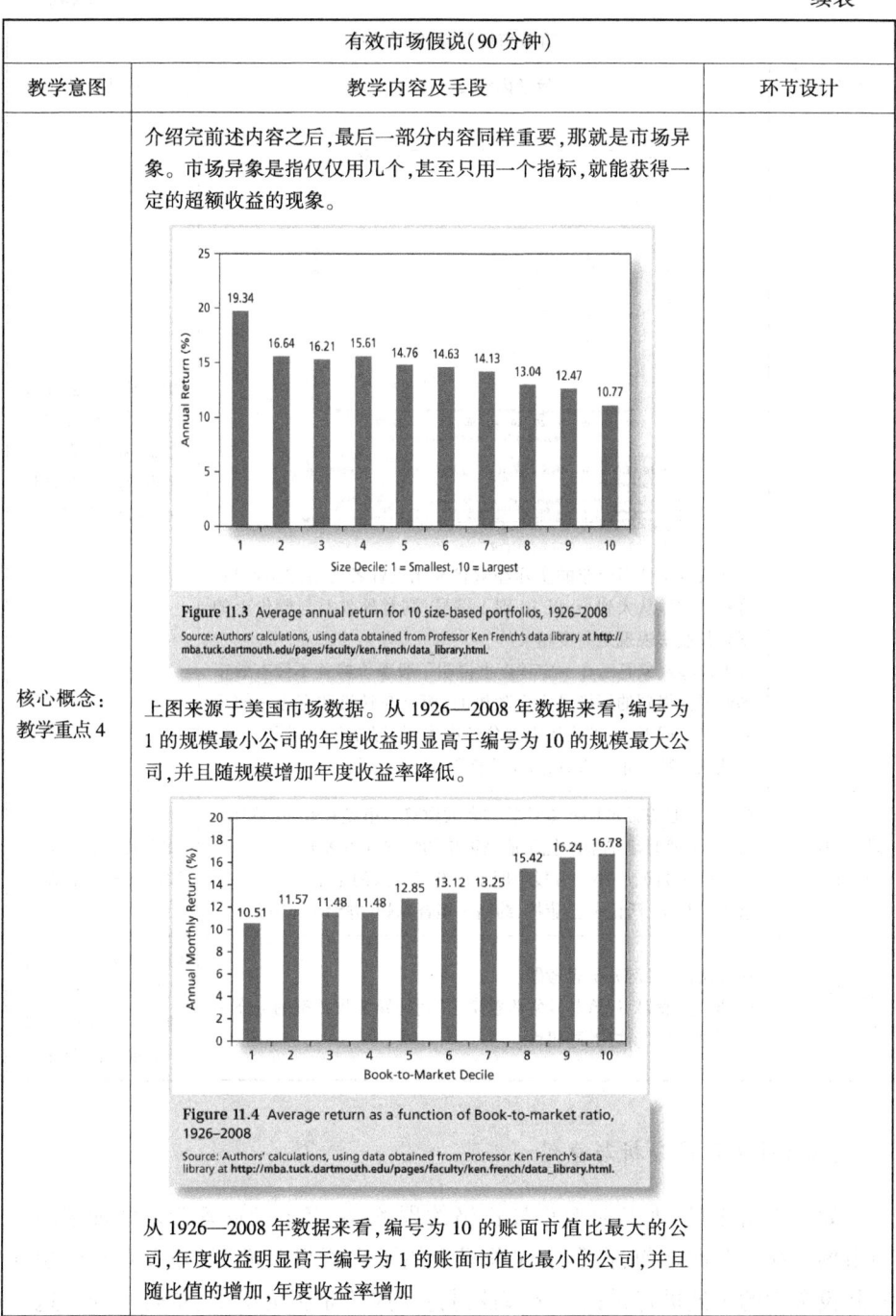

续表

有效市场假说(90 分钟)		
教学意图	教学内容及手段	环节设计
核心概念： 教学重点 4	介绍完前述内容之后，最后一部分内容同样重要，那就是市场异象。市场异象是指仅仅用几个，甚至只用一个指标，就能获得一定的超额收益的现象。 Figure 11.3 Average annual return for 10 size-based portfolios, 1926–2008 Source: Authors' calculations, using data obtained from Professor Ken French's data library at http://mba.tuck.dartmouth.edu/pages/faculty/ken.french/data_library.html. 上图来源于美国市场数据。从 1926—2008 年数据来看，编号为 1 的规模最小公司的年度收益明显高于编号为 10 的规模最大公司，并且随规模增加年度收益率降低。 Figure 11.4 Average return as a function of Book-to-market ratio, 1926–2008 Source: Authors' calculations, using data obtained from Professor Ken French's data library at http://mba.tuck.dartmouth.edu/pages/faculty/ken.french/data_library.html. 从 1926—2008 年数据来看，编号为 10 的账面市值比最大的公司，年度收益明显高于编号为 1 的账面市值比最小的公司，并且随比值的增加，年度收益率增加	

续表

有效市场假说(90分钟)		
教学意图	教学内容及手段	环节设计
	[图:Figure 11.5 Cumulative abnormal returns in response to earnings announcements. Source: Reprinted from R.J. Rendleman Jr., C.P. Jones, and H.A. Latane, "Empirical Anomalies Based on Unexpected Earnings and the Importance of Risk Adjustments," Journal of Financial Economics 10 (1982), pp. 269–287. Copyright 1982 with permission from Elsevier Science.] 意外收益是公司公布的实际经营状况比投资者之前的预期高。将意外收益从大到小,以10到1编号,则意外收益与股价上的累计收益率表现是高度相关的。 以上这些现象是否在一定程度上说明了股票价格并不像有效市场假说里提到的那样是完全随机的,而是在随机和有序之间反复切换。或者说,可能从大部分角度去看,股票价格是随机的,但从某些特定角度来看,股票价格却又不够随机	PPT展示;通过提问互动、生动图片比喻,帮助学生理解市场异象的概念、内容并思考
课程总结 重点内容	(1)市场是有效的吗?专业管理者大致符合市场有效性的假设。 (2)专业管理者的业绩优于消极策略的情况并不多见。 (3)另一方面,一小部分投资明星创造了傲人的纪录: 彼得·林奇、沃伦·巴菲特、约翰·坦普尔顿、乔治·索罗斯	PPT展示,对本节知识点进行小结
课后阅读和思考	拓展阅读、案例分析思考题: 任选一支股票,计算其异常收益率,并利用异常收益率的分布情况,分析股票价格的随机性	PPT展示,布置课后阅读和案例思考题,为本节复习和下节预习做准备

(五)教学效果分析与总结

如何理解市场,尤其是对市场价格的理解,决定了投资者会以何种策略参与市场。在本节课之前,投资学课程只介绍了投资组合模型,并没有对模型在实际投资中的用处进行讨论。本节课讨论了股价是否为随机、是否可预测这一基本问题,通过对现有各方观点的阐述,引导学生思考,有助于学生形成正确的投资观和自己的投资思想,并带着批判的眼光去学习、看待现有投资理论模型。

同时,金融和经济是密不可分的,在实现中华民族伟大复兴的关键时期,金融对实体经济的支持作用十分关键。本节课内容精心筛选了五个方面的课程思政元素:坚持以经济建设为中心不动摇、平衡好金融开放与金融安全关系、发挥投资的关键作用、在应对风险挑战中敢于斗争善于斗争、扎实推进共同富裕,巧妙地将思政元素与课程内容进行融合,让学生了解我国的经济发展方针战略,同时从具体的视角去结合思政元素与理论知识,在增加学生知识的同时提升学生的政治素养。

金融衍生工具课程
——碳交易服务低碳转型知识点讲解

徐新扩

一、课程简介

金融衍生工具是金融专业的专业必修课。自2008年爆发次贷危机导致全球金融危机以来,对金融衍生工具的发展与监督成为主要的研究课题。本课程全面地介绍了国际金融市场出现的多种衍生金融工具,对衍生工具的基本原理、风险特征、产品性质、运用方法、对冲机制进行了系统阐述,同时紧密联系我国金融衍生产品的发展现状,关注衍生工具在实践中的运用。作为金融学专业的必修课程,本课程将系统地讲授金融衍生工具,包括金融衍生工具的运作机制、衍生工具的价格决定以及衍生工具交易策略等问题。讲授的金融衍生工具包括期货、互换和期权等基本衍生工具,以及债券市场和股票市场的创新产品。其中,期货市场的基本功能、运作机制和交易策略与期权市场的运作机制、定价原理和交易策略是本课程的重点内容。此外,本课程也将适当讲解衍生工具在风险管理方面的作用。除充分利用传统教学方法外,本课程在教学过程中鼓励学生I利用AI工具加深对问题的理解。

二、课程思政元素

金融衍生工具作为金融学科重要分支之一,我国的金融衍生工具课程主要以衍生工具的基本原理、风险特征、产品性质、运用方法、对冲机制等作为教学的主要内容。在当前百年未有之大变局的时代背景之下,我国不断深化金融体制改革,发掘金融衍生工具课程思政元素具有十分重要的意义。立足于中国发展的时代背景,通过中国案例,讲好中国故事,有助于同学们树立正确的价值

项目资助:本文得到首都经济贸易大学改革项目《生成式人工智能在研究生培养中的应用与管理研究》和《AI大模型在金融投资人才培养中的应用与管理》的部分支持,特此感谢!

作者简介:徐新扩,首都经济贸易大学金融学院副教授、博士生导师;主要研究领域:绿色金融、资产配置。

观。本课程包含的思政元素包括以下几个方面：

(一) 坚持党的领导,引导学生坚定"四个自信"

新中国成立以来,金融业发展取得重大成就。党的十九大报告中,习近平总书记强调"全党要更加自觉地增强道路自信、理论自信、制度自信、文化自信"。"四个自信"是中国共产党和中国人民建设社会主义现代化中国的精神动力。

在教学过程中,通过联系我国经济建设的实际情况,引导学生了解我国社会主义现代化建设在经济金融领域的伟大成就。改革开放以来,我国金融衍生工具市场是伴随着经济体制度和金融体制的改革而发展的。我国先后尝试外汇期货、国债期货以及股指期货交易等多种金融衍生工具交易。我国在郑州、大连和上海三个商品期货市场经历了1994年和1998年两次整顿和规划,取得了中国发展金融衍生工具市场成功经验。了解社会主义金融衍生工具市场建设过程中的成果,有助于坚定学生的"四个自信",坚定学生对我国社会主义事业必胜的决心。作为金融专业的学生,夯实"四个自信"在今后的职业发展中具有重要的作用。在金融衍生工具的课堂上,用中国自己的话语体系讲好中国的投资故事,可以增强精神动力。

(二) 坚持党的领导,推进习近平新时代中国特色社会主义经济思想深入人心

2017年中央经济工作会议指出,未来五年我国坚持观大势、谋全局、干实事,成功驾驭了我国经济发展大局,在实践中形成了以新发展理念为主要内容的习近平新时代中国特色社会主义经济思想。我们将这一思政元素融入金融衍生工具课程多个知识点的讲解过程中。

我国始终坚持党对金融建设的领导,坚持用科学的马克思主义观点和方法去指导金融工作的建设。在教学中,注重引入马克思主义关于金融衍生工具的知识和观点,同时注重引导学生学习使用中国特色社会主义思想,看待金融衍生工具的发展监督和现实案例,帮助学生学会用中国特色社会主义经济思想去学习衍生工具的学科理论。根据当前我国金融衍生工具市场的现实情况,结合当前世界发展的局势,让学生在党的领导下,学习习近平新时代中国特色社会主义关于经济金融市场建设的思想指引。

(三) 促进金融发展,深化金融改革实现民族复兴

坚持党的领导,进一步深化金融改革,是我国金融市场下一步发展的重要

目标之一。改革开放40多年来,我国始终坚持党的领导,坚持走正确的道路。习近平总书记提出,改革开放要从国情出发,从我国当前发展的实际情况出发,不做表面文章,始终坚持正确的方向。关于金融改革,第五次全国金融工作会议进一步明确,在当前复杂的宏观环境下,我国金融工作要坚持党的领导,持续深化金融改革。从我国金融改革的实践来看,坚持党的领导是我国建设中国特色的金融市场的最大优势。

金融市场的发展,其主要目标是金融服务实体经济,金融服务于我国经济建设及经济社会的需要是金融题中应有之义,发挥好金融在支持社会主义现代化建设中的资源配置、管理风险的作用。金融衍生工具发展具有极强派生能力和高度杠杆性,主要原因在于:①金融衍生工具以场外交易为主;②按基础产品比较,无论在场内还是场外,利率衍生品均是名义交易金额最大的衍生品种类,其中场外交易的利率互换占所有衍生品名义交易金额的半数以上,是最大的单个衍生品种类;③按产品形态比较,远期和互换这两类具有对称性收益的衍生产品比收益不对称的期权类产品大得多;④金融危机发生后,衍生品交易的增长趋势并未改变,但市场结构和品种结构发生了较大变化。

教学过程引入我党领导下的金融发展历程,结合几次重要金融工作会议,帮助学生深入了解金融改革背景下,金融衍生工具对金融市场的重要性。

(四)维护金融安全,促进社会和谐稳定发展

我国发展金融衍生品市场面临着双重创新的任务:一是金融衍生品的创新,二是金融衍生品法律规制的创新。金融衍生品的创新绝大多数体现为一种合约,合约内容的设计则是法律问题。没有法律专家的参与,金融衍生品的产生是不可能的。在金融衍生品已经设计好的情况下,如何进入市场、进入什么样的市场并进行交易、谁可以参与交易、交易时应当遵循什么规则、参与主体如何自律、市场如何防范交易风险、政府如何实施对金融衍生品交易市场的监管等都是法律规制的问题,都需要法律专家参与和研究。我国的金融衍生品市场还没有完全建立起来,零散的交易及其规则还存在许多的缺陷。解决上述的法律规制问题,除了法律专家,还需要其他各学科专家的合作才能完成。前面已经提到,研究金融衍生品及其法律规制是一项非常困难的任务,它需要综合运用众多学科的研究成果,是一个系统工程。

金融问题涉及人民群众的财产安全,维护金融安全,促进社会的和谐稳定,是党领导下的金融工作的重中之重。保持平稳的经济环境,推动经济社会平稳

健康可持续发展,离不开金融的安全稳定。

(五)树立正确价值观,增强职业素养教育,培养底线意识

金融衍生工具是金融专业主要科目之一,其目的为学生将来从事金融领域的实务工作打下必备理论基础,为进一步学习衍生工具定价和风险管理等课程提供必要的知识储备。

首先,金融衍生品可将金融市场的风险问题进行转移,从而避免大幅度下跌。在金融危机发展过程中,大部分金融衍生产品表现出了从交易量放大到降级再上升的趋势。在金融危机期间,股指期货能有效缓解股市的抛售压力,并将证券市场的系统性风险进行转移和重新配置,从而防止现货市场进一步下跌。

其次,金融衍生工具的发展是金融市场发展的标志,使金融市场具备创新性。金融衍生产品的诞生,为金融产品开辟了新的发展道路。在金融衍生产品发展的30多年里,世界范围内的金融创新发展速度空前。两种现象在时间上存在很大的重叠,这绝非巧合。金融衍生产品是金融创新的一个重要指标,而衍生产品则是推动金融创新的一个主要推动力。

最后,金融衍生品进入市场可以带来更多的交易方式。金融市场最开始只有外汇合约的形式,衍生品产生后才有了更多的方式,如股票、国债等。

我们通过课程讲解并结合实证案例分析,让学生充分感受到金融从业人员的工作状态和职业素养。另外,通过介绍金融领域专家学者的职场经验,引导学生深刻理解并自觉遵守金融职业的精神和规范,增强责任感,培养良好的品格和行为习惯。

三、教案设计

(一)教学目标

1. 知识目标
(1)能够掌握碳交易的概念、内涵及主要特征。
(2)能够了解碳交易的基本发展情况。
2. 能力目标
(1)能够掌握碳交易专业课的相关术语,并熟练阅读和理解相关英文资料,锻炼学生的语言表达能力和综合分析能力。

(2)充分理解衍生工具的概念、内涵及特征,了解中国衍生工具市场发展的基本情况,在未来学习和实践中对相应理论进行理解和灵活运用。

3. 价值目标

(1)用习近平新时代中国特色社会主义经济思想武装头脑、充分认识到碳交易对我国经济高质量发展的战略意义。

(2)了解衍生工具在国内外发展的基本情况,尤其通过对比国内外创业投资行业发展的速度和质量以及外部的制度政策环境,充分认识到中国特色社会主义的优越性,坚定学生的"四个自信"。

(3)树立爱国、诚信、法治等社会主义核心价值观,正确分析中国金融行业衍生工具发展过程中的经验和教训。

(二)教学内容

(1)碳交易的分类及基本概念。

(2)衍生工具的内涵特征。

(3)国内外衍生工具的发展历史及改革创新。

(三)教学手段与方法

本课程以引导式教学和研究性教学为主,充分发挥学生的主体作用。教学设计主要包括学生阅读和查找资料,案例讨论以及课后实践实训、作业论文等。内容上,根据行业相关动态实时更新教学内容,积累创业投资行业和政策的最新动态,并及时把这些信息在教学内容中予以反映,引导学生去探索、拓展新知识,增加学生的学习动力和创造力。此外,有针对性地选择一些案例材料,激发学生兴趣,提高学生阅读分析能力和解决问题能力。

1. 引导式教学

通过提炼知识点相关的核心问题(包括与课程思政相关的内容),比如:金融衍生的概念;其对中国经济发展有什么作用?如何促进衍生工具在中国的健康发展?利用这些问题,引导学生主动思考、自主学习。从课前的预习,到课堂研讨,再到课后拓展学习,这些核心问题贯穿学习全过程,促使学生更好地理解和掌握知识,达到更好的学习效果。

2. 研究性教学

不同于传统教学模式,研究性教学以学生及探究式学习为主体,侧重提高大学生的创新能力。一方面,在课堂上提供丰富的学习资料,巧妙地将思政元素融入知识点、设置一些研究课题,积极推进讨论式教学、案例教学、实训模拟等教学方法和合作式学习方式。另一方面,让学生参与教师科研项目,独立进行初步的探索性研究工作,从而拓展学生的专业视野,培养学生的实践动手能力。

3. 案例教学法

无论是引导式教学,还是研究性教学,将碳交易相关的真实情景及事件,引入到课堂,促使学生主动关注现实、思考问题、参与课堂讨论、与教师进行互动交流。本课程教学中,引入了碳交易概念和案例,提炼了若干核心问题,引导学生思考和研究;个别案例还巧妙地融入思政元素,从知识、能力及价值观多维度培养学生的综合素养。

(四)教学过程

1. 教学设计思路

首先,以一个碳交易的简单例子引出本节课的主题,并对碳交易所涉及的问题进行讲解。课程思政的体现如下:①通过介绍碳交易的背景,让学生了解我国碳排放的现状和碳交易的类型,尤其是通过我国"双碳"目标的提出,增加同学们对我国减排的信心,增强大家对减排的责任感。②通过对碳交易机制的介绍,让学生了解全球对减排事业所做出的贡献,有助于学生了解国家战略和减排政策。③通过对金融衍生品的学习,结合碳交易市场的需求、壮大,向同学介绍碳交易的金融衍生品,并对其进行简单介绍,让学生了解我国碳市场下金融衍生品的发展。④以火电行业为例,介绍碳交易的减排效果。帮助学生了解火电行业减排现存的问题以及碳交易对火电行业发展的潜在影响,增加学生对我国减排决心的认识,了解火电行业从能源结构向新能源转型的改革。

其次,本课程的教学注重对于金融衍生品的相关理论和关键概念的内涵进行解析,有助于学生对金融衍生市场形成初步的了解,再结合碳排放权交易在我国的发展,帮助学生对碳交易的金融衍生品形成更好的认知;通过相关案例分析、模拟实践等教学手段,使学生进一步掌握相关理论和概念,并增强学生思考分析的能力。

再次,通过对于金融衍生品的基本分析,注重发展学生的实践能力,帮助他们学会运用相关理论和工具,为未来的职业生涯发展打下良好的基础。通过案例分析教学,引导同学们树立正确的世界观、人生观、价值观,并培养学生的底线意识。

最后,通过课堂作业、期末考试、小论文等检查方式,帮助同学们加深对知识点的理解,对金融衍生品课程的相关概念及理论有更加深刻的认知,并且从我国经济发展的现实出发,去学习理解和运用金融衍生品的理论及工具。

2. 教学过程安排

本讲内容侧重以碳交易为例,让学生掌握碳交易核心概念,理解其服务实体经济的价值。在内容设置上,结合相关案例,从多角度增加课程的知识性、人文性,提升引领性、时代性和开放性。详见表1。

表1 教学过程安排

教学意图	教学内容及手段	环节设计
碳交易(50分钟)		
导言	(1)金融衍生工具的产生原因?为了减少、分散和转移风险压力 (2)金融衍生工具参与者有哪些? (3)讲解对金融衍生工具的改进 (4)提出核心问题,引出本节知识点:对期权期货的概念、特征、种类进行讲解。 (5)引入本节课案例,结合金融衍生工具的相关知识,对碳交易衍生工具进行解读 (6)碳排放权交易的减排效果	PPT展示,案例导入、激发兴趣;提出问题、引起思考
本节课程总体框架架构	本节课知识点的架构安排: (1)金融衍生工具概念与特征 (2)期权期货简单介绍 (3)相关概念特征和种类的讲解 (4)案例引入——碳排放权交易,介绍碳交易衍生品	使学生了解本节课涉及的主要内容
核心概念: 教学重点	(1)金融衍生工具产生的必然性 (2)金融衍生工具市场参与者 (3)金融衍生工具概念 (4)期权期货 ➢ 金融衍生工具 产生的必然性:为了分散、减少和转移风险 1.金融衍生工具市场参与者 1)对冲者或称保值者(hedgers):规避转移风险 2)投机者(speculators):制造风险并从中获利 3)套利者(arbitrageurs):通过两个或以上的不同市场,同时买卖某一种(或两种类似的)资产或商品,利用价差,以期获得无风险的利润。	PPT展示、概念讲解与解读

碳交易(50分钟)		
教学意图	教学内容及手段	环节设计
	(2) 期货 **概念:** 期货合约是指买卖双方签订的一份合法的有约束力的购销合约,它规定以事先约定好的价格在未来特定的时间内交割一定数量的标的物并支付货款。 **特征:** 期货交易具有专门的交易场所 　　　　期货市场的交易对象是标准化的期货合约 　　　　期货交易不以实物商品的交割为目的的交易 　　　　期货交易具有杠杆效应 **种类:** 商品期货: 　　　　可分为农产品期货、黄金期货和金属与能源期货 　　　　金融期货: 　　　　分为外汇期货、利率期货和股票指数期货。 **(3) 期权** **概念:** 期权又称选择权,实质上是一种权利的有偿使用,是指当期权购买者支付给期权出售者一定的期权费后,赋予购买者在规定期限内按双方约定的价格(又称协议价格、执行价格或敲定价格)购或出售一定数量某种标的物的权利的合约。 **特征:** 交易的对象是买卖某种商品或期货合约的权利。 　　　　双方的权利和义务是不对称的。 　　　　双方的风险与收益是不对称的。 　　　　(买方只有权利无义务,风险有限,获利无限) 期权的价格是为拥有这种权利而必须支付的费用,即期权费。 **种类:** • 根据期权交易买进和卖出的性质划分为看涨期权和看跌期权。 • 按期权的履约时间的不同规定划分为欧式期权与美式期权。 • 根据交易场所不同划分为场内期权与场外期权。	

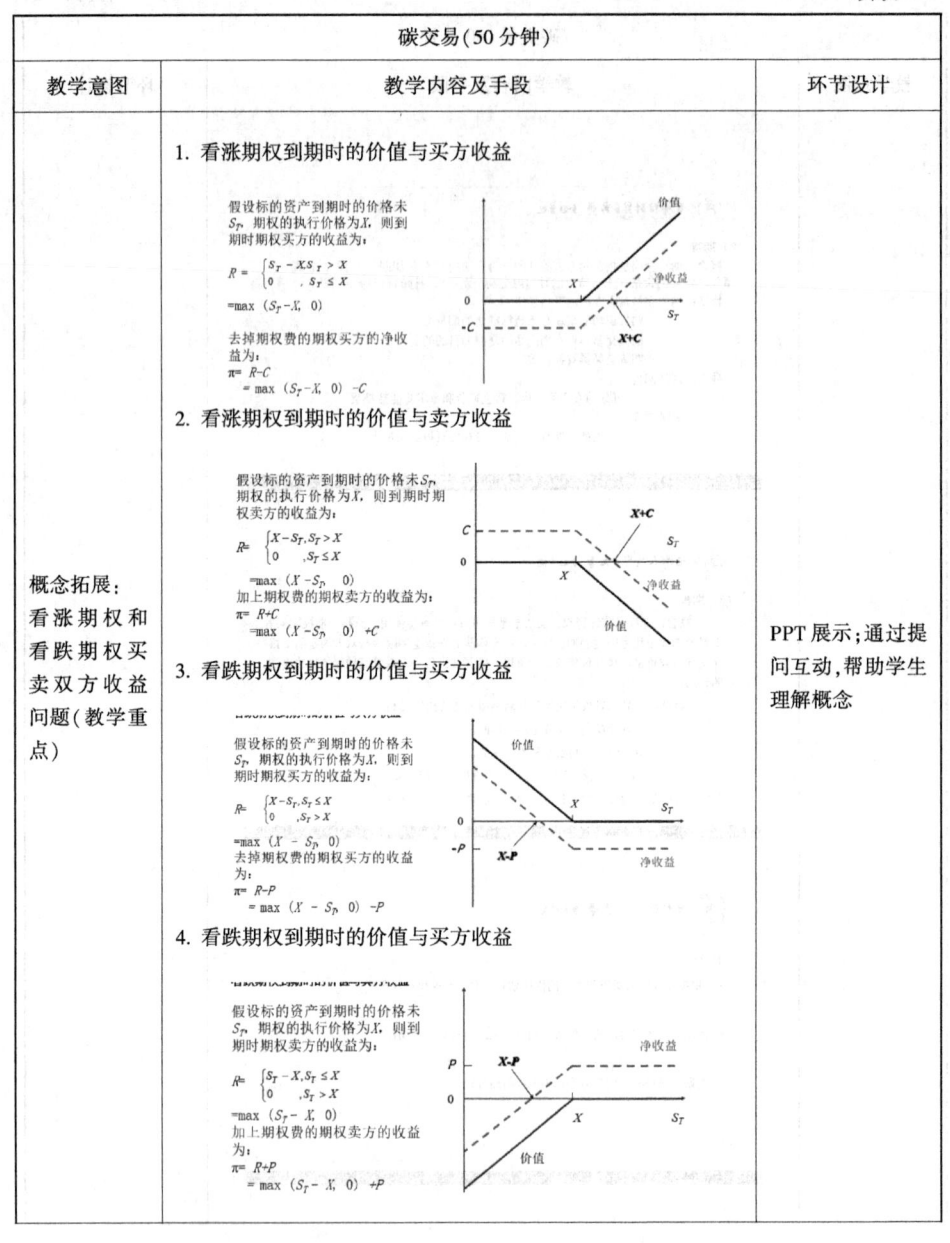

续表

碳交易(50分钟)		
教学意图	教学内容及手段	环节设计
概念拓展：看涨期权和看跌期权买卖双方收益问题(教学重点)	1. 看涨期权到期时的价值与买方收益 假设标的资产到期时的价格为 S_T，期权的执行价格为 X，则到期时期权买方的收益为： $R = \begin{cases} S_T - X, & S_T > X \\ 0, & S_T \leq X \end{cases}$ $= \max(S_T - X, 0)$ 去掉期权费的期权买方的净收益为： $\pi = R - C$ $= \max(S_T - X, 0) - C$ 2. 看涨期权到期时的价值与卖方收益 假设标的资产到期时的价格为 S_T，期权的执行价格为 X，则到期时期权买方的收益为： $R = \begin{cases} X - S_T, & S_T > X \\ 0, & S_T \leq X \end{cases}$ $= \max(X - S_T, 0)$ 加上期权费的期权卖方的收益为： $\pi = R + C$ $= \max(X - S_T, 0) + C$ 3. 看跌期权到期时的价值与买方收益 假设标的资产到期时的价格为 S_T，期权的执行价格为 X，则到期时期权买方的收益为： $R = \begin{cases} X - S_T, & S_T \leq X \\ 0, & S_T > X \end{cases}$ $= \max(X - S_T, 0)$ 去掉期权费的期权买方的收益为： $\pi = R - P$ $= \max(X - S_T, 0) - P$ 4. 看跌期权到期时的价值与卖方收益 假设标的资产到期时的价格为 S_T，期权的执行价格为 X，则到期时期权卖方的收益为： $R = \begin{cases} S_T - X, & S_T \leq X \\ 0, & S_T > X \end{cases}$ $= \max(S_T - X, 0)$ 加上期权费的期权卖方的收益为： $\pi = R + P$ $= \max(S_T - X, 0) + P$	PPT展示；通过提问互动，帮助学生理解概念

续表

碳交易(50分钟)		
教学意图	教学内容及手段	环节设计
课程拓展：案例引入	经济的飞速发展的同时，各国政府都对温室气体造成的全球变暖感到担忧。中国作为主要的碳排放国和化石能源消费国之一，为了缓解碳排放带来的气候问题，引入了碳排放交易计划。为了更好地了解碳排放权交易，我们首先引入一个简单的小案例。 年初，有两个公司A和B，A公司每年规定排放二氧化碳100吨/年，B也规定排放二氧化碳100吨/年；政府发放给A的碳配额是100吨/年，发放给B的碳配额也是100吨/年。 到了年底，A公司通过节能改造，仅排放二氧化碳80吨，多余的20吨二氧化碳配额，就可以在碳交易市场上出售获得利润。反观B公司，可能为了扩大产能，加班加点生产，没有时间和资金去搞节能改造，导致二氧化碳排放达到120吨，和政府给的100吨碳配额相比，多排放了20吨二氧化碳。此时，B公司只能去碳交易市场上购买20吨碳配额。	PPT展示；通过提问互动、案例引入，帮助学生简单理解碳排放权交易的相关过程

续表

碳交易(50 分钟)			
教学意图		教学内容及手段	环节设计
课程拓展： 碳交易背景		碳交易是碳排放权交易的简称，是指运用市场经济来促进环境保护的重要机制，允许企业在碳排放交易规定的排放总量不突破的前提下，使用或交易企业内部以及国内外的能源。在推动碳排放交易方面，欧盟走在世界前列，已经制定了在欧盟地区适用的气体排放交易方案，通过对特定领域的温室气体排放量进行认定，允许减排补贴进入市场，从而实现减少温室气体排放的目标。	
		1) 中国碳排放的基本情况 联合国气候大会于 1997 年日本通过《京都议定书》，其目标是 2008 年至 2012 年间，工业化国家污染气体排放总量在 1990 年的基础上减少 5.2%，其中欧盟国家削减 8%，美国削减 7%，日本削减 6%(京都议定书,1997)。碳排放是人类生产经营活动过程中向外界排放温室气体(二氧化碳、甲烷、氧化亚氮、氢氟碳化物、全氟碳化物和六氟化硫等)的过程。 中国经济的迅猛发展和经济活动快速扩张，使得二氧化碳的排放量也逐年上升。根据国际能源署(IEA)的数据，中国二氧化碳总体排放量从 2005 年的 54.07 亿吨增长到 2019 年的 98.09 亿吨，增长将近一倍，下表为 2005—2019 年中国二氧化碳的排放情况。	

续表

碳交易（50分钟）		
教学意图	教学内容及手段	环节设计
	虽然中国二氧化碳排放的总量较高，但也在控制碳排放、实现绿色发展方面取得了积极进展。近年来，中国能源消费结构呈现出明显的低碳化、清洁化趋势，具体数据根据历年《中国统计年鉴》汇总可知。 **首都经济贸易大学 金融学院** 表2 2005—2019年中国各类能源占能源消耗总量比重（%） | 年份	煤炭	石油	天然气	一次电力及其他能源
---	---	---	---	---
2005年	72.4	17.8	2.4	7.4
2006年	72.4	17.5	2.7	7.4
2007年	72.5	17.0	3.0	7.5
2008年	71.5	16.7	3.4	8.4
2009年	71.6	17.4	3.5	8.5
2010年	69.2	17.4	4.0	9.4
2011年	70.2	16.8	4.6	8.4
2012年	68.5	17.0	4.8	9.7
2013年	67.4	17.1	5.3	10.2
2014年	65.8	17.3	5.6	11.3
2015年	63.8	18.4	5.8	12.0
2016年	62.2	18.7	6.1	13.0
2017年	60.6	18.9	6.9	13.6
2018年	59.0	18.9	7.6	14.5
2019年	57.7	18.9	8.1	15.3 | 数据来源：《中国统计年鉴》 • 2005—2019年煤炭消费量比重从72.4%下降至57.7%，共下降14.7个百分点。 • 天然气消费量从2.4%提高到8.1%。 • 清洁能源（一次电力及其他能源）消费量从7.4%提高到15.3%，合计占比提高13.6个百分点。 **首都经济贸易大学 金融学院** ➢ **碳交易在中国的发展** • 2011年10月国家发展改革委印发《关于开展碳排放权交易试点工作的通知》，批准北京、上海、天津、重庆、湖北、广东和深圳等七省市开展碳交易试点工作。 **1. 碳交易的起源** 《巴黎气候协定》达成后，自下而上的国家自主贡献模式将成为各国履行气候责任的重要方式，而碳排放交易制度由于能够实现最小成本减排，而成为各国决策者的首选制度工具。 1997年《京都协议书》中指出把二氧化碳作为代表的一些温室气体变成商品，形成了这种排放权的交易。 (2)碳交易过程 **首都经济贸易大学 金融学院** 2. 碳交易过程 碳交易，即把二氧化碳排放权作为一种商品，买方通过向卖方支付一定金额从而获得一定数量的二氧化碳排放权，从而形成了二氧化碳排放权的交易。 个人　机构 二氧化碳排放权买卖 A企业　　　　　　　B企业 配额富余　　　　　　配额不足 交易所　中碳登 资料来源：中国碳排放交易网、招商证券	

359

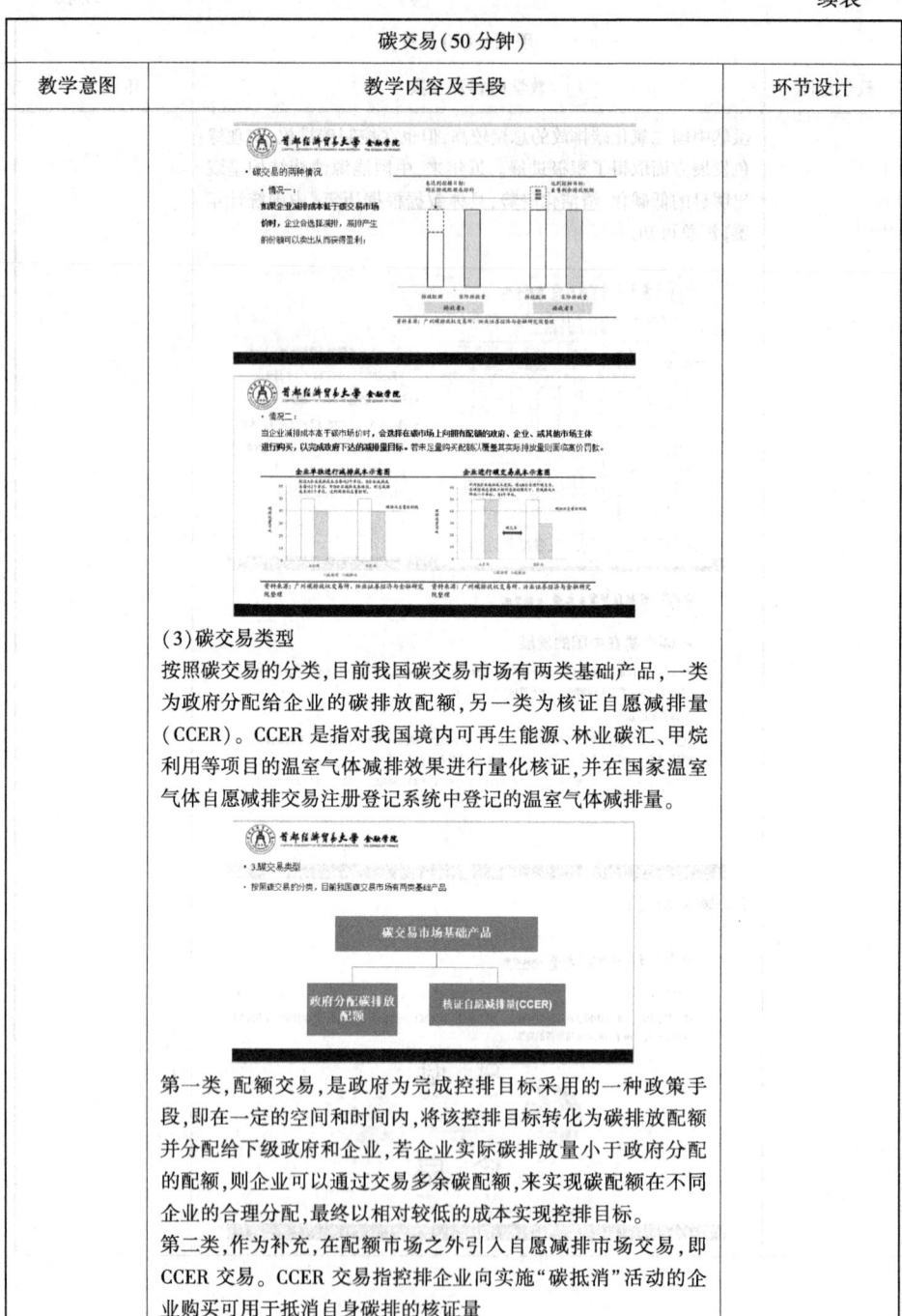

续表

碳交易(50分钟)		
教学意图	教学内容及手段	环节设计
	(3)碳交易类型 按照碳交易的分类,目前我国碳交易市场有两类基础产品,一类为政府分配给企业的碳排放配额,另一类为核证自愿减排量(CCER)。CCER 是指对我国境内可再生能源、林业碳汇、甲烷利用等项目的温室气体减排效果进行量化核证,并在国家温室气体自愿减排交易注册登记系统中登记的温室气体减排量。 第一类,配额交易,是政府为完成控排目标采用的一种政策手段,即在一定的空间和时间内,将该控排目标转化为碳排放配额并分配给下级政府和企业,若企业实际碳排放量小于政府分配的配额,则企业可以通过交易多余碳配额,来实现碳配额在不同企业的合理分配,最终以相对较低的成本实现控排目标。 第二类,作为补充,在配额市场之外引入自愿减排市场交易,即 CCER 交易。CCER 交易指控排企业向实施"碳抵消"活动的企业购买可用于抵消自身碳排的核证量	

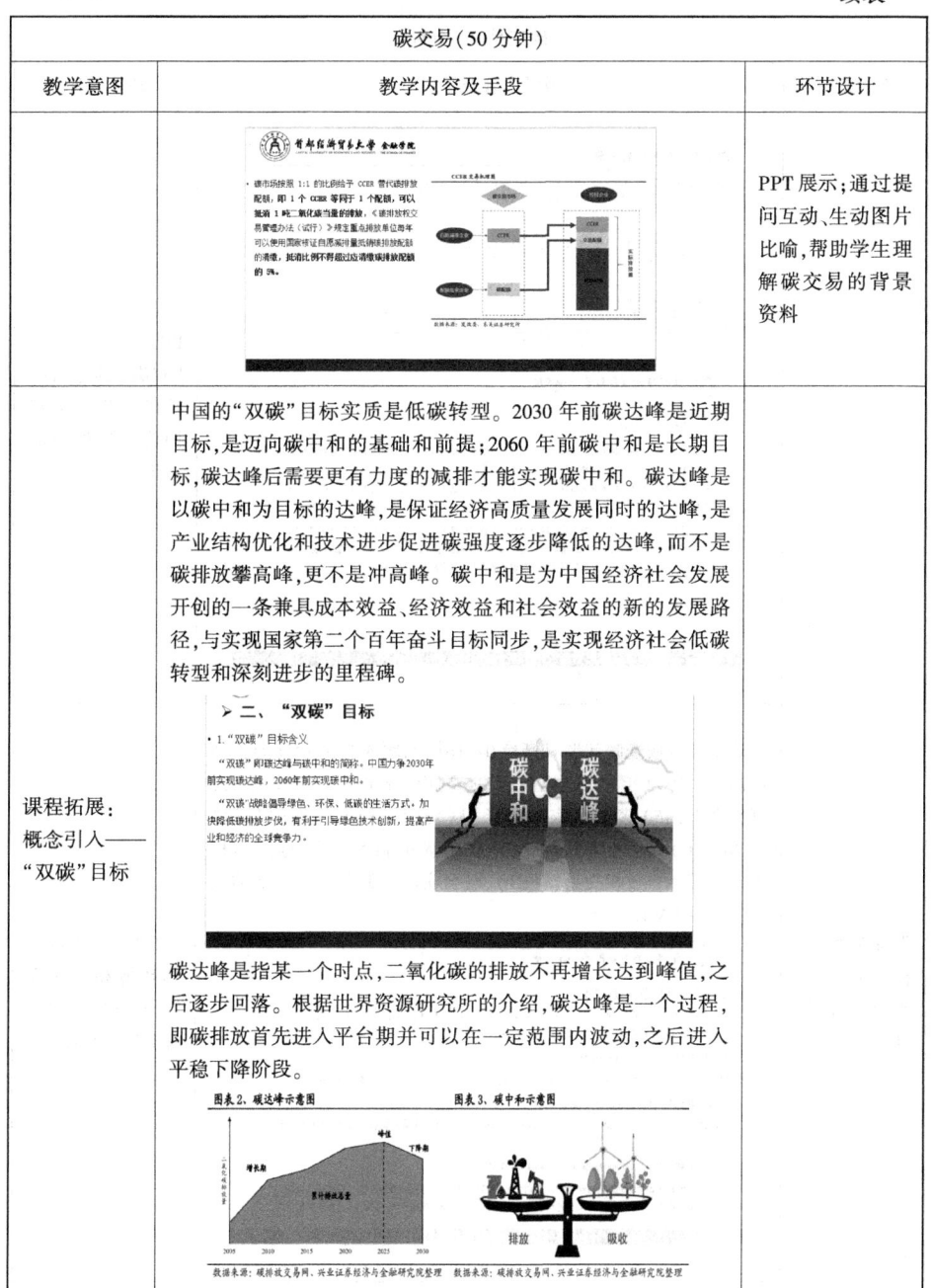

续表

碳交易(50分钟)		
教学意图	教学内容及手段	环节设计
	[PPT截图:CCER交易机制图]	PPT 展示；通过提问互动、生动图片比喻,帮助学生理解碳交易的背景资料
课程拓展：概念引入——"双碳"目标	中国的"双碳"目标实质是低碳转型。2030 年前碳达峰是近期目标,是迈向碳中和的基础和前提;2060 年前碳中和是长期目标,碳达峰后需要更有力度的减排才能实现碳中和。碳达峰是以碳中和为目标的达峰,是保证经济高质量发展同时的达峰,是产业结构优化和技术进步促进碳强度逐步降低的达峰,而不是碳排放攀高峰,更不是冲高峰。碳中和是为中国经济社会发展开创的一条兼具成本效益、经济效益和社会效益的新的发展路径,与实现国家第二个百年奋斗目标同步,是实现经济社会低碳转型和深刻进步的里程碑。 [PPT截图:"双碳"目标含义] 碳达峰是指某一个时点,二氧化碳的排放不再增长达到峰值,之后逐步回落。根据世界资源研究所的介绍,碳达峰是一个过程,即碳排放首先进入平台期并可以在一定范围内波动,之后进入平稳下降阶段。 [图表2、碳达峰示意图 / 图表3、碳中和示意图]	

361

续表

	碳交易（50分钟）	
教学意图	教学内容及手段	环节设计
	图表6、碳中和的三阶段 阶段I（2020年—2030年）：主要目标为碳排放达峰，在达峰目标的基本任务下，降低能源消费强度，降低碳排放强度，控制煤炭消费，发展清洁能源。 阶段II（2030年—2045年）：主要目标为快速降低碳排放，达峰后的主要减排途径转为可再生能源、大面积完成电动汽车对传统燃油汽车的替代，同时完成第一产业的减排改造。 阶段III（2045年—2060年）：主要目标为深度脱碳，参与碳汇，完成"碳中和"目标、深度脱碳到完成"碳中和"目标期间，工业、发电端、交通和居民侧的高效、清洁利用潜力基本开发完毕。 资料来源：IEA、兴业证券经济与金融研究院整理 ·2."双碳"目标意义 ·"双碳"目标是我国基于推动构建人类命运共同体的责任担当和实现可持续发展的内在要求而作出的重大时代决策，展示了我国为应对全球气候变化作出的新贡献，体现了对多边主义的坚定支持，为国际社会全面有效落实《巴黎协定》注入强大动力，重振全球气候行动的信心与希望，彰显了中国积极应对气候变化、走绿色低碳发展道路、推动全人类共同发展的坚定决心。 ·"双碳"目标有利于促进经济结构、能源结构、产业结构转型升级，有利于推进生态文明建设和生态环境保护、持续改善生态环境质量，对于加快形成国内大循环为主体、国内国际双循环相互促进的新发展格局，推动高质量发展，建设美丽中国，具有重要促进作用。	PPT展示；通过"双碳"具体目标帮助学生了解我国为减排做出的贡献和努力
课程拓展：概念引入——碳交易机制介绍	随着全球气候变暖问题日渐突出，环境问题成为国际社会关注的热点。1992年6月在巴西里约热内卢举行的联合国环境与发展大会上，150多个国家制定了《联合国气候变化框架公约》（UNFCCC），同时建立起三个旨在减排温室气体的合作机制——国际排放权交易（I-ET）、联合实施机制（JI）以及清洁发展机制（CDM）。 ▶ 三、碳交易机制 ·《联合国气候变化框架公约》（UNFCCC），同时建立起三个旨在减排温室气体的合作机制——国际排放权交易（I-ET）、联合实施机制（JI）以及清洁发展机制（CDM） 1）国际排放交易（International Emissions Trade，ET） 附件II国之间基于配额（AAU）的交易，其交易主体是附件I国国家，交易对象为配额排放单位（AAU）。 2）联合履行机制（Joint Implementation，JI） 附件I国家之间以项目为基础的一种合作机制，目的是帮助附件I国家以较低的成本实现其量化的温室气体减排承诺。 3）清洁发展机制（Clean Development Mechanism，CDM） 允许附件I缔约国（主要是发达国家）与非附件I缔约国（主要是发展中国家）进行项目合作的机制，其目的是协助非附件I缔约国缔约方实现其可持续发展，促进附件I缔约国缔约方实现其量化限制和减少温室气体排放的承诺。	PPT展示；通过国际环境和公约规定，帮学生了解三种碳交易机制

续表

碳交易(50分钟)		
教学意图	教学内容及手段	环节设计
课程拓展: 碳金融衍生品介绍	**四、碳金融衍生品** 随着越来越多的人将目光投向碳排放权市场,碳排放权市场需求也迅速扩大,基于碳排放权交易的金融衍生品也不断出现。国家推出要推动发展碳排放权等交易工具,银监会也指出要有序发展收益金等碳交易的衍生工具。 **1.碳远期交易** ◆碳远期交易双方约定在将来某个确定的时间以某个确定的价格购买或者出售一定数量的碳额度或碳单位,其是适应碳税定交易风险的需要而产生的。 ◆清洁发展机制(CDM)项目产生的核证减排量(CER)通常采用碳远期的形式进行交易。项目启动之前,交易双方签订合约,规定碳额度或碳单位的未来交易价格,交易数量以及交易时间。 **2.碳期货交易** ◆碳期货属于标准化交易工具,交易原理在于套期保值。 ◆购买者通过在碳排放货市场进行与碳现货市场相反的买卖操作来达到套期保值的目的,锁定碳投资收益。 **3.碳期权交易** ◆碳期权的交易方向购买决于购买者对于碳排放权价格走势的判断。 ◆当预计未来核证减排量(CER)价格上涨时,CER的卖方会购买看准期权对冲未来价格上升的机会成本。 ◆未来CER价格下跌,通过行使看准期权CER卖方获得收益。 ◆通过对不同期限、不同执行价格的看准期权和看跌期权的组合买卖来实制套利润、或是确定风险的目的。 ◆碳期权除了具备碳期货一样的套期保值作用以外,还能使买方规避碳资产价格变动带来的不利风险,同时从碳资产价格利好中获益。 **4.碳互换交易** ◆碳排放权互换交易是指交易双方通过合约达成协议,在未来的一定时期内交换约定数量不同期限不同性质的碳排放权客体或债务。投资者利用不同市场或者不同类别的碳资产价格差别买卖,从而获取价差收益。 ◆碳排放权互换的产生两个原因: 一为目标减量信用难以获得; 二为发挥减量信用的低减作用。 ◆由此两种形式碳排放互换制度安排: 一是温室气体排放权互换交易制度,政府机构或私人部门通过购得国家减排项目获得相应的碳排放量信用,该机构下属排放权客体是由管理体系(如联合国执行理事会)核准认证后发布; 二是债务与碳减排信用互换交易制度,债务国在债权国的许可下,将一定资金投入于碳减排项目,其实质上是债务国和债权国之间的协议内容。	PPT展示;结合金融衍生工具的相关知识,帮学生了解碳金融衍生品

363

续表

教学意图	教学内容及手段	环节设计
	碳交易（50分钟）	
课程拓展：碳交易的减排效果——以火电行业为例	火力发电是利用可燃物在燃烧时产生的热能，通过发电动力装置转换成电能的一种发电方式。中国的煤炭资源丰富，1990年产煤10.9亿吨，其中发电用煤仅占12%。火力发电仍有巨大潜力。数据显示，2020年我国火力发电量达12 140.3亿千瓦时，同比增长1.2%；2021年1—4月我国火力发电量达3 684.8亿千瓦时，同比增长16%。 从装机结构来看，五大发电集团均以火电为主、新能源发电为辅。例如，国家能源集团、华能集团、华电集团火电占比均在70%以上，国家电投集团火电占比最低，为58.86%。不过，从近5年的发展来看，五大发电集团风电、光伏、水电的发电份额均实现了快速增长，火力发展比重逐年下降，而新能源发电占比稳步上升。	

续表

碳交易(50分钟)		
教学意图	教学内容及手段	环节设计

	3.碳交易对火电行业减排
	• 我国已建成全球最大清洁煤电供应体系,目前所有火电厂除尘、脱硫、脱硝都实现了超低排放,特别是今年全面实施超低燃煤电厂超低排放后,火电行业主要大气污染物排放总量占全国工业排放量比重降低至10%以下。
	• 相关研究表示碳交易政策对电力碳排放具有明显的抑制作用,且时间越长,抑制作用越强。
	• 在考虑控制变量的影响下,碳交易政策的实施能够使电力碳排放水平降低37.4%。
	• 试点碳交易政策可以降低全部六个试点省市火电部门的碳排放量和人均二氧化碳排放量。
	• 单个试点减排效果方面,北京、上海、天津、湖北减排效果较好。
	
	4.火电行业减排存在的问题
	• 碳交易政策实施后火电行业减排效果具有一定的效果,但这并不是意味着已经做到了最好。
	• 第一,火电行业水务管理粗放,有限破废水管理、优化用水、排放废弃物等方面仍存在问题。
	• 第二,剔除废水管理方面,现有政策规范与国家、地方最新环保要求不匹配,剔除废水处理技术尚未开展标准化、系统化评估工作,实际水平参差不齐。
	• 第三,在优化用水方面,目前我国全厂水耗指标未能达到标准值的火电企业占比约为26%,甚至大多数耗水率无法达到节水导则的标准要求。
	• 第四,掺烧废弃物方面,国家鼓励煤电厂掺烧废弃物,但在废弃物的确定上却没有统一的标准,加上掺烧废弃物的发展规划不清晰,环境准入要求不统一,这一方法甚至源头管理上都存在漏洞。
	
	5.碳交易对火电行业影响
	• 电力市场和碳市场同作为能源资源配置的有效手段,其目的都是促进我国能源以较低的成本实现清洁低碳转型,二者有着一致性关系且通过互相作用而彼此影响。
	• 火力发电必然伴随着碳排放,需要统筹考虑碳排放约束与电力需求约束。同时低碳发展意味着更高比例的可再生能源,所产生的可再生能源的消纳和定价问题,进一步影响碳市场和电力市场的交易机制。
	
	• 碳交易市场运行后,碳价会与发电成本耦合,促进我国能源结构向新能源转型。主要从三个方面影响电力行业:
	  • 电源侧:第一,碳市场抬高了高碳机组的发电成本。第二,后续纳入碳市场的CCER将提升可再生能源项目投资的经济性。
	  • 电网侧:一是火电机组成本上升可能提升其上网电价;二是电源结构的低碳化转型,需电网企业加快煤电电力系统结构改造,为可再生能源消纳提供有力保障;三是全国碳市场运行将有利于电网企业的业务拓展。
	  • 用户侧:目前碳市场没有直接影响,未来上海"碳普惠"推出后,将会推动用户用能习惯的改变,比如增加分布式发电项目开发、低碳出行、有序用电等。
		PPT 展示;结合火电行业的现状,帮助学生了解在碳交易背景下火电行业的减排行为

续表

碳交易(50分钟)		
教学意图	教学内容及手段	环节设计
案例启示	• 2021年7月全国碳排放权交易市场正式启动,我国利用市场机制控制和减少温室气体排放、推进绿色低碳发展取得重大创新。 • 未来我国需要通过不断扩大交易主体范围、完善价格体系、调动市场主体交易的积极性等途径发挥碳排放权交易的市场机制作用,推动各部门企业的碳减排,从而助力碳达峰与碳中和。 • "双碳"目标对我国碳减排成果提出了挑战,不断完善财政及手段调控碳排放有利于我国碳减排,同时更需要利用税收优惠手段保护我国企业的健康发展。 • 我国未来需要推进环境税体系的发展完善,与碳交易发挥协同作用,以奖惩结合的原则持续促进我国各部门企业低碳转型,从而实现整个社会的绿色发展,增强我国竞争力。	PPT展示,对本节知识点进行小结
课后阅读和思考	拓展阅读、案例分析思考题: (1)举例说明碳排放交易偏好哪些行业、什么特征的企业。 (2)通过案例,引导学生思考"双碳"目标下对我国工业发展的意义。 (3)阅读资料,举出金融衍生品与碳金融衍生品的差异	PPT展示,布置课后阅读和案例思考题,为本节复习和下节预习做准备

四、教学效果分析

通过课程思政的教学,能够有效提升同学们的主人翁意识,激发学生建设祖国金融体系的热情,提升对投资学的专业荣誉感,形成基本的职业素养,并在学习的过程中培养学生的专业应用能力、团队合作精神和职业精神。同时,课程思政的引入使金融衍生工具课程变得更加生动有趣,贴近现实和实践,让同学们深入了解当前的金融治理情况,培养学生的实践能力和分析能力。

存款保险制度与存款保险条例

王婉婷

一、课程简介

商业银行经营管理是一门研究商业银行体系演变、业务经营和风险监管等内容的专业课程,是教育部指定的金融专业六门主干课程之一,也是金融学专业核心基础课程。作为金融学的一个重要组成部分,本课程将理论和实践结合起来,全面系统地介绍了商业银行经营管理的基本原则、基本理论、基本方法和技术,以及西方商业银行经营管理经验和我国商业银行在经营体制、经营机制、经营策略和经营方式等方面不断改革创新的最新成果。学习本课程的目标如下:基本目标是学习商业银行基本原理和了解行业发展动态;高阶目标是增强学术研究能力和提高思想政治素质。

(一)学习商业银行基本原理

学习商业银行的银行制度、发展历程、资产管理、负债管理、资本管理、风险管理、产品设计、公司治理等。掌握商业银行相关的概念和知识,形成较为系统的商业银行知识框架。

(二)了解行业发展动态

通过案例、年报及相关法律法规、新闻报道等,让学生了解当前商业银行业务的基本状况、重要改革和未来发展方向。

(三)增强学术研究能力

教学内容注重将知识学习与研究能力相结合,帮助学生学会如何选题、学习相关重要文献、了解学术研究的基本规范,夯实研究基础,并运用所学的经济

作者简介:王婉婷,经济学博士,首都经济贸易大学金融学院副教授;主要研究领域:商业银行经营管理。

学、计量经济学、统计学等研究方法开展与课程相关问题的研究。

(四)提高思想政治素质

通过本课程的学习,养成认真、勤奋、努力、踏实的学习态度,友爱、包容、尊重的做人品质,诚信、创新、开放的做事品格,成为有责任担当,有正确的世界观、人生观、价值观,对国家和社会有用的人才。

二、课程思政元素挖掘

存款业务管理是商业银行负债业务经营管理的重中之重,而在存款业务相关内容中,存款保险制度是其中一个重点。"存款保险制度与中国存款保险条例"案例可能包含的思政元素点如下:

(一)元素1:存款保险制度与银行道德风险

良好的道德修养是社会主义建设者应该具备的,在相关教学案例讲解时,要融入道德修养元素,教育学生正确认识存款保险制度可能带来的道德风险,作为银行人要自觉提高道德修养。

(二)元素2:政治认同、家国情怀、"五爱"教育、"四个自信"

通过向学生讲解我国存款保险改革历程和取得的成就,特别是近几年存款保险参与包商银行破产案处置等,加强学生对我国经济制度以及政治制度的认同,从而自觉增强"四个意识",坚定"四个自信"。

(三)元素3:习近平总书记的金融安全观

金融是一个国家重要的核心竞争力,金融安全是国家安全的重要组成部分,也是关系我国经济社会发展全局的大事。金融活,经济活;金融稳,经济稳。习近平总书记反复强调要把防控金融风险放到更加重要的位置,牢牢守住不发生系统性风险底线,采取一系列措施加强金融监管,防范和化解金融风险,维护金融安全和稳定,把住发展大势。

三、教案设计

(一)教学目标

我国2015年3月31日正式颁布《存款保险条例》。本讲教学内容主要包括：比较、分析中国存款保险制度和美国存款保险制度的异同，介绍存款保险制度的运作原理、美国存款保险制度改革和中国存款保险制度的发展及未来前景。具体目标包括：

提高学生知识素养——鼓励学生阅读国内外银行监管和存款保险制度方面的相关书籍，扩展知识面，提升文化素养。

鼓励学生责任担当——青年学生肩负着实现中华民族伟大复兴的时代责任，在相关教学案例讲解中要融入责任担当元素。

帮助学生开阔视野——青年学生应该具备广阔视野，通过中美存款保险制度的比较分析，拓展学生的国际视野。

(二) 教学内容

(1) 了解存款保险制度的主要功能和内容；
(2) 了解中国《存款保险条例》的主要内容；
(3) 了解中国存款保险制度的发展历程和未来前景；
(4) 了解当前中国存款保险制度发挥的作用；
(5) 了解美国存款保险制度的形成、发展与变革；
(6) 了解中国存款保险制度、美国存款保险制度之间的异同，坚定"四个自信"。

(三) 思政引入

本单元蕴含丰富的思政元素，主要包括：引发学生思考存款保险与银行道德风险、对中国金融制度改革中的政治认同、家国情怀、"五爱"教育、"四个自信"；深入了解习近平总书记的金融安全观。

1. 政治认同

存款保险制度是一国金融监管体系的重要组成部分。2015年3月31日，我国正式颁布《存款保险条例》。通过向学生讲解我国存款保险的改革历程和取得的成就，特别是近几年存款保险参与包商银行破产案处置等，加强学生对我国经济制度及政治制度的认同，从而自觉增强"四个意识"，坚定"四个自信"。认真学习领会习近平总书记关于金融安全观的重要论述和指导意义，从内心认同和践行"两个维护"。

2. 家国情怀

通过讲解我国银行监管体制的改革历程，充分认识存款保险制度对确保我国金融安全的重要作用——为确保我国金融行业的稳健发展提供制度保障。事实证明,中国共产党有能力审时度势,完善金融监管制度,这可以培养学生的爱国主义精神和为党和国家奉献的精神。

3. 道德修养

良好的道德修养是社会主义建设者应该具备的。在相关教学案例讲解中要融入道德修养元素,教育学生正确认识存款保险制度可能带来的道德风险,作为银行人要自觉提高道德修养。

4. 法治精神

通过讲解我国存款保险条例等相关制度和法律法规,让学生充分了解存款保险条例,自觉遵守法律法规,培养学生的法治精神和底线思维。

(四)教学手段与方法

根据课程内容和教学对象的特点,我们在教学过程中,把一些基本理论作为重点内容细讲、精讲,对于重点内容采用案例分析与理论讲解相结合的方法进行讲授。为了达到教学目标,采用教师讲授、案例分析、课堂讨论、学生自学、文献讲解等教学方法以及多媒体等教学手段,保证学生理解与掌握教学内容。

在课程思政融入上,灵活运用多种教学方式,充分发挥学生的主体性作用。首先,充分激发学生的学习兴趣,挖掘潜在需求,采取有效措施调节课堂氛围,丰富交流方式,提升学习效果。在课堂教学中,采用讲故事、演讲、微课视频、抖音、幻灯片等方式,运用分易、超星、腾讯等网上教学平台,开展线上线下学习。其次,"课程思政"教学的主体、对象均是学生。调动学生学习的积极性,挖掘他们的学习潜力是课程思政教育教学的关键。我们应紧扣学生的思想脉搏,引入具有亲和力、感染力的思政内容,社会关注的热点或焦点事件,鲜活真实的案例,贴近社会现实和学生思想,以文化人,以情感人。在课堂教学过程中,教师要做好教学设计和资料收集工作,让学生做好准备工作,师生有效沟通交流,开展讨论、演讲等教学活动,提高课堂教学效率。

(五)教学过程及案例内容

"存款保险制度与中国存款保险条例"案例具体内容和讲解过程如下:

在 20 世纪 30 年代大危机后,美国率先建立了存款保险制度。20 世纪 60 年代末以来,尤其是 70 年代中后期,主要发达国家和部分发展中国家开始推行金融自由化改革,相继解除了利率、汇率、金融业务、金融市场方面的管制措施,银行体系的脆弱性随之加大。为保护存款人利益,这些国家效仿美国的做法,引入了存款保险制度,通过建立风险补偿和分担机制,为金融自由化改革提供保障。我国台湾和香港地区分别在1985年和2004年引入存款保险制度,内地在2015年3月31日正式颁布《存款保险条例》,商业银行存款保险制度正式实施。伴随我国利率市场化的进程,我国金融市场开放程度日益提高,银行业也面临更加严峻的挑战,破产倒闭的风险客观存在。实行显性存款保险制度,可以在一定程度上稳定储户对银行的信心,同时有助于银行业的良性发展,进一步维护好金融秩序。

1. 我国存款保险制度的产生历程

2012年1月,第四次全国金融工作会议提出,要抓紧研究完善存款保险制度方案,择机出台并组织实施。2012年7月16日,中国人民银行在《2012年中国金融稳定报告》中称,中国推出存款保险制度的时机已经基本成熟。

2013年,央行发布《2013年中国金融稳定报告》称,建立存款保险制度的各方面条件已经具备,内部已达成共识,可择机出台并组织实施。

2014年1月,中国人民银行工作会议提出,存款保险制度各项准备工作基本就绪;存款保险制度作为中国已全面展开的金融改革的重要环节,在2014年择机推出可能性很大。

2014年11月27日,中国人民银行召开系统内的全国存款保险制度工作电视电话会议,各省级分行领导到京参会,研究部署于2015年1月份推出存款保险制度。11月30日,《存款保险条例(征求意见稿)》发布,其中规定,存款保险实行限额偿付,最高偿付限额为人民币50万元。

2015年1月,《存款保险条例》向社会公开征求意见工作圆满完成,制度出台前的各项准备工作就绪,在按照规定履行相关审批程序之后,存款保险制度将会付诸实施。

2015年5月1日起,存款保险制度在中国正式实施,各家银行向保险机构统一缴纳保险费,一旦银行出现危机,保险机构将对存款人提供最高50万元的赔付额。

2. 我国现行存款保险制度的基本内容

2015年,我国正式实行显性存款保险制度,并且建立起了制度的基本框架。存款保险制度在我国所起到的提高公众对银行体系的信心、稳定金融市场秩序的重要作用是值得肯定的。我国存款保险制度的体制安排主要包括以下几点:

1) 我国采取的投保制度为强制性保险

由于我国存款类机构以有国家信誉做担保的国有大行为主,故采取强制保险有利于存款保险制度的有效建立与存款保险金的积累,以此规避逆向选择和道德风险。我国存款保险制度要求存款类金融机构全部参保,保费以法人为单位统一交给国家存款保险基金,每半年缴纳一次。该基金目前由中国人民银行设立的存款保险基金管理公司负责管理。

2) 赔付制度实行限额赔付

我国存款保险限额赔付金额为 50 万元人民币,采用限额赔付能够比较精准地落实到每一位存款客户,使得小额存款人的利益得到有效的保护。

3) 投保费率制度

我国采取的是基准费率与风险差别费率相结合的方式。其中,基准费率参考现阶段我国的经济发展状况、居民的存款结构而确立。由于各家商业银行的经营状况与风险水平存在差异,故设立了风险差别费率。当前,中国人民银行对商业银行投保费率缴纳中的评级等级分为 11 级,即 1 级至 10 级和 D 级,级别越高表示风险越大。其中,评级结果为 8~10 级和 D 级的金融机构被列为高风险机构,已倒闭、被接管或撤销的机构为 D 级,不同评级缴纳不同比率的保费。保险费率差别化能够增强市场的约束性,促进商业银行的公平竞争、稳健经营。

4) 存款保险机构的设立

我国在 2019 年 5 月 4 日正式成立存款保险基金管理有限责任公司,其公司的唯一股东为中国人民银行,并且以独立法人机构的身份进行运营,有责任按照法律规定在投保银行出现问题时对存款人进行赔付,从而可以有效保护存款人的相关利益。存款保险基金管理有限责任公司经营范围为:进行股权、债权、基金等投资;依法管理存款保险基金有关资产;直接或者委托收购、经营、管理和处置资产;依法办理存款保险有关业务;资产评估;国家有关部门批准的其他业务。该公司的开业意味着独立的存款保险基金管理机构正式成立。

3. 我国现行存款保险制度发挥的巨大作用

2020 年是我国打赢防范化解重大风险攻坚战的关键一年。存款保险制度作为国家金融安全网的三大要素之一,对维护金融体系稳定、保障存款人合法权益、促进投保机构稳健运营具有重要意义。存款保险制度的实施有效稳定了存款人的预期,提升了整个金融市场和社会公众对银行体系的信心。

1) 我国存款保险制度为中小银行发展普惠金融服务保驾护航

对于中小银行而言,存款保险制度的实施增强了其信用和竞争力,为中小银行创造了一个可以与大银行公平竞争的制度环境、一个稳健经营的市场环境。中小银行与大型银行的均衡发展有利于降低金融市场集中度,提高金融市场效率。《存款保险条例》自实施以来,为加大存款保险制度的宣传力度,中小银行充分利用各自资源优势,向社会公众重点宣传、普及存款保险的含义、保障范围及偿付时限等内容。存款保险制度能够保护存款人合法权益,为中小银行发展普惠金融服务保驾护航;做好存款保险制度宣传,有利于增强自身认知度。调查发现,存款保险制度宣传活动切实提升了中小银行的公众形象,在小银行也能"放心存",增强了社会公众对中小银行的信任,体现了我国建立存款保险制度的作用。依托存款保险制度,中国人民银行会同有关部门通过大力宣传存款保险、打击谣言犯罪、及时调拨现金等措施,有效维护了公众信心和金融市场稳定。

2) 包商银行被接管——体现我国存款保险制度的优越性

2019年,我国包商银行出现严重信用危机,面临破产。央行和银保监会迅速采取救助措施,保护存款人和其他客户的合法权益,避免了金融风险迅速扩散。在包商银行风险处置中,监管部门选择由存款保险基金出资,设立存款保险基金管理公司,实施收购承接的做法。在这个过程中,对全部个人储蓄存款、5 000万元以下对公存款和同业负债本息全额保障,分别对应了520万储户、2.5万户企业和同业机构。对于5 000万元以上的大额债权,实行分段计算,还按同一客户债权债务轧差后的债权净额提供先期保障,对公客户债权人获得全额保障的比例达到了99.98%。这也是存款保险基金首次在银行风险处置中发挥实质性作用。

包商银行被托管的经过大体如下:

根据监管部门披露的信息,包商银行出现信用危机的主要原因是股权问题引发的经营风险。自2005年以来,包商银行最大的股东明天集团占用包商银行款项累计高达1 500亿元,每年的利息就多达百亿元。由于长期无法还本付息,出现严重的资不抵债,被我国相关监管机构发现后,于2019年5月对其依法接管。

2019年5月24日,由接管组全面行使包商银行的经营管理权,并委托中国建设银行托管包商银行的业务。接管包商银行后,接管组依法依规,按照市场化、法治化原则处置金融风险,根据存款保险制度,由存款保险基金提供资金,对各类债权人特别是近500万储户、20万个人理财客户和3万户中小微企业的合法权益给予充分保障。

2019年6月,接管组以市场化方式聘请中介机构,逐笔核查包商银行的对公及同业业务,并深入开展资产负债清查、账务清理、价值重估和资本核实等工作,全面系统地掌握了包商银行的资产状况、财务状况和经营情况。根据清查核实的结果,证实包商银行确实存在巨大的资金缺口,接管时已出现严重的信用风险。

2019年9月,为确保包商银行改革重组期间金融服务不中断,接管组借鉴国际上关于金融风险处置经验和做法,并根据《存款保险条例》等国内的现行法律制度,决定采取新设银行收购承接的方式推进改革重组,即新设立一家银行来收购并接受包商银行原有的资产、负债和相关业务等。以收购承接方式处置,既最大限度保护了客户合法权益,又依法依规打破了刚性兑付,对部分机构的激进行为进行纠偏,进而强化市场纪律,促进了金融市场的合理信用分层。

2020年4月30日,新设的蒙商银行正式成立并开业。同日,包商银行接管组发布公告,包商银行将相关业务、资产及负债分别转让至蒙商银行和徽商银行(系4家区外分行)。存款保险基金根据《存款保险条例》第十八条授权,向蒙商银行、徽商银行提供资金支持,并分担包商银行的资产减值损失,促成蒙商银行、徽商银行收购承接,保持金融业务连续运行。接管期间,接管组向纪检监察等机关移送了大量违法违规和犯罪线索,并依法追责问责。可见,这次包商银行破产的处置方式是由存款保险基金出资、央行作为"最后贷款人"依法支持,最后通过新设银行进行收购承接。

4. 中美存款保险制度的差异、比较

通过比较我国与美国存款保险制度的异同,可以更加有效地建立符合我国国情的存款保险制度。同时,应认识到我国存款保险制度与美国存款保险制度不同,坚定"四个自信"。

1)法律制度设置不同

2015年4月1日,国务院明确要求中国人民银行以及有关部门在组织实施存款保险制度时需要依照《存款保险条例》,并且强调了投保机构在遭受资本充足率大幅度下降且存款安全受到严重影响等情况时应该采取早期改正措施。《存款保险条例》规定,存款保险基金管理机构拥有在投保机构出现不良信号时进行早期修正的权利。除此之外,并无与此相关的法律条文详细地阐述其中"重大资产损失""资本充足率大幅度"等的具体标准是什么。

对此,美国在其法律制度安排上设有风险处置程序、清算机制等。通过业务监测和风险评估,美国联邦存款保险公司(FDIC)掌握投保银行业务发展的信息,有利于提高相关措施实行的效率。美国联邦存款保险公司(FDIC)作为清算人,在发现问题银行有破产倾向时,积极主动地参与到相关程序当中,前期力争最大限度帮助被清算机构回收债权;到债权无法收回或者收回债权也无法弥补损失时,对问题银行进行全面处置,努力降低风险处置的成本,提高处置效率,让有问题的银行得以快速退出市场。

2)最高限额赔付额不同

目前,我国对存款人实行最高限额赔付制度。这不仅能在一定程度上降低逆向选择风险的产生,还可以有效地保障大多数存款人的利益。我国现在所实行的最高限额赔付额为50万元,这一赔付额可以保证99.63%的存款人得到相应的赔付。这一赔付额相当于我国人均GDP的10倍,超过了国际货币基金组织(IMF)推荐的人均GDP的2~5倍的标准,意在让更多存款人的存款金额能够得到保障,有利于增强存款人对银行体系的信心。

美国对存款人最高担保金额的确立经过了大约8次的修正。历史数据显示,最高担保金额逐年递增,从1934年的2500美元,增加到2009年的25万美元。同时,被担保的存款占参保银行存款总额的比例也在逐年递增,2009年担保比例为70.2%,其赔付限额可以覆盖99.7%的存款人,这一比例与我国相当。美国的最高担保金额呈现上升趋势,意在让更多存款人的存款金额能够得到保障。未来需要注意的是,小额存款人在监督银行的过程当中,存在着较大的信息不对称问题。要有效地监督银行,会加大存款人的成本,但实行存款保险制度让小额存款人偏向于减少对银行的监管。存款保险制度对多数存款人存款覆盖范围的持续扩大,一定程度上增加了投保银行道德风险产生的可能性。

3)存款保险机构的独立性不同

我国在2019年成立了存款保险基金管理有限责任公司,《存款保险条例》规定存款保险机构可以参与到金融监督管理协调机制当中。虽对其所拥有的具体权利尚无详细的条例说明,但存款保险基金管理有限责任公司在国务院及中国人民银行的领导下,正有条不紊地开展相关工作。

美国联邦存款保险公司(FDIC)由理事会负责管理,其成员包括美国货币监理署(OCC)主席及由总统提名的董事会主席、副主席等。值得注意的是,理事会成员的任期均为6年,虽然其中部分董事会成员由总统提名,但是总统无权解雇董事,使得美国联邦存款保险公司(FDIC)可以在一定程度上保持相对独立。另外,其在监管职责较为完善,可以灵活运用多种市场化方式快速有序处置问题银行,有效稳定公众和市场对银行体系的信心。2008年金融危机之后,美国联邦存款保险公司(FDIC)的独立性再一次得到加强,监管职责也进一步扩大,可对具有系统重要性的非金融机构进行监管,同时金融机构信息审核更加严苛。

4) 存款保险基金的来源不同

美国的存款保险基金来源主要有三个:一是长期基金,管理长期基金能保持费率水平的稳定性,应对经济和信贷的周期性变化,减少费率的逆周期波动,有效地应对危机;二是收取一次性特别保费,即美国联邦存款保险公司(FDIC)有权对投保机构进行一次性的特别保费征收;三是预收保费,即美国联邦存款保险公司(FDIC)制定预收保费的相关规定,提前征收保费,这一举措提高了保险基金的流动性。

2019年5月4日,我国正式成立存款保险基金管理有限责任公司,执行保费收取和进一步的管理工作。存款保险基金由中国人民银行设立专门账户,分账管理,单独核算,管理工作由中国人民银行承担。为保障存款保险基金的安全,《存款保险条例》规定,存款保险基金的运用遵循安全、流动、保值增值的原则,限于存放中国人民银行,投资政府债券、中央银行票据、信用等级较高的金融债券及其他高等级债券,以及国务院批准的其他资金运用形式。展望未来,可以考虑设立一个更有效且符合国情的存款保险基金来源渠道。为保证存款保险基金的流动性,不仅可以收取保费,还可以采取更加多样化的融资方式。

5. 内容小结

本讲内容从我国的存款保险制度发展、现状、成效以及与美国存款保险制度的差异分析的角度出发,认为我国的存款保险制度的运行机制大体上符合当前的经济发展趋势,保证了我国金融机构的良性发展。但是对存款保险制度的进一步探讨,有助于促进我国银行业的适当竞争,进一步防范金融风险,尤其是更好地维护中小银行的平稳发展。完善符合我国国情的存款保险制度有利于经济的平稳增长,防范银行间的逆向选择风险和道德风险。

此外,我国包商银行被接管事件的背后,折射出中小银行公司治理的漏洞。存款保险制度下,中小银行应当建立有效制衡的股权结构,实现股权结构的合理化和多元化。同时,有关监管部门要强化外部监管,完善信息披露机制,培育健全的商业银行公司文化,提高公司治理透明度。包商银行之所以出现重大信用风险,源于缺乏完善的公司治理结构。完善的公司治理结构必须加强党的领导,处理好党组织与其他治理主体的关系,让党的领导通过"党委书记的领导"和"董事长的领导"真正发挥核心作用。党的领导与公司治理并不矛盾:首先,党委的目标之一也是确保银行要守法经营、合规经营,提高银行资产质量和市场竞争能力,这与公司治理的目标完全一致;其次,党的领导还要求党员要比一般员工更奉公守法;最后,党委同时还要关注和解决银行过度追求短期利润、集团利益而忽视长远发展等问题。可见,党委发挥领导作用对于维护金融稳定,平衡好企业利益、社会利益和公众利益的关系有着十分重要的作用。

四、教学效果分析

(一)培养学生的科学探索精神

鼓励学生勤奋学习、勇于钻研、大胆探索的精神。引导学生积极思考:存款保险制度的作用有哪些?美国20世纪80年代储蓄贷款危机的背景与主要原因是什么,其与2007年次级贷款危机有何异同点?在美国存款保险制度中,差别费率是如何与风险挂钩的?存款保险公司(基金)对问题银行的处理方式主要有哪些?存款保险公司更倾向于采取何种针对问题银行的处理方式?中国存款保险制度的主要内容有哪些,与美国存款保险制度有何异同?等等。

(二)督促学生担当责任和开阔视野

青年学生肩负着实现中华民族伟大复兴的时代责任,在相关教学案例讲解中要融入时代担当元素。以包商银行管理人员和监管人员失职渎职、违法乱纪等反面典型,帮助学生吸取教训,勇于担当时代赋予的责任。同时,青年学生应该开阔视野,通过中美存款保险制度的比较分析,存款保险机构对问题银行处置方式的选择等,实现对学生更好的培养。

参考文献:

[1] 于洋洋.中美存款保险制度的差异分析[J].产业与科技论坛,2020(6):76-78.

[2] 杨丹丹.中国存款保险制度实施中的问题及对策[J].财经界,2021(3):57-58.

中国平安增持汇丰控股成为第一大股东[①]

廉永辉

一、课程简介

商业银行经营管理是一门研究商业银行体系演变、业务经营和风险监管等内容的专业课程,是教育部指定的金融专业六门主干课程之一,也是金融学专业核心基础课程。本课程将理论和实践结合起来,全面系统地介绍了商业银行经营管理的基本原则、基本理论、基本方法和技术,以及西方商业银行经营管理经验和我国商业银行在经营体制、经营机制、经营策略和经营方式等方面不断改革创新的最新成果。具体如下:

(一)学习商业银行基本原理

学习商业银行的银行制度、发展历程、资产管理、负债管理、资本管理、风险管理、产品设计、公司治理等,掌握商业银行相关的概念和知识,形成较为系统的商业银行知识框架。

(二)了解行业发展动态

通过案例、年报及相关法律法规、新闻报道等,让学生了解商业银行业务的现状、重要改革和发展方向。

(三)增强学术研究能力

教学应注重将知识学习与研究能力相结合,帮助学生学会如何选题、学习相关重要文献、了解学术研究的基本规范,夯实研究基础,并运用所学的经济学、计量经济学、统计学等方法开展与课程相关的问题研究。

---

① 本文改编自西南财经大学金融学院张桥云教授、翁舟杰教授的相关案例。
作者简介:廉永辉,经济学博士,首都经济贸易大学金融学院副教授;主要研究方向:商业银行风险管理。

(四)提高思想政治素质

通过本课程的学习,养成认真、勤奋、努力和踏实的学习态度,友爱、包容、相互尊重的做人品质,诚信、创新、开放的做事品格,成为有责任担当,有正确的世界观、人生观、价值观,对国家和社会有用的人才。

二、课程思政元素挖掘

本单元作为商业银行经营管理课程的引领性内容,重点介绍商业银行的特征、职能及组织结构,以及不同国家商业银行的组织结构和改革发展的状况。蕴含的丰富思政元素如下:

(1)我国银行业发展成就与"四个自信"。
(2)习近平总书记关于金融作用的论述。
(3)影子银行与风险。
(4)旧中国新中国金融发展大事记。
(5)如何确保党的领导与银行公司治理协调统一。
(6)习近平总书记"必须加强党对金融工作的领导"。
(7)习近平总书记关于金融供给侧改革。

三、教案设计

(一)教学目标

金融体系由不同的机构、市场和工具等构成,其核心功能是资金融通。根据金融机构在融资过程中发挥的作用不同,分为直接融资和间接融资。在不同的国家或在一国不同的发展阶段,商业银行的作用及其对经济的影响力是不一样的。比如,中国、日本、韩国等以间接融资为主的国家,商业银行体系比较发达,而以美国为典型代表的一些国家,金融市场则比较发达,企业融资渠道相应较多。商业银行是指依照《中华人民共和国商业银行法》和《中华人民共和国公司法》设立的吸收公众存款、发放贷款、办理结算等业务的企业法人。相对于保险公司、证券公司、租赁、基金、信托公司等金融机构来讲,商业银行及与其类似的储蓄银行、信用社等,它们最大的特点是资金来源主要是存款。所以,人们通常把这类机构统称为存款式金融机构。而保险、证券、信托、基金、小贷公司等,尽管也有融资功能,但这些机构的主要资金来源并不是存款,因此被称为非存款式金融机构。本课程的知识能力目标为：

(1) 了解商业银行的功能与主要业务；

(2) 了解中国商业银行的发展历程；

(3) 了解中国与商业银行竞争的其他金融机构及其业务。

(二) 教学内容

1. 课堂设计思路

首先讲述商业银行的产生与发展，然后讲述商业银行的性质特征与职能、商业银行的组织结构和商业银行经营的特点与经营原则，最后总结商业银行经营管理理论。

2. 教学重点

本章重点介绍商业银行的特征、职能及组织结构，以及不同国家商业银行的组织结构和改革发展的状况，从而确定以后章节的研究对象；了解政府政策及监管对银行业和金融服务业的影响。

3. 教学难点

学习商业银行的概念、基本职能、组织结构、经营管理理论等基本知识，理解商业银行产生和发展的过程，并对我国商业银行的发展状况形成全面了解；掌握国际上银行业不同形式的金融服务，进行国内外的对比分析。

(三) 思政引入

通过"中国平安增持汇丰控股成为第一大股东"案例引入课程思政。

1. 中国平安和汇丰控股概况

中国平安是指中国平安保险(集团)股份有限公司。1988年5月27日，中国平安在深圳蛇口招商北路6栋开业，成为国内第一家股份制商业保险公司。中国平安从只有13名员工的小保险公司，发展成为集保险、银行、投资等金融业务为一体的，整合、紧密、多元的，具有国际竞争力的综合金融服务集团。中国平安年营业收入从成立之初的418万元，增长到2018年底的9 768.32亿元，晋身2018年度《财富》世界500强第29位，居全球保险企业第一位。中国平安为香港联合交易所主板及上海证券交易所两地上市公司，股票代码分别为02318和601318。

汇丰控股有限公司为汇丰集团的控股公司，总部设于英国伦敦，成立于1991年，但旗下附属公司也已经有相当悠久的历史。汇丰是全球规模最大的银行及金融服务机构之一。汇丰控股在港交所的股票代码为00005。

2. 中国平安增持汇丰控股概况

据港交所2020年9月26日披露的信息,中国平安花费3亿港元,在9月23日,以平均每股28.2859港元的价格,增持1080万股汇丰控股股份。增持完成后,中国平安对汇丰控股的持股数量达16.55亿股,持股比例升至8%,取代贝莱德重新成为汇丰第一大股东。中国平安与汇丰的首次"牵手"发生在2002年。当时,汇丰认购了中国平安10%股份,耗资约6亿美元,成为后者单一最大股东。当时的平安还不能与汇丰相提并论,而且是相差甚远。汇丰的入股促进了中国平安的发展壮大。汇丰作为战略投资者,在管理和技术方面与平安进一步合作。熟悉平安与汇丰渊源的人都知道,汇丰对平安的影响是深入到"基因"的,包括国际化的公司治理结构、风险管控流程、经营模式、机制体制、后援服务、人才文化等。正是因为有了汇丰这个参照物,平安避免了很多弯路,更关键的是为其日后工作快速成长为国际综合金融集团提供了经验,夯实了基础。平安与汇丰首次合作时,中国平安当年全年的营业收入、净利润分别为587.48亿元人民币、20.17亿元人民币,汇丰入股时,平安的估值为投后500亿元人民币。而作为国际金融巨头,汇丰同期的营业收入、净利润规模分别达到257.38亿美元、62.39亿美元,市值约8082亿港币,其利润是平安的20多倍,市值是中国平安的15倍左右。2002年,平安跻身中国500强的第23位,而且平安作为唯一一家保险企业上榜了"中国最受尊敬企业"。随后平安开始快速发展,汇丰则几乎是原地踏步。2012年12月,出于自身战略调整,汇丰将其持有的平安股份全部转出,并表示"平安是汇丰近十年来最成功的投资之一"。

几年后,平安又反身买入汇丰控股股票,到2017年12月5日,平安在增持1000万股汇丰控股后,持股数量已升至10.18亿股,成为汇丰第二大股东,持股比例也突破5%,构成举牌。

对于身份互换后的再度"牵手",汇丰当时表示:"平安是一家备受尊敬、成功的非国有上市公司,拥有良好的企业治理和稳健的业绩表现。汇丰与平安之间有着长期、友好的合作关系。欢迎平安成为我们的长期投资者。"平安则表示:"投资汇丰是我们的一项财务性投资。汇丰经营业绩优、分红好,符合平安资管管理的保险资金的资产负债匹配原则。"此后,中国平安开启了持有及增持汇丰的历程,而这也一度引起国内媒体的兴奋,认为中国资本终于也踏上了入世之旅。2018年2月,平安对汇丰的股权占比突破6%;11月,占比又突破7%,超越贝莱德成为汇丰控股单一大股东。期间,平安对汇丰控股的持股数量也从

2017年12月5日的10.18亿股增至2018年11月1日收市后的14.19亿股。2019年9月,贝莱德通过增持汇丰控股,持股占比又超过了平安,成为汇丰控股第一大股东。2020年9月,平安在此次再度增持后,持有汇丰控股的股份数量上升至16.55亿股,持股比例上升至8%,显著高于贝莱德的持股占比(7.14%),重新成为汇丰控股第一大股东。从一家偏于一隅的财险公司,成长为今日覆盖全金融领域的综合金融集团,中国平安的成功,既来自战略,也得益于执行,更来自对中国经济转型大势的把握,以及对"创新引领发展"这一理念的笃行。在国内外投资界人士看来,平安与汇丰在资本纽带上的角色互换,既是平安从"小舢板"成长为"巨无霸"的结果,更是中国改革开放40年以来,经济实力大幅提升、经济体制活力迸发、金融业爆发崛起的见证。

众所周知,汇丰正遭遇它的阵痛时期。这既有时代的原因,也有地缘政治角力的因素。全球经济在震荡中前行,从A股到港股再到美股,都处在较长周期的下跌趋势当中。汇丰作为一家经营了一个半世纪的银行,历经两次世界大战,经历数次金融危机,汇丰见证了历史,也积累了丰富的应对经验,并形成了完善的管理体制,塑造起稳健经营的风格。汇丰核心一级资本充足率达到15%,为近10年最高,有充足的准备金应对违约风险;近年来,汇丰的坏账率也呈现走低趋势,风控能力增强,运营水平稳定,即使全球经济遭受重创,汇丰的不良贷款率仍控制在1.43%的水平;资金流动率也呈现上升趋势。透过平安增持汇丰所释放的信号,足以让汇丰轻装上阵,从容应对风险,投入中国的金融改革开放大业。

中国平安是本土化成长起来的综合性保险金融集团,一旦成为汇丰控股第一大股东,在汇丰控股中的话语权势必进一步增强,未来主导汇丰控股经营的实力不言而喻。也就是说,中国平安加码汇丰控股,一方面有利于汇丰控股规范化经营,对汇丰控股未来的发展产生更多正向的影响力,另一方面则进一步促进金融市场的稳定与繁荣,意义超越增持本身。

回过头来看汇丰,汇丰作为中国金融业最大的外资投资者,经过数十年耕耘,已然深度融入中国经济。小到镇村上的网点布局,大到"一带一路"上为中国和世界经济助力,以及为中国资本市场开放积极引入海外投资者,都证明了跨国金融企业在支持中国经济发展中所起到的积极作用。

四、案例的思政元素

(一)金融业的中国自信

党的十八大以来,习近平主席在多个国内外场合讲述中国发展故事,以坚定自信的政治气魄、大国领袖的责任担当,深入思考人类前途命运,引领自信的中国阔步走向世界。

何谓"中国自信"？从时间维度来说,中国自信包括对历史中国、现实中国和未来中国的自信,当然侧重于当下和未来；从空间维度来说,中国是21世纪最伟大的实践样本,我们有理由自信；从主旨维度来说,是对引领中国发展的基本理论、基本路线、基本方略,对中国选择的发展道路、制度模式和价值观念,对中国的前进方向和未来目标有自信。

具体到金融业,当下部分人对我国的金融业缺乏自信,或多或少地将其和落后联系在一起。诚然,我国的金融业还有待发展,但就规模体量而言,我国的金融业已取得了举世瞩目的成就。2019年7月,《银行家》公布全球银行1 000强榜单,中资银行连续2年包揽排行榜前4名。其中,中国工商银行更是连续7年名列榜首；"工、农、中、建"四大银行连续多年入列前十名。中资银行产生的银行利润总额位居世界第一,比美资银行利润总额多了近1/4。

具体到中国平安,中国平安从只有13名员工的小保险公司,发展成为集保险、银行、投资等金融业务为一体的,整合、紧密、多元的,具有国际竞争力的综合金融服务集团。2002—2012年汇丰控股为中国平安的第一大股东,目前中国平安成为汇丰控股的第一大股东。这种快速的发展和平安/汇丰角色的反转,无不为金融业的中国崛起提供了强有力的例证。

(二)金融业的快速发展得益于改革开放

1979年,国家开始对金融业进行体制改革,掀开现代金融业发展的新篇章,银行、保险、信托、基金、融资租赁、证券等多种金融业态从此开始不断涌现。

1997年以来,我国每5年召开一次全国金融工作会议,推动我国金融业实现了从计划金融向市场金融的转型,基本建立起与社会主义市场经济发展相适应的金融市场体系、金融组织体系和金融监管体系,有效提升了市场配置资源的能力,使金融成为推动我国经济持续健康发展的重要力量。1998年,我国发行特别国债补充国有商业银行资本金并剥离不良资产。2002年和2007年召开的全国金融工作会议对持续推进国有商业银行股份制改革等关键问题做出周密部署,并对保险、证券、信托等行业的发展提出明确要求。

(三)金融业的快速发展得益于党的正确领导

党的十八大以来,中国特色社会主义进入了新时代,我国经济发展也进入了新时代，基本特征就是我国经济已由高速增长阶段转向高质量发展阶段。2012 年和 2017 年召开的全国金融工作会议把金融服务实体经济作为推进金融改革与发展的重要目标。特别是在 2017 年全国金融工作会议上，习近平总书记深刻阐述了做好金融工作的重要原则并明确指出，"为实体经济服务是金融的天职，是金融的宗旨"，"金融要把为实体经济服务作为出发点和落脚点"。这就为金融业进一步认清自身功能和定位、统一金融工作思想、明确金融工作总纲领提供了重要指引。

目前，我国利率市场化改革、人民币汇率形成机制改革、银行业市场化改革等已初见成效，人民币国际化和金融业双向开放取得积极进展，多层次资本市场体系建设稳步推进，资本项目可兑换、民营银行试点等改革工作也在扎实开展。

中国平安正是成长于改革开放大潮之中。1988 年 5 月 27 日，中国平安在深圳蛇口招商北路 6 栋开业，成为国内第一家股份制商业保险公司。在过往的 30 多年里，中国平安是中国金融业创新发展的探索者之一，得益于中国经济的快速发展，迅速成长为大型金融集团。这些成绩的取得充分表明，坚持金融业改革创新的市场化方向符合金融业发展一般规律，是推动金融业发展适应社会主义市场经济的重要实践经验，也是做好下一阶段金融工作的必然选择。

（四）教学手段与方法

根据课程的内容和教学对象的特点，一些基本理论要作为重点内容细讲、精讲，一些重点内容可采用案例分析与理论讲解相结合的方法进行讲授。为了达到教学目标，可采用教师讲授、案例分析、课堂讨论、学生自学、实地调研等教学方法，以及多媒体等教学手段，以保证学生对教学内容正确理解、掌握。在课程思政融入方面，主要采取案例分析法，重点对"中国平安增持汇丰控股成为第一大股东"案例进行叙述和阐释。

（五）教学效果分析

课程思政效果主要体现在：

1. 政治认同

银行是一国经济制度的重要组成部分，通过向学生讲解我国银行业的发展历史和取得的成就，习近平总书记关于金融作用的论述，旧中国、新中国金融发展成就比较等，加强学生对我国政治制度的认同，自觉增强"四个意识"，坚定"四个自信"，做到"两个维护"。

2. 家国情怀

通过讲解旧中国、新中国金融发展大事记,对学生进行爱党、爱国、爱社会主义、爱人民、爱集体的"五爱"教育,培养学生的爱国主义精神和为党和国家奉献的精神。

参考文献:

段庆文. 汇丰参股平安[J]. 银行家,2002(11):96-98.

中国利率市场化渐进式改革[①]

廉永辉

一、课程简介

商业银行经营管理是一门研究商业银行体系演变、业务经营和风险监管等内容的专业课程,是教育部指定的金融专业六门主干课程之一,也是金融学专业核心基础课程。作为金融学的一个重要组成部分,本课程将理论和实践结合起来,全面系统地介绍了商业银行经营管理的基本原则、基本理论、基本方法和技术,西方商业银行经营管理经验和我国商业银行在经营体制、经营机制、经营策略和经营方式等方面不断改革创新的最新成果。学习本课程的基本目标是学习商业银行基本原理和了解行业发展动态,高阶目标是增强学术研究能力和提高思想政治素质。具体如下:

(一)学习商业银行基本原理

学习商业银行的银行制度、发展历程、资产管理、负债管理、资本管理、风险管理、产品设计、公司治理等。掌握商业银行相关的概念和知识,具备较为系统的商业银行知识框架。

(二)了解行业发展动态

通过案例、年报及相关法律法规、新闻报道等让学生了解当前商业银行业务的基本状况、重要改革和发展方向。

(三)增强学术研究能力

教学内容注重将知识学习与研究能力相结合,帮助学生学会如何选题、学习相关重要文献、了解学术研究的基本规范,夯实研究基础,并运用所学的经济

[①] 本文改编自西南财经大学金融学院张桥云教授、翁舟杰教授的相关案例。
作者简介:廉永辉,经济学博士,首都经济贸易大学金融学院副教授;主要研究方向:商业银行风险管理。

学、计量经济学、统计学等方法开展与课程相关的问题研究。

(四)提高思想政治素质

通过本课程的学习,养成认真、勤奋、努力和踏实的学习态度,友爱、包容、相互尊重的做人品质,诚信、创新、开放的做事品格,成为有责任担当,有正确的世界观、人生观、价值观,对国家和社会有用的人才。

二、课程思政元素挖掘

本单元教学重点在于分析商业银行市场风险管理中的利率风险及其管理,蕴含丰富的思政元素,主要包括:
(1)习近平总书记关于金融风险的论述。
(2)"三三四十"专项整治与风险控制。
(3)银行"回归本源"的必要性。
(4)打赢精准脱贫、污染防治和防范化解重大风险三大攻坚战。
通过将它们融入教学过程中,全面提升学生思政素养。

三、教案设计

(一)教学目标

在商业银行面临的众多风险中,尤以信用风险为重。

一是因为银行的核心作用是向社会提供信用产品,其中存款和贷款是最为典型和最为重要的信用产品。

二是因为经济环境复杂多变,容易导致信用交易的对手违约,进而给银行带来损失。信用风险主要指来自银行交易对手违约带来的风险,如贷款业务中的借款人不能按时还本付息;债券投资中的债券发行人不能按期兑付本金和利息;在银行的信用卡业务、对外担保业务、信用证业务等也存在风险。

银行的市场风险主要来自利率和汇率变化引起的风险。利率变动会影响银行资产的收益与负债成本,进而导致资产负债表中净值的变化和损益表中净利润的变化,这便是银行面临的利率风险。对于国际化程度高的银行,不仅持有人民币资产,可能还持有美元计价或者日元计价的资产等。因此,汇率变化也会影响这些银行的资产收益或负债成本。本章重点分析银行面临的市场风险中的利率风险管理,同时利率风险也是银行年报披露的重点。

本章内容包括信用风险产生与计量、信用风险管理策略、中国对商业银行信用风险重要的监管立法、利率管制与利率市场化改革、商业银行利率风险的来源、利率敏感性及缺口管理、久期缺口与银行利率风险管理、在险价值（VaR）等。

通过本章的学习，学生将能够：
(1)了解商业银行常见资产或业务中的信用风险。
(2)了解信用风险度量的常见方法。
(3)了解中国人民银行的征信管理。
(4)了解商业银行信用风险管理策略。
(5)了解利率市场化对银行的影响。
(6)分析利率变动对银行净利差的影响。
(7)分析利率变动对银行净值的影响。
(8)了解商业银行利率风险管理策略。

(二)教学内容

课堂设计思路：首先讲述商业银行信用风险相关内容，然后讲述商业银行市场风险相关内容。

教学重点：信用风险和市场风险的度量；信用风险和市场风险的管理。

教学难点：信用风险的度量、市场风险的度量（尤其是利率风险的度量）。

(三)思政引入

通过"中国利率市场化渐进式改革"案例引入课程思政。

1. 案例正文

我国利率市场化主要经历如下几个阶段：

1)第一阶段：货币市场利率市场化，贷款利率开始上浮（1993—1999年）

利率市场化首先是从货币市场开始的。1996年6月，人民银行放开了银行间同业拆借利率。借助货币市场寻找均衡利率，能够较好地反映市场上资金的供需情况，以此作为其他利率的参考，或称"锚"。1997年6月银行间债券回购利率随之放开。1998年8月，国家开发银行在银行间债券市场首次进行了市场化发债，国债发行也开始采用市场招标形式。这实现了银行间市场利率、国债和政策性金融债发行利率的市场化，货币市场的均衡利率逐渐形成。

1998—1999年，人民银行多次扩大金融机构贷款利率浮动区间，要求各金融机构建立贷款内部定价和授权制度,银行开始培养利率定价能力。

2)第二阶段:贷款利率完全放开,存款利率开始浮动(1999—2013年)

1999年10月,存款利率市场化初步尝试,先从大额、外币存款入手。央行批准中资商业银行法人对中资保险公司法人试办由双方协商确定利率的大额定期存款。

2003年7月放开了英镑、瑞士法郎和加拿大元等部分外币小额存款的利率管制。

2002年3月,央行在全国范围内选取了8个县(市)的农信社(城关网点除外,即市区、县城的网点除外)开展试点,允许试点农信社存款利率上浮30%,贷款利率上浮70%。

2004年10月,央行完全放开金融机构人民币贷款利率上限(城乡信用社依然有上限2.3倍,但一般触碰不到),下浮的幅度为基准利率的0.9倍,贷款利率浮动区间不再根据企业所有制性质、规模大小分别制定。与此同时,允许银行存款利率都可以下浮。

2005年3月,金融机构同业存款利率全面放开。2007年1月上海银行间同业拆放利率(Shanghai Interbank Offered Rate,简称Shibor)正式投入运行,央行希望其将来能成为货币市场的重要参考利率。

2007年美国次贷危机后,我国利率市场化进程也一度停滞。

2012年6月,央行将存款利率浮动区间的上限调整为基准利率的1.1倍,存款利率上限首次浮动,银行股应声下跌。同时,贷款利率浮动区间的下限调整为基准利率的0.7倍。

2013年7月,金融机构贷款利率管制全面放开,金融机构贷款利率的下限取消,金融机构可自主确定贷款利率水平,贷款利率完全实现市场化,但金融机构形成风险定价能力的水平高低不一。同时,票据贴现利率管制也一并取消,改变了原先贴现利率在再贴现利率基础上加点确定的方式,由金融机构自主定价。

3)第三阶段:存款利率完全放开(2014年至今)

2014年11月,为加速推进利率市场化改革,存款利率浮动区间的上限调整至基准利率的1.2倍,并对基准利率期限档次做适当简并。2015年,又逐步提升至1.3倍、1.5倍。当时大部分银行一般都是在政策出台后将存款利率上浮到顶,足见存款的"均衡利率"远高于当时的上限。

2015年10月24日,央行决定对商业银行和农村合作金融机构等不再设置存款利率浮动上限。至此,中国利率市场化进程在形式上基本完成。

2019年8月16日,国务院常务会议提出改革完善贷款市场报价利率形成机制。2019年8月17日上午,中国人民银行公告称,2019年8月20日将首次发布新的LPR(贷款市场报价利率)形成机制,推动降低实体经济融资成本。与贷款基准利率不同,LPR不是央行发布的利率,而是通过18家报价银行(去除一个最高价和一个最低价)报利息差的平均值。

2019年12月28日,中国人民银行公布:自2020年3月1日起,金融机构应与存量浮动利率贷款客户就定价基准转换条款进行协商,将原合同约定的利率定价方式转换为以LPR为定价基准加点形成(加点可为负值),加点数值在合同剩余期限内固定不变;也可转换为固定利率。定价基准只能转换一次,转换之后不能再次转换。已处于最后一个重定价周期的存量浮动利率贷款可不转换。

2. 案例的思政元素

1)我国利率市场化改革体现了中国特色社会主义的制度自信

应该说我国利率市场化改革是政府自上而下推动,逐步试点放开的典范。人民银行依次放开了货币市场,贷款市场和存款市场的利率管制。市场化利率机制有助于货币政策传导效果,有利于人民币国际化和商业银行转型升级。同时,中国利率市场化过程一直面临保增长和防风险的短期压力,这就使得我国选择了渐进式改革的模式。实践证明,渐进式利率市场化改革减少了金融抑制行为,完成了金融深化的目标。我国利率市场化改革是中国特色社会主义市场经济发展的内在要求,也是中国制度自信的成功典范。我国利率市场化改革是社会主义市场经济的有机构成部分。

2)我国利率市场化改革体现了中国特色社会主义的道路自信

利率市场化是指金融资产的利率由市场主体自主决定利率的过程。利率市场化是个老生常谈的话题。本案例有助于理解我国利率市场化的基本逻辑和实践场景,为我国金融市场改革提供了重要的经验借鉴,对金融市场产生了深远影响。金融资产价格市场化改革的理论基础是麦金农和肖创立的金融抑制和金融深化理论,中国利率市场化改革成为金融深化的成功典范。我国在形式上已基本完成利率市场化进程。我国利率市场化改革基于中国国情,立足中国现实,利率市场化改革是中国特色社会主义道路的有益探索。我国利率市场化改革也充分体现了中国特色社会主义的道路自信。

(四)教学手段与方法

根据课程的内容和教学对象的特点,对于一些基本理论作为重点内容细讲、精讲,对于重点内容采用案例分析与理论讲解相结合的方法进行讲授。为了达到教学目标,采用教师讲授、案例分析、课堂讨论、学生自学、实地调研等教学方法以及多媒体等教学手段,保证学生对教学内容正确理解和掌握。在课程思政融入方面,主要采取案例分析法,重点讲述"中国利率市场化渐进式改革——金融深化的中国模式"案例。

(五)教学效果分析

本章课程思政效果主要是提升学生的政治认同、家国情怀、法治精神和文化素养。

1. 政治认同

利率风险是商业银行面临的主要风险之一,通过向学生讲解我国利率银行风险管理取得的成就,特别是相关工具和市场创新等,学习领会习近平总书记关于金融风险和金融安全的重要论述,加强学生对我国经济制度以及政治制度的认同。

2. 家国情怀

通过讲解我国银行利率风险管理手段和政策的改革发展历程,特别是近年来衍生品市场和工具等政策的出台和取得的成就,培养学生的爱国主义精神和为党和国家奉献的精神。

3. 法治精神

通过讲解防范利率风险的相关制度建设,学习美国和中国放松利率管制的相关法律法规,培养学生的法治精神。

4. 文化素养

鼓励学生阅读国内外利率风险管控方面的相关文献,拓展知识面,提升文化素养。

参考文献:

梁斯. 中国利率市场化三十年:回顾、问题及改革方向[J]. 新金融,2022(3):17-23.